Anatoli Naiman

Erzählungen über Anna Achmatowa

Aus dem Russischen von
Irina Reetz

z.T. sehr schlechte Übersetzung

Mit einer Vorbemerkung von
Isaiah Berlin
und einer Einleitung von
Joseph Brodsky

S. Fischer

Die russische Ausgabe erschien 1989 unter dem Titel
Rasskasy o Anne Achmatowoi im Verlag
Chudoschestwennaja Literatura, Moskau
Copyright © 1989 by Anatoli Naiman
Für diese Ausgabe:
© 1992 S. Fischer Verlag GmbH, Frankfurt am Main
Umschlaggestaltung: Buchholz/Hinsch/Walch
Satz: Wagner GmbH, Nördlingen
Druck und Einband: Clausen + Bosse, Leck
Printed in Germany 1992
ISBN 3-10-051507-2

Inhalt

Vorbemerkung

Anna Andrejewna Achmatowa, eine noble und sehr bewegende Schriftstellerin, gehört zu den vier großen Dichtern, deren Kunst die russische Literatur während des halben Jahrhunderts nach der Revolution beherrschte – und auch heute noch beherrscht; ihre Genialität und grauenvolle Verfolgung durch den Staat werden so lange in Erinnerung bleiben, wie wir Kenntnis von der Geschichte und Literatur Rußlands haben. Naiman, selbst Lyriker und Kritiker, hat ein Buch von einzigartiger Autorität über ihre Dichtung, ihre persönlichen, literarischen, metaphysischen Ansichten geschrieben und – vor allem – über ihre Persönlichkeit, die keiner, der sie kannte, je vergessen konnte.

Sein Buch, zusammen mit Lidija Tschukowskajas Erinnerungen an sie, ist ein ebenbürtiges und – für alle, die an russischer Literatur interessiert sind – sehr wertvolles Denkmal für eine Dichterin von göttlicher Begabung und eine als Märtyrerin ihrer Zeit herausragende Figur.

Isaiah Berlin
Oxford, Januar 1991

Einleitung

Lebensläufe von Dichtern sind in erster Linie deswegen interessant, weil das Verhältnis zwischen Leben und Dichtung eindeutig nicht zugunsten des letzteren ausfällt. In einer idealen Bibliothek, in der jedem Autor ein eigenes Regal zugeteilt wird, würden die Werke eines Romanschriftstellers, wenn ihm denn Zeit genug gegeben war, weitaus mehr Raum einnehmen als die eines Dichters mit einer ähnlichen Lebensdauer. Denken Sie zum Beispiel an W. B. Yeats oder an Robert Frost, ganz zu schweigen von T. S. Eliot oder Marianne Moore. In jedem dieser Fälle stünde ein einziger Band dort auf jenem Regal, umgeben von viel Leere. Dieser Anblick würde dem Besucher einer solchen Bibliothek das Verhältnis zwischen einem künstlerischen Werk und einem Leben vermitteln: der Faktor eines Wunders.

Ich will damit nicht die Bedeutung von Prosa herabsetzen. Dichtung jedoch – jedes einzelne Gedicht – ist in der Tat ein Wunder: zunächst ein linguistisches, und dann – wenn der Dichter begnadet ist – ein Wunder spiritueller Intensität und Bindungskraft. Um es anders auszudrücken, unter den Künsten ist Dichtung nicht eine mimetische, sondern eine offenbarende. Wunder und Offenbarungen sind jedoch – wie schon die Existenz dieser Substantive selbst demonstriert – sehr selten im Leben, und ein Dichter schreibt eben nur soviel, wie er schreibt. Das Gedicht selbst, ein schwarzes Viereck umgeben von leerem weißem Raum, ist emblematisch für seine mißliche Lage.

Daher die Lebensläufe der Dichter, die Biographien, die Memoiren der Zeitgenossen, alle möglichen Exegesen; daher auch die Veröffentlichung ihrer Briefwechsel, Tagebücher und Wäschelisten. Sie alle unternehmen es, die Unermeßlichkeit der Randflächen auszufüllen, das Wunder zu erklären, eine Offenbarung zu deuten. Hin und wieder gelingt es ihnen, den Kontext, in dem jene Dinge stattfinden, anzudeuten. Gewöhnlich ziehen sie den Dichter auf die Ebene seines Biographen oder der Öffentlichkeit herab. Zur Zeit der Renaissance war die Annäherung direkter, und Texte dieser Art erschienen auf derselben Seite wie das Gedicht selbst: man »umschrieb« im wörtlichen Sinne, man schob das Weiße beiseite.

Heutzutage finden solche Unterfangen in Form von Büchern statt. Vielleicht haben wir mehr Papier. Vielleicht züchtet die demographische Wirklichkeit unserer Zeit größere Eitelkeit in uns heran. Vielleicht lädt dieselbe Wirklichkeit unserer Zeit, ohne es selbst zu merken, die strengsten Lektionen in Demut geradezu ein. Bücher über Dichter schießen überall hoch, wie blitzende Kameras um einen ausländischen Würdenträger (bei seinem Abschied, wohlgemerkt, nicht bei seiner Ankunft). Die Leere wird von Tratsch und Analyse verdunkelt; unter dem Strich steht allerdings ein bitteres Gefühl des Versagens, das im Verhältnis steht zum Eifer der Gewöhnlichen, das Einzigartige einzufangen. Der Würdenträger wird immer exotischer.

Sinnvoller wäre es vielleicht, mehr Exemplare vom *Gesammelten* und *Ausgewählten* eines Dichters zu drucken und sie zu Sonderpreisen in Supermärkten anzubieten, d. h. den Zugang zu dem Wunderbaren zu vermehren und zu erweitern, statt das Banale zu fördern. Aber es soll wohl nicht sein, denn Wunder sind offensichtlich das Gefilde der Toten, während ihre Deutung und deren Markt die Domäne der Lebenden ist. Ein Dichter ist immer in der Minderheit, erst recht, sobald er tot ist. Die Zahl der großen Dichter einer Nation beläuft sich bestenfalls auf etwa drei bis vier pro Jahrhundert. Und selbst das natürlich nur, wenn eine Nation Glück hat oder besonders bevölkerungsreich ist. Das war beispielsweise das Verhältnis in Rußland in diesem Jahrhundert. Das heißt, es hat im zwanzigsten Jahrhundert Glück gehabt – zumindest in dieser Hinsicht.

Anna Achmatowa war das älteste Mitglied jenes großen Quartetts, das Marina Zwetajewa, Ossip Mandelstam und Boris Pasternak einschloß, deren hundertste Geburtstage nun überall gefeiert werden. Sie wurde 1889 geboren; die anderen, nacheinander, 1890, 1891, 1892. Zwei Revolutionen (1905 und 1917), mit dem Blutbad des Ersten Weltkrieges dazwischen, waren der Hintergrund ihrer Jugend. Der nationale Aufruhr des Bürgerkrieges, Kollektivierung und der Stalinsche Terror das Klima ihrer Reife. Dieses Klima verschluckte Mandelstam. Dann folgte der Zweite Weltkrieg, kurz nach dessen Ausbruch Zwetajewa Selbstmord beging. Der fünf Jahre andauernde Krieg mit seinen zwanzig Millionen Opfern, die Endphase der Herrschaft Stalins mit ihren strafenden Crescendi – damit durften Pasternak und Achmatowa ins hohe Alter gehen. Sie überlebte ihn um sechs Jahre und starb 1966. Auf ihr Leben zurückschauend, sagt sie in einer ihrer *Nordischen Elegien:*

> Da also fiel uns ein, geboren zu werden,
> um ja nicht zu verpassen
> ein einziges beispielloses Spektakel...

In der Tat, keines hat sie verpaßt. Der beispiellosen Spektakel, auf die sie zurückblicken konnte, waren viele, die meisten davon sehr blutig. Für sie persönlich bedeuteten sie in zunehmendem Maße immer nur das eine: die erzwungene Subtraktion jener, die sie liebte und kannte, zwei ihrer Ehemänner miteingeschlossen, der Dichter Nikolai Gumiljow, der 1921 erschossen wurde, und der Kunsthistoriker Nikolai Punin, der 1953 im Lager starb, und Mandelstam selbst. Eine weitere Subtraktion war der achtzehnjährige Gefängnisaufenthalt ihres einzigen Kindes, Lew Gumiljow. Für die Gesellschaft als ganze bedeuteten sie den Tod von etwa vierzig Millionen Menschen, durch die Hand jenes Polizeistaates, dessen Bürgerin sie war.

Das alleine könnte die Randflächen um ihre Gedichte aufreißen. Was sie und ihre Verfasserin noch weiter ins Abseits schob, war ein praktisch jahrzehntelanges Publikationsverbot. Ganz abgesehen von dem, was sie schrieb, war allein die Tatsache, daß sie immer weiter schrieb, an sich schon ein Wunder. Daher wäre die Leere zu beiden Seiten ihrer *Gesammelten* auf dem Regal der obenerwähnten Bibliothek ein Echo der buchstäblichen Leere. Das Leben eines Dichters ist natürlich reich an solcher Art von Symbolismus; bei dieser Art Profession gehört das Ausgesperrtwerden einfach dazu. Achmatowas Isolation war allerdings die Isolation eines Menschen, der zur Zielscheibe wurde.

Das ist es, was die augenblickliche Fülle von Achmatowiana hervorbringt (in Form von Memoiren, Textauslegung, Faktensammlung – gierig, unersättlich) – das Umschreiben, da es unwahrscheinlich ist, daß wir jemals in den Genuß kommen, Briefe oder Tagebücher zu lesen. Zu ihrer Zeit konnte sich der kleinste Papierfetzen in ein Beweisstück verwandeln. Weshalb sie nur im Fall sprachlicher Notwendigkeit zur Feder griff, d. h. um ein Gedicht zu schreiben. Ihre Redeweise war dementsprechend knapp, aphoristisch, frei von Geschwätz, geistreich in einer recht drastischen Weise. Das beste, das man uns offerieren könnte, wären daher ihre gesammelten Tischgespräche (wovon es bereits drei Bände gibt, die ihre lebenslängliche Freundin, die Schriftstellerin Lidija Tschukowskaja, zusammengetragen hat; bald werden sie das Dunkel des Drucks in englischer Sprache erblicken).

Wenn das Buch vor ihnen als das zweitbeste erachtet werden sollte, dann lediglich weil der Autor, Anatoli Naiman, Achmatowa nur während der letzten fünf Jahre ihres Lebens kannte. Daher seine größte Tugend, nämlich die Intensität der Aufmerksamkeit des Autors für seinen Gegenstand – Intensität, die im Verhältnis steht zu der begrenzten Zeit, die ihm das Schicksal gewährte. Die andere Tugend ist, daß dieses Buch über eine Dichterin von einem Dichter geschrieben wurde, d. h. von einer Person, die den Vorrang der Gedichte vor dem Biographischen zu begreifen fähig ist. Denn bei einem Leben wie dem Achmatowas ist die Versuchung nur zu groß, das Pferd beim Schwanz aufzuzäumen. Es bedarf eines Dichters, dieser Versuchung nicht nachzugeben, und eines jungen Dichters dazu.

Dreimal jünger als seine Dienstherrin, war Anatoli Naiman genau das: zuallererst ein Dichter. Daraus folgend – und vermutlich unfreiwillig, unbewußt – war er ebensosehr ein Schüler Achmatowas wie ihr Sekretär. Eine glückliche Kontamination, was dieses Buch angeht, denn Anatoli Naiman weigert sich, zwischen Gedichtzeilen seiner Hauptperson und nebenbei von ihr Geäußertem zu unterscheiden: uns zum Gewinn erinnert er sich an beides. Dies ist sowohl das Verdienst seines guten Gedächtnisses als auch der Qualität der Äußerungen Achmatowas, die tatsächlich, was Stil und Inhalt betrifft, von ihren Versen nicht zu unterscheiden sind.

Erzählungen über Anna Achmatowa hatte bei den russischen Lesern deswegen einen so großen Erfolg, weil praktisch auf jeder zweiten Seite Achmatowa im Gespräch festgehalten wird; und zumeist handelt dieses Selbstgespräch auf die eine oder andere Weise von Literatur. So daß dies ein Buch über Literatur ist; wobei es nicht so sehr die Dichterin selbst darstellt als vielmehr ihre Sicht auf das, was sie seit mehr als einem halben Jahrhundert gewesen ist und was es sie gekostet hat. Aus diesem Grund ist es nicht das Porträt eines Opfers der Geschichte, sondern einer Siegerin: einer triumphierenden Seele und des triumphierenden Wortes – in ihrem Fall Synonyme –, die ihren Lesern einen existentiellen Standard bot.

Die Möglichkeit dieser Gleichung von Seele und Wort ist es, was die Anziehungskraft von Dichtung ausmacht, und genau durch das Prisma dessen, was diese Gleichung erreicht, betrachtet Achmatowa sowohl die Literatur als auch die Wirklichkeit. »Eine russische Sappho« in ihren frühen Büchern in den ersten beiden Jahrzehnten dieses Jahrhunderts, eine Kassandra in den Zwanzigern und Dreißigern, die klagende Muse während des Rests ihres Lebens, durchlief sie genaugenommen alle Möglichkeiten, die zu ihrer Zeit einer Dichterin – und überdies jedem Menschen schlechthin – offenstanden. Daher ist ihre direkte Rede von größter Bedeutung für ihre Leserschaft, und dies nicht nur, weil sie Timbre, Grazie und Ernst ihrer Gedichte widerspiegelt, sondern weil sie die Stimme einer spirituellen und sprachlichen Norm darstellt.

Das Anziehendste an diesem Buch ist, daß es nicht geschrieben wurde, um Achmatowa zu verstehen oder zu interpretieren, sondern aus Liebe zu ihr, aus Liebe zu jener Norm oder – um sie mit den Augen des Autors vor gut einem Vierteljahrhundert zu betrachten – aus Liebe zu jenem menschlichen Maximum. Daher rührt Anatoli Naimans Erinnerungsvermögen, denn Liebe vergißt nicht, sie bearbeitet und streicht nicht: Sie behält ihren Gegenstand so lange in der Scharfeinstellung des Präsens, wie jener, der liebt, lebt. Deswegen klingen auf diesen Seiten, ein Vierteljahrhundert später, die Worte Achmatowas, die Kadenzen ihrer Stimme – zumindest für diesen Leser – so, als hätte sie gestern gesprochen. Ein weiterer Grund für diese Wirkung ist vermutlich der, daß die Weisheit ihrer Worte und die mitfühlende Wärme ihrer Stimme an sich schon Garanten ihrer Langlebigkeit sind, Garanten der Kraft, in den Herzen und Köpfen jener, die sie kannten, noch lange Zeit nachzuhallen. Um das mindeste zu sagen: Eine ganze Generation russischer Dichter – eine Generation, zu der Anatoli Naiman und der Autor dieser Einleitung gehören – lebt mit ihrem Echo oder, noch besser, ist ihr Echo. Dieses Buch trägt jenes Echo ein wenig weiter und, wenn man so will, über das Wasser.

Die Lebensläufe von Dichtern sind vor allem interessant aufgrund dessen, was sie sagen, nicht was sie tun. Was das Tun, das Handeln im Leben angeht, so sind die Möglichkeiten eines Dichters ebenso begrenzt wie die eines jeden Menschen, und ein politisches System, Krankheit oder Armut können sie noch weiter reduzieren. Nicht so steht es aber mit den Worten, die das Geschäft des Dichters und nicht reduzierbar sind. Im Gegenteil, Sprache hat eine eindeutig zentrifugale Qualität, und der Radius der Bedeutung eines Wortes kann sich durch häufigen Gebrauch, durch Wiederholung, nur erweitern. Daraus folgt, daß der Dichter weniger von den Begrenzungen abhängt, die ihm von seiner Wirklichkeit oder seiner persönlichen Situation auferlegt werden, als von denen des Wortes, das er gerade zu Papier bringt.

Es ist nicht überraschend, daß man da oft auf die eigenen Äußerungen zurückkommt, daß sie anfangen, Handlungen und Betragen zu diktieren. Wörter haben die Gewohnheit, nicht nur die Gedanken, sondern auch den Körper und unbeseelte Gegenstände in Bewegung zu setzen. Wegen dieser Fähigkeit und aufgrund des »Am Anfang war das Wort« verkörpert der Dichter – im kollektiven Unterbewußtsein – einen Mini-Schöpfer. Das ist es, was dem breiten Interesse an der Biographie eines Dichters zugrundeliegt, und aus eben diesem Grund ist es müßig, in den persönlichen Daten eines Dichters nach dem Schlüssel zu seinen Wundern zu suchen.

Wie beim Allmächtigen selbst (vernommen durch seine Propheten) wird weitaus mehr enthüllt durch die flüchtige Bemerkung eines Dichters über sein *métier*, sein Handwerk – über literarische Themen und Geschmäcker, Vorläufer, Zeitgenossen, Vorlieben, Abneigungen und Quellen der Inspiration, unter denen die wichtigste die Sprache selbst ist – als in einer Chronologie seiner dürftigen menschlichen Bemühungen. Denn dies sind seine Etymologie, Genealogie, Geologie; dies sind seine Heiligen Geister. Hätte die Kunst sich tatsächlich in dem Maße auf die Erfahrung gestützt, wie uns die Kritiker und Forscher glauben machen möchten, wäre uns weitaus mehr – und weitaus bessere – Kunst überliefert worden, als wir heute haben. Ein Dichter ist immer Produkt seiner Sprache – genauer, die seiner Nation –, die sich zur Lebenserfahrung verhält wie das Feuer zum Holzscheit. Natürlich, wenn Erfahrung und Sprache beide russisch sind, so verbrennt einen auch in der Übersetzung das Feuer.

Joseph Brodsky
New York, Januar 1991

Tanquem si homo notus sive conspiciatur oculis, sive cogitetur, et nomen ejus obliti requiramus, quidquid aliud occurrerit non connectitur: quia non cum illo cogitari consuevit, ideoque respuitur donec illud adsit, ubi simul assuefacta notitia non inaequaliter acquiescat.

»...wenn wir einen Menschen, den wir kennen, vor Augen haben oder an ihn denken und suchen nach seinem Namen, der uns entfallen; was da sonst an Namen uns einfällt, will sich nicht verbinden, weil die Gewohnheit beides nicht mitsammen dachte, und so weisen wir zurück, bis endlich der Name sich einstellt, bei dem nun die gewohnte Einheit der Erfahrung frei von Zwiespalt sich beruhigt.«

Augustinus, *Bekenntnisse*, X–19

Ich hatte einen Traum: eine weiße hohe Leningrader Decke über mir wird blitzschnell von Blut überspült, und der rote Strom stürzt auf mich nieder. Einige Stunden später ging ich zu Anna Achmatowa; die Erinnerung an den Traum belastete mich, und ich erzählte ihn.

»Nicht schlecht«, entgegnete sie. »Eigentlich sind fremde Träume und fremde Unzucht das Langweiligste auf der Welt. Aber Sie haben es verdient, meinen zu hören. Meinen Traum hatte ich in der Nacht zum ersten Oktober.

Nach einer Weltkatastrophe stehe ich einsam und allein auf der Erde, im Schlamm, im Schmutz, ich rutsche, kann mich nicht auf den Beinen halten, der Boden unter mir gleitet weg. Und von irgendwoher aus der Höhe stürzt ein Strom nieder, der, je näher er kommt, um so breiter wird und mich immer mehr bedroht. In ihm haben sich alle großen Flüsse der Welt vereinigt: Nil, Ganges, Wolga, Mississippi... Das hatte gerade noch gefehlt.«

*

Ich lernte Anna Achmatowa im Herbst 1959 kennen, ich war damals 23 Jahre alt. Wir hatten gemeinsame Bekannte, ein Anlaß fand sich. Zu jener Zeit schrieb ich schon einige Jahre lang Gedichte und wollte, daß Achmatowa sie hörte. Zudem wünschte ich, daß sie ihr gefielen.

Sie wohnte damals in Leningrad in der Krasnaja Konniza, der früheren Kawalergardskaja, im Haus Nr. 3, Wohnung Nr. 4. Das ist im Smolny-Bezirk, im ehemaligen Roschdestwenski Viertel. Unweit davon, in der Taurischen Straße, befand sich der »Turm« Wjatscheslaw Iwanows, seine Wohnung, in der sie in ihrer Jugend verkehrte. Unweit lag der Taurische Garten: in seinen stürmischen Alleen hielt er die Gespenster des Jahres dreizehn verborgen. Unweit auch die Schpalernaja, die heutige Woinowstraße, mit dem Gefängnis, das sich durch seine zahlreichen berühmten Gefangenen einen Namen gemacht hatte, in dem zu verschiedenen Zeiten ihr erster Mann, ihr Sohn und ihr letzter Mann eingekerkert waren... In Leningrad war schon an jedem Ort irgend etwas geschehen, lebte irgend jemand, war irgend jemand irgendwem begegnet. »Erinnern Sie sich an unsere Gespräche im Februar 1914 auf der Kawalergardskaja?« schrieb Nikolai Wladimirowitsch Nedobrowo – ein Mann, der im dichterischen wie persönlichen Leben Achmatowas eine außergewöhnliche Rolle gespielt hatte – einer gemeinsamen Freundin. Wenn wir mitunter durch die Stadt fuhren und sie auf irgendein Haus deutete, dann auf ein anderes und auf ein nächstes, unterbrach sie sich: »Befehlen Sie mir zu schweigen, ich werde sonst noch ganz und gar zum Profi.« Sie durchlebte ein langes Leben und wurde Zeuge unterschiedlichster Ereignisse, die an ein und demselben Ort stattfanden, sah gleichsam ein und dasselbe Stück, in verschiedenen Bühnenbildern. Obendrein beschwor sie die unwahrscheinlichsten Konstellationen herauf, zog die unerwartetsten Doppelgänger an. Die Wiederholung eines Ereignisses, seine Reflexion in einem neuen Spiegel, brachte dieses neu an den Tag. Wenn keine Begegnung stattfand, erfolgte eine Nichtbegegnung; beide waren für sie gleich real und verzaubert, stofflich und körperlos. Die Tage ihres Lebens stellten neben den Worten, Taten, Minuten, aus denen sie bestanden, auch noch Jahrestage, zehnjährige, fünfundzwanzigjährige und fünfzigjährige Jubiläen dar. Alles war »wie damals«, wie einst. Die Zeit, in der ich sie kennenlernte, bis zum Ende ihres Lebens, war die Zeit der fünfzigjährigen Daten: der ersten Gedichtveröffentlichungen, des Eintritts in die »Dichter-Gilde«, der Trauung mit Gumiljow, der Geburt des Sohnes, des Erscheinens von *Abend, Rosenkranz, Weißer Schwarm*. Entsprechend verhielt sich der Raum, indem er launisch Häuser und Straßen für sie auswählte. In ihrer frühen Kindheit hatte sie in Zarskoje Selo gewohnt, in der Schirokaja; zuletzt war sie in der Leninstraße in Leningrad gemeldet, der früheren Schirokaja. Mehr als dreißig Jahre hatte sie im Fontanka-Palais, dem Schloß der Grafen Scheremetew verbracht; der Sarg mit ihrem Leichnam stand in Moskau in der Leichenhalle des Sklifossowski-Instituts, dem früheren Gästehaus der Scheremetews – dasselbe Wappen, dieselbe Devise: »Deus conservat omnia«, Gott bewahrt alles.

Die Frau, die mir die Tür öffnete, die Besucherin, die sie in derselben Minute verließ, der grauhaarige lächelnde Herr, den ich im Korridor traf, das Mädchen, das in der Tiefe der Wohnung vorüberhuschte, sie alle erschienen mir ungewöhnlich, das Geheimnis, an Achmatowas Leben beteiligt zu sein, hatte Spuren bei ihnen hinterlassen. Sie selbst aber war überwältigend – ich verwende ein ungeschicktes, aber am besten passendes Wort –, grandios, unzugänglich, weit entfernt von allem, was sie umgab, von den Menschen, von der Welt, schweigend, regungslos. Dem ersten Eindruck nach schien sie größer zu sein als ich, später stellte sich heraus, daß wir gleichgroß waren, sie vielleicht ein wenig kleiner. Sie hielt sich sehr gerade, den Kopf schien sie zu balancieren, sie ging langsam und ähnelte selbst in der Bewegung einer massiven, präzis modellierten – manchmal auch gemeißelten – klassischen Skulptur, die man schon gesehen zu haben meinte. Und ihre Kleidung, etwas Altes und Langes, möglicherweise ein Schal oder ein alter Kimono, erinnerte an die leichten, im Atelier eines Bildhauers dem schon fertigen Stück übergeworfenen Tücher. Viele Jahre später, als ich

Achmatowas Aufzeichnungen über Modigliani las, der meinte, Frauen, die es zu malen oder zu modellieren lohne, erschienen in Kleidern plump, erinnerte ich mich deutlich an diesen Eindruck.

Sie fragte, ob ich Gedichte schriebe und forderte mich auf, ihr etwas vorzutragen. In einem der Gedichte lautete eine Zeile: »Mein Schuh tanzt wie ein schwarzer Fisch« (Schuh = *botinok*). Als ich zu Ende gelesen hatte, sagte sie: »Bei uns hieß es *botinka*.« (Also weiblichen Geschlechts.) Einige Jahre später las ich ihr ein Gedicht über Pawlowsk vor, darin gab es folgende Stelle: »Und die Blätter kreisen um den Schuh« (Schuh = *tufel*). Sie meinte: »Wir hätten *tufli* gesagt.« Ich erinnerte sie an *botinka* und machte irgendeinen Witz über meine Schusterfehlschläge, der ihr jedoch nicht gefiel.

Die Frau, die mir geöffnet hatte, trug einen kleinen Teller herein, auf dem einsam eine nachlässig geschälte und schon etwas ausgedörrte, gekochte Möhre lag. Vielleicht hielt Achmatowa Diät, vielleicht war es einfach ihr Wunsch oder die Folge des vernachlässigten Haushalts, in jenem Moment aber äußerte sich für mich in dieser Möhre ihre unendliche Gleichgültigkeit dem Alltag gegenüber und gleichzeitig ihr Nicht-versorgt-Sein, ja, man kann sagen – ihre Armut.

Ich traf sie in verhältnismäßig glücklichen Jahren. Der Literaturfonds hatte ihr eine Datscha in Komarowo zur Verfügung gestellt, ein Bretterhäuschen, das sie eher gutmütig als tadelnd »Hütte« nannte wie die Hütte bei Odessa, wo sie geboren wurde. Sie steht heute noch. Es ist eines der vier Häuschen auf der Spitze zwischen der Ossipenko- und der Osernaja Straße. Einmal sagte sie, man müsse ein außergewöhnlicher Architekt sein, um in einem solchen Haus auch nur einen Wohnraum einzurichten. In der Tat: es gab eine kleine Küche, ein mittelgroßes, obendrein ziemlich dunkles Zimmer, alles andere waren Korridore, eine Veranda, ein zweiter Aufgang. An einer Ecke der Liege, auf der sie schlief, fehlte das Bein, es wurden Ziegelsteine untergelegt. Als sie 1964 nach Italien fuhr, um einen Literaturpreis entgegenzunehmen, mußte sie sich einige Kleidungsstücke borgen; nach ihrer Rückkehr brachte ich der Witwe Alexej Tolstois einen verfilzten Wollschal zurück.

Die Frauen, mit denen sie in Leningrad die Wohnung teilte – Irina Nikolajewna Punina (sie war es, die mir die Tür geöffnet hatte), die Tochter des letzten Mannes von Achmatowa, und Anja Kaminskaja, seine Enkelin –, konnten ihr nicht genug Aufmerksamkeit widmen, sie hatten eigene Familien, eigene Sorgen und Probleme, hier aber war Selbstaufopferung vonnöten. Nina Antonowna Olschewskaja, bei der sie in Moskau am häufigsten Quartier nahm, Maria Sergejewna Petrowych, Nika Nikolajewna Glen, die ihr zu verschiedenen Zeiten Unterschlupf gewährten, waren selbstlos, wirklich gütig und zuvorkommend ihr gegenüber. Es waren jedoch stets nur Zufluchtstätten, kein Zuhause.

Obdachlosigkeit, Ungewißheit, ruheloses Wanderleben. Die Bereitschaft zu verlieren, die Geringschätzung der Verluste, die Erinnerung an sie. Unglück, das gleichsam selbstverständlich war, nicht zur Schau gestellt, aber ins Auge fallend. Nicht kultiviert, ohne wirre Haare, ohne das absichtliche Tragen der Kleider, bis sie löchrig waren. Nicht das imitierte: »Schon drei Monate lang gibt man mir kein Visum nach Paris!« Unglück als Lebensnorm. Auch die augenblickliche glückliche Wendung irgendeiner Angelegenheit erleuchtete – einem Aufblitzen gleich – nur das unglückliche Gesamtbild. Eine »lukrative« Übersetzung, die ihr angeboten wurde, bedeutete Wochen und Monate anstrengender Arbeit, erinnerte an die Rente von siebzig Rubeln. Der Umzug nach Komarowo im Sommer begann mit der Suche nach einer entfernten Verwandten, Bekannten oder Freundin, die ihr helfen und für sie sorgen könnte. Bei der Verleihung des Preises in Italien oder der Ehrendoktorwürde der Universität Oxford wurde deutlich, wie krank, wie alt sie war. Ebenso unterstrichen ihr Lächeln, ihr Lachen, ihr lebhafter Monolog oder ein Scherz das Schmerzerfüllte ihres Gesichts, ihrer Augen, ihres Mundes.

In den letzten Lebensjahren brachten zwei, drei ihr nahestehende Menschen sehr vorsichtig, auf Umwegen, das Gespräch auf ihr Testament. Es ging darum, daß Achmatowa das Testament zugunsten der Punina aufgesetzt hatte, als ihr Sohn Lew Nikolajewitsch Gumiljow im Lager war, damit nach ihrem Tod, wie sie sich ausdrückte, »die Hausverwaltung nicht wegen des Trödels käme«. Nach der Freilassung ihres Sohnes machte sie eine Notiz (in einem ihrer Hefte und auf einem einzelnen Blatt Papier) über die Änderung des früheren Testaments, was automatisch bedeutete, daß ihr Sohn alleiniger Erbe sein würde. Diese Notiz war jedoch nicht notariell beglaubigt. Sie fragte mich, was ich davon hielte. Ich erwiderte, daß sie meiner Meinung nach kein Testament hinterlassen dürfe, das in irgendeiner Weise gegen ihren Sohn gerichtet sei. Sie explodierte auf der Stelle, schrie etwas von falschen Freunden und der bettelarmen Alten. Einige Tage später kam sie erneut auf dieses Thema zu sprechen: die Szene wiederholte sich. Und noch einmal. Am 29. April 1965, gegen Abend, sagte sie plötzlich: »Lassen Sie uns ein Taxi rufen und zum Notar fahren!« Damals wohnte sie schon in der Leninstraße, das Büro des Notars befand sich in der Moissejenko, unweit der Krasnaja Konniza, in der sehr hoch gelegenen zweiten Etage, zu der eine steile Treppe hinaufführte. Solche Aufstiege verboten sich für ihr Herz nach dem Infarkt; ich schlug vor, umzukehren und den Notar zu einem Zeitpunkt, da außer ihr niemand in der Wohnung sein würde, nach Hause zu bestellen. Sie begann, langsam hinaufzusteigen. Im Büro war es leer, ich glaube, es wartete noch ein Besucher. Sie ließ sich schwer auf einen Stuhl nieder. Ich bat den Notar, hinter der Trennwand hervorzukommen. Sein Gesicht und seine Hände waren verbrannt, mit glänzender Haut überzogen. Achmatowa sagte: »Ich vernichte mein früheres Testament.« Er erklärte ihr, daß das schriftlich erfolgen müsse. Sie stöhnte beinahe: »Ich habe nicht die Kraft, viel zu schreiben.« Wir vereinbarten, daß er diktieren, ich schreiben und sie unterschreiben würde. So taten wir es auch. Auf der Treppe äußerte sie oder ich etwas über Dickens. Und als wir auf die Straße hinaustraten, sagte sie schwermütig: »Von welcher Erbschaft kann denn die Rede sein? Man nimmt die Zeichnung von Modi unter den Arm und geht.« (Es sei hier hinzugefügt, daß nach Achmatowas Tod jene, die überhaupt kein Recht auf ihr Archiv hatten, in deren Händen es sich aber befand, einen abscheulichen Kampf darum veranstalteten, es kam zu einer schändlichen Gerichtsverhandlung, in deren Ergebnis sich die Manuskripte an drei verschiedene Aufbewahrungsorte zerstreuten, und dabei ist nicht bekannt, wie viele und welche der vereinzelten Blätter an wessen Händen klebengeblieben sind.)

Unglück ist ein unentbehrlicher Bestandteil im Leben eines Dichters, zumindest eines Dichters der neuen Zeit. Achmatowa war der Ansicht, daß es für den wirklichen *Künstler,* ja für den Menschen von Wert überhaupt, unzulässig sei, in Luxus zu leben. »Warum läßt er sich nur neben teuren Dingen fotografieren?« bemerkte sie beim Betrachten von Farbfotografien Picassos in einer Zeitschrift. »Wie ein Bankier!« Aus England zurückgekehrt erzählte sie von der Begegnung mit einem Mann, der in ihrem Leben einen besonderen Platz eingenommen hatte. Jetzt lebte er in einem wunderschönen Schloß, umgeben von Blumenbeeten, Dienern, Silber. »Ich denke, daß ein Mann nicht in einen goldenen Käfig klettern sollte.« Als Brodsky verurteilt und in den Norden verbannt wurde, sagte sie: »Was für eine Biografie bereitet man unserem Rotschopf! Als hätte er eigens jemanden damit beauftragt!« Und auf meine Frage nach Mandelstams dichterischem Schicksal, ob es nicht vom normalen, Millionen Menschen gemeinsamen Schicksal verdeckt würde, antwortete sie: »Es war ideal.«

Sie übte nicht nur durch ihre Verse, nicht nur durch ihren Geist, ihr Wissen, ihr Gedächtnis, sondern auch durch die Authentizität ihres Schicksals eine Anziehungskraft aus. In erster Linie durch die Authentizität ihres Schicksals. Ich beendete die Schule drei Monate nach Stalins Tod, zwei Monate nach der Freilassung der jüdischen Ärzte. Die für die Jugend unvermeidliche Unzufriedenheit mit den Älteren, mit den »Vätern«, die Versuche, sich durch Aufruhr von ihrem Einfluß zu befreien, wurden durch deren plötzlich zutage getretene Feigheit, Blindheit, Heuchelei, Schwäche, ganz zu schweigen von ihrer Gemeinheit und Kriecherei, genährt: der geradlinige Verstand wollte sich nicht auf ein tieferes Verständnis der Gründe einlassen, die egoistische Seele war zu Mitgefühl nicht bereit. Gleichzeitig führte die für die Jugend unausbleibliche Suche nach Autorität zu Enttäuschungen: bei näherer Betrachtung erwies sich die offizielle Autorität als aufgeblasen, die illegale als schädlich.

Im Moskauer Almanach *Den poesii* von 1956 wurde Achmatowas Elegie »Erinnerungen haben drei Epochen...« abgedruckt. Ich konnte mir nicht darüber klar werden, was mich daran mehr erstaunte: daß sie noch lebte oder Inhalt und Schönheit der Elegie. In den dreißig seitdem vergangenen Jahren tauchten diese Blankverse, die sich mir sofort eingeprägt hatten – aus einem bestimmten Anlaß und auch ohne jeden Anlaß –, wieder und wieder in meinem Bewußtsein auf, wobei sie sich mit Achmatowaschem Inhalt, den ich vorher nicht kannte, der mir entgangen war, ebenso anfüllten wie mit hineingedeutetem, erlebtem, eigenem. Das war eine neue Achmatowa, und gleichzeitig erkannte man sie wieder, die aus den »Epischen Motiven« herausschaute. Das nächste Mal sah ich die »Erinnerungen« in der Sammlung von 1961, dem sogenannten »Frosch« – der grünen Farbe des Einbandes wegen –, in einem Zyklus mit »Da ist sie, diese herbstgeprägte Landschaft...« (Landschaft – russ. *pejsasch*, Achmatowa sprach es *pe-isasch* aus) und mit dem Vierzeiler »Und jene Stimme gibt schon keine Antwort mehr«. Der Vierzeiler hinterließ einen überwältigenden Eindruck, zeitweilig stellte er die Elegie vollkommen in den Schatten. »Jubelnd und trauernd.« »Alles ist zu Ende.« Alles war vorherbestimmt, die Intonation nicht abzuändern, die Macht jedes einzelnen Wortes unbestreitbar. Aber die Hauptrolle spielte der Klang. Einige der Dichter, deren Verse im Almanach neben Achmatowas Gedichten zu finden waren, hätten sich miteinander »verabreden« können. Man konnte sich vorstellen, daß Pasternak zum Beispiel »Die Kerze brannte«, vortrug, danach Zwetajewa – »Die Zeitungsleser«, Sabolozki – »Abschied von Freunden« und dieselbe Achmatowa – »Erinnerungen«. Aber etwas in der Frau, der man die Möhre gebracht hatte, ging über die Grenzen all dieser neuen sowie aller früheren, mir bekannten Gedichte hinaus. In den Worten, die sie zuweilen äußerte, war ein Klang, der – wie ich damals dachte – überhaupt nicht in Verse zu fassen war. Es gab keinen poetischen Chor, in dem eine solche Stimme erklang, ja erklingen konnte, eine Stimme, gleichsam aus dem Chor herausgerissen, der jene, die selbst schon schwiegen, beklagte. »Wo du nicht mehr bist.« Gleichzeitig verbargen diese wenigen Abschiedsworte nicht, daß sie kunstvoll gesetzt waren, die Verse hatten »Effekt«, die Zeile riß bei »Und mein Lied zieht dahin...« ab, das heißt alles ist zu Ende, aber das Lied zieht dennoch dahin.

Mein Literaturlehrer in der Schule, der zugleich auch Schuldirektor war, ein kleiner, untersetzter vierzigjähriger Ordensträger mit mongolischem Augenschnitt und festem Kinn verlor nicht viele Worte über den jeweiligen Gegenstand, auf Feinheiten ging er nicht ein. Zum Thema Achmatowa sagte er, als die Rede auf den ZK-Beschluß von 1946 kam: »Mit ihr ist es einfach. Sie selbst war häßlich, liebte aber ihr ganzes Leben lang einen sehr schönen Mann. Er beachtete sie nicht, daher die Dekadenz.« Im Zentrum der Stunde stand die Gliederung eines Aufsatzthemas. Irgendeines beliebigen Themas – wir schrieben nur einen kleinen Teil der Aufsätze, deren Gliederung wir besprachen. Einleitung. Inhalt. Schluß. Römische Ziffern, arabische Ziffern, Kleinbuchstaben: a), b), c)... Punkt vier: Onegins Nähe zu den Dekabristen«: a) »Führte er ein statt Frondienst schnöde / Auf seinem Gute leichte Pacht«; b) »Dafür war Adam Smith ihm heilig«; c) eine Variante im Entwurf: »Das Los der Zaren – nach der Reih / Zog man sie zur Kritik herbei.« Er ging geradlinig an die Literatur heran. Er verlangte die Kenntnis der zu studierenden Werke, gab als Hausaufgabe über den Sommer auf, *Krieg und Frieden* zu konspektieren; das tat ich mit Vergnügen, nach Kapiteln, es wurde ein dickes Heft. Er forderte keine Liebe zur Literatur, die aus irgendeinem Grund für wichtiger gehalten wird als die Liebe zur Chemie. Er verlangte nicht, daß wir Gorkis *Mutter* ebenso liebten wie *Krieg und Frieden*. Er diktierte Gliederungen. »Die Gestalt Pierre Besuchows.« Seine Bedeutung im Roman. Seine Beziehung zu den anderen Helden. Äußeres, Taten, Charaktereigenschaften. »Die Gestalt Pawel Wlassows.« Seine Bedeutung im Roman. Seine Beziehung zu den anderen Helden. Äußeres, Taten, Charaktereigenschaften. Er führte die Literatur auf ein Niveau, auf dem die Bücher gleichberechtigt waren. Eigentlich geschah im Physikunterricht dasselbe: ein fallender Mensch hatte dieselbe Beschleunigung wie ein fallender Stein. Und im Biologieunterricht: eine Spinne hatte auch ein Herz, nur ihr Blutkreislaufsystem war nicht geschlossen. Uns wurde nicht Schöne Literatur gelehrt, wir wurden nicht gezwungen, mit den positiven Helden mitzufühlen, dafür sagte man auch nicht, wie dreißig Jahre später meinen Kindern: »Sämtliche Kleidung von Jewgeni Onegin war nicht wie die unsere.« Ob einem das Poem *Die Zwölf* gefiel oder nicht, man mußte wissen, daß es den Zarismus entlarvte und die Revolution besang. Die Gedanken wurden zurechtgebogen, aber das Gefühl blieb unberührt. Man konnte bezaubert sein vom »Grauäugigen König« und, nachts geweckt, herunterschnurren, daß das Gedicht dekadent und lasterhaft sei.

Achmatowa sagte, daß jeder, wen immer sie auch getroffen habe, sich den 14. August 1946, den Tag des ZK-Beschlusses über die Zeitschriften *Swesda* und *Leningrad* ebenso deutlich eingeprägt habe wie den Tag der Kriegserklärung.

Es war im ersten Nachkriegsjahr. Man hatte mich zu Verwandten in die kleine lettische Stadt Ludzu (Lüzin) geschickt, um mich herauszufüttern. Das Haus meines Tantchens stand auf einem Platz, und genau gegenüber befand sich eine Holztribüne, an der an Feiertagen die Demonstrationen vorbeiführten. Ich war zehn Jahre alt, lag auf den sonnenheißen, gestrichenen Brettern der Tribüne und las irgend etwas, als mein Cousin, ein Rigaer Oberkläßler, mit der Zeitung in der Hand auftauchte und, Strenge mimend, sagte: »Was ist denn bloß bei euch in Leningrad los, die sind ja außer Rand und Band geraten!« Ich begann, die Zeitung zu lesen, und nahm selbst in dieser spezifischen Aufbereitung den Reiz und – wie ich jetzt sagen würde – die Dramatik und daher auch die Wahrheit der in Bruchstücken angeführten Verse wahr, ich spürte die Faszination der Figur, auf die die Steine flogen. Und selbstverständlich hatte ich keinerlei Zweifel, daß Achmatowa nach diesem Beschluß für immer erledigt sein würde.

Mit einem Wort, ich ging in die Krasnaja Konniza in Erwartung der Begegnung mit einer großen, geheimnisvollen, legendären Frau, die standhaft geblieben war, mit Dante, mit der Poesie, mit Wahrheit und Schönheit – einer Begegnung, die es »nicht geben kann« –, und diese Begegnung fand statt. Ich wurde nicht enttäuscht.

Unerwartet, aber sofort sichtbar und gleichsam selbstverständlich war die völlige Hoffnungslosigkeit in ihrer ganzen Gestalt, in ihren Worten, Gesten, eine endgültige, von ihr zugegebene und damit schon entkräftete Hoffnungslosigkeit. Ebenso wie alle, deren erste Begegnung mit ihr ich in der Folge miterlebte, verließ ich, laut der späteren Schilderung von Maria Sergejewna Petrowych, »wankend« das Zimmer, war völlig durcheinander, murmelte etwas und lallte. Ich ging überwältigt davon – hatte ich doch eine Stunde in der Anwesenheit eines Menschen verbracht, mit dem es nicht etwa kein gemeinsames Thema gab (denn über irgend etwas hatten wir ja diese Stunde gesprochen), sondern mit dem niemand auf der Welt irgend etwas gemein haben konnte. Ich ertappte mich dabei, daß es mir schon nicht mehr wichtig war, ob ihr meine Gedichte gefielen oder nicht. Wichtig war allein die Tatsache, daß sie sie einfach angehört hatte.

*

»Eine demutvolle, ärmlich gekleidete, doch majestätisch wirkende Dame.« Nach einem der folgenden Besuche bei ihr stand ich an der Bushaltestelle und bemerkte plötzlich, daß ich schon eine ganze Weile mechanisch diese Zeilen wiederholte, sofort mußte ich darüber schmunzeln, daß sie dieser Puschkinschen »Schulaufseherin« zu ähnlich, scheinbar absichtlich ähnlich war. Ich wies mich bei dem Gedanken, daß ich mit meinem Schmunzeln den »klaren Sinn wahrhaftiger Gespräche« auch verkehrt deutete, auf der Stelle zurecht.

Einmal ließ sie die Bemerkung fallen: »Wir erinnern uns nicht an das, was war, sondern an das, woran wir uns einst erinnert haben.« Nach ihrem Tod begann ich, mich an sie zu erinnern, und seitdem erinnere ich mich an meine Erinnerungen. Aber sie hinterließ Erinnerungen, die voll Geheimnis waren. Zum Beispiel erzählte sie mir einmal über ihr Nicht-Verhältnis mit Blok und äußerte sich voll Abscheu über die Tiefen und den Erfindergeist menschlicher Gemeinheit: jemand hatte im *Poem ohne Held* gelesen: »Jetzt möglichst schnell nach Hause durch die Cameron-Galerie« und begann nun, auf ihre möglichen Verbindungen, ja beinahe auf einen Ehebruch mit einem der Bewohner des Zarenschlosses anzuspielen. Sie hob gerade die Raffiniertheit des unsittlichen Geistes hervor, und mit derart gesetzter Betonung bewahrte sich diese Bemerkung zusammen mit anderen in diesem Sinne viele Jahre in meinem Gedächtnis auf. Aber auch zusammen mit verschiedentlich erwähnten Erinnerungen an Zarskoje Selo konkret.

Ein andermal trug sie Scherzverse über Zarskoje Selo vor, die mit der Ankunft des französischen Ministers Lubbe in Rußland zusammenhingen: dieser wußte nichts von der kurz zuvor erfolgten, morganatischen Eheschließung des Großfürsten Pawel Alexandrowitsch mit der Fürstin Palej, die ehemals Pistolecorses Frau war, und wandte sich an die Kaiserin:

>»Où est Prince Paul, ditez-moi, Madame?«,
>so fragt Lubbe, den Rumpf gebeugt.
>»Il est parti avec ma femme!«,
>ruft Pistolecorse in dumpfem Leid.

Sie erzählte, daß Fürstin Palej in Zarskoje Selo gewohnt habe, wenn ich mich auch nicht genau erinnere, ob sie davon gesprochen hat, mit ihr bekannt gewesen zu sein. Sie sagte, daß sie ihre Memoiren gelesen habe: »Wenig interessante Aufzeichnungen einer untalentierten Dame mit schlechter Beobachtungsgabe.« Nach der Revolution wurde ihr Mann in der Peter-Pauls-Festung gefangengehalten. »Sie brachte ihm die benötigten Sachen in einem Schlitten. Dann wurde er erschossen, nachts, im Festungshof. Sie reiste nach Schweden ab. Ihre Töchter verstanden alles, als sie sie erblickten, und begannen zu weinen. In dem Buch gibt es zwei Fotografien: die einer jungen Petersburger Schönheit und die einer Greisin, und der

Abstand zwischen den Aufnahmen beträgt nur wenige Jahre.« Dann gab sie kurz die Einzelheiten des Todes von Palejs zwanzigjährigem Sohn Wladimir wieder, einem Dichter, der ein halbes Jahr nach der Erschießung seines Vaters in einen Schacht in Alapajewsk geworfen wurde.

Auch in den Anmerkungen zum *Poem ohne Held* schrieb sie über Zarskoje Selo, über ihre Jugendfreundin, die Schauspielerin Glebowa-Sudejkina: »Olga tanzte La danse russe rêvée par Debussy, wie K. W. 1913 über sie sagte.« Und nochmals: »La danse russe im Schloß von Zarskoje Selo.« In den Erinnerungen einer anderen, noch früheren Freundin, W. S. Sresnewskaja, die Achmatowa redigiert, wenn nicht teilweise sogar diktiert hat, wird folgende Episode beschrieben: »In die Vergangenheit gerückt sind die englischen und Versailler Zelte von Z. S. und Pawlowsk, die Mondnächte mit dem dünnen Mädchen im weißen Kleid auf dem Dach des grünen Eckhauses (›Wie schrecklich! Sie ist mondsüchtig!‹), und alle Launen dieses freiheitsliebenden Kindes, das Baden der weißen schlanken Beinchen (man konnte sich ja nirgends bräunen!) in dem kleinen Bach bei Tjarlew, und die zärtliche Stimme des Großfürsten Wladimir Alexandrowitsch, der mit einem Adjutanten einen Morgenspaziergang machte: ›Und wenn Sie sich erkälten, Fräulein?‹, und das Entsetzen ebenjener Mme. Winter, die von unseren Streichen erfahren hatte und versprach, ›alles‹ unseren Eltern zu erzählen, und unsere Verlegenheit vor dem schönen alten Mann, der uns so lieb einen Verweis erteilt hatte.« Und auf dem von Achmatowas Hand gezeichneten Plan von Zarskoje Selo war das Schloß des Großfürsten Wladimir Alexandrowitsch markiert (des Vaters von K. W., Kirill Wladimirowitsch).

In der Liste »Daten und Adressen« zählt Achmatowa unter der Überschrift »Im Alter von 2 bis 16 Jahren in Zarskoje Selo« auf:

Zarskoje Selo

Das sogenannte »Kalte Haus« (1893?), Schirokaja Str., das erste Haus vom Bahnhof aus. (Linke Seite. Brannte 1919 durch eine »weiße« Bombe ab.)

Haus des Kaufmanns Sergejew, Malaja Str. (gerade Seite, erste Etage)

Haus Bernaskoni, Besymjanny Gasse. (1894)

Haus der Kaufmannsfrau Jewdokija Iwanowna Schuchardina. (War das nicht die Witwe des Leskowschen Schucharda – in der Litejnaja, siehe Erinnerungen von Leskows Sohn.) Zunächst Erdgeschoß, oben die Antonows (Juri Michailowitsch, Nietzscheübersetzer und Friedensrichter).

Dann erste Etage, und unten die Tjulpanows. Dort war N. S. Gumiljow bei Bruder Andrej zu Gast.

Schirokaja Str., zweites Haus vom Bahnhof, rechte Seite, Ecke Besymjanny Gasse.

Mein Fenster ging auf die Besymjanny Gasse hinaus. Hier wohnten wir bis Mai 1905.

Sommer 1905. Bulwarnaja, Haus von Sokolowski. Von dort aus Anfang August nach Jewpatorija (Pensionierung des Vaters und Trennung der Eltern).

»Besymjanny Gasse« stand anfangs im Untertitel der am Ende ihres Lebens geschriebenen »Ode von Zarskoje Selo«. Darauf folgten zwei Epigraphe, Gumiljows »Und in der Gasse der Bretterzaun« und Punins »Du bist ein Dichter von Bedeutung, hier, in Zarskoje Selo«.

Allmählich, im Laufe der Zeit, verglich mein Bewußtsein unmerklich diese Erinnerungen, bruchstückartigen Daten, zufälligen Bemerkungen und Aufzeichnungen, bis sie sich zu einem, wenn auch mangelhaften Gesamtbild fügten. Und jener weit zurückliegende Angriff auf irgendwelche schmutzigen – und denunzierenden – Vermutungen über die Cameron-Galerie begann anders zu klingen. Selbstverständlich nicht in jenem Sinne, daß es trotz allem »etwas« gegeben haben muß, nein! – auch in ihren Worten über die Besitzer des verdorbenen, böswilligen Geistes – *esprit mal tourné* –, die Verse in die Richtung wenden, die ihnen genehm ist, höre ich dieselbe Entrüstung und Abscheu. Sondern in dem Sinne, daß nicht alles so einfach ist, wie es dem ersten Eindruck nach erscheint.

Und wenn sie in ihrem Tagebuch notierte: »Nichts als steinerne Zirkel und Lyren – mir scheint das ganze Leben lang, daß P-n das über Zarskoje gesagt hat...«, denke ich, daß sie nicht weniger als andere *wußte,* daß Puschkin das über Zarskoje gesagt hatte. Sie wollte aber an die »majestätische Dame« erinnern; wollte an Mandelstams Rezension im *Musenalmanach* erinnern, wo er über »die hieratische Wichtigkeit, die religiöse Schlichtheit und Feierlichkeit« ihrer Gedichte schrieb: »... nach der Frau ist nun die Reihe an der Dame.« Erinnern Sie sich: »Eine demutvolle, ärmlich gekleidete, doch majestätisch wirkende Dame«; und schließlich an die Lyren, die an den Zweigen des fremden Gartens aufgehängt waren.

Das dünne Gift der literarischen Repliken, die beiläufig geäußert werden.

＊

Und noch einen Grund gab es, warum es junge Menschen wie mich zu ihr zog. Sie war ein lebendiges und in der damaligen Vorstellung unantastbares Symbol der Verbindung zwischen den Zeiten. Ein junger Mensch ist seiner Natur nach Futurist, er ist unzufrieden mit der Einrichtung des Lebens, die er angetroffen hat und wünscht, die ihm unbequemen, ihn störenden Verbote und Gebote in jedem Fall zu verändern und aufzuheben. Ist sein Wirkungsfeld die Kunst, so schlägt er obendrein statt dessen neue, seiner Meinung nach einzig richtige und notwendige Gesetze vor. Aber während er Beifall von Gleichgesinnten bekommt – in überwältigender Mehrheit von seinen Altersgenossen –, fühlt er intuitiv, daß seine Position nicht begründet und haltbar genug ist und sucht bei »Fremden«, besonders bei Älteren Unterstützung. Er braucht die Billigung seiner Position nicht nur vom »gegenwärtigen Moment«, sondern auch von den »Zeitaltern«. So funktioniert der Mechanismus der Kontinuität, der Tradition.

Achmatowa trat der Revolution als vollkommen ausgeprägter Mensch entgegen, mit Prinzipien und Kriterien, die sie in der Folge nicht änderte. Damit und nicht nur durch ihr strenges und selbstsicheres Auftreten läßt sich insbesondere erklären, daß sie und Mandelstam dreißigjährig für alte Menschen gehalten wurden. Die zweihundertjährige Petersburger Kultur und natürlich die russische jahrhundertealte Kultur hatten sie erzogen. Ihre Wertmaßstäbe resultierten aus der gewaltigen Geschichtsperiode, sie bewertete das Geschehen moralisch ebenso wie, sagen wir, Fürstin Anna Kaschinskaja oder Fürstin Anna, die Frau Jaroslaws des Weisen, oder die Prophetin Anna. Sie erzählte folgendes über eine Freundin: einige Jahre nach der Revolution wusch diese im Waschbecken der Gemeinschaftsküche einer mit Mietern vollgestopften Wohnung Wäsche. Ihre Tochter kam aus der Schule gelaufen und sagte im Vorübergehen leichthin, wenn auch nicht ohne Herausforderung: »Mama, es gibt keinen Gott.« Die Mutter entgegnete, ohne das Waschen zu unterbrechen, müde: »Wo ist er denn geblieben?« Achmatowa war nicht damit einverstanden, vom »Schiff der Neuen Zeit« den für unnötig erklärten Kulturballast abzuwerfen. Sie lehnte das erprobte Alte nicht um des angepriesenen Neuen willen ab. Deshalb weckte der Klang eines jeden ihrer Worte, wenn sie auf ein »ha« antwortete, das Echo in der wer-weiß-wohin entschwindenden Perspektive der Epochen und prallte nicht an der nahen Wand der neuen Zeit ab.

Sie hatte keine hohe Meinung von der Estradenpoesie Ende der fünfziger, Anfang der sechziger Jahre. Dabei spielte die Qualität der Verse, wie ich bemerkte, nicht die Hauptrolle, sie konnte einen falschen Fund verzeihen, wenn sie dahinter ehrliche Suche sah. Unannehmbar für sie war in erster Linie der Seelenzustand der Autoren, die nur auf den Augenblick berechneten moralischen Prinzipien, der verdorbene Geschmack.

Ein junger Moskauer Dichter, ein Bekannter von mir, bat mich, eine Zusammenkunft mit ihr zu vereinbaren. Ich richtete ihr das aus, empfahl ihn, und sie fragte, ob ich mich an einige seiner Gedichte erinnerte. Ich trug zwei Zeilen aus einem Jugendgedicht vor: »Für jeden wird es anders Herbst – durch Verse, Frauen, Wein.« »Zuviele Frauen«, äußerte sie, lehnte es aber nicht ab, ihn zu empfangen.

Oder ihre Äußerung über einen damals in Mode gekommenen Dichter, den ich hier Albert Bogojawlenski (*bogojawlenije* = Gotteserscheinung) nennen will: »Wie kann sich ein Mensch als Dichter bezeichnen, der unter einem solchen Namen auftritt? Merkt er denn nicht, daß ein russischer Popenname nicht mit einem Operettenvornamen aus Übersee zusammenpaßt?« Und als ich versuchte, ihn zu verteidigen, da müßte man wohl bei den Eltern nachfragen, folgte: »Dazu ist man doch Dichter, um sich ein anständiges Pseudonym auszudenken.«

Einmal wurde die Post gebracht; sie begann, einen Brief von Hanna Gorenko, ihrer Schwägerin, zu lesen und ich, die Zeitschrift *Nowy mir* durchzusehen. Nach einiger Zeit hob sie den Kopf und fragte, was ich da entdeckt hätte. »Jewtuschenko.« Sie bat mich, ein Gedicht zur Probe vorzulesen: »Sonst schimpfe ich über ihn und habe doch fast nichts gelesen.« Das Gedicht handelte davon, daß dem Menschen, wenn ihm das eine Gedächtnis und noch irgendein anderes, ein zweites Gedächtnis (ich glaube, des Herzens) versagt, ein drittes bleibt: »Mögen die Hände sich an das und das erinnern, möge sich die Haut erinnern, mögen die Füße sich an den Staub der Wege erinnern, mögen die Lippen...« Das Gedicht hatte etwa zehn Strophen, ich bemerkte, wie sie nach der dritten nur noch unaufmerksam zuhörte und wieder in ihren Brief schaute. Als ich geendet hatte, sagte sie: »Irgendwie hat Hannas Brief den Eindruck verschönert... Was er doch für gefühlvolle Füße hat!«

In anderen Versen, die ich in der Bahn nach Komarowo las, variierte ein damals beliebter Leningrader Dichter verkrampft und nicht sehr erfinderisch folgendes Thema: im kommenden Jahrhundert würde es die Möglichkeit geben, Menschen, die früher gelebt hatten, künstlich wiederzuerschaffen. Dann würden die *schlechten,* die *Reaktionäre* sozusagen, in vielen Exemplaren wiedererstehen, um den Schulen als Anschauungsobjekt zu dienen; die *guten, progressiven* aber würde man in nicht mehr als einem Exemplar bauen können. Ich behielt nur, daß es fast anderthalb Dutzend Mohameds, aber nur einen Majakowski geben würde.

»Gestatten Sie«, sagte Achmatowa, »das ist nicht nur abgeschmackt, das ist obendrein noch lukrativ.«

Bald nach der Revolution spielte sich vor ihren Augen das ab, was sich von da an stolz und tiefsinnig »Umorientierung der Interessen der Dichtung« nannte. Die äußere Überzeugungskraft der Formel jedoch, die Selbstsicherheit, mit der sie ausgesprochen wurde, dienten in erster Linie dazu, den Leser zu betrügen, von der Rechtmäßigkeit der Abkehr von dem, was Verse zu Poesie macht, zu überzeugen. Die persönliche Meinung, der besondere Blick – mit einem Wort – die persönliche Beziehung des Dichters zu allen Erscheinungen auf der Welt garantiert allein die Echtheit jeder seiner Zeilen. Wenn der Dichter wie Puschkin die ganze Welt in sich vereint, bekommen seine persönlichen Gedichte das Recht, als Vertreter »für alle« zu wirken, »im Namen aller« – genauer, eines jeden – zu sprechen. Das heißt, auch ich erinnere mich an einen wunderbaren Augenblick, auch von mir ist gestern abend Leila gleichgültig weggegangen, und überhaupt hat er das alles »über mich gesagt«. Aber selbst wenn ein Dichter Individualist oder gar Egoist ist – wie Balmont oder Igor Sewerjanin –, bleibt ihm nichts übrig, als nur von sich und nur für sich zu sprechen, und dabei stellt er den Leser vor die Wahl, sich an seiner Ausschließlichkeit zu erfreuen oder sie nicht zu beachten.

Die neue Einstellung – »im Namen des Volkes«, »für alle Menschen« zu sprechen – warf den Standpunkt des Dichters um, er mußte sich nunmehr nicht nach innen, sondern nach außen richten. Zugelassen (und gefördert) wurde das Zusammenfallen beider Richtungen, wobei der neuen unbedingt der Vorrang eingeräumt wurde. Das »Wir« verdrängte offen und versteckt das »Ich« aus der Poesie: »Ich bin von verschiedener Art, überlastet mal und müßig« – sagen wir – eignete sich, denn es war anzunehmen, daß es »so wie viele«, »gemeinsam mit anderen« hieß; aber etwas wie »Zechbrüder sind wir alle, Huren« paßte aus verständlichen Gründen nicht. Eine Vielzahl von Gegenständen und Themen, die sogenannten überlebten und darum verlachten Kammerthemen, wurden offiziell und – was weitaus bedeutender war – auf Befehl des Herzens verboten.

Das Nichteigene wurde nach Möglichkeit verallgemeinert und das Allgemeine, der Absicht folgend, angeeignet. Der Autor ging in der Tat dem Leser entgegen, umwarb ihn geschickt, bekam ein tausendfaches Auditorium, spekulierte dabei aber mit der Poesie, gab dem Leser alles, was dieser wollte und nicht das, was er, der Autor, besaß. Achmatowa äußerte über W., der in den sechziger Jahren schnell an Popularität gewann: »Ich sage das mit voller Verantwortung, nicht ein Wort seiner Verse hat er durch sein Herz gelassen.«

Dabei hat das »Wir« in der lyrischen Dichtung einen ganz konkreten Inhalt und bedeutet nichts anderes als: ich und du, er und sie, eine Gruppe Nahestehender oder Freunde, die der Dichter namentlich nennen kann. Nur so wird das begrenzte »Wir« größer und allgemein. Meine Freunde, herrlich ist unser Bund, unser, das heißt der Lyzeumsschüler, Delwigs, Puschkins usw., und darum aller, die »Lyzeumsschüler« sind, insofern als sie »Lyzeumsschüler« sind. Wir aber leben mühsam, wir Petersburger, die wir einander auf der Straße erkennen, und darum erkennen wir jeden, der von dieser oder ebenso von seiner eigenen Stadt vergiftet und verzaubert ist, da er vergiftet und verzaubert ist. In den Versen der Kriegszeit: »Ihr, meine Freunde, die zuletzt man rief...« spricht Achmatowa von ihrer Pflicht, »eure Namen muß in alle Welt ich schrein«, und in »Den Siegern« nennt sie sie auch: die Wankas, Wasskas, Aljoschkas, Grischkas – Enkel, Brüderchen, Söhne.

1961 schrieb sie im Krankenhaus das Gedicht »Heimaterde«. Es besteht in nicht geringem Maße aus Klischeeformeln, die wenn überhaupt mit umgekehrtem Zeichen zu lesen sind: »wir preisen sie nicht schluchzend in Gedichten«, »und nicht einmal an sie erinnernd« usw. Es fehlt die ihren Versen eigene Schärfe, viele Zeilen scheint man schon gelesen zu haben, und ganz und gar nicht nach Achmatowa klingt das »Wir« – unbestimmt, ohne konkrete Adresse. Wenn es nicht zwei Zeilen, genauer gesagt, zwei Worte darin gäbe, die alles an seinen Platz rücken. »Doch wir mahlen, kneten und bröckeln diesen Staub, der mit nichts sich vermischt.« »Wir kneten und bröckeln« – das ist die ein Vierteljahrhundert später gesandte Antwort auf Mandelstams Losungswort »Und Ara-

biens Geknet' und Gebröckel« in »Verse vom unbekannten Soldaten«. Das ist ihr Staub, vielleicht der Staub der Kollegen der »Dichter-Gilde«, von Gumiljow, Mandelstam, »die mit nichts sich vermischen«, vielleicht weiter gefaßt: der Staub der Jugendfreunde, »Um
zu beweinen euch, muß ich am Leben sein«. Noch deutlicher tritt
ebendiese Adressierung des Gedichts in der naheliegenden Gegenüberstellung mit dem weniger als drei Jahre später geschriebenen
Gedicht »Zwar ist die Erde nicht die Heimat« zutage. Es enthält
auch Schablonen-Bilder, besonders konzentriert im letzten Vierzeiler, die die »zwar nicht heimatliche, doch für alle Zeit denkwür-
dige« Poetik der Symbolisten darstellen: »Der Sonnenuntergang in
den Wellen des Äther, so daß ich nicht ergründen kann, ob Ende
des Tages, ob Ende der Welt, oder ob Geheimnis der Geheimnisse.« Hier findet sich auch die zum Allgemeinplatz gewordene
Kritik des Symbolismus: »Wenn ein Symbolist ›Sonnenuntergang‹
sagt, meint er den Tod«, und die spöttische Erinnerung Achmatowas: »Wenn man einem Symbolisten sagte: ›Diese Stelle in Ihren
Versen ist schwach‹, antwortete er herablassend, ›aber hier liegt
ein Geheimnis!‹« Interessant ist, daß die vorhergehenden zwei
Zeilen gleichsam die akmeistische Bearbeitung des vorrangig von
den Symbolisten gepachteten »Untergangs«-Landes demonstrie-
ren: »Und der Kiefern rosa Körper stehen zur Untergangszeit
nackt.«

(»Wir gingen bergauf. Wir waren vermessen, erfolgreich, unbe-
hütet«, sagte sie. Der Symbolismus, dessen Meister sie sowohl am
Anfang ihres Weges als auch im Verlaufe ihres Lebens, aller Kritik
zum Trotz, schätzte, machte eine Krise durch. »Wir sind in den
Akmeismus gegangen, andere in den Futurismus.« Einmal bemerkte ich, daß die poetische Plattform – und das Programm – der
Symbolisten, würde man die Organisationsmotive und Prinzipien
der Vereinigung beiseite lassen, auf jeden Fall grandioser seien als
die der Akmeisten, die sich hauptsächlich in der Opposition zum
Symbolismus konsolidierten. Achmatowa äußerte gedämpfter und
darum bedeutungsvoller als bisher: »Denken Sie etwa, ich wüßte
nicht, daß der Symbolismus vielleicht die letzte große Strömung in

der Dichtung überhaupt ist?« Möglicherweise hatte sie sogar »in der Kunst« gesagt.)

»Es darf nicht vergessen werden«, betont sie in *Tagebuchblätter* bei der Erinnerung an Mandelstams Woronescher Vortrag über den Akmeismus, »was er 1937 gesagt hat: ›Ich schwöre weder den Lebenden noch den Toten ab‹.«

Sie atmete die Luft der Gegenwart, ihre Lunge aber war mit der Luft gefüllt, die sie in jungen Jahren geatmet hatte. Sie erzählte, daß sie zufällig am Tag, als die Adligen aus Leningrad ausgesiedelt wurden, auf dem Bahnhof gewesen sei, um jemanden – ich glaube, Mandelstam – zum Zug zu begleiten. Sie drängten sich auf dem Bahnsteig, und alle grüßten sie, während sie vorbeiging: »Ich hätte nie gedacht, daß ich soviele Adlige kenne.« Durch sie lernte ich einige ihrer Freundinnen, »jüngere Zeitgenossinnen«, kennen. Damals meinte ich, daß diese sechzig-, siebzigjährigen Frauen die natürliche Konstante einer beliebigen Gesellschaft bildeten, daß es solche betagten Damen und solche Greisinnen – gequälte, doch nicht verbitterte, leidgeprüfte, doch nicht verzweifelte, mit blutleeren Gesichtern, schmerzerfüllten Augen, aber selbstlose, verzeihende, entgegenkommende – immer gegeben habe und immer geben werde. Wie sich jedoch herausstellte, waren das die letzten Vertreterinnen eines aussterbenden Geschlechts. Die heutigen Siebzigjährigen können ihre Zöglinge sein, aber sie leben von Geburt an in einer völlig anderen Atmosphäre, das ist nicht nur an ihrer Psychosomatik, wie die heutigen Ärzte sagen würden, sondern auch an ihrer Blutformel nicht spurlos vorbeigegangen. Ljubow Dawydowna Stenitsch-Bolschinzowa sagte mir nach Chaplins Tod: »Ich war Soldat in jener Armee, die er als General anführte.« Welche alte Dame kann heute über welche Armee und über sich etwas Ähnliches sagen?

Achmatowa erbte das majestätische Wort, die Muse Dantes, die Schwäne von Zarskoje Selo, Dostojewskis Rußland, die Güte der Mutter. Daraus formte sie wohl alles, was nur möglich war, baute das Haus der Poesie aus den Steinen des ihr hinterlassenen Hauses auf ihre Art um und hinterließ es der Zukunft als Erbe. Diese Steine sind ewig und wie immer, wie von alters her, geeignet für das nächste Bauwerk. Geeignet, doch einstweilen nicht nötig, nicht verwendbar, denn eine neue Lebensweise, neue Funktionen der Architektur, neue Materialien – üblich ist jetzt Plastik, das »unsterbliche Furnier«, wie Achmatowa es nannte – haben Einzug gehalten.

✳

Im Dezember 1962 las ich ihr ein von mir eben fertiggestelltes Poem vor. Es war in Moskau, große Kälte herrschte, doch Schnee lag nicht. Sie wohnte damals bei Nika Nikolajewna Glen in der Sadowo-Karetnaja, und in der Wärme und Behaglichkeit dieser Familie nahm sie sich sanfter, häuslicher aus. »Auch eine Matrjona«, sagte sie über die Mutter von N. N. und meinte Solschenizyns Erzählung »Matrjonas Hof«. Zu jener Zeit hatten sich zwischen ihr und mir schon recht freundschaftliche Bande herausgebildet, aber noch ohne die künftige Vertraulichkeit, ohne jene – »nach einigem Zweifeln entschließe ich mich zu schreiben« – Herzlichkeit, die einige Monate später aufkam. Sie sagte, daß ihr das Poem gefalle, »dieses die ganze Zeit während Balancieren auf dem Rand und die Anwesenheit von Luft, Licht, Meer und Erde«. Auch sagte sie: »Gedankendichte« – nicht als Kompliment, nicht als Mißbilligung, sondern gleichsam konstatierend. Sie sagte: »Das ist zweifellos ein Poem, obwohl das Maß nicht wirklich gefunden ist.« Und: »Ich mag den sechsfüßigen Jambus nicht in Verbindung mit dem fünffüßigen.« Über die bestimmende, konstruierende Rolle des Versmaßes für das Poem, um nicht zu sagen: »Ein Poem ist ein Versmaß«, sprach sie immer wieder, sowohl vor als auch nach diesem Gespräch. Dabei bestand sie darauf, daß das Versmaß (und die Strophe) – sagen wir, der Puschkinsche Jambus (und *Onegin* vor allem) – keine offene Tür sei, sondern eine Schranke, an der sich viele Poeme zerschlagen hätten, angefangen bei *Festmahle* von Baratynski bis hin zu Bloks *Vergeltung*: Er habe das russische Poem »aufgefressen«, und umgekehrt sei allein das neue Versmaß für den Erfolg von *Frost, rote Nase* und *Die Zwölf* bestimmend gewesen.

38

Was die Vermischung des fünffüßigen mit dem sechsfüßigen Jambus betraf, erhob sie, soviel ich verstand, nicht gegen diese Methode an sich, die sie selbst häufig anwendete, Einspruch, sondern gegen eine willkürliche Vermischung, welche möglicherweise nicht durch Absicht, sondern durch Ungenauigkeit oder sogar durch fehlendes Gehör hervorgerufen wurde. Ihr mißfiel ein Abschnitt entschieden, und als sie davon zu sprechen begann, schämte ich mich, daß ich sie veranlaßt hatte, diese ihr unangenehmen Verse zu hören; sie sagte: »Arbeiten Sie diesen Abschnitt um, oder streichen Sie ihn!« und nach einer kurzen, aber deutlich akzentuierten Pause: »Oder lassen Sie ihn, wie er ist.« Etwas später meinte sie noch: »Das ist etwas Neues«, was ich keineswegs als Billigung verstand, sondern vor allem als »nicht unser«. Und schließlich ließ sie wie im Vorbeigehen in einem Nebensatz fallen: »... diese Einheitssuite« und gab mir damit den Unterschied zwischen ihrer Auffassung von einem Poem und meinen damaligen Vorstellungen davon zu verstehen.

Damals, vor fünfundzwanzig Jahren, wollte ich in ihrer Äußerung über dieses »Jugendpoem« – wie auch in anderen Fällen über andere Gedichte – ein Lob heraushören, und hörte es auch. Heute lasse ich mich, was das betrifft, nicht verführen, ich betone nur, daß ihr Urteil fachlich, professionell und ohne einen Schatten des »greisen Derschawin« war. Aber heute weiß ich ebenso, daß dies keine gewöhnliche »Achmatowa-Platte« war.

»Platten« nannte sie ein besonderes Genre der mündlichen Erzählung, das sich auf viele Zuhörer eingespielt hatte, mit ein für allemal geeichten Details, Wendungen und Spitzen, das aber gleichzeitig seinen improvisatorischen Urgrund der Intonation, der Wechselbeziehung zu den augenblicklichen Umständen bewahrt hatte. »Habe ich Ihnen schon die Platte über Balmont... über Dostojewski... über die Lokomotivfunken aufgelegt?« – darauf folgte eine glänzende kurze Etüde, eine lebendige Anekdote nach der Art von Puschkins Table-talk, mit einem Aphorismus, der auf ähnliche oder gänzlich unterschiedliche Situationen angewendet werden könnte – und anschließend auch angewandt wurde. Wenn sie sie aufschrieb – und das meiste schrieb sie auf –, gewannen sie an Nachdrücklichkeit und Authentizität, verloren aber, wie mir schien, ihre Spontaneität.

Manchmal also – nebenbei gesagt nicht so oft, wie man hätte annehmen können – wandten sich Menschen, die Gedichte schrieben, an sie, um ihr Urteil zu hören. Sie bat, ihr die Gedichte dazulassen, begann, sie zu lesen, und wenn sie sie nicht berührten – und das war nicht selten der Fall –, beschränkte sie sich auf das Lesen einiger Zeilen. Wenn der Autor wegen der Antwort kam, bemühte sie sich, ihn nicht zu beleidigen und sagte irgend etwas Unverbindliches, das aus ihrem Mund als Lob aufgefaßt werden konnte. Und auch hier gab es »Platten«, zwei, drei Sentenzen, die je nach den Umständen erfolgreich verwendet wurden.

Wenn sich in dem, was sie gelesen hatte, eine Landschaftsbeschreibung fand, sagte Achmatowa: »Ihre Verse zeugen von Gefühl.« Wenn ein Dialog eingeflochten war: »Mir gefällt es, wenn direkte Rede im Gedicht verwendet wird.« Wenn die Verse ohne Reim waren: »Blankverse zu schreiben ist schwieriger, als zu reimen.« Derjenige, der sie danach bat, »einige neue Gedichte« anzusehen, konnte hören: »Das ist ganz Ihr Stil.« Und schließlich war immer das universelle »In Ihren Versen stehen die Worte an ihrem Platz« zur Stelle.

Am Ende jenes Abends, an dem ich ihr das Poem vorgelesen hatte, erzählte sie, wie Inna Erasmowna, ihre Mutter, nach der Lektüre der Gedichte Achmatowas (oder hatte sie sie sogar von ihr rezitiert gehört?) unerwartet zu weinen begann und sagte: »Ich weiß nicht, ich sehe nur, daß es meiner Tochter schlecht geht.« »So sehe auch ich jetzt, daß es Ihnen schlecht geht.« Eigentlich begannen wir von diesem Tag an, uns öfter zu sehen und lange Gespräche zu führen.

Im großen und ganzen hatte sie zu jener Zeit nicht einmal von der Dichtung jener jungen Menschen, deren Versen sie gewisse Aufmerksamkeit schenkte, eine hohe Meinung. Das alles seien Äußerungen von Wilden, bestenfalls gerademal vom Analphabetentum Kurierten, wie sie einmal feststellte. Eines Tages saßen wir auf der Veranda, schauten auf die Kiefern, das Gras, das Heidekraut, und sie sagte mit spöttischem Gesichtsausdruck: »Kolja stand groß und aufrecht dem ebenfalls großen, aber gebückten Gorki gegenüber und belehrte ihn im Mentorton: ›Sie können keine Gedichte schreiben und sollten sich nicht damit befassen. Sie kennen die Grundlagen des Versaufbaus nicht, können die Versmaße nicht unterscheiden, haben kein Gefühl für den Rhythmus, für den Vers. Mit einem Wort, das ist nicht Ihre Sache.‹ Gorki hörte unterwürfig zu. Ich beobachtete diese Szene und langweilte mich.«

An dieser Stelle möchte ich einen Brief Achmatowas von 1960 einfügen. Ich erhielt ihn aus ihren Händen, obwohl er nicht an mich, genauer, nicht direkt an mich gerichtet war. Es war einer jener »Briefe an NN«, die der ausgezeichnete Achmatowa-Forscher Timentschik »Botschaften an den Überbringer« nannte. Im letzten Jahrzehnt ihres Lebens schrieb sie mehrere derartiger Briefe, und einige Menschen, darunter auch ich, können sich nicht ganz unberechtigt, unter Bezug auf diesen oder jenen konkreten Satz, für ihre Adressaten halten. Jener, um den es hier geht, lag in einem alten italienischen Koffer, in einer Kredenz, die in ihrem Zimmer stand und mit Manuskripten, Mappen, Heften, alten Korrekturen usw. gefüllt war. An einem der Wintertage des Jahres 1964 unterbrach sie unser Gespräch, das um den damaligen poetischen Boom und die Wendung in ihrem Schicksal (Veröffentlichung des *Requiem* im Westen, italienischer Literaturpreis usw.) ging, und sagte: »Öffnen Sie die Kredenz und suchen Sie an der und der Stelle den und den Brief!« Ich fand ihn; darin lag ein weiteres beschriebenes Blatt, von dem noch die Rede sein wird. »Das ist für Sie.« Ich las beide und legte die Blätter auf den Tisch. »Das ist für Sie.« Ich bedankte mich und versteckte sie in die Jackentasche. Sie begann, von etwas anderem zu sprechen.

»Auf Ihre zahlreichen Briefe möchte ich folgendes antworten. In der letzten Zeit bemerke ich eine entschiedene Abkehr der Leser von meinen Gedichten. Das, was ich veröffentlichen kann, befriedigt den Leser nicht. Mein Name wird nicht unter den Namen sein, die die Jugend (für Gedichte ist immer die Jugend zuständig) heute auf den Schild hebt.*

Obwohl hunderte gute Gedichte existieren, werden diese nichts retten. Man wird sie vergessen.

Es bleibt ein Buch mit mittelmäßigen, einförmigen und natürlich altmodischen Gedichten. Die Menschen werden sich wundern, daß sie irgendwann einmal in ihrer Jugend von diesen Gedichten begeistert waren, ohne zu bemerken, daß sie gar nicht von diesen Gedichten begeistert waren, sondern von jenen, die in dem Buch nicht enthalten sind.

Dieses Buch wird am Ende meines Weges stehen. In jenen Aufschwung und jenes Interesse an der Poesie, der sich jetzt so stürmisch abzeichnet, werde ich keinen Eingang finden, genau wie Sologub, der die Schwelle des Jahres 1917 nicht überschritt und so für immer im Jahr 1916 eingemauert blieb. Ich weiß nicht, in welchem Jahr man mich einmauern wird, aber das ist auch nicht so wichtig. Ich war viel zu lange auf der Bühne, es ist Zeit für mich, hinter die Kulissen zu treten.

Gestern habe ich selbst erstmals dieses fatale Buch gelesen. Das ist gute, gediegene dritte Wahl. Alles fließt in eins zusammen – viele Gärten und Parks, gegen Ende wird es ein klein wenig besser, aber bis zum Ende wird es ohnehin niemand lesen. Ja, und um wieviel angenehmer ist es dann, den »völligen Fall« (*chute complète*) des Dichters selbst zu konstatieren. Das kennen wir schon von Puschkin, von dem sich alle (einschließlich seiner Freunde, siehe Karamsin) abwandten.

Im übrigen (auch wenn das schon ein anderes Thema ist) bin ich überzeugt, daß es heute überhaupt keine Leser für Gedichte gibt.

* Das gab es schon einmal (vielleicht auch nicht nur einmal) in den zwanziger Jahren, als meine Leser des zweiten Jahrzehnts noch da waren. Die Jugend erwartete damals gierig das Erscheinen irgendeiner neuen, großen Revolutionspoesie und zertrat ihr zu Ehren alles ringsherum. Alle erwarteten Wunder von Jack Althausen.
[Anmerkung von A. Achmatowa]

Gedichte werden abgeschrieben oder auswendig gelernt. Die Zettelchen mit den Gedichten werden im Busen versteckt, die Verse ins Ohr geflüstert, unter der Beteuerung, auf der Stelle alles für immer zu vergessen usw.

Gedruckte Verse erregen allein durch ihren Anblick Gähnen und Übelkeit – die Menschen sind mit schlechten Gedichten überfüttert worden. Die Verse haben sich in ihr Gegenteil verkehrt. Statt: »Die Herzen brenn mit deinem Wort« – rufen gereimte Zeilen Langeweile hervor.

Aber bei mir liegen die Dinge etwas komplizierter. Abgesehen von allen Schwierigkeiten und Nöten auf der offiziellen (zwei ZK-Beschlüsse) und auf der schöpferischen Ebene begleitete mich ununterbrochenes Mißgeschick, und vielleicht verdeckte oder beschönigte das offizielle Mißgeschick sogar zeitweise jenes hauptsächliche. Ich befand mich ziemlich schnell rechts außen (nicht politisch). Linker, demnach neuer, moderner waren alle: Majakowski, Pasternak, Zwetajewa. Ganz zu schweigen von Chlebnikow, der bis heute als Neuerer par excellence gilt. Daher verhielten sich die uns folgenden »Jungen« mir gegenüber immer so scharf und unnachgiebig feindselig, Sabolozki zum Beispiel und natürlich die anderen Oberiuten. Der Salon der Briks kämpfte systematisch mit mir, indem er mich der inneren Emigration beschuldigte, was leicht nach Denunzierung klang. Eichenbaums Buch über mich ist voll Schrecken und Besorgnis, daß er sich meinetwegen am Ende des Literaturtrosses wiederfinden könnte. Einige Jahrzehnte später zog all das ins Ausland. Dort begann man, weil es bequem war und um freie Hand zu haben, mich für eine Null als Dichterin zu deklarieren (Charkins), danach wurde es sehr leicht, mit mir fertigzuwerden, was nicht ohne Grazie zum Beispiel Ripolino in seiner Anthologie macht. Ohne zu wissen, was ich schreibe, ohne zu verstehen, in welche Lage ich geraten war, schreit er einfach, daß ich mich verbraucht hätte, allen überdrüssig geworden sei, daß ich das 1922 selbst eingesehen hätte und so weiter.

Dies ist ungefähr alles, was ich Ihnen aus diesem Anlaß sagen wollte. Selbstverständlich habe ich eine Vielzahl von Beispielen parat, die meine Gedanken belegen. Im übrigen dürfte das für Sie kaum von Interesse sein.

1960. 22. Jan. – 29. Febr.
Leningr. – Moskau

*

Die Mehrzahl der Achmatowaschen Tagebuchaufzeichnungen der letzten Jahre sind dem »Anfang« gewidmet: dem silbernen Zeitalter, den damaligen Verhältnissen, dem Akmeismus. Sie erklärte Ursachen, entlarvte Verleumdungen und Lügen, korrigierte Fehler und Ungenauigkeiten und korrigierte meiner Meinung nach überhaupt ein wenig mal dieses, mal jenes Strichlein der vergangenen Wirklichkeit – nicht, um zu beschönigen, nicht um des künftigen Vorteils willen, sondern eher *mutatis mutandis*, den sich verändernden Umständen gemäß. Zu vieles klang anders und sah anders aus, mitunter direkt entgegengesetzt dem, wie es im Moment des Ereignisses geklungen und ausgesehen hatte. Sie berücksichtigte das, sagte, das zwanzigste Jahrhundert habe einige Worte – wie »Stille« – abgeschafft, anderen – zum Beispiel »Kosmos« oder »Unendlichkeit« – eine neue Bedeutung verliehen, dritten ihre frühere Eigenschaft genommen: »Wenn jemand das Wort ›Nachbar‹ ausspricht, stellt sich niemand etwas Angenehmes vor, alle denken an die Gemeinschafsküche.« Eine der extremsten und naivsten Korrekturen war die in meinem Exemplar des *Rosenkranz*: Sie hatte in dem Vers »Zechbrüder sind wir alle, Huren« – »Zechbrüder« und »Huren« gestrichen und statt dessen »kommen aus dem Märchen« geschrieben: »Wir alle kommen aus dem Märchen«. Man könnte darüber lachen, hätte es die Millionenauflagen der Zeitungen im August 1946 mit Schdanows Worten über sie – »halb Nonne, halb Hure« – nicht gegeben, die dann in tausenden von Vorträgen, in tausenden Versammlungen wiederholt worden sind.

In welchem Maße blieb Achmatowa ein »Mensch ihrer Zeit«, das heißt, was unterschied sie von dem, was vor 1914 war, und von dem, was danach kam? Abgesehen vom sozial-politischen Umbruch und den dadurch hervorgerufenen Verschiebungen in den verschiedensten Lebenssphären, machte die Zeit vor ihren Augen auch eine Reihe von sozusagen natürlichen Evolutionen durch, die nicht das Gesicht, sondern den Gesichtsausdruck der Epoche veränderten. Es änderten sich Geschmack, Ästhetik, Moden. Erstens endete mit Annenski jene Zeit, in der die Worte der Dichter durch den bloßen Fakt ihrer früheren Verwendung und nicht durch die Biografie des Poeten Gewicht bekamen; und mit Blok ging jene Dichtergeneration zu Ende, die das Ziel verfolgte, mit Hilfe der Poesie der Schönheit und nicht der Kultur zu dienen. Zweitens war die Kunst – als Handwerk, als Ritus, als Mittel zur Veränderung der Welt – das essentielle Moment des Kreises, in den Achmatowa eingetreten war, um ihren Platz einzunehmen.

Einmal, an einem strahlend hellen Leningrader Sommerabend des Jahres 1963, beschlossen wir spontan, nach Komarowo zu fahren. Anna Andrejewna, Nina Antonowna Olschewskaja, deren Sohn Boris und ich. Bis der Kognak besorgt und ein Taxi gerufen war, bis wir aus der Stadt herausgefahren waren, wurde es nach zehn Uhr, die Sonne aber stand hoch oben und stach den ganzen Weg über in die Augen. Wir waren in gehobener Stimmung, die Fahrt – ohne Vorbereitung, ohne die übliche Besorgungen – roch nach Abenteuer, es war ungewiß, ob wir Lew und Sarra Arens, die in jenem Sommer für Achmatowa sorgten, antreffen würden. Unterwegs herrschte eine freudige Stimmung, ein fortlaufendes Gespräch gab es nicht, zufällige Repliken wurden – im Hinblick auf die gut gelaunten und fröhlichen Zuhörer – schnell und fröhlich geäußert. Nina Antonowna erwog verschiedene Varianten, wie wir wohl unterkommen würden. Ich sagte: »Wenn wir ankommen, trinken wir einen, und dann werden wir schon unterkommen.« A. A. entgegnete: »Sind Sie überzeugt, daß das, was Sie sagen, völlig anständig ist? ... Borja, habe ich dich und deinen Bruder in eurer Kindheit etwa so erzogen?« Boris warf mir einen teilnahmsvollen Blick zu.

Als wir ankamen, begann es zu dunkeln. Wir zündeten Kerzen an, die Nacht war warm, die Kiefern standen ganz nah am geöffneten Fenster. Es schien so, als säßen wir zwischen ihnen, gleichzeitig aber riß das Licht – wie auf den Bildern De la Tours' – das Bücherregal, den Tisch, die Ikone heraus. Wir tranken Kognak, wechselten immer seltener ein Wort. Unerwartet für mich selbst und ungewöhnlich aufgeregt sagte ich: »Irgendwo gibt es so wunderschöne Verse, daß alle, die hier, auf der Erde geschrieben worden sind, verzeihen Sie, Anna Andrejewna, auch Ihre, im Vergleich zu ihnen schrecklich roh, mißklingend und stammelnd erscheinen. Das einzige in ihnen mögliche irdische Wort, wenn auch das unvollkommenste, ist ›wunderschön‹... Vielleicht gibt nur Blok durch einige Zeilen eine, wenn auch ganz entfernte Vorstellung davon...« Es vergingen Augenblicke der Stille, die mir in jenem Moment völlig natürlich erschienen. Als Nina Antonowna und Boris sahen, daß A. A. schwieg, begannen sie, in demselben Stil, der auf der Fahrt üblich gewesen war, über mich zu spötteln. Plötzlich sagte Achmatowa sehr ernst: »Nein, was er sagt, ist nicht ohne.«

Ein anderes Mal, als das Gespräch auf die moderne französische Poesie kam, sagte sie: »Ich weiß, daß Apollinaire der letzte Dichter war, davon muß man mich nicht überzeugen.« Möglicherweise hatte sie »der letzte europäische Dichter« gesagt, in meinem Bewußtsein aber war »der letzte überhaupt« geblieben. Ich flechte diese Erinnerung hier ein, weil in jenem Gespräch gleich auf den Namen Apollinaires der Name Bloks folgte – mit demselben Attribut – »letzter«. Das sollte nichts anderes heißen, als daß nach ihm oder nach ihnen etwas anderes begonnen hatte.

Die Zeit der bewußt auf das Zitat eingestellten Dichtung brach an. Vor allem der fremde, poetische und dokumentarische Text, der Verweis auf den Mythos, aber auch auf Musik und Malerei wurden in der Poesie der neuen Zeit verwendet. Dies geschah auf neuer Grundlage, demonstrativ und *de rigueur*. Die Zeichen der Kultur wurden in den Versen wie offensichtliche und verdeckte Orientierungspunkte aufgestellt – im letzten Fall mit der implizierten Forderung, nach dem Dechiffrierschlüssel zu suchen.

Häufig kamen wir auf T. S. Eliot zu sprechen: In den sechziger Jahren wuchs das Interesse für ihn, er wurde Nobelpreisträger. Seine kurze Zeit brach an. Mit fokussiertem Lichtbündel leuchtete sie seine Figur aus, seine Ideen gewannen an Aktualität, seine Essays wurden neu aufgelegt. Er wurde ein Jahr vor Achmatowa geboren und starb ein Jahr früher. Einige Tage vor seinem Tod begann sie, recht ausführlich über ihn zu sprechen, eben gerade über ihn, nicht »aus Anlaß«. (Ebenso grundlos und plötzlich brachte sie die Rede auf Nehru einen Tag vor dessen Tod, auf Corbusier eine Woche vor dessen Herzstillstand.) Sie sprach mit Zärtlichkeit von ihm, wie über einen jüngeren Bruder, der das ganze Leben lang auf Erfolg gewartet hatte und endlich damit ausgezeichnet worden war. »Der Arme, jahrelang hat er in der Bank gearbeitet, wie schwer er es hatte! Nun kommt er wenigstens im Alter zu Anerkennung und Ruhm.« Später zeigte sie ihren Gästen eine rührende, herzergreifende Fotografie: Er steht etwas gebeugt hinter dem Sessel seiner Frau – das Foto fand sich in der Ausgabe der Zeitschrift *Europa Letteraria*, die ankündigte, daß ihr (A. A.) der Ätna-Taormina-Preis zuerkannt worden war. Ich übersetzte damals ein Kapitel aus *Das wüste Land*, dann ein Kapitel aus *Vier Quartette*. In *Vier Quartette* strich sie die Zeilen an:

> The only wisdom we can hope to acquire
> Is the wisdom of humility: humility is endless.

Oft wiederholte sie: »Humility is endless.« Zu dieser Zeit entstand das Epigraph zu »Kehrseite« – »In my beginning is my end«, auch aus *Vier Quartette*.

Eliot führte auf Schritt und Tritt Zitate offen in den Verstext ein. Bei Achmatowa gab es solche Collagen nicht, sie transplantierte das Zitat, nachdem sie es so umgestaltet hatte, daß sich der fremde Stoff mit ihrem eigenen verband. Aber beide schöpften aus denselben Quellen: Dante, Shakespeare, Baudelaire, Nerval, Laforgue ... Und ich glaube, sie begann gerade mit der von Eliot zitierten Zeile aus »El Desdichado« von Gérard de Nerval einmal das Gespräch über dieses Gedicht, trug einige Zeilen auswendig vor, nahm das dünne Büchlein *Les chimères* vom Regal oder zog es aus der Tischschublade, öffnete es bei »El Desdichado« und sagte gleichsam mit spöttischem Lächeln: »Das müssen Sie übersetzen.« Bald darauf wurde ein Halbvers dieses Sonetts Epigraph zur »Vorfrühlingselegie«: »Toi, qui m'as consolée«, mit Veränderung des grammatischen Geschlechts (»Toi, qui m'as consolé«).

Man muß sofort den Vorbehalt machen – obwohl das aus dem Folgenden von selbst deutlich wird –, daß Achmatowas Bezüge auf jemanden, die Herstellung eines Kontakts mittels des Zitats fremder (oder eigener entfremdeter) Texte sich nicht nur der Methode, sondern auch dem Wesen nach gänzlich von der Nacherzählung, sei sie auch wortgetreu, irgendwelcher Aufsätze oder einzelner Stellen daraus, die das Werk mit geliehenen Kostbarkeiten füllen, unterscheiden. Als ich ihr das Gedicht »Die Kartoffelesser« eines Altersgenossen vorlas, das den Lyrikfreunden gefiel – es beschreibt das Bild Van Goghs aus der Sicht der Essenden und endet mit Zeilen, die die Idee des Ganzen zusammenfassen: »Entweder essen wir Kartoffeln in der Finsternis, oder er« –, platzte sie unzufrieden heraus: »Soll er doch eigene ›Kartoffelesser‹ erfinden!«

Von ihren frühen Gedichten hob sie »Mit Kohle hat er die Stelle markiert...« ganz und die letzte Strophe insbesondere heraus:

Mit Kohle hat er die Stelle markiert,
Wohin man schießen muß, links,
Um den Vogel – meine Trauer –
In die öde Nacht zu schicken.

Liebster! Deine Hände, sie zittern nicht,
Und ich muß nicht lange leiden.
So fliegt der Vogel – meine Trauer –
Auf einen Ast, hebt an zu singen.

Daß jener, der ruhig in seinem Haus,
Das Fenster öffnet und sagt:

»Bekannt die Stimm', doch ich versteh kein Wort«,
Und dabei die Augen senkt.

Sie verglich ein koreanisches Gedicht des siebzehnten Jahrhunderts, das sie später übertragen hatte, mit diesen Zeilen:

> Wenn gekommen die Zeit und anbricht mein Tod,
> Verwandelt die Seele sich in einen Kuckuck,
> Und in der Birnbäume dichtem Laub
> Verstecke ich nachts mich und stelle mich taub.
> Und werde so singen im Dunkel,
> Daß meine Stimme den Liebsten erreicht.

Sie wiederholte die zwei letzten Zeilen und fügte hinzu: »Welch ein Hieb von der koreanischen Geisha!« Aber es kam nicht auf die kuriose Gegenüberstellung und nicht auf den Witz an.

Die Stimme, die Worte singt, welche der Hörer nicht erkennen kann, aber offenbar doch erkennt, oder die ihm bekannt vorkommen, das eben ist Achmatowas poetische Stimme, die sie schon in ihren ersten Gedichten zu erheben begann.

> Wie klingst du als Antwort auf alle Herzen,
> Die Lippen geöffnet, atmest du Seelen,
> Und hörst beim Nah'n eines jeden Gesichts
> Schalmeiengesang in deinem Blut!

schrieb ihr Nedobrowo, indem er eines der Hauptthemen seines Aufsatzes »Anna Achmatowa« variierte. Dieser Aufsatz erschien 1915 in *Russkaja mysl* und war die erste ernsthafte Analyse der Achmatowaschen Lyrik und – man muß hinzufügen – die einzige dieser Art. Nicht nur, daß diese interessante wissenschaftliche Analyse durch Schärfe und Gründlichkeit der Beobachtungen, durch die Unbestreitbarkeit der Schlußfolgerungen und die Frische der Eröffnungen beeindruckt, sondern sie zeigt der Dichterin gleichsam auf, welcher Weg ihr noch offensteht, wo fruchtbare Anregungen zu finden sind und wo sie in eine Sackgasse läuft. Nun, wo man Achmatowas ganzen Weg überschauen kann, wird das Gefühl der Neuartigkeit von Nedobrowos Gedanken wesentlich durch die Klarheit und Deutlichkeit ihres Ursprungs in den Gedichten selbst gedämpft. Der Artikel aber war über die Autorin der ersten beiden Bücher – *Abend* und *Rosenkranz* – geschrieben worden, und vieles von dem, zu dem Achmatowa in der Folge gelangte, bestätigte diese Bücher nur, war, wenn man so will, die Akzeptanz dessen, was der Kritiker vorgeschlagen hatte. Als ich ihr meinen Eindruck von dem Aufsatz, den sie mir übrigens selbst gegeben hatte, mitteilte, sagte sie, die auch in vorangegangenen Gesprächen Nedobrowo schon zu den hervorragenden Zeitgenossen gezählt und sich an seinen Einfluß auf sie erinnert hatte, einfach: »Vielleicht hat er ja die Achmatowa geschaffen.«

In *Tagebuchblätter* erinnert sich Achmatowa, wie sie Mandelstam ein Stück aus der *Göttlichen Komödie* vorlas und er zu weinen begann: »... diese Worte – und mit Ihrer Stimme.« Dasselbe könnte man über eine Vielzahl von Stellen in ihren Gedichten sagen, während aber ihre Stimme 1922 die berühmten Worte Dantes –

Tu proverai sì come sa di sale
Lo pane altrui, e com'è duro calle
Lo scendere e'l salir per altrui scale

(Du wirst an dir selbst erfahren, wie bitter fremdes Brot und wie schwer es ist, fremde Treppen hinauf- und hinabzusteigen) – wie in freier Nacherzählung spricht:

Doch dauern wird mich ewig der Verbannte,
Gleich einem, der in Haft ist, krank, in Not,
Denn dunkel ist der Weg ins Unbekannte,
Und bitter schmeckt nach Wermut fremdes Brot.

so klingt Dantes Ausruf –

Men che dramma
Di sangue m'è rimaso che non tremi:
Conosco i segni dell'antica fiamma!

(Weniger als für eine Drachme ist Blut in mir geblieben, das nicht zittern würde: ich werde die Zeichen der alten Flamme erkennen!) – vierzig Jahre später weitaus verschlüsselter:

Du verlangst mein Gedicht unumwunden...
Doch du lebst auch, wenn kein Vers mehr brennt.
Wenn im Blut jetzt kein Gramm auch mehr sein mag,
Das das Bittre der Strophen nicht kennt.

Der Rhythmus verrät das Zitat: *dramma/fiamma* und *prjamo/*(unumwunden) / *gramma* (Gramm), indem er es aber verrät, begibt er sich in einen schwindelerregenden Zitattrichter hinein, denn der letzte, an Vergil gerichtete Vers der Terzine Dantes, das sind die von Dante genau übertragenen Worte Didos aus der *Aeneis* Vergils; und das vorhergehende Achmatowasche Gedicht im Zyklus *Die Heckenrose blüht* wird mit einem Vers aus der *Aeneis* eröffnet und hieß anfangs »Dido spricht«.

Die Enthüllung »fremder Stimmen« in Achmatowas Poesie war in den vergangenen zwei Jahrzehnten häufig Gegenstand philologischer Arbeiten, es wurde üblich, ihre Verwendung irgendwelcher Texte nachzuweisen. Das, was T. W. Zywjan, R. D. Timentschik und W. N. Toporow entdeckt haben, indem sie zum zweiten Boden ihrer »schicksalhaften Schatulle« vorgedrungen sind, wird nunmehr immer durch das Gespinst ihrer Gedichte hindurchschimmern als »dritte, siebente und neunundzwanzigste« Ebene, um ihre Worte zu verwenden. Es gab eine Zeit, da eine regelrechte – und durchaus erfolgreiche – Jagd nach Zitaten in ihren Gedichten begann: stets wurde etwas entdeckt. Es schien, daß Achmatowa alles gelesen, von überallher entlehnt hatte. Die Ergebnisse der Gegenüberstellungen hingen hauptsächlich von den mnemonischen Fähigkeiten der Gegenübersteller ab. Beim Wiederlesen ihrer Gedichte der Jahre

1921/22 stieß ich zum Beispiel auf eine Batjuschkow-Schicht, die in den im Winter in Beschezk entstandenen Gedichten besonders konzentriert ist. Es stellte sich vor allem heraus, daß Achmatowa auch das erwähnte »fremde Brot« Dantes nicht unmittelbar in ihre Verse eingeführt hatte, sondern über das Gedicht »Sterbender Tasso« von Batjuschkow:

> Als Kleinkind war ich schon vertrieben;
> Unter Italiens wonnigem Himmel
> Irrt' ich umher wie ein armer Pilger,
> Welch Schicksalswandlung erlebt ich nicht?
> Wohin verschlug es meinen Kahn nicht auf den Wellen,
> Wo fand ich Ruhe? Wo war mein täglich Brot
> Nicht von den Tränen des Schmerzes durchtränkt?

Doch was bezeugten diese und ähnliche Funde? Illustrierten sie nur Achmatowas Aphorismus:

> Wiederhole nicht – deine Seele ist reich,
> An dem, was einmal gesagt,
> Vielleicht aber ist Dichtung selbst
> Ein einziges, herrlich' Zitat?

Oder verleiten sie zu der Vermutung (und wir bestehen auf nichts lieber als auf einer Vermutung, die ausreichend, doch nicht gänzlich überzeugend bestätigt ist), daß Achmatowa in dem Haus in Beschezk ein Bändchen Batjuschkow gefunden und es in jenem Winter gelesen hatte? Möglicherweise würde das in bezug auf einen anderen Dichter zutreffen. Achmatowa jedoch dichtete nicht, um etwas zu illustrieren und fand immer genau das, was sie suchte. Mit anderen Worten: »Was wird zitiert?« ist nur die erste Frage, unfruchtbar ohne die zweite: »Warum wird es zitiert?« Welches kulturelle Umfeld, welches Sujet, welcher Mythos wird durch das ausgewählte Zitat in die Verse einbezogen (und – gespiegelt: welcher konkrete Ort des kulturellen Universums ist von da an durch neue

Verse gekennzeichnet)? »Wenn auch Shakespeare alles gesagt, lieber mag ich Horaz.« Was hat Shakespeare »alles« gesagt? Wodurch ist ihr Horaz lieber? Warum wird einmal an Shakespeare erinnert, ein andermal aber an Horaz? Welches Zeichen setzt der eine und der andere in Achmatowas Versen? Und was bedeutet – in Achmatowas Chiffriersystem – ihre unerwartete Verbindung in einer Zeile?

*

Es wäre eine unnütze Beschäftigung, in Achmatowas lebendiger Sprache nach verborgenen Zitaten zu suchen: jeder Mensch zitiert häufiger unbewußt als bewußt viele andere. Erinnerte sie sich aber in einer bestimmten Situation an etwas, so geschah das stets unerwartet und war in der Regel komisch.

Sie brachte den Begriff »Achmatowka« in Umlauf. Es war nicht immer leicht, die Menschen, die sie zu sehen wünschten, über den Tag zu verteilen. Die Besucher gaben sich mitunter die Klinke in die Hand, die Kommenden und Gehenden stießen in den Türen, im Vorraum zusammen, der eine war mit dem anderen nicht unter einen Hut zu bringen, der eine war auf den anderen eifersüchtig. Kurz gesagt: ein Knotenpunkt mit angespanntem Terminplan und unvermeidlichen Havarien. In Leningrad geschah das seltener, in Moskau öfter. Einmal kam ich tagsüber zu ihr, und sie sagte, daß sie für den Abend dem und dem zugesagt habe. »Wieso dem und dem? Es ist schon jenem zugesagt, Sie haben alles durcheinandergebracht!« Ohne sich die Laune verderben zu lassen, entgegnete sie: »Alles geriet durcheinander, und süß ist zu wiederholen: Rußland, Lethe.« Und nach einer Pause silbenweise: »Lo-re-lei.« Im ersten Moment erschien mir das respektlos in bezug auf die »klassischen« Verse, auf die Dekabristen, auf die Zwangsarbeit, als neue Kränkung Mandelstams von der »Europäerin«. Aber schnell stellte sich heraus, daß es für sie in erster Linie Jugendverse waren, die in ihrer Gegenwart entstanden waren, in aller Ohren und Munde gelegen hatten, oft wiederholt worden waren und wahrscheinlich – wie alles in der Jugend – den Späßen der Freunde ausgesetzt waren.

Verabschiedete sie sich von jemandem, so zitierte sie manchmal statt der üblichen Wünsche und Geleitworte aus Fet: »Küsse und Tränen und Abendrot«, und als ich einmal etwas wie »Ich weiß selbst nicht, was ich singen werde, doch eben reift das Lied« entgegnete, sagte sie, ihr Lieblingsgedicht von Fet sei »Alter ego« und rezitierte:

> So wie eine Lilie im Gebirgsbach sich besieht,
> Standst du über meinem ersten Lied...

Manchmal, wenn wir zu einem Spaziergang aufbrachen, ging dem voraus: »Geben Sie mir meine acht Soldatenminuten zum Sammeln!« – und ich reichte ihr meinen Arm zur Hilfe. Sie stützte sich schwer auf ihn und kam dem ersten Schritt mit einem Verslein von mir unbekannter Herkunft zuvor: »Na, hat Bobby Ivonnen untern Arm genommen?«

An einem Aprilabend des Jahres 1964 saßen wir bei Ardows, in der Ordynka, am Tisch: Achmatowa; Amanda Haight, eine junge Engländerin, die damals ihre Dissertation über Achmatowas Poesie schrieb; eine weitere Engländerin, Amandas Freundin; und ich. Schon am Vorabend hatte ich mit den Mädchen vereinbart, daß sie mich abholen und wir zu jemandem fahren würden, wo ich russische Chrestomatieverse unter besonderer Beachtung der Betonung auf Tonband sprechen sollte und daß wir uns danach auf demselben Gerät Aufnahmen der Beatles, die kürzlich in Mode gekommen waren, anhören würden. Als die Zeit zum Aufbruch heranrückte und wir Achmatowa das mitteilten, stellte sich heraus, daß sie damit gerechnet hatte, den ganzen Abend mit uns zu verbringen. Die Mädchen erklärten mit europäischer Liebenswürdigkeit und ebenso kategorisch, daß »wir unbedingt fahren müßten, wenn man uns erwartet«. Ich war unschlüssig, wollte aber vor allem auf das geplante Vergnügen nicht verzichten. Wir saßen noch eine Weile, dann erhoben wir uns. A. A. sah uns ironisch an und sagte, indem sie auf mich zeigte, klagend: »Entführen sie ihn? Und das nennt sich aufgeklärte Seefahrerinnen!« So jammert der geschlagene Raspljujew in *Kretschinskis Heirat*: »Boxen!... eine englische Erfindung!... Wie?... Die Engländer sind doch ein gebildetes Volk, aufgeklärte Seefahrer...«

Ihre Einwürfe waren komisch, weil sie angebracht waren, noch komischer allerdings, weil sie der Logik des Geschehens überhaupt nicht entsprachen. Hier, wo sie eben noch gesessen hatte, majestätisch, schweigend, unbeweglich und in dieser Minute, auf meinen Arm gestützt, die Treppen hinunterstieg, als würde sich eine Skulptur in Bewegung setzen; sie, aus deren schmerzvoll geschlossenen Lippen man im äußersten Falle gedämpfte und feierliche Worte über das Rascheln des Grases und die Ausrufe der Musen zu hören erwartete – was hatte Bobby hiermit zu tun? Was hatte hier, in dem engen Zimmerchen, in das mit dem eintretenden Besucher, der sich die aufgetaute Nase putzte, der Küchendunst eindrang und wo zwei Pappkoffer mit Manuskripten und Kleidung unter die Liege gezwängt waren – was hatte Lorelei hier zu suchen?

Das hatte sozusagen bereits Methode, war fast eine Regel Achmatowas: den Handschuh von der linken auf die rechte Hand zu ziehen, die Situation nach außen zu kehren, den hohen Stil herabzusetzen, das Niedere aufzuwerten, auf den ersten Blick unvergleichbare Dinge zusammenzuführen, die Worte in den Versen unter neuem Blickwinkel zueinander in Bezug zu setzen. »Damals entstand seine Theorie von der Bekanntschaft der Worte«, schrieb sie über Mandelstam. Sie behauptete, daß ein Dichter immer »fehl am Platze«, immer die »verkörperte Taktlosigkeit« sei und führte Puschkin als Beispiel an, der in der Zeitschrift *Biblioteka dlja tschtenija* zwischen einem Strom feierlicher Verse verschiedener Dichter anläßlich des Jahrestages des Krieges von 1812 und der Einweihung der Alexandersäule auf dem Schloßplatz die Elegie »Die längst verloschene Lust der tollen Tage« untergebracht hatte. »Das war so fehl am Platze, so taktlos!«

»Ich sage: ins Gedicht gehört das Unerhörte, nicht wie's bei den Leuten ist.«

Und dennoch erzeugte das unangebracht Erinnerte, das unpassend Gegenübergestellte den Eindruck des Natürlichen, ja beinahe Selbstverständlichen. Der Verweis auf Horaz und die Anspielung auf Shakespeare, der Zuruf auf der Straße und die Ausrufe der Musen erreichten und bezauberten die Menschen durch ihre alltäglichste, gewöhnlichste, hundertmal gehörte Intonation, die allerorten verbreitet war; wenn man nach Soschtschenko die Stadtsprache der zwanziger und dreißiger Jahre rekonstruieren kann, so nach Achmatowa die Intonation der russischen Rede der ersten Hälfte des 20. Jahrhunderts. Achmatowas Intonation hatte die gleiche Wirkung bei einer in poetischen Dingen gänzlich unerfahrenen Hausfrau wie bei einem in der Textanalyse geübten Literaturwissenschaftler. Das sieht man daran, daß sowohl sie als auch er die Gedichte Achmatowas und nicht zum Beispiel Wjatscheslaw Iwanows oder gar des nicht minder »kulturvollen« Woloschin bevorzugten.

Achmatowa war schauspielerisch nicht begabt, sie verstand es überhaupt nicht, einen Menschen darzustellen oder zu zeigen, wie er spricht, aber sie hatte ein unvergleichliches Gehör und Gedächtnis dafür, wie in einer Replik, in einem Satz, in einer Periode die Wörter angeordnet waren oder, wenn sie ungenau standen, wie sie angeordnet werden müßten. Sie sagte, man könnte sich verbürgen, daß der Satz, den der junge Iwan Sergejewitsch Turgenjew im Vorzimmer bei Pletnjow gehört habe, vollkommen glaubwürdig sei. Puschkin stand schon in Hut und Mantel und wandte sich an seinen Gesprächspartner: »Das sind mir schöne Minister! Was soll man dazu sagen!« »Da kommt der Neger durch!«

Ihre eigene Rede, wie lebendig sie auch glänzen mochte, erzeugte immer den Eindruck, aus sorgfältig und lange ausgewählten Worten zusammengesetzt zu sein. Sie konnte eine Intonation mit derselben Genauigkeit aufzeichnen, mit der eine Melodie in Noten aufgeschrieben wird. »Ach, du bist es wieder«, »Denk mal, das ist auch eine Arbeit« – sind nur Noten in ihrer reinen Form, das ist nur jener Ton, den die Taste hergibt, die Taste des Musikinstruments, das so »wie bei den Leuten« gestimmt ist.

Was dir nun zur Erinnerung schenken?
Meinen Schatten? Was soll er dir?

Die Aufzeichnungen enthalten schon die Charakterbezeichnungen »Minore«, »Allegro ma non troppo«, »Maestoso«. Und die präzisierenden, schon fast theatralischen Anmerkungen:
(mit Nachdruck:) Ich selbst bin nicht von denen,
Die fremden Künsten untertan,
Ich selbst … *(entschieden, aber verschmitzt:)*
                                        Doch mein Geheimnis
Will nicht umsonst ich geben.

Manchmal verbirgt ein Gedicht den Gesprächspartner und klingt wie ein Gespräch mit jemandem, der formell abwesend ist: das ist die Antwort auf seine Worte, die der Ökonomie der poetischen Mittel halber in die Antwort selbst eingeschlossen ist:

    Und überhaupt, bin keine Prophetin,
    Wie ein Bach ist mein Leben, so hell,
    Ich möchte einfach nicht singen
    Unterm Geklirr der Gefängnisschlüssel.

In anderen Versen tritt eine deutliche, auf dieselbe Weise »eingeschriebene« Geste zutage:

    Versteckt und vergessen, ver … *(sich hastig umdrehend, müde und hoffnungslos:)* Wer hat da
    So zu klopfen gelernt?
    Nun muß ich zurückgehn zum Tor,
    Neuem Unglück entgegen.

Wahrscheinlich läßt sich damit das Fehlen schriftlicher Anmerkungen in dem Stück *Prolog, oder Der Traum im Traum* erklären, das Achmatowa in den letzten Jahren dichtete bzw. rekonstruierte und dessen Inszenierung auf der Bühne sie sich real vorstellen konnte (jedenfalls zog sie die telegrafische Bitte des Düsseldorfer Theaters in bezug auf eine solche Inszenierung ernsthaft in Erwägung). Überhaupt besaß sie in höchstem Maße ein Gefühl für die Bühnenwirksamkeit des Geschehens. Es gibt eine sehr ausdrucksvolle Fotografie von ihr und dem Pianisten Heinrich Neuhaus – beide sitzen auf einem Sofa und unterhalten sich –, die kurz vor seinem sowie ihrem Tod gemacht worden ist. A. A. kommentierte die Aufnahme: »Das ist eine Szene aus dem Drama irgendeines Skandinaviers. *Sie* gesteht ihm: ›Jetzt, wo soviele Jahre vergangen sind, muß ich dir sagen, daß unser Sohn nicht von dir ist.‹ *Er* greift sich an den Kopf... Der Sohn aber ist unterdessen schon Professor in Stockholm.«

Charakteristisch war für sie eine ausdrucksstarke Mimik, besonders des Zorns, des Schmerzes, des Mitleids; Gestikulation dagegen fehlte fast völlig. Im Winter 1964 übertrugen wir »solidarisch« – wie es im Vertrag hieß – Leopardi. Als der Frühling näherrückte, ließen wir uns für »einen Durchgang« von 12 Tagen im »Haus des Schaffens« in Komarowo Plätze reservieren: man erklärte uns, daß es leichter sei, an Ort und Stelle zu verlängern, als sofort Plätze für einen Monat zu bekommen. Ihr wurde ein Zimmer im Hauptgebäude zugeteilt, mir eins im Seitenflügel. Zum Spaziergang nahmen wir einen finnischen Schlitten mit: anfangs gingen wir zu Fuß, dann, wenn sie ermüdete, setzte sie sich und ich schob den Schlitten auf den festgestampften Alleen entlang. An sonnigen Tagen lockerte sich der Schnee, die Skiläufer aber liefen, was das Zeug hielt. Auf die Bitte um Verlängerung erhielten wir erst am Ende unserer Frist die Antwort: ihr bewilligte man, noch für eine Woche zu bleiben, mir wurde es verwehrt. Es lohnte nicht, besonders betrübt zu sein, denn arbeiten konnten wir auch in der Stadt. Irgend etwas in der Art sagte ich auch, während ich den Schlitten auf einer offenen Lichtung anhielt: sie saß mit dem Gesicht zur Sonne, äußerlich vollkommen ruhig, sogar teilnahmslos. Plötzlich verzerrten sich ihre Züge zu einer Grimasse von unverfälschter Wut, mit einer ungestümen und irgendwie ungeschickten Bewegung warf sie die zur Faust geballte Hand nach vorn und schrie: »Nun, ja! Sie brauchen die Plätze für Skiläuferinnen!« Warum ausgerechnet für Skiläuferinnen und nicht für Skiläufer, konnte ich nicht verstehen, insgesamt aber war die Szene schrecklich überzeugend.

Möglicherweise kam da die Unbeherrschtheit, ja sogar das Demonstrative der Reaktion auf das Geschehen zum Ausbruch, Verhaltensweisen, die sie sich in ihrer Kindheit und Jugend angewöhnt hatte. Das waren Eigenschaften jener südrussischen, vor allem Odessaschen Schicht, in der sie gelebt hatte. Als siebzehnjähriges Mädchen beklagt sie sich in einem Brief: »... ich bin eine ewige Wanderin durch fremde, rauhe und schmutzige Städte...« In anderen Briefen derselben Zeit gibt es Beispiele des damaligen Umgangsstils: »Habt keine Angst, ich werde es mir nicht unter den Nagel reißen, wie man im Süden sagt«; »Es mag Ihnen scheinen, daß ich mich auf eine Affäre einlasse«; »Sie hätten wahrscheinlich gesagt: ›Pfui, was für eine Fratze!‹« Sie fand Geschmack an Witzen, an neuen und an solchen, die schon »einen Bart« hatten. Davon gab es im Haus des Schriftstellers und Humoristen Ardow, wo sie lange Zeit wohnte, wenn sie in Moskau war, eine große Auswahl. »Mama, Einsatz?!« konnte der Hausherr, den beschränkten Schwiegersohn mimend, ihr plötzlich zurufen. Das heißt: setzen Sie ein, geben Sie Ihren Teil zum Spieleinsatz zu? »Einsatz, Einsatz«, antwortete sie herablassend. »Erst die Hausaufgaben, dann drinken«, diese Einleitung konnte sie auch dann, wenn der Tisch gedeckt wurde, äußern. Ein einziges Mal, als Ranewskaja und sie eine Szene vorspielen wollten (davon wird noch die Rede sein), in deren Verlauf ein unanständiges Wort erklingen sollte, machte sie im voraus mit der Bemerkung »Für uns als Philologen existieren keine verbotenen Wörter« – darauf aufmerksam. Über Straßenzoten aber konnte sie sagen: poésie maternelle.

*

»Tschechow und Lyrik schließen einander aus. Ich glaube niemandem, der behauptet, er mag sowohl Tschechow als auch Lyrik. In jeder beliebigen seiner Arbeiten gibt es mit Lyrik nicht zu vereinbarende ›Kolonialwaren‹, Ladenschwüle. Seine Helden sind langweilig, vulgär, provinziell. Selbst ihre Kleidung, die Mode, die er für sie ausgesucht hat, ist äußerst reizlos: häßliche Kleider, Hüte, Überwürfe. Man wird sagen, so war es damals eben, bei Tolstoi aber sieht dasselbe Leben aus irgendeinem Grunde ganz anders aus.« Diese von Achmatowa hartnäckig vertretene anti-tschechowsche Äußerung, die mehr Einstellung als Kritik war, betrübte manchen sehr, versetzte viele in Befremden oder amüsierte auch durch ihre Paradoxie. Von den nichtliterarischen Erklärungen – denn es ist schwer, den literarischen zuzustimmen und den harmonischen Rhythmus der tschechowschen Erzählungen oder die Saite des *Kirschgarten* im direkten und übertragenen Sinne nicht mehr zu hören; es ist schwer zu verstehen, warum Soschtschenko mit *seinen* »Waren« und Moden der Lyrik nicht widerspricht, während Tschechow dies tut – liegt vor allen anderen die psychologische Erklärung nahe.

Der von Tschechow dargestellte Alltag ist der reale Alltag der »fremden, rauhen und schmutzigen Städte«, der Anna Gorenko im größten Teil ihrer Kindheit und Jugend umgab und niederdrückte und den Anna Achmatowa durch das freie Leben von Cherson am Schwarzen Meer und die Pracht von Zarskoje Selo nicht nur aus ihrer Biografie, sondern auch aus ihrem Bewußtsein verdrängte. In den an einen Vertrauten gerichteten Briefen der Jahre 1906/07 kommt eine Schicht tschechowscher Stilistik deutlich zum Vorschein: »Gute Minuten gibt es nur dann, wenn alle zum Abendbrot in das Gasthaus gehen...«; »Im Sommer küßte mich Fjodorow wieder, schwor, mich zu lieben, und ein Geruch nach Mittagessen ging von ihm aus.« »... Gespräche über Politik und Fisch auf dem Tisch«; »Er (der Onkel) schrie zweimal am Tag: nach dem Mittagessen und nach dem Abendtee«; »Zum Studium werde ich natürlich nie kommen, höchstens zu Kochkursen«; »Geld ist keins da. Die Tante nörgelt. Cousin Demjanowski macht mir alle fünf Minu-

ten eine Liebeserklärung (erkennen Sie den Stil von Dickens?)«.
Nicht wahr, man möchte fortsetzen: Dickens' Stil im Stil Tschechows? »Ich wollte plötzlich nach Petersburg, zum Leben, zu den
Büchern«; »Wo sind Ihre Schwestern? Sicher besuchen sie Kurse,
oh, wie ich sie beneide!« – Nach Moskau, auf die Universität. Mit
allem hier Schluß machen – und nach Moskau! – so äußern sich die
»Drei Schwestern«.

Das sind Briefe eines tschechowschen Provinzmädchens, das von
der freudlosen Existenz irgendwo, egal, ob in Taganrog oder in
Jewpatorija, unbefriedigt ist. Selbst das Sujet der Briefe: die Verliebtheit in einen »eleganten und so gleichgültig-kalten« Studenten
aus der Hauptstadt ist typisch für Tschechow. Wie auch die konkrete Äußerung dieser Verliebtheit: »Wollen Sie mich glücklich
machen? Wenn ja, dann schicken Sie mir sein Photo!«; »Es ist
leicht zu sterben«; »Ich habe aufgehört zu leben, ohne überhaupt
erst damit begonnen zu haben. Es ist traurig, aber es ist so.« Die
Situation Achmatowas – wenn man in dem Mädchen Gorenko
schon Achmatowa sehen will – ist außerordentlich: das ist die Welt,
der Stil und die Stimme von Tschechows Heldinnen, aber nicht
durch »die Kompliziertheit und den Reichtum des russischen Romans des 19. Jahrhunderts«, nicht »mit Blick auf die psychologische
Prosa«, wie Mandelstam später über sie schrieb, in das System ihrer
Ausdrucksmittel einbezogen, sondern durch die Alltäglichkeit.
Nicht Achmatowa zitierte Tschechow, sondern Tschechow zitierte
ein gewisses Mädchen Gorenko. Und jede folgende, noch so unbe-
deutende Aneignung Tschechows, wenn sie geschehen wäre, hätte
»etwas von Blutvermischung« an sich, wie sie sich einmal aus ähnlichem Anlaß ausdrückte.

Ich denke aber, daß die Hauptursache ihrer Abneigung gegen
Tschechow die diametrale Gegensätzlichkeit ihrer Einstellungen in
bezug auf die Kunst war. Ich wurde das Gefühl nicht los, daß die
Kritik, die Achmatowa äußerte, wenn sie über Tschechow sprach,
nur geäußert wurde, um damit den Grund für ihre Abneigung, den
sie nicht aussprechen konnte, zu verdecken. In der Tat: Sie sagte,
Tschechows Stücke bedeuteten den Niedergang des Theaters. Und

ein andermal sagte sie, das MChAT verdanke seinen Aufschwung Stanislawskis Erkenntnis nach dem Scheitern der *Möwe* im Alexander-Theater, wie man Tschechow-Stücke inszenieren müsse, »und sie hatten rasenden Erfolg«. Lidija Tschukowskaja hat eine entrüstete Rede Achmatowas aufgezeichnet, in der sie Tschechow beinahe der Lüge beschuldigt: »Tschechow hat sein ganzes Leben lang Maler als Müßiggänger dargestellt... Aber in Wirklichkeit bedeutet Maler zu sein doch eine schreckliche geistige und physische Arbeit... Die Samjatins haben mir, als sie weggingen, die Skizzenbücher von Boris Grigorjew hinterlassen – darin finden sich tausende Entwürfe für ein einziges Porträt. Tausende – für ein einziges... Tschechow kam unbeabsichtigt dem Geschmack seiner Leser entgegen, den Arzthelferinnen und Lehrerinnen, sie aber wollten in Malern unbedingt Müßiggänger sehen.« Fast dasselbe sagte sie über Ilf und Petrow: »Sie haben die Schriftsteller verleumdet... In einem Zug voller Schriftsteller erweist sich der Gauner als talentierter und klüger als alle.« Mit dem Monolog zur Verteidigung der Maler lenkte Achmatowa jedoch das Gespräch von ihrer ersten, direkteren Äußerung weg: Lidija Tschukowskaja hatte während eines Gesprächs über eine Tschechow-Verfilmung ironisch bemerkt, daß es in der Erzählung »Flattergeist« »alles gibt, was verlangt wird: sowohl eine negative Heldin als auch einen positiven Helden...« – »Und die Künstler werden verspottet«, griff Anna Andrejewna sofort ärgerlich auf, »die Künstler. Wirklich, alles, was verlangt wird!« Und erst nach einer gewissen Zeit konzentrierte sie die Vorwürfe auf die Verfälschung des Bildes vom Künstler als Schaffenden.

Warum waren Tschechows Leser nur Arzthelferinnen und Lehrerinnen, und wenn dem so wäre, warum wird auch heute, da sich die Leserschaft wesentlich verändert hat, das Verspotten der Künstler verlangt? Es gibt keinen Zweifel, Achmatowa ließ sich keine Gelegenheit entgehen, die Würde des »Menschen der Kunst« in den Augen der Gesellschaft zu heben. Sie verzieh weder Woloschin die Ohrfeige für Gumiljow noch Alexej Tolstoi die Verspottung Mandelstams: auch wenn die Beleidiger aus derselben Zunft waren wie die Beleidigten, indem sie einen Dichter erniedrigten, zogen sie mit dem Pöbel an einem Strang. Als jemand von der *Literaturnaja gaseta* sie anrief, um mitzuteilen, daß man sich wegen der Veröffentlichung der aktuelleren Gedichte der Berggolz gezwungen sehe, Achmatowas Gedichte in die nächste Nummer zu verschieben, entgegnete sie, ohne ihn aussprechen zu lassen, barsch: »Ich habe nicht vor, jemandem in den Weg zu treten, ich weiß sehr wohl, was gute Sitten der Literatur sind«, und hängte den Hörer auf. Und so weiter, und so weiter. Fast fünfzig Jahre ihres Lebens, bis zu ihrem Tode, genossen die Künstler unverändert hohe Achtung und standen hoch im Kurs – mit Ausnahme derer, die offiziell zu außerhalb der Kunst stehend, zu Nullen, zu Parasiten usw. erklärt wurden, was in den Augen des Spießers ebenso angenommen wurde wie »Talent und Fleiß« der Anerkannten. Und Rjabowski untergrub in »Flattergeist« weder das Vertrauen der zeitgenössischen Arzthelferinnen und Lehrerinnen in die »schreckliche geistige und physische Arbeit« Iogansons noch überführte er den »Müßiggänger« Falk, der für die Arzthelferinnen und Lehrerinnen einfach nicht existierte.

Nicht »die Menschen der Kunst« wurden bei Tschechow »verspottet«, sondern es wurde ein wahres Urteil über die Kunst geäußert, das sie – zumindest die Kunst der Art, die sich durch das »Silberne Zeitalter« herausgebildet hatte – zerstörte.

Lew Tolstoi äußerte 1909 über Andrej Bely und über die »Dekadenz« überhaupt die Ansicht, daß das Fieberphantasien von Verrückten seien: »Ich habe keinerlei Umgang mit diesen Leuten. Ich würde sie gern fragen, was sie erreichen wollen.« Und weiter: »Zu sagen, daß eine gewisse Person in Schwarz ›furchterregend‹ sei, das verstehen alle und kann jeder. Aber zu erzählen, wie die Menschen leben, wie sie arbeiten, ihre Gefühle, ihre Konflikte zu beschreiben – das kann nicht jeder.« Vom Standpunkt des zwanzigsten Jahrhunderts aus gesehen erscheint Tolstoi als »alter Hut«, als Greis, der die neue Kunst nicht versteht. Aber er lebte nach einer anderen Zeitrechnung. Sowohl er als auch die Dekadenzler ahnten, welche Erschütterungen die neue Zeit mit sich bringen würde: Revolution, Krieg, Ausschweifung, Terror und vor allem – Es-gibt-keinen-Gott.

Er jedoch sah diesen Erscheinungen mutig entgegen, suchte und fand eine Erklärung in den ewigen Eigenschaften der menschlichen Natur – wie Cervantes, wie Shakespeare; sie aber erklärten sie, gleichsam erschrocken, mit den besonderen Eigenschaften des zwanzigsten Jahrhunderts und begannen, eine der realen Welt parallele Welt zu schaffen und zu beschreiben, wo »eine gewisse Person in Schwarz« in Aktion trat und wo es »nach Schwefel roch«. Der später von seinen Vertretern erfundene Begriff »Silbernes Zeitalter« rückte die neue Kunst in die Nähe des »Goldenen Zeitalters«. Das war unzulässig und rein formal: alles, was zwischen Puschkin und Blok lag, wurde vom »Silbernen Zeitalter« scheinbar ignoriert. Achmatowa und, wenn auch etwas weniger entschieden, Mandelstam nannten die Dinge erst zwanzig Jahre später bei ihrem Namen, und das eher der »neuen Kunst«, der Kunst des »zwanzigsten Jahrhunderts«, zum Trotz.

Kunst war für Achmatowa und insgesamt für die Vertreter der Kunst der neunziger Jahre bis Anfang der Zwanziger des neuen Jahrhunderts ein Dienst nicht nur im üblichen, sondern auch im religiösen Sinne des Wortes. In jenen Jahren wurde in philosophischen Zirkeln und in Theatern, in Gedichten, Feuilletons, in Restaurants und Wohnzimmern soviel von Gott gesprochen, daß das Wort »Gott« selbst jedem anderen Wort gleich wurde; Achmatowas enger Freund Boris Anrep fand für sein Poem ein Epigraph im Geiste der Zeit:

Es werde Licht.

Gott

Die Theologie, die immer das Ergebnis einer geistigen, auf das Erfassen der Wahrheit gerichteten Tat war, wurde durch religiös-philosophische, ethisch-ästhetische oder durch auf dem Gefühl verfeinerter Seelen basierende Spekulationen ersetzt. Gumiljow konnte schreiben: »Auch im Johannes-Evangelium heißt es, daß das Wort Gott ist«, indem er anstelle des »Gott-Wortes« Christus ein profanes Wort unterschob. Der Akmeismus nannte sich auch Adamismus, da die Akmeisten sich für Nachfolger des Urvaters

Adam hielten: wie dieser ein Geschöpf genannt, »so sollte es heißen«.

Bei einer derartigen Mixtur von Geheimnissen und Illusionen, Wissen und Vermutungen, Wahrheit und Meinungen wurde es möglich, alles zu sagen und alles zu rechtfertigen, was man wollte. Heidnische Mythen genügten dem allgemeinüblichen Standard der Glaubwürdigkeit ebenso wie die Heilige Schrift – wenn nicht sogar in höherem Maße. Wie Blok in seinem Tagebuch über einen Anführer der Rotgardisten schrieb: »Nein, trotz allem Christus.« Einzig die Kunst nahm es auf sich, diese nicht zu vereinbarenden Dinge zu vereinen, nur durch die Magie der Kunst verbanden sich die hundert Jahre zuvor abgeworfenen Idole und die von den Voltaireianern oder Nietzscheanern verworfenen Heiligenbilder erneut zu einem einheitlichen Weltbild. »Bekanntlich ist das Christentum in Rußland noch nicht gepredigt worden«, scherzte Achmatowa gern.

Die Kunst, um mit ihren Worten zu sprechen, »drang in die verbotensten Zonen der Natur ein« und mied keineswegs die Kontakte mit kleinen und großen Dämonen. Über die schwarzen Messen im Hause dieses oder jenes »Künstlers« wurde zwar hinter vorgehaltener Hand, aber nicht gerade sehr im geheimen gesprochen: halb bemächtigte sich die Kunst des Teufels, halb der Teufel der Kunst. Die Revolution aber gab den Ruinen des Geistes materielle Formen und zerstreute damit gleichsam die letzten Zweifel darüber, daß nur die Kunst Rettung bringen könne und daß die Kunst über allem stehe. Die Kunst, sie allein, rechtfertigte die Achmatowaschen Zeilen:

> Bei der wundertät'gen Ikone schwör ich
> Und beim flammenden Rausch unsrer Nächte.

Sie allein erlaubte, Blok den »Dämon selbst mit dem Lächeln Tamaras« zu nennen, ohne sich um eine Widerlegung zu bemühen:

> Und es schützte die Heilige Jungfrau
> Ihren herrlichen Dichter.

Sie warf einen anmutigen Schleier über die schrecklichen Andeutungen, über die wahnsinnige Berührung des Unantastbaren in »Dreizehn Zeilen«:

> Es schien die Welt sich selbst nicht mehr zu gleichen,
> Und seltsam anders schmeckte uns der Wein.
> Und ich sogar, die dazu ausersehen,
> Dies göttlich Wort als Mörder zu ersticken,
> Ich mußte stumm, in Ehrfurcht niederblicken:
> Des Lebens Segen sollte fortbestehn.

Bildete Achmatowa sich über jemanden ein Urteil, wobei sie der verkörperte gesunde Menschenverstand war, so zählte in erster Linie seine Zugehörigkeit zur Sphäre der Kunst oder seine Beziehung dazu. »An nichts ist er schuld: nicht hieran, nicht daran, nicht an was Drittem... Die Dichter, sie leben jenseits von Gut und Böse«, beendet sie die Hymne auf den Dichter im *Poem ohne Held*. Sie wußte, daß mir dieses, besonders unter den jungen Künstlern verbreitete Herangehen, das in der Praxis die Straflosigkeit zum Gesetz erhob und sogar provozierte, eine beliebige Tat aus einer Laune heraus zu vollbringen, fern lag (so bewies ich Brodsky, daß ein Dichter in seinen Versen schon deshalb seine Freundin, die ihn verlassen hatte, nicht beschimpfen durfte, weil er mit der Fähigkeit begabt war, dies mit den bestgesetzten Worten zu tun und sie ihm nicht antworten konnte), und berührte dieses Thema nicht, höchstens vielleicht im Gespräch mit einem dritten in meiner Gegenwart. Lidija Tschukowskaja überliefert folgende Worte von ihr: »... die Vertreter der Moderne haben ein großes Werk für Rußland vollbracht... Sie übergaben das Land in völlig anderer Gestalt, als sie es empfangen hatten. Sie lehrten die Menschen wieder, Gedichte zu lieben...« Oder über Majakowski: »Er antwortete: ›Wozu sollte man jetzt Chlebnikow herausgeben?‹ So äußerte er sich über seinen Kollegen, über seinen Lehrer... Worin besteht denn dann der Unterschied zwischen ihm und den Briks? Sie stehen der Herausgabe seiner Gedichte gleichgültig gegenüber, er der

Herausgabe der Gedichte Chlebnikows. Es gibt einen großen Unterschied, der liegt aber woanders: in seinem großen Talent. Er war ebenso wie sie finster, doppelzüngig und unaufrichtig... Doch das hinderte ihn nicht, zum größten Dichter des zwanzigsten Jahrhunderts in Rußland zu werden.« Über Stanislawski: »Aber folgendes faszinierte mich an ihm: seine wirkliche Kunstbesessenheit. Er pfiff natürlich stets auf alles: wenn er nur immer wieder Stücke inszenieren konnte, wenn nur das Theater triumphierte. Das ›Leben‹ außerhalb des Theaters beschäftigte ihn einfach nicht...« Und dasselbe über Marschak: »Jetzt erst habe ich verstanden, worin die Stärke dieses Menschen besteht: in seiner rasenden Kunstbesessenheit.« Als ich das gelesen hatte, dachte ich, daß Achmatowa ein anderes Wort verwendet habe, für einen orthodoxen Menschen, der sie ihrer Erziehung nach war, bedeutete Besessenheit – Besessenheit vom Teufel; aber auch über sich, darüber, wie das Poem auf sie zurollte, bezeugte sie, »von einer dämonischen, schwarzen Begierde besessen« gewesen zu sein: in jedem Falle ist die Tendenz ihres Pathos klar. Auch Annenski, der »das ganze Gift einnahm, diesen ganzen Kelch austrank und auf den Ruhm wartete und ihn nicht erlebte... und erstickte« und auf der Stufe des Bahnhofs von Zarskoje Selo vom Herzschlag getroffen umfiel, wurde, wie aus ihren Worten zu entnehmen, von den Feinden der Kunst getötet, die seine Gedichte nicht rechtzeitig gedruckt hatten.

Und Tschechow, der nur das schrieb, was er sicher wußte und der das Zweifelhafte – die »Eingebung des Gefühls«, Träume, Vermutungen – fragwürdig nannte, spricht aus Nina Saretschnajas Mund über die »heilige« Kunst: »daß für unsere Arbeit – egal, ob wir Theater spielen oder schreiben – die Hauptsache nicht der Ruhm ist, nicht der Glanz, nein, nicht das, wovon ich geträumt hatte, sondern leiden zu können.« Und davor bekennt Trigorin: »Tag und Nacht beherrscht mich der eine aufdringliche Gedanke: ich muß schreiben, ich muß schreiben, ich muß... Ich schreibe ununterbrochen, am laufenden Band, ich kann nicht anders. Was ist schon herrlich und strahlend, frage ich Sie?... Ich sehe diese Wolke dort, die aussieht wie ein Flügel... Und so ist es immer,

immer, und ich habe keine Ruhe vor mir selbst, ich fühle, daß ich mein eigenes Leben auffresse, daß ich, um für irgend jemand Honig zu spenden, den Staub von meinen schönsten Blüten lese, die Blumen selbst ausreiße und ihre Wurzeln zertrample. Bin ich nicht verrückt?... Immer dasselbe, immer dasselbe, und ich glaube, all diese Aufmerksamkeit meiner Bekannten, ihr Lob, ihr Entzücken, das ist alles nur Betrug, sie betrügen mich wie einen Kranken, und ich habe manchmal Angst, daß sie sich, hier, hinter meinem Rücken an mich heranschleichen könnten, mich packen und wie Poprischtschin ins Irrenhaus stecken... Kaum ist es erschienen, und schon ertrage ich es nicht mehr, schon sehe ich, daß etwas nicht stimmt, ein Fehler, daß ich es überhaupt nicht hätte schreiben sollen, und ich ärgere mich, und mir wird ganz übel...«

Saretschnaja könnte eine Altersgenossin der vom »Silbernen Zeitalter« vergötterten Komissarschewskaja sein; der »Dekadenzler« Treplew, über dessen Schaffen Arkadina sagt: »... aber das hier sind doch Prätentionen auf eine neue Ära in der Kunst. Ich sehe hier überhaupt keine neue Formen, sondern einfach einen schlechten Charakter«, über den man lacht, der gedruckt, aber nicht gelesen wird, ist der sogenannte Obersymbolist, einer von denen, die Achmatowas Vorgänger, Autoritäten und Lehrer waren. Und das in der *Möwe*, in einem Stück, wo die Intrige zwischen Mutter und Sohn, die die Episode von Gertrud und Hamlet spielen, die ganze Zeit – völlig »à la Achmatowa« – das »Shakespearesche« der Situation im Blick behält; ebenso wie auch den Hinweis auf Puschkins *Russalka*: »In *Russalka* behauptet der Müller, ein Rabe zu sein, so wiederholt sie in ihren Briefen ständig, daß sie eine Möwe sei.« Hier beginnt nun auch die einem Flügel ähnliche Wolke wie eine Parodie auf Achmatowas berühmtes: »Hoch im Himmel schimmerte ein Wölkchen grau wie des Eichhorns ausgebreitet' Fell« auszusehen.

Die neue Ritus-Kunst konnte mit der Analyse-Kunst, mit der Kunst-der-Ideen, mit der Kunst-der-Predigt des 19. Jahrhunderts schon allein deshalb »übereinkommen«, weil diese ebenso wie jene »mehr als Kunst« war. Aber mit Tschechow, der die Kunst nur als

Handwerk begriff, auf einen Nenner zu kommen, erwies sich als unmöglich. Die Sprache war gleich, die Tonart verschieden. Mit verschiedenen Registern: das, was Tschechow in lächerlicher Gestalt, fast als Singspiel hingestellt hatte, wurde vollkommen ernst und dramatisch dargeboten. Die Zeilen früherer Gedichte Achmatowas und die Worte Tschechowscher Heldinnen sind durchweg wortwörtlich austauschbar:

das Herz war mir schwer, es erstickte im Todeswahn ...

wenn Sie mich nicht quälen würden –
hab so schon viel Qual und viel Marter ...

ich weine nicht, ich beklage mich nicht, ich soll nie
glücklich sein ...

das Glück klopft an mein Fenster,
nur hereinlassen muß ich es noch ...

Lieber, Lieber! auch ich, ich sterbe mit dir ...

möge sein Schatten sehen, wie ich liebe ...

oh, wie schön bist du, Verfluchter! ...

ich kann lieben und verzeihen ...

Wem man diese und jene Zeile zuschreiben soll, hängt vom eingestellten Brennpunkt ab – wie bei der geheimnisvollen Zeichnung, auf der man bei senkrechtem Blick eine Baumkrone, Blumen und Vögel sieht, schaut man aber parallel zur Fläche, erblickt man einen Jäger, der sich in den Zweigen zusammenkauert. Zieht man das Rädchen der Scharfeinstellung an, ist es Anna Achmatowa, ihr Zyklus *Verwirrung*; lockert man sie, ist es der Schwank *Der Bär* von Tschechonte.

Lidija Jakowlewna Ginsburg, die sich über viele Jahre regelmäßig mit Achmatowa getroffen hatte, sagte nach ihrem Tod: »Warum habe ich ihr nicht die Hauptfrage gestellt: ›Wie kam es, daß Sie *so* begonnen haben zu schreiben, das heißt ganz am Anfang?‹« Vielleicht gibt uns Tschechow eine Antwort: *so* sprachen damals die Fräulein, die jungen Frauen.

In der *Möwe* sagt der weise Dorn, ein Arzt, der meint, daß es nicht großherzig sei, sich im Alter über das Leben zu beklagen, der von allen Medikamenten Baldrian vorzieht und an die Weltseele nur dann glaubt, wenn er in eine Menschenmenge gerät, über Treplew: »Er denkt in Bildern, seine Erzählungen sind farbig, grell, und ich empfinde sie sehr stark. Schade nur, daß er sich keine bestimmten Aufgaben setzt. Er ruft einen Eindruck hervor, und nichts weiter, aber mit dem Eindruck allein kommst du nicht weit.« Ist dies denn das Urteil über die neue Kunst; oder erfolgt, da die Kunst heilig ist (»unser heiliges Handwerk«), »die Entweihung des Sakraments« (»Es riecht nach Schwefel. Muß das so sein?«); oder ist es die zielgerichtete und unbedingte Herabsetzung des Stils, der, wie sich herausstellte, für die Zukunft, insbesondere für die ebenso zielgerichtete Achmatowasche Erhabenheit gedacht war und eben damit die gemeinsamen Wurzeln aufdeckte; oder der nach Huhn riechende Lakai, der in allen Inszenierungen des *Kirschgarten* – sei es des Künstlertheaters oder anderer Theater – an die Schwüle und Dumpfheit ihrer Kindheit und Jugend erinnert; oder war alles insgesamt die Ursache ihrer Mißgunst Tschechow gegenüber; die Mißgunst, sogar Feindseligkeit aber war dauerhaft. Und als ich ihr mitteilte, daß bei Lenfilm ein Film nach der Erzählung »Ionytsch« gedreht und Tschechow selbst als handelnde Person eingeführt würde, versäumte sie nicht zu äußern: »Aha! Da wird es ja sogar zwei Ärzte geben.«

Anna Sergejewna, die »Dame mit dem Hündchen«, sagt während ihrer ersten geheimen Zusammenkunft mit ihrem Verführer, ohne die Tränen zu verbergen: »Möge Gott mir verzeihen! Das ist schrecklich... Die einfachen Menschen sagen: vom Bösen verführt. Auch ich kann jetzt von mir sagen, daß mich der Böse verführt hat.« In einer ähnlichen Situation hört die lyrische Heldin Achmatowas durch den Gesang von Geigen: »Preis Gott! Es ist das erste Mal, daß mit dem Liebsten du alleine.« Die Reue der jungen Frau nahm sich nach Tschechow »seltsam und unpassend« aus, ihre Einstellung zu den Geschehnissen war jedoch von der Norm des christlichen Bewußtseins bestimmt. In diesem Sinne ist das Verhältnis der »glücklichen« Verliebten Achmatowas die direkte und betonte Mißachtung der Norm, ihre Ablehnung.

Gleichzeitig aber wurde die derart offene und sich an sich selbst ergötzende Verletzung des christlichen Gesetzes – das war schon völlig »seltsam und unpassend« – von der Dichterin ohne Schwanken und Zweifel in das Koordinatensystem des orthodoxen Alltags und Verhaltensmusters eingefügt: Gebete zu Hause, in der Kirche, Beichten, Kommunionen. »Schäbiger Teppich unter der Ikone«; »so bete ich nach Deiner Liturgie«; »und das dunkle Epitrachelion bedeckte Kopf und Schultern.« Mehr noch, die Überzeugung und Natürlichkeit, mit der diese Einfügung gemacht wurde, verlieh der Freude an der Normverletzung gleichsam gesetzliche Kraft, da sie auf diese Weise mit dem von der Erfüllung der anderen Normen vorausgesetzten Reueschmerz vereinbar war. Anders gesagt, wurde ebendiese gleichzeitige Verletzungs-Beachtung zur Norm erklärt. Die Praxis einer solchen Vermischung war schon weit genug verbreitet; die Philosophie der Epoche fand eine Motivierung, also eine Rechtfertigung für sie; die Poesie erklärte sie für orthodox.

Achmatowa war ein gläubiger Mensch, und man kann nicht sagen, daß sie nicht an die Kirche gebunden war. Offensichtlich hatte der Kirchenbesuch für sie einmal zu den ganz normalen, alltäglichen Dingen des Lebens gehört:

> Und die Jugend, sie war wie ein Sonntagsgebet,
> Sollte ich sie vergessen?

> Der Gesang der Cherubim
> bebt an den geschloßnen Türen;

> Und sie erhoben sich wie sonst zur Frühmesse.

Die kirchlichen Institutionen waren für sie unantastbar, und sie erzählte mir nach ihrer Englandreise im Jahre 1965, wie sie in London gefragt wurde, ob sie nicht mit dem dortigen orthodoxen Erzpriester zusammentreffen wolle. »Ich lehnte ab. Denn die ganze Wahrheit konnte ich ihm nicht sagen, und in solchen Fällen nicht die Wahrheit zu sagen, ist unmöglich.«

In ihren letzten Lebensjahren aber ging sie nicht in die Kirche. Es kam vor, daß sie eintrat, sich bekreuzigte, eine Weile stehen blieb und betete, den Kirchenkalender hatte sie immer im Kopf, kannte sich gut darin aus und wußte auch in den Riten Bescheid. Am Versöhnungssonntag 1963 sagte sie: »An diesem Tag ging Mama immer in die Küche, verbeugte sich tief vor dem Dienstmädchen und sagte ernst: ›Vergeben Sie mir Sünderin!‹ Das Dienstmädchen verbeugte sich ebenso und erwiderte ebenso ernst: ›Der Herr wird Ihnen vergeben. Vergeben Sie mir!‹ So bitte auch ich Sie jetzt: ›Vergeben Sie mir Sünderin!‹«

Aber um mit ihren eigenen Worten zu sprechen, stand sie, zumindest am Ende ihres Lebens, eher »außerhalb der Kirchenmauer«. Bald sagte sie, daß sie der gemeinsamen Beichte nicht zustimmen könne, daß die Einführung der gemeinsamen Beichte einen Keil zwischen sie und die Kirche getrieben habe, bald: »Ich möchte glauben wie ein einfaches Weib.« Trotzdem klang das eine und das andere wie eine Ausrede. Dabei schrieb sie: »Wie ich Sie in Ihrer zauberhaften Moskauer Umgebung beneide, mit welch großer Bitterkeit erinnere ich mich an Kolomenskoje, ohne das zu leben fast unmöglich ist, und an die Lawra...«

Hier sei daran erinnert, daß sie die Zugänglichkeit der Kunst in Gestalt der Vielzahl von Übersetzungen, Reproduktionen und Schallplatten für keinen Fortschritt hielt: diese Zugänglichkeit läßt eine zufällige, leichte und oberflächliche Bekanntschaft mit den Äußerungen der Tiefen menschlichen Geistes vermuten und trägt in diesem Sinne zur geistigen Ausschweifung bei. »Früher fuhr man zwei Tage lang zum Gottesdienst nach Sergijew Possad – und übernachtete in Mytischtschi. Heute fährt die Bahn anderthalb Stunden bis Sagorsk, doch eine solche Reise ist allzu unterhaltsam.« Andererseits, als ich zum ersten Mal auf längere Zeit aus Leningrad nach Moskau gekommen war, und begann, die Stadt zu erobern und Achmatowa fragte, womit ich beginnen solle, antwortete sie: »Es kommt darauf an, was Sie interessiert: sind es die Steine, dann mit Kolomenskoje, ist es alter Trödel, mit Ostankino.« Und als ich nach meinem Besuch von Kolomenskoje zu ihr kam und ihr erzählte, wie ich die Wächterin überredet hatte, die Himmelfahrtskirche für mich aufzuschließen, und was dort für eine unerträgliche Leere und unerträgliche Kälte gewesen sei, fragte sie: »Haben Sie bemerkt, wie winzig sie innen ist? Was für einen kleinen Hof muß Grosny demnach gehabt haben!« Über die Kasaner Kirche, die in Betrieb war, verlor sie kein einziges Wort, als würde sie überhaupt nicht existieren.

Zu Ostern 1964 erhielt ich einen Brief von ihr, in dem es solche Sätze gab: »In Mischas neuem Radio habe ich das Ende der russischen Messe aus London gehört. Ein wahrer Engelschor. Bei den ersten Klängen mußte ich weinen. Das geschieht mir so selten.« Sie weinte noch einmal, als ich ihr von Pasolinis Film »Das erste Evangelium – Matthäus« erzählte, der beim Festival des italienischen Films gezeigt wurde. Sie war kurz zuvor nach einem schweren Infarkt aus dem Krankenhaus entlassen worden und fühlte sich noch schwach. Ich erzählte, daß im Saal vor mir ein junger Georgier gesessen habe, der, als die Kreuzigungsszene begann und aus der Mitte der Menschenmenge, die sie verdeckte, der erste Hammerschlag und ein Schrei ertönte, plötzlich den Kopf in die Hände fallen ließ und von Schluchzen geschüttelt wurde. Tränen füllten ihre Augen und rollten die Wangen hinunter. Dann fragte sie, ob es in dem Film die Episode mit der Samariterin gegeben habe: »Im übrigen ist das nach Johannes.« So ist diese Episode im 4. Kapitel des Johannesevangeliums, Verse 6–8, 27, beschrieben:

»Da nun Jesus müde war von der Reise, setzte er sich also auf den Brunnen; und es war um die sechste Stunde.

Da kommt ein Weib aus Samarien, Wasser zu schöpfen. Jesus spricht zu ihr: Gib mir zu trinken!

(Denn seine Jünger waren in die Stadt gegangen, daß sie Speise kauften.)

Und über dem kamen seine Jünger, und es nahm sie wunder, daß er mit dem Weibe redete. Doch sprach niemand: Was fragest du? oder: Was redest du mit ihr?«

»Das Bemerkenswerte daran ist«, sagte Achmatowa, »daß der Evangelist darauf hinweist: als sie ihn allein mit der Frau antrafen, dachte niemand etwas Schlechtes.«

Ähnliche Stellen des Neuen und Alten Testaments interessierten sie besonders. Sie las sie unter solchem oder ähnlichem Blickwinkel, wovon in erster Linie die *Biblischen Verse* zeugen. Mit heimlichem Triumph erzählte sie, wie sie Dostojewski bei einem Fehler ertappt hatte, oder vielmehr den Jüngling, wenn Dostojewski diesen Fehler beabsichtigt hatte. Der Jüngling sagt zu Lambert: »Wenn sie ihn heiratete, so würde er sie am Morgen nach der ersten Nacht mit Fußtritten wegjagen... Denn eine solche gewaltsame, wilde Liebe wirkt wie ein Anfall... und kaum ist die Befriedigung erreicht, fällt augenblicklich der Schleier, und das entgegengesetzte Gefühl stellt sich ein: Abscheu und Haß, der Wunsch zu vernichten, zu zerquetschen. Kennst du die Geschichte von Abisag?...« Die Geschichte von Abisag aus dem ersten Buch der Könige (1, Verse 1–4) hat hiermit jedoch nichts zu tun:

»Als aber der König David alt war und hochbetagt, konnte er nicht warm werden, wenn man ihn auch mit Kleidern bedeckte. Da sprachen seine Großen zu ihm: Man suche unserm Herrn, dem König, eine Jungfrau, die vor dem König stehe und ihn umsorge und in seinen Armen schlafe und unsern Herrn, den König, wärme. Und sie suchten ein schönes Mädchen im ganzen Gebiet Israel und fanden Abisag von Sunem und brachten sie dem König. Und sie war ein sehr schönes Mädchen und umsorgte den König und diente ihm. Aber der König erkannte sie nicht.«

Achmatowa war der Auffassung, daß Dostojewski natürlich die im 13. Kapitel des 2. Buches Samuel erzählte Geschichte gemeint habe: über die dunkle Leidenschaft von Davids Sohn Amnon zu Absaloms Schwester Tamar; nachdem er sie entehrt hatte: »Und Amnon wurde ihrer überdrüssig, so daß sein Widerwille größer war als vorher seine Liebe. Und Amnon sprach zu ihr: ›Auf, geh deiner

Wege!‹ Er rief seinen Diener und befahl ihm: ›Treibe diese von mir hinaus und schließ die Tür hinter ihr zu!‹« (Verse 15, 17).

Achmatowas Auswahl der Sujets aus der Heiligen Schrift (Rahel, Lea, Jakob; Lots Weib; Michal und David; Herodias' Tochter), ihre Interpretation, die in ihnen gesetzten Akzente lassen eine deutliche Tendenz erkennen: alle sind auf diese oder jene Weise der Liebesbeziehung zwischen Mann und Frau – genauer zwischen Frau und Mann – gewidmet. Und nicht die nach christlicher Glaubenslehre sichtbaren Urbilder der himmlischen Liebe hellt die Dichterin »wie durch mattes Glas« über die Beispiele der Liebe in dieser Welt auf, sondern gerade die psychologischen, sinnlichen, »allen verständlichen« Seiten der geschlechtlichen Liebe, sei sie auch noch so erhaben.

> Ich les der Apostel Episteln nach,
> Der Psalmisten Lobpreis und Klage.
> Aber blau sind die Sterne, der Reif ist so zart,
> Jedes Treffen wirkt Wunder mir wieder –
> Und ein rotes Ahornblatt ist verwahrt
> In der Bibel beim Lied der Lieder.

Sie las die Apostelbriefe, den Psalter – und überhaupt, Achmatowa kannte die Bibel vorzüglich, orientierte sich frei darin, fand die nötige Stelle auf Anhieb – von selbst aber schlug sich das Buch beim Lied der Lieder auf, dem lyrisch-dramatischen Poem, das die Liebe zwischen dem König und einer Hirtin beschreibt und sich in seinen Bildern nicht von der weltlichen Liebe unterscheidet.

Und wenn Achmatowa sich an Gott wendet:

> Der mit Tau du benetzest die Triebe,
> Beleb mit der Kunde mein Herz –
> Nicht für Leidenschaften und Scherz,
> Für die große irdische Liebe,

so wiederholt der Anfang des Vierzeilers offensichtlich das Gebet von Johannes Chrysostomos zur 11. Stunde des Tages: »Herr, benetze mein Herz mit dem Tau Deiner Gnade«, und das Ende wird ebenso offensichtlich seinem Gebet zur 10. Stunde der Nacht gegenübergestellt: »Herr, mach mich fähig, Dich von ganzem Herzen und Sinnen zu lieben...« Im Kontext des Gedichts ist diese »große irdische Liebe« mit der Karamasowschen Auslegung der Worte von der Sünderin aus dem Evangelium, die »viel liebte«, verwandt: »>... sie liebte viel<, ruft Fjodor Pawlowitsch, >Und der, die viel geliebt hat, hat Christus vergeben.< – >Christus hat nicht für solche Liebe vergeben...<, entschlüpfte es dem sanften Vater Jossif vor Ungeduld.«

Achmatowas Namenstag war der 16. Februar, er wurde bescheiden gefeiert, sie empfing Glückwünsche per Telefon, am Abend versammelten sich einige Gäste am Tisch. »Ich bin die Anna der Mariä Reinigung«, sagte sie, ihre Schutzheilige war die Prophetin Anna, die im Tempel von Jerusalem dem Säugling Christus begegnet war. Der Vers »Und überhaupt, bin keine Prophetin« geht natürlich von der Gestalt dieser Heiligen aus. Was den Geburtstag betraf, so gab es da ein großes Durcheinander. Angefangen damit, daß sie in ihrer Autobiografie geschrieben hatte: »Ich wurde am 11. (23.) Juni geboren«, aber in der Regel am 23. und 24. feierte, indem sie zum Geburtstag nach altem Stil bald 12 Tage hinzufügte, da er sich im vergangenen Jahrhundert zugetragen hatte, bald 13 Tage, da er an demselben Tag im neuen Jahrhundert schon begangen worden war. Zweitens bemerkte sie gern nebenbei, daß sie am Feiertag der Ikone der Gottesmutter von Wladimir geboren worden war, dieser Tag war zur Erinnerung an die Befreiung Rußlands vom Hordenkhan Achmat, ihrem legendären Vorfahren, mit dem das Tatarenjoch endete, bestimmt worden. Sein Datum jedoch ist der 23. Juni alten Stils, d. h. der 6. Juli nach dem neuen Kalender.

Khan Achmat jedoch war wohl eher eine dekorative Verzierung, ein Milieu, die der Figur und dem Namen der Dichterin eine pikante Prägnanz verliehen, sie war zwar nicht überflüssig, änderte aber auch nichts. Wesentlich war ihre schriftlich und mündlich wiederholte Behauptung, in der Nacht auf Iwan Kupala geboren worden zu sein, also wieder zum 24. Juni nach altem und 7. Juli nach neuem Stil. Sie gab zu verstehen, freilich indem sie die Ernsthaftigkeit ihrer Behauptungen und Andeutungen durch großzügigironische Literatursprache wieder in Frage stellte, daß sie sich die dieser Nacht zugeschriebene Magie, ihre Bräuche, die Suche nach Farnkraut, das in feuriger Farbe blühte, und mit seiner Hilfe nach Schätzen, das Springen durchs Feuer, das Herabrollen eines Feuerrades von einem Berg, das Baden usw. ebenso wie auch den ganzen Kreis der mit Kupala verbundenen Mythen – Kupala, der sich im Wasser, im Feuer und in den Gräsern versteckt und den Pflanzen die Kraft des Wassers und die Wärme der Sonne verleiht –, gleichsam als Folge des Faktes, an diesem Tag geboren zu sein, zu eigen gemacht habe. Der Tag selbst wird in ihren Versen nicht als Feiertag der wundertätigen Ikone oder der Märtyrerin Agrippina oder als Vorabend der Geburt Johannes' des Täufers, sondern als Tag der Badenden Agrafena, als Vorabend der Iwan-Nacht erwähnt. (Dabei wiederum gleichzeitig mit der Erwähnung des von der Kirche geehrten Propheten David.)

Diese Aneignung der Volkstraditionen, wie man jetzt zu sagen pflegt, die sich um den Iwan-Kupala-Kult herausgebildet hatten, und die Aneignung der heidnischen, also dämonischen Realität seines Kultes, war keineswegs harmlos. Um so mehr, als sie sich mit dem Vordringen in die Wirkungsgebiete jener geheimnisvollen Kräfte verband, deren Entwicklung vor allem die durch den Mond- und den Wasserkult vereinigten Mythen beschreiben. Achmatowas Zeile »So ging ich als Schlafwandlerin umher, trat ein ins Leben« ist keine poetische Figur, wenn wir an W. S. Sresnewskajas Erinnerung an »die Mondnächte mit dem dünnen Mädchen im weißen Kleid auf dem Dach des grünen Eckhauses (›Wie schrecklich! Sie ist mondsüchtig!‹)« denken. Ebenso biografisch bedingt ist auch ihre innere Beziehung zum Element des Wassers: am Meer geboren verbrachte sie jeden Sommer dort, »war mit dem Meer befreundet« – ihren eigenen Worten zufolge – und »schwamm wie ein Hecht« nach der Einschätzung ihres Bruders, des Seemanns; außerdem: »Die Nachbarn wußten, ich spür das Wasser, und gruben sie einen neuen Brunnen, dann riefen sie mich, das Wasser finden«, wie das Poem »Nah am Meer« erzählt. Von hier kommt die Nixe, die Meereskönigin und schließlich die Kiteschanerin in ihren Versen, von der Mondsucht – die Somnambule im *Prolog,* einem der wohl magischsten Werke Achmatowas.

Ein Spiel – und doch kein Spiel. Ein Scherz – und der Nährboden ihrer Dichtung. Alte Ruinen, nach Märchenart stilisiert und die Ballung unvorstellbarer Energie, aus der ihre Muse Kräfte schöpfte. In diesem Hang zu den »verbotensten Zonen der Natur«, in der Kultivierung der übernatürlichen Eigenschaften der Natur, der »sechsten Sinne« – und diese hatte sie: prophetische Träume, Gedankenlesen, Enträtseln von Vorzeichen, Heraufbeschwören von Begegnungen, Nachrichten usw. – drückte sich auch ihre Zugehörigkeit zu »ihrer Zeit«, zum Beginn des Jahrhunderts mit seinem gesteigerten Interesse an Theosophie, Anthroposophie und an okkultem Wissen aus. »Das ist uns bekannt«, sagte sie einmal, während sie die Daumen der Hände aneinanderhielt und die anderen Finger weit auseinanderspreizte: die Stellung der Hände bei einer spiritistischen Séance. »Vor kurzem gab es noch fünf Jahre für eine einzige solche Geste.« Es war in Komarowo, im Winter, Brodsky, seine Freundin Marina Basmanowa und ich besuchten Achmatowa. Wir kamen auf den Spiritismus zu sprechen und ich erzählte, daß zwei meiner Freunde behaupteten, die Geister Goethes und Lebedew-Kumatschs herbeigerufen zu haben; sie seien gleichzeitig erschienen und in der Tür steckengeblieben. Sie sagte, daß sie das Tischrücken ablehne, es sei eine unmoralische Beschäftigung. Sie bezog sich dabei auf das Argument Modiglianis: »Wäre es mir etwa angenehm zu erfahren, daß jemand den Schatten meiner verstorbenen Mutter herbeirufen kann?« – »Im übrigen«, schloß sie, »nehmen Sie das Brockhaus-Lexikon mit dem Buchstaben ›S‹ und lesen Sie den Abschnitt ›Spiritismus‹ von Wladimir Solowjow, ein sehr vernünftiger Abschnitt.« (Dann gab sie uns einen Zehner und schickte uns ins Geschäft, um Wodka und etwas zu essen zu holen. Draußen war Frost, und der wolkenlose Nachthimmel zeigte sich ganz mit leuchtenden Sternen bedeckt. Brodsky erkannte Sternbilder, oder gab vor, sie zu erkennen, dann fragte er mich: »A. G. erklären Sie mir wissenschaftlich, warum man auf der nördlichen Halbkugel das Kreuz des Südens nicht sehen kann!« Ich sagte: »Nehmen Sie das Brockhaus-Lexikon mit dem Buchstaben ›A‹ und lesen Sie den Abschnitt ›Astronomie‹!« – »Und Sie«, entgegnete er daraufhin, sehr zufrieden mit dem Wortspiel, das ihm rechtzeitig eingefallen war, »Nehmen Sie das Brockhaus-Lexikon mit dem Buchstaben ›S‹ und lesen Sie den Abschnitt ›Scharfsinn‹!«)

Eine Welt, die die *contradictio in adjecto*, den inneren Widerspruch in der *unschuldigen* Freude an der *Sünde*, in der vom *Himmel* erhellten *irdischen* Leidenschaft, in der Versöhnung Christi mit Veliar nicht bemerkt, ist eine Illusion, deren Schöpfung der Dichtung allein unterliegt. Eine Schöpfung, deren Erschaffung eigentlich auch »Poesie« – im ursprünglichen, griechischen Sinne des Wortes bedeutet.

Sie unterliegt ihr und ist für sie notwendig: der »schäbige Teppich unter der Ikone« läßt den Eindruck von der »fröhlichen Sünderin« um so deutlicher werden, das eine funktioniert ohne das andere nicht, die Dichtung in ihrer unbedingten Gemeinsamkeit und Gleichzeitigkeit.

Über traurige Dankbarkeit für die Befreiung von der Leidenschaft, wenn auch nicht ohne Lästerung geäußert:

> Er heilt' mir die Seele, der Himmlische König
> Mit eisiger Ruhe der Abscheu;

über das Bewußtsein der Versuchung, auch wenn es mit der Wahl der Sünde endet:

> »Mal teuflische Netze,
> Böse Sehnsucht.«
> »Weißer als alles
> War ihre Hand.«

gelangt die Dichterin zur Beherrschung des illusorischen Raumes, wo alles erlaubt ist, in dem andere Dimensionen herrschen, die Grenzen verschwimmen, in dem das Licht der Finsternis und die Finsternis dem Licht ähnelt:

> Ich bitte die Bischöfe alle
> Für unsere fröhliche Freundschaft.

1922 schreibt Achmatowa ein außerordentlich aufrichtiges Gedicht, dessen Verweise auf *Faust* nicht nur seine Wurzeln nicht verhüllen, sondern sie im Gegenteil aufdecken:

> Satan hielt Wort. Mir ist alles geglückt,   S. 143
> Das ist der Teufelsmacht deutlichste Kunde.
> Reiß aus der Brust mir das Herz, das noch zuckt,
> Wirf's vor dem hungrigsten Hunde.
> Besseres bin ich nicht wert mehr, was soll's,
> Bring kein einziges Wort noch zustande.
> Habe kein Heut – bin aufs Frühere stolz,
> Und ich erstickte an so einer Schande.

Nach diesem Eingeständnis scheint das andere nicht mehr unerwartet:

> Und einmal nur gelang es mir
> Am See, im Schatten der Platane
> Zu jener Abendstunde, grausam, zu erblicken
> Der ungestillten Augen Glanz
> Des ewigen Geliebten von Tamara.

Kurze Zeit vor ihrem Tod sprachen wir über ihre damalige Lage: über den Ruhm, der erneut auf sie gekommen war, und über die Abgeschmacktheit, die diesen Ruhm begleitete; über ihre hohe Autorität und die gleichzeitige Abhängigkeit von einem Zeitungsartikel, von irgendwelchen Memoiren, vom Nobelpreiskomitee, von der Auslandsabteilung des Schriftstellerverbandes; über fehlende Geborgenheit und über die Abhängigkeit von fremden Menschen; über das Alter, Krankheiten und über Dutzende Telefonanrufe und Briefe. Anfangs behielt sie ihre stolze Haltung und wiederholte: »Ein Dichter, das ist jemand, dem nichts gegeben und nichts genommen werden kann«, doch plötzlich sank sie in sich zusammen und sagte, sich vorbeugend, mit Qual in den Augen und tonloser Stimme, fast flüsternd: »Glauben Sie mir, ich würde ins Kloster gehen, das ist das einzige, was ich jetzt brauche. Wenn das möglich wäre.«

*

Nadeschda Jakowlewna Mandelstam wirft Achmatowa in ihren Memoiren, im Kapitel »Zwei Pole« vor, das Bild des »Dichters auf der Bühne« zu bestärken. Gemeint ist das Gedicht »Der Leser«. In Wirklichkeit teilte Achmatowa voll und ganz Ossip Mandelstams Meinung, daß der Beruf des Schauspielers dem des Dichters »entgegensetzt« sei. Das »Estradentum« der fünfziger und sechziger Jahre klang aus ihrem Munde fast wie ein Schimpfwort. Nichtsdestotrotz ist im »Leser« von 1959 gerade ein Dichter-Schauspieler dargestellt:

> Und nicht zu tief im Unglück
> Sei er, und ja nicht verschlossen –
> Daß er den Lebenden klar ist
> Steht der Dichter, ein Tor, sperrweit offen.

> Zu den Füßen ragt die Rampe,
> Alles tot, leer, klirrendes Licht –
> Des Limelight kalte Flamme
> Zeichnete sein Gesicht.

> Und jeder Leser ist wie ein Geheimnis,
> Wie ein vergrabener Schatz.

Wärs der letzte, wär es einer,
Der sein Lebtag geschwiegen hat.

Dort ist alles, was uns die Erde,
Wann immer sie will verbirgt.
Dort weint jemand, einer, hilflos
Zur Stunde, die angesetzt ist.

Und wieviel dort nächtliche Schatten,
Und Finsternisse, und kühl.
Doch die Augen, die unbekannten,
Reden mit mir bis zum Licht.

Für das eine sind sie voll Zweifel,
Für das andere loben sie mich…
So fließt die stumme Beichte,
Die seligste Glut des Gesprächs.

Unsre Zeit geht auf Erden eilig
Und eng ist der Ring gelegt.
Doch er, unwandelbar, ewig,
Bleibt: ohne Namen, der Freund des Poeten.

Dieses Bild widerspricht scheinbar auch den Grundelementen ihres
poetischen Credo selbst, solchen, wie: »Ohne Geheimnis gibt es
keine Verse«; »Ein Dichter, das ist jemand, dem nichts gegeben und
nichts genommen werden kann«, und überhaupt jenem tragischen
Selbstporträt des Dichters, das sich aus ihren Versen ergibt. Im
»Leser« wird von Anfang an deklariert, daß der Dichter, um den
Lebenden – egal, ob dem »Pöbel« oder der »Elite«, einfach »den
Lebenden« – *verständlich* zu sein (um zu gefallen) etwas *nicht soll.*
  Wir hatten ein Gespräch über den Zyklus *Berufsgeheimnisse,*
über die ersten sechs Gedichte: »Das Gedicht«, »Was sollen mir
der Oden endloses Heer«, »Die Muse«, »Der Dichter«, »Der Le-
ser«, »Das letzte Gedicht« – die übrigen waren aus Gründen der

Publikationspolitik hinzugefügt worden. Ich sagte, daß die Verse beschreibenden Charakters seien und gerade Geheimnisse entbehrten und daß ich den Zyklus für zweitrangig hielte. Sie erwiderte: »Ich mag sie selbst nicht. Aber ich mußte doch außer *Requiem* etwas schreiben, und zwar nicht über den Start von Sputniks.« Ich bemerkte, daß »Der Dichter« und »Der Leser« herausragten, daß sie nicht nur »im Atelier Achmatowas«, sondern »von der Hand des Meisters selbst« gemacht worden seien. Dieser Ansicht war sie auch, und so antwortete sie sofort und mit Betonung: »Ja, es scheint so.«

Im August 1959 waren Achmatowa und Pasternak bei Wjatscheslaw Iwanow zu Besuch. Die Gastgeber baten sie, etwas vorzutragen, Achmatowa las »Der Sommergarten«. Pasternak war den ganzen Abend finster und aggressiv, für das Gedicht fand er nur unfreundliche Worte. Ohne darauf einzugehen, trug Achmatowa nach einer kurzen Einleitung noch »Der Leser« vor. (Pasternak äußerte sich wohl billigend, aber immer noch mürrisch. Er selbst las wenig, mit Überwindung, lehnte es kategorisch ab. Es entstand der Eindruck, daß Achmatowa ihm um jeden Preis den »Leser« vortragen *wollte*.)

Zu jener Zeit war das in Abschriften verbreitete Gedicht Pasternaks »Hinter der Wegbiegung« schon sehr bekannt. (Als es 1962 erschien, teilte ich Achmatowa das mit, während ich ihr von dem Almanach, den sie noch nicht gesehen hatte, erzählte, und sie sagte: »Wunderbare Verse.«) Das Sujet des Gedichts ist dasselbe wie im »Leser«: die Natur, die den Außenstehenden etwas verbirgt. Wie auch »Der Leser« ist »Hinter der Wegbiegung« reich an Andeutungen, an Anspielungen: »*etwas* verbergend«, »läßt niemanden an die Schwelle, *der entbehrlich*«. Bei Achmatowa »weint jemand ... hilflos«, bei Pasternak heißt es: »Bitten um Schutz.« Schließlich sind die »Zukunft« Pasternaks und der »Dichter« Achmatowas beide »ganz offen«.

Ein nicht weniger deutlicher Zuruf findet sich zwischen den Gedichten »Der Leser« und »Der Dichter« einerseits und »Widmung« und »Theatervorspiel« zum *Faust* in der Übersetzung Pasternaks andererseits, die er Achmatowa passagenweise, je nach Fertigstellung, vorgelesen hat. Das gleiche Herangehen an das Thema und seine ähnliche Lösung wird durch textliche Übereinstimmungen unterstrichen:

Zerfallen ist der Kreis, der so eng war;	Und eng ist der Ring gelegt;

Ein wenig Leben, Phantasie ein wenig, usw.	Vom arglistigen Leben ein wenig, den Rest von der nächtlichen Stille.

(»Dichter«)

Achmatowa stellte eine Liste ihrer öffentlichen Auftritte zusammen; die letzten waren 1946 vermerkt. Von den 31 in der Liste aufgezählten Auftritten fallen mindestens 6 auf dieses Jahr, und es ist fast sicher, daß einige aufgezählte, aber undatierte Auftritte in dieselbe Zeit gehören. Diese Häufung erklärte sie mit dem im August des gleichen Jahres folgenden ZK-Beschluß. (Der letzte Auftritt dieser Serie, gemeinsam mit Soschtschenko vor einem Partei- und Komsomolaktiv, war ihrer Überzeugung nach zur vorherigen, unmittelbaren Bekanntmachung des *persécuteur* mit dem *persécuté*, des Verfolgers mit dem Verfolgten, anberaumt worden.) Läßt sich nicht insbesondere damit der Ton und die Lexik der ersten Strophe des »Leser« erklären, die gleichsam den Deklarationscharakter und die Terminologie von offiziellen Dokumenten – von Beschlüssen, Vorträgen, Leitartikeln über Literatur und Kunst – parodieren?

Im April 1946 traten Achmatowa und Pasternak ein- oder zweimal gemeinsam auf. Sein Gedicht »Hamlet«, das zwar gerade erst entstanden, aber schon sehr populär war, trug Pasternak höchstwahrscheinlich auf der Bühne vor. »Der Leser« wiederholt die »Hamlet«-Situation ebenso wie die konkrete Charakteristik der Situation – »nächtliche Schatten«: »Fest auf mich der Nacht tiefdunkle Leere sich mit tausend Operngläsern dreht.«

Auf diese Weise wird der Widerspruch Dichter/Schauspieler aufgehoben, wenn man zustimmt, daß dieser Dichter auch gleichzeitig Schauspieler ist – Shakespeare oder eine andere Verkörperung dieses Bildes: Pasternak-Hamlet, zum Beispiel. Für eine solche Schlußfolgerung spricht nicht nur der »doppelte Beruf« Shakespeares, sondern auch der Gebrauch des Wortes *limelight*, das aus dem Englischen übernommen wird und auf dieselbe Theaterepoche hinweist.

Midsummer Night, die Nacht auf Iwan Kupala, die Johannisnacht, ihre reizend-unheimliche Zauberei – das eben ist die Landschaft, die Luft, der poetische Raum des Gedichts »Der Leser«, macht seinen Inhalt aus. »Ich selbst bin nicht von denen, die fremden Künsten untertan«: Achmatowa kannte die *ihren*, die vom Zauber dieser Nacht gefangenen – Shakespeare und Gogol in erster Linie –, gut. Bei Belinski trifft man auf die Erwähnung des *Sommernachtstraums*, eben aus Anlaß der *Mainacht* von Gogol: »Dieser Eindruck (vom Lesen der *Mainacht*) ähnelt jenem sehr, den *Ein Sommernachtstraum* von Shakespeare auf die Phantasie erzeugt« (aus dem Artikel »Über die russische Erzählung und die Erzählungen Gogols«). Und weiter oben: »... Ihnen wird diese helle, transparente Nacht erscheinen ... voll Wunder und Geheimnis ... dieser öde See, auf dessen stillen Wassern die Strahlen des Vollmondes spielen, an dessen grünen Ufern die Reihen körperloser Schönheiten tanzen ...«

»Der Leser« spricht von denselben Dingen wie *Abend vor Iwan Kupala* und *Mainacht*: ein Schatz, der in die Erde verschwindet, je näher man ihm kommt; »alles, was es unter der Erde gab, wurde sichtbar wie auf der Handfläche«; das *Weinen* der klagenden Weiden und die Tränenströme auf dem Gesicht des Pantöchterchens, das um *Hilfe* bittet. Der *Leser* mißt sich gleichsam mit all dem: er ist das »Geheimnis«, und das ist geheimnisvoll.

Lermontow gehörte in besonderer Weise zum Kreis von Achmatowas Vertrauten: als Sänger des Russalka-Themas, und obendrein war er noch aus Zarskoje Selo. Aber, so unerwartet das auch sein mag, unter den *ihren* taucht ebenfalls die Figur Belinskis auf mit seinem in den frühen Aufsätzen ständig bemerkbaren Hang zum Geisterhaften, zum Mond, zur Unterwasserwelt.

In dem Buch *Lermontows Schicksal* von E. G. Gerstejn, einer Freundin Anna Andrejewnas, deren jahrelange Forschungen von Achmatowa aufmerksam verfolgt wurden, werden im Kapitel »Journalist, Leser und Schriftsteller« wesentliche Argumente für die Gleichsetzung von Lermontows Lesergestalt mit Wjasemski angeführt. Auch hier ist, als Vorratsvariante sozusagen, Belinski anwesend. Schließlich wird die schon früher vorgenommene Gegenüberstellung des Lermontow-Gedichts »Journalist, Leser und Schriftsteller« mit den »gleichzeitigen Artikeln Belinskis, in denen er ... über die Aufgaben der *Otetschestwennyje Sapiski* bei der Erziehung des demokratischen *Lesers* spricht«, erwähnt.

Achmatowas poetischer Gedanke, der in die geheimnisvolle Welt eintrat, seine Vorgänger anlockte und in sich einließ, kehrte mit ebensoviel eigener wie auch mit ihrer Erfahrung angereichert zurück. Das Gedicht »Der Leser« ist ihre, jenseits aller früheren Traditionen ausgearbeitete Version des traditionellen poetischen Sujets »Dialog des Dichters mit dem Nicht-Dichter« (»Gespräch des Buchhändlers mit dem Dichter«, »Journalist, Leser und Schriftsteller« usw.). Der Lauf der Zeit, der Mangel an Zeit im neuen Jahrhundert, das beschleunigte Tempo der Wahrnehmung der Welt zwangen die Kunst zur Sparsamkeit: »Unsere Zeit geht auf Erden eilig, und eng ist der Ring gelegt.« Der sich verdoppelnde, verdreifachende Dichter ist Shakespeare (Pasternak) – Gogol – Lermontow; der sich verdoppelnde, verdreifachende Leser, das sind: die Dichter, die einander lesen (oder zitieren), und Belinski (schon als Gattungsname), der die Dichter liest.

Diese Gegenüberstellungen und Vergleiche liegen nahe, natürlich nicht, um zu beweisen, daß Achmatowa, indem sie an den »Leser« heranging, sich zum Ziel gesetzt hatte, *allen* »zu antworten«. So ist es in gelungenen Versen eben: alles und alle, die zu ihrem Gegenstand gehören, sind in sie einbezogen – Zeichen und Beweis dafür, daß die Verse gelungen sind.

*

Beim Umgang mit ihr spürte man stets deutlich drei Zeitströme, die selbständig, aber auch im Zusammenwirken jede verfließende Minute in sich einschlossen. Erstens war das die reale Zeit – der Tage, der Jahre, des Gesundheitszustands, der häuslichen Atmosphäre, der politischen Lage usw. Zweitens – wie das bei alten Menschen vorkommt – die Zeit des Alters, die Lebenszeit, in der nichts des Durchlebten verlorengeht, in der sich der momentane Gesprächspartner, Schneefall oder Regierungswechsel neben anderen Gesprächspartnern, Schneefällen oder Regierungswechseln wiederfinden, die irgendwann einmal real waren. Hier erschienen Schatten, eine Vielzahl von Schatten, die – aus ihrem Gedächtnis auftauchend – fast Gestalt gewannen, sich mit ihrer geisterhaften Anwesenheit in das Gespräch einmischten, Rede und Verhalten korrigierten. »Die Kleidung hat sich sehr verändert«, sagte sie. »Unerwartet und schnell. Ich kann mir Kolja nicht so wie Sie, in Windjacke und Pullover gekleidet, vorstellen.« Und im selben Augenblick betrachtete mich »Kolja« im schwarzen Gehrock und weißem Hemd mit Stehkragen skeptisch. Drittens begriff sie selbst ihr Leben als Bestandteil der historischen Zeit und zog durch eine alltägliche Bemerkung jene, die ihr nah waren, in diesen tausendjährigen fließenden Strom hinein. In meiner Kindheit hörte ich von einem Freund meiner Eltern, einem Orientalisten, einen zu einer bestimmten Gelegenheit geäußerten Satz, der wesentlich mein Verhältnis zur Geschichte prägte: »Bei uns in Assyrien wurde man dafür gepfählt.« »Bei uns in Ägypten«, »bei uns in Rom«, »bei uns – Gibellinen, Elisabethanern, Hordenbewohnern« – war weniger ein scharfes Wort im Munde Achmatowas als ein unmittelbares Gefühl.

In der realen Zeit agierten auch reale Menschen. Das Moskauer Zuhause Achmatowas war die Wohnung der Ardows in der Ordynka, der »legendären Ordynka«, wie A. A. selbst sie ironisch nannte und entsprechend auch die ihr nahestehenden Menschen. Die Hausherrin, Nina Antonowna Olschewskaja, stellte dem Gast ein winziges, aber gemütliches Zimmer zur Verfügung, das früher ihrem ältesten Sohn Alexej Batalow gehört hatte, und umgab sie mit ehrfurchtsvoll-zärtlicher Fürsorge. Ihre von innerer Würde erfüllte

Selbstlosigkeit und Ergebenheit gegenüber Achmatowa wurde mit der Vertraulichkeit und Liebe der älteren Freundin belohnt. Früher Schauspielerin am Moskauer Künstlertheater, dann am Theater der Sowjetarmee hatte Olschewskaja wie die meisten Frauen ihrer Generation und ihres Kreises bei weitem kein sorgloses Leben hinter sich und besaß ein feines Gespür und bittere Erfahrung, die es ihr ermöglichten, sich gleichermaßen gut in Menschen und in Gedichten auszukennen. Sie vermochte es, Gutes zu tun. Wiederholt äußerte Achmatowa: »Gutes zu tun ist sehr schwer; Böses zu tun ist leicht, aber Gutes zu tun ist sehr schwer.« Ich fragte Nina Antonowna, warum sie ihre Enkelin so gegen alle Regeln der Pädagogik verwöhne. »Ich möchte, daß sie sich, wenn ich sterbe, daran erinnert, was für eine gute Großmutter sie hatte«, die Antwort war vollkommen ernst gemeint. Groß, schlank, ruhig, wortkarg gab sie in diesem Haus den Ton an, in dem ihre prätentiöse Schwiegermutter und Achmatowa, Pasternak und ein vulgärer Estradenkünstler, Schirmunski, der akademisch korrekte Sätze konstruierte, und betrunkene Studenten gleichzeitig an einem Tisch sitzen konnten. Achmatowa wollte Olschewskajas Schicksal das Kapitel »Und dennoch eine Siegerin« in ihrem Prosabuch widmen.

Ihr Mann, Viktor Jefimowitsch Ardow, der alle auf der Welt existierenden Scherze, Anekdoten und Witze kannte und mit wechselhaftem Erfolg neue erfand, verdiente den Lebensunterhalt für seine große Familie und die einander ablösenden Gäste und Mieter durch den Verkauf von Humoresken, humoristischen Erzählungen und anderen Arten von Humor an alle möglichen Zeitungen und Zeitschriften, von *Westnik ZSU* bis *Krokodil*. Er kannte ganz Moskau, und immer wirbelte irgendein Satiriker aus der Provinz oder ein Conférencier um ihn herum. Er war selbst in jenen Fällen schlagfertig, wo Schlagfertigkeit nicht erforderlich war, zu jeder Wendung des Gesprächs hatte er eine Geschichte auf Lager, die mehr oder weniger angebracht, in der Regel aber extravagant und lustig war. Auch seine Gesprächspartner provozierte er, ebensolche Geschichten zu erzählen. Das ist eine recht verbreitete Angewohnheit, ohne Zuspitzungen, ohne Höhen und Tiefen, am Gespräch nehmen nicht die Menschen selbst teil, sondern die mit oder ohne Anlaß von ihnen erinnerten Geschichten, ein Gemisch aus abgeschmacktem *Dekameron* und welken *Tausend und eine Nacht*, etwas wie das Klatschen der Karten im Spiel nach quälenden Zeiträumen von fünf oder zehn Minuten. Und wenn sich der Partner nicht auf die entsprechende Manier einstellen konnte und in gewöhnliches Erzählen verfiel, schweifte Ardow demonstrativ vom Gespräch ab, begann auf einem Papierfetzen zu malen, Tee zu kochen, im Telefonbuch eine Nummer zu suchen, wobei er mit heuchlerisch-mitfühlender Intonation unpassend vor sich hinsprach: »Aj-jaj-jaj. Ja, ja, überhaupt, wissen Sie...« Als Achmatowa einmal Nina Antonowna fragte, wie deren Enkelin den Stiefvater nenne, und erfuhr, daß sie ihn beim Vornamen nannte, billigte sie es: »So ist es richtig. Papa muß man Papa nennen, Mama – Mama...«; Ardow fing es im Vorübergehen sofort auf: »... Onkel – Onkel, Schwiegertochter – Schwiegertochter, Schwager – Schwager. Ich werde eine Liste erarbeiten, Anna Andrejewna, und sie Ihnen geben, ja?«

Außer Batalow, der zu jener Zeit schon ausgezogen war, gab es noch zwei Söhne, Michail und Boris, die kurz vor dem Krieg geboren wurden. Beide wuchsen vor Achmatowas Augen auf, beide sind in gewissem Maße von ihr, durch die Tatsache ihrer Anwesenheit im Haus erzogen worden. Michail, literarisch begabt, hatte sich die Lebhaftigkeit, die Spottlust und den Scharfsinn des Vaters angeeignet und wurde von ihr zu Ehren des von Alexej Tolstoi besungenen Knechts, der seinem Fürsten treu bis in den Tod war, Schibanow genannt. »Aber sein Wort ist alles eins«, deklamierte er, während er sie ins Taxi setzte, und sie fuhr, ohne eine Miene zu verziehen, fort: »Rühmt er seinen Herrn.« Boris, der als Schauspieler im Theater Sowremennik arbeitete, wurde – wie der Held der bekannten Erzählung Soschtschenkos – »Dramenschauspieler« genannt. Er besaß ein sicheres Gespür für Falschheit und Lüge und ein mimisches Talent, das ihn augenblicklich in einen Premier auf der UNO-Tribüne, in eine Dichterin, die Achmatowa von ihrem Erfolg erzählt, oder in einen auf der Treppe frierenden Spitzel verwandelte. Die von ihm mitgebrachte Tschastuschka:

Dumm, dumm, dumm bin ich,
Dumm bin ich so fürchterlich.
Vier dumme Gänse hat er schon,
Und die fünfte, die bin ich.

wurde von ihr sofort gewürdigt und ergänzte das Arsenal: »Das bin
ich. Und das sind meine Verse.« Im Hausgebrauch war noch eine
andere »Familientschastuschka«, die Michail schon in seiner Zeit
als Philologiestudent aus Anlaß des Besuchs von Akademiemitglied
Winogradow bei Achmatowa gedichtet hatte und die von ihr gebil-
ligt wurde:

Zu uns kam Herr Winogradow,
Aber diesen woll'n wir nicht,
Geh' ich raus aufs Feld und schrei!
Meschtschaninow will ich, aj!

»Mischa, du Erbarmungsloser«, lächelte sie.

Beide Ardow-Jungen hatten einen guten Geschmack, der sich
freilich am stärksten darin äußerte, daß sie sich vom schlechten
Geschmack abwandten. Vieles in Kunst und Literatur erhielten sie
aus erster Hand. So erlaubte man ihnen zum Beispiel, als sie noch
Kinder waren, im Wohnzimmer zu sitzen, wo Pasternak Achmatowa oder den Gastgebern eben erst übersetzte Passagen aus dem
Faust vorlas, und als sie die Szene in der Schänke hörten, mußten
sie lachen, man zischte sie an, Pasternak aber sagte, daß es ja lustig
sein solle. Wie die Mehrzahl der Menschen, denen beigebracht
wurde, die Literatur als lebendige Sache und nicht als im Regal
stehende Bücher anzusehen, schauten sie nicht zu ihr empor, sprachen nicht mit gesenkter Stimme von ihr und waren überhaupt
mehr Herumtreiber, Saufbrüder und Abenteurer als Bücherleser.
Besonders Boris, der vom Mittag bis zum späten Abend im Theater
verschwand. Deshalb sah ihm Achmatowa auch mit einem bedeu-
tenden Blick hinterher, als er an einem blendenden Winternachmit-
tag, wegen des Lichtes blinzelnd, mit den *Karamasows* unterm Arm
aus der Wanne kam und sich in sein Zimmer zurückzog, und flü-

sterte mit gespieltem Entsetzen: »Haben Sie gesehen? Dosto-
jewski!« – »Na, und?« – »Wie, na und? Majakowski nahm sein
Leben lang kein einziges Buch in die Hand, dann las er plötzlich
Schuld und Sühne: womit das endete, wissen Sie…«

Das Leben lernten sie und ihre Freunde, ebensolche verwegenen
Burschen, die Spitznamen wie Elefant, Maiglöckchen und ähnliche
hatten, im Leben kennen und nicht aus der Literatur. Das Leben, in
dem sie vor allem Teilnehmer und nur ihres geschärften Sehvermögens wegen obendrein Beobachter waren, wurde fast unabhängig
von ihnen zu Literatur, die im Genre der mündlichen Erzählung
bestens gelang. Die Helden entstanden aus flüchtigen Begegnungen, aus Eintagsfreundschaften, kamen aus der Umgebung der
»nicht teuren, aber geliebten Mädchen«, wie Elefant fröhlich bemerkte, und aus der Zahl der Gäste, deren regelmäßiges Erscheinen
im Haus sich durch die dem Hausherrn eigene, abenteuerliche
Ader erklären ließ. Witali Wojtenko war eine der farbenprächtig-
sten Figuren; die Strafgesetzgebung versuchte, seine ungestüme
und künstlerische Natur zu bändigen, die Zeitungsfeuilletons waren
bemüht, sie herabzusetzen – ohne den geringsten Erfolg. Estra-
denimpresario, Militärpilot, Akkordeonspieler, Hypnosearzt (in der
letzten Eigenschaft von der *Prawda* entthront, die übrigens seine
»tadellosen Manieren« hervorhob) – waren die Hauptwirkungs-
sphären, in denen er, wie man aus seinen Worten schließen konnte,
die höchsten Gipfel erklomm. »Schlingt nicht so, Minderjährige!«
fuhr er die Jugend an, die, wie er meinte, bereits nach dem ersten
Glas die Hand zu unbeherrscht nach der Sülze ausstreckte. Als er
am Abend desselben Tages zielstrebig aus dem Arbeitszimmer des
Hausherrn kam und Achmatowa erblickte, die auf ihrem gewohn-
ten Platz auf der Mitte des Sofas unter dem Spiegel saß, schrie er,
wobei er auf die Knie fiel und zu ihr hinkroch: »Das Händchen,
Mütterchen, das Händchen! Gestatten Sie, ans Händchen!« Auf
dem Weg zu ihr und während er schon ihre Hand küßte, kommentierte er begeistert den vor Vergnügen bebenden Zuschauern,
gleichsam nur für sie, als wäre es für Achmatowa unhörbar: »Eine
Kaiserin! Ganz wie eine Kaiserin!«

Die Mutter des Hausherrn war an die neunzig Jahre alt, sie war in die Ordynka gezogen, um nicht allein leben zu müssen – und um dem Enkel ihr Zimmer zu überlassen. »Haben Sie bemerkt«, sagte Achmatowa, »daß alte Menschen in solchen Fällen unsterblich werden?« In ihrem Kopf ging oft etwas durcheinander, zuweilen stellte sie das Telefon auf den Gasherd, um Wasser zu erwärmen. Als wohlerzogenes altes Mütterchen aus der Provinz lud sie einmal in der Woche ebenso ehrwürdige Damen und Herren zum Kartenspielen zu sich ein. Einmal fand Nina Antonowna, während sie ein Tablett mit Tee in ihr Zimmer trug, sie alle erstarrt, konzentriert auf eine einsam in der Mitte des Tisches liegende Karte blickend, und fragte, was los sei. »Siehst du, Ninotschka«, erklärte die Schwiegermutter, »jemand ist mit dem As herausgekommen, aber wir wissen nicht mehr, wer.« Am nächsten Morgen kam sie zum Frühstück, setzte sich Achmatowa gegenüber, starrte sie von oben bis unten an und sagte nach langer Betrachtung in die vollkommene Stille hinein: »Wie wir doch alle abbauen, Anna Andrejewna!« – und wieder trat Stille ein. An der Reaktion der Umgebung spürte sie, daß sie etwas Falsches gesagt hatte und erklärte eine Minute später in alltäglichem Ton: »Gestern haben wir Preference gespielt...« – »Sie haben *préférence* gespielt?« unterbrach Achmatowa sie augenblicklich schonungslos. »Sie bauen nicht ab.«

Unter den engen Freundinnen Achmatowas, zu denen sie übersiedelte, wenn es auf Grund eines Gastspiels von Nina Antonowna oder der Überfüllung der Wohnung oder aus einem anderen Grund unmöglich war, in der Ordynka zu bleiben, waren zwei, die sie nach dem Merkmal der Unähnlichkeit gegenüberstellte: »Haben Sie bemerkt, je mehr Ljubotschka ganz im Ausland ist, um so mehr existiert für Marusja das Ausland überhaupt nicht?« Ich bemerkte nicht, daß Ljubow Dawydowna Stenitsch-Bolschinzowa »ganz im Ausland« war, obwohl die internationale Politik sie tatsächlich unvergleichlich mehr begeisterte als die saftigsten Moskauer Klatschgeschichten, an denen sie aber auch Gefallen fand. Die Ereignisse, die in der Welt vor sich gingen, und ihren möglichen Einfluß auf unser Leben erörterte sie mit solch gesundem Menschenverstand und solcher Entschiedenheit, als bestünden die ausländischen Regierungen durchweg aus ihren Bekannten von der Krim der Bürgerkriegszeit oder der Petrograder NÖP-Periode und als wären sie auf dem Niveau der Wohnungsverwaltung tätig. Ihr Mann, Valentin Stenitsch, der sich in seiner Eigenschaft als »russischer Dandy« das Mißfallen Bloks zugezogen hatte, ein Ehrenmann, ein excellenter Übersetzer, der beispielhafte Übersetzungen von Dos Passos, Joyce, Brecht hinterlassen hatte, ein sehr kluger Gesprächspartner, ein glänzender Witzbold, der bedenkenlos in Situationen scherzte, die nicht zum Spaßen waren, wurde 1937 erschossen. Man wollte ihn retten, Soschtschenko und Katajew traten für ihn ein. Seine Witwe, eine reizende, zarte, verwöhnte Frau »aus Porzellan« (»Ljubotschka war aus Porzellan«, schrieb Achmatowa über sie), erwies sich als widerstandsfähig, geduldig, arbeitsam und überlebte ihren Mann um fünfundvierzig Jahre. Ihre literarische Begabung war ein Teil der allgemeinen Begabung, die ohne Absicht im Verhalten, im Alltag zutage trat, ihr ästhetischer Geschmack aber, noch in der Familie der Eltern anerzogen, hatte in der Ehe und im freundschaftlichen Umgang mit hervorragenden Künstlern und Schriftstellern seinen letzten Schliff bekommen. Sie beherrschte mehrere Sprachen und begann, sich mit Übersetzungen von amerikanischen, englischen, französischen Stücken und Erzählungen ihren Lebensunterhalt zu verdienen; sie verachtete die literarische Tagelöhnerarbeit nicht und blieb bei all dem anekdotisch unpraktisch. Ljubow Dawydowna bezog eine geringfügige Rente, brachte es aber dennoch fertig, Taxi zu fahren und trug bis ins hohe Alter Pariser Kleider. Ihr ganzes Leben lang verließ die Angst sie nicht: die Angst vor Durchsuchung, vor Verhaftung – nicht aus einem konkreten Grund, sondern schicksalhaft, als sei ihr das alles vorher bestimmt; und ihr ganzes Leben lang kämpfte sie gegen diese Angst an – durch Stolz, durch die Bereitschaft zum Schlimmsten, schließlich durch ihr unbeschwertes Gemüt. Einmal fragte ich Achmatowa in einem fröhlichen, oberflächlichen Gespräch, wo die zarten, ungeschickten, durch ihre Hilflosigkeit faszinierenden Frauen, eben jenes schwache Geschlecht, geblieben seien. »Die Schwachen sind alle umgekommen«, sagte sie, augenblicklich den leichtfertigen Ton abwerfend. »Überlebt haben nur die Starken.«

Maria Sergejewna Petrowych verließ das Haus selten. Sie zog ihre Tochter auf, rauchte in die Couchecke gedrängt, übersetzte Gedichte – von Armeniern, Bulgaren und vielen anderen freundschaftlich verbundenen Brudervölkern – und dichtete von Zeit zu Zeit selbst. Sie war dünn, sprach mit leiser Stimme, langsam: einige Sätze – dann Schweigen, begleitet von ihrem scharfen Blick. Sie war ganz Aufmerksamkeit und Verständnis. Sie stritt nicht und gab immer nach – bis zu jener Grenze, hinter der sie hart stritt und keinen fingerbreit nachgab. An jede Rohübersetzung ging sie mit gleicher Verantwortung heran, verausgabte für jede die gleichen Kräfte, unbegrenzte Zeit und ihr ganzes Können. Dabei drängte sie ihre Manier und ihren Standpunkt nicht in geringstem Maße auf, außer in jenem Falle vielleicht, als sie sich mit einer in puncto Erotik zweifelhaften skandinavischen Dichterin abmühte: »Wissen Sie, das war so ein gemeiner Text, da habe ich noch etwas hinzugedichtet.« Ihre Übersetzungen »stanken nicht nach Übersetzung«, wie mein Bekannter sich auszudrücken pflegte. Auf diesem Gebiet eben erwarb sie Anerkennung, Berühmtheit und eine Meisterschaft, über die zwar nicht gesprochen, die aber auch von niemandem bestritten wurde. Sie war indessen eine Persönlichkeit in anderem, umfassenderem Sinne, als dieser eine Aspekt ihrer Begabung vermuten ließ. Eine Vorstellung von ihrem wirklichen Wesen geben drei Dinge: ihre Verse, ihr Verhältnis zu ihnen und das, was hinter, zwischen den Versen geblieben ist, aber durch sie aufleuchtet. Ihre besten Verse trug sie »mit letzter Aufrichtigkeit« und gleichzeitig mit derart gemäßigter Gefühlsäußerung vor, die nur noch von informativer Trockenheit überboten wird. Sie schrieb nur für sich, einzig ihr nahestehenden Menschen gelang es, sie zu überreden, etwas vorzulesen, und auch das erst beim zehnten Mal: Keuschheit – für die jedes Gedicht intim ist – und die Befürchtung, daß »die in die Verse eingedrungene Schwärze auf den Leser niederdrückend wirken kann«, wie sie mir einmal sagte, bewogen sie zu dieser Zurückhaltung. Achmatowa lenkte die Aufmerksamkeit des Publikums auf ihr Gedicht »Gewähr mir ein Wiedersehen auf dieser Welt«, das zu forciert und beredt schien. Aber die Unermeßlichkeit des Leides und Verlusts, jener Sehnsucht, die zu erfassen ein Mensch nicht in der Lage ist, und die Verse darum nicht ausdrükken, sondern auf die sie nur hinweisen können, kam um so deutlicher zum Ausdruck, wenn sie zwischen zwei Gedichten schwieg. Insgesamt sprachen ihre Verse von innerer Bedeutsamkeit, die um so überzeugender war, als sie durch nichts allgemein als »bedeutsam« Anerkanntes – Wichtigkeit, Extravaganz, Anzeichen von Erfolg – nach außen hin in Erscheinung trat. Nach außen drangen Mitgefühl, Nachsicht für die Schwäche der Menschen, Mitleid, wenn einzig Verurteilung nahe lag. »Du, Maria, bist den Sterbenden Beistand«, sagte ihr Mandelstam, und an diese Worte mußte man plötzlich während eines Gesprächs mit ihr denken, sie hingen scheinbar gar nicht mit dem Thema zusammen und wurden keineswegs durch ein erklungenes tröstendes Wort hervorgerufen, sondern durch das flüchtige Lächeln und die schüchterne Geste, mit der sie die Haare an der Schläfe richtete. Durch die Eifersucht und die unbewiesene Beschuldigung der Witwe Mandelstams, die jene in tausendfacher Auflage in vielen Sprachen veröffentlichte, verletzt, empörte sie sich nicht, schrieb keine Dementis, rächte sich nicht durch Gegenenthüllungen, sondern beschloß, diesen Gegenstand überhaupt nicht zu berühren und bemerkte nur einmal nebenbei: »Er ist natürlich ein beispielloser Dichter und alles, aber glauben Sie mir, Tolja, er ist für mich...«, und noch drei vernichtende, unumstößliche Worte, die eine Frau nur über einen Mann sagen kann, den sie nie geliebt hat.

Ljubow Dawydowna wohnte in Sokolniki, in der Korolenkostraße, in einem Haus ohne Fahrstuhl: einmal hinaufgestiegen blieb Achmatowa für die gesamte Zeit ihres Aufenthalts in der Wohnung im hohen dritten Stock eingekerkert. In ihrem Zimmer gab es ein breites und hohes, fast über die ganze Wand reichendes Fenster, schöne alte Möbel, einen großen ovalen Spiegel, ein zauberhaftes Ölbild: Menschen, die in der Dämmerung mit brennenden Kerzen und Weidenzweigen in der Hand aus der Kirche kommen. Das

Haus war von Pappeln umgeben, die bis zum Dach reichten und im Frühling und Sommer in üppigem Grün standen. Das einstöckige Haus, in dem Maria Sergejewna wohnte, ertrank ganz und gar im Grün: es war eines von zehn völlig identischen Einfamilienhäusern, von kriegsgefangenen Deutschen auf der Ecke der Begowaja und Choroschewka gebaut – eine Schriftstellersiedlung, Vorstadt in der Stadt. Bäume, Sträucher, kleine Wiesen, Gartenlauben; eine Holztreppe führte in den ersten Stock; das eine Zimmer war sehr hell, das andere sehr dunkel. In der Korolenkostraße gab es zwischen Gast und Hausherrin den Ritus, die Namen von Kennedy, Mendès-France, Sir Isaiah Berlin, Baronesse Budberg, vom »Hai des Kapitalismus« – Greenberg – zu erwähnen ... In der Begowaja waren es die von Surkow, Marschak, Gudsi, Furzewa, vom Mörder aus dem »Moskauer Gaswerk« Ionisjan ... Hier wie dort verhielt Achmatowa sich ungezwungen, war sie zu Hause. Aus dem tiefen Sessel neben dem alten Mahagoni-Schreibtisch schaut sie auf den Pappelflaum von Sokolniki, der hinter dem Fenster fliegt, und sagt: »Ich spüre, wie ich wohlig krank werde.« Sie setzt sich an den Spiegel, führt den Kamm in die Haare und ruft durch die Tür: »Marusja, er naht! (Er ist ein Physiker, der seine Gedichte zur Begutachtung dagelassen hat, die Hausherrin liest sie eilig im Nachbarzimmer.) Sagen Sie schnell: hat er ein Gefühl für die Natur? Stehen die Worte an ihrem Platz?«

Das war Moskau; die Stadt Moskau tat so, als würde in ihr jede Minute etwas geschehen, ermutigte jeden, am Geschehen teilzunehmen, jemand zu sein, erinnerte aber auch daran, daß man in *ihr* jemand war, an *ihrem* Leben teilnahm. Achmatowa nannte sie »Mütterchen Moskau« – mit einem Nachklang des einstigen Petersburger Hochmuts, wobei der jetzige Status der Hauptstadt nicht nur hingenommen wurde, sondern dieser Umstand auch durch ein wenig anbiedernde Erinnerung an die eigene Vergangenheit unterstrichen wurde. Obwohl die Leningrader bei jeder Gelegenheit ihre Nicht-Eitelkeit, ihren Aristokratismus und ihr »mühsames« Leben unterstrichen, lebten sie ganz normal, höchstens vielleicht mürrischer und untätiger als in der Hauptstadt. »Was wollen Sie von dieser Stadt?« sagte Achmatowa, wenn sie sich über Leningrad ärgerte. »Sie nahm ihr Ende, als sie aufhörte, Regierungsresidenz zu sein, jetzt ist sie bekanntlich ein dicht bevölkertes Gebiet.« (So wurde Leningrad insbesondere in den Kriegsberichten des Informationsdienstes genannt.) Etwas jedoch unterschied die Leningrader in Moskau von den anderen und verband sie, denen die Idee der Landsmannschaft fern lag, die aber etwas wie eine Zugehörigkeit zu dem vor kurzem aufgelösten »Orden« oder »Klub« fühlten, dessen nebelhafte Ordnung und namentliche Hierarchie weiterhin durch das Fluidum des Klimas, der Gebäude und Gesichter übertragen wurden. Die Leningrader, die Achmatowa in Leningrad trafen, begegneten ihr in Moskau auf dieser zusätzlichen Grundlage, denn die Leiter der Subordination, die den jungen Novizen vom Magister unterschied, verband sie auch hier.

Unter den Bemerkungen aus Anlaß der *Ägyptischen Nächte* notierte Achmatowa folgendes: »Denn die Jungen, die Alben, die Fragen nach neuen Werken – eben das ist Ruhm. (Das und nichts weiter. Anmerkung für mich selbst.)« Die Alben kamen aus der Mode, die Fragen wurden zu feierlichen Anlässen von Zeitungskorrespondenten und nicht, wie in Tscharskis Fall, vom »ersten Entgegenkommenden« gestellt, und ohne »die Jungen« würde die Aufzeichnung wie eine banale Anmerkung zu Puschkin aussehen. »Die Jungen« aber – nicht im Puschkinschen Sinne dieses Wortes: ein Kind, das Gedichte deklamiert, sondern im Achmatowaschen Sinne: die Jugend, die immer für Gedichte zuständig ist – geben ihr einen Tagebuchcharakter. Einen Jungen konnte sie hinter seinem Rücken, mit dem herablassend-großherzigen Ton der alten Dame einen siebzehnjährigen Studenten nennen, der sich bis zu ihrem Krankenbett mit der Frage durchgeschlagen hatte, wer der größere Dichter sei, Mandelstam oder Zwetajewa; und ein fünfundzwanzigjähriges »Familienoberhaupt«, das sich Brot, Wein und den chinesischen Regenmantel »Freundschaft« durch mehr oder weniger lästigen Zeitvertreib in einem Zeichenbüro oder bei einer geologischen Expedition verdiente. Zu den letzteren gehörten auch wir vier: Dmitri Bobyschew, Jewgeni Rejn, Joseph Brodsky und ich.

Bobyschew und Rejn gingen 1953, einige Monate nach Stalins Tod, ohne einander zu kennen an das Leningrader Technologische Institut, studierten an derselben Fakultät. Beide schrieben ernsthaft Gedichte, erkannten und empfanden sich als Dichter, jeden Tag ihres Lebens betrachteten sie als einen Tag des dichterischen Schicksals, an dem die Zukunft der russischen Lyrik, die von ihnen abhing, entschieden wurde. Damals besuchte auch ich dasselbe Institut, befreundete mich jedoch erst nach einem Jahr mit ihnen. Drei Jahre später, als wir schon gute Freunde waren und in der Vorstellung der Außenstehenden und darum – zwangsläufig – auch in unserer eigenen eine literarische Gruppe bildeten, schloß sich Brodsky uns an, er war etwas jünger als wir. Wie alle jungen Leute lasen wir einander Gedichte vor, wenn wir uns in den Pausen trafen oder Vorlesungen schwänzten. An dem sonnigen Frühlingsabend, als Bobyschew und ich zum ersten Mal miteinander sprachen, gingen wir zu Fuß über den Sagorodny Prospekt, den Wladimirski und den Litejny Prospekt, über die Newa, den Lessnoi Prospekt entlang bis zu meinem Haus unweit der Lanskaja, dabei deklamierten wir unaufhörlich Gedichte und gingen noch eine Stunde lang vorm Tor auf und ab, während wir »Februar« von Bagrizki und einiges aus »Die Horde« und »Gegorenes« von Tichonow rezitierten. Ein andermal, nachdem Brodsky von meiner Familie am Telefon erfahren hatte, daß ich nach einer Fahrkarte an den Eisenbahnkassen anstand, die sich damals im Gebäude der Duma befanden, erschien er dort und schrie und sang die »Große Elegie an John Donne«, die er gerade geschrieben hatte: das Publikum war entsetzt.

Als Gruppe betrachtete uns auch Achmatowa, sie sagte mir: »Ihr vier braucht noch eine Dichterin. Nehmt doch die Gorbanewskaja.« Mir erschien das höchst unnötig, wir wollten keine Richtung gründen, gaben keine Manifeste heraus, befanden uns nicht in Opposition zu anderen Gruppen, und wenn wir uns abheben wollten, so lediglich von der zähen Formlosigkeit der offiziellen Poesie oder jener, die beabsichtigte, offiziell zu werden. Achmatowa nannte uns einmal wegen unserer Abneigung, Kompromisse einzugehen, um

Gedichte veröffentlichen und die Anerkennung des Schriftstellerverbandes erlangen zu können, »Awwakumzen«. Veröffentlichen wollten wir in der Tat, aber erstens nicht um jeden Preis, und zweitens erhielten wir – außer dem fast täglichen gegenseitigen Vortragen der Gedichte – häufig Einladungen, »Gedichte vorzutragen« – bei jemandem zu Hause, im Kulturpalast, in literarischen Vereinigungen, bei Lyrikabenden. Einmal trat ich im »Haus des Architekten« gemeinsam mit dem Clown Jengibarow und dem Riesenschlangenbändiger Isaakjan auf, der folgendes sagte: »Die sowjetische Dressurschule sieht den zu Dressierenden an wie ein Untersuchungsrichter den Angeklagten, während die westliche Dressurschule ihm beweist, daß der Mensch auch ein Tier ist, nur stärker, das heißt, er schlägt einfach zu«, und: »Die Pythons sind sowohl Lebendgebärer als auch Eierleger.« Vor diesem Hintergrund las ich Gedichte darüber, daß wir, in den Schlaf versinkend, um ein Drittel vom Tag und von der Zeit überhaupt zurückfallen. Mir wurde applaudiert, aber erstaunt, so als wäre mir nur der erste Teil der Nummer gelungen und der zweite – sagen wir, eine Massenhypnose – geplatzt.

Wir waren jung, das heißt stark, schnell, mit dem Leben einverstanden, zweifelten weder an unserem Talent noch an unserer Bestimmung und glaubten an unseren Stern. Wir schätzten das Talent unserer Altersgenossen: Gorbowskis, Jerjomins, Ufljands und in Moskau – Krassowizkis, Chromows, Tschertkows. Wir achteten Sluzki für die Ernsthaftigkeit, mit der er herrenlose Worte zusammensetzte, in der Meinung, daß die Armee-Protokoll-Methode ihrer Verbindung zur Wahrheit führe. Was Jewtuschenko betraf, so waren »Ich bin von verschiedener Art, überlastet mal und müßig« oder »Nein, nicht Wodka gäb man ihnen, sondern Peitschen« noch für Liebhaber, aber »Rußland, du hast mich gelehrt, hoch und heilig an die Jugend zu glauben« fand schon keine Liebhaber mehr. Als er und seine Kollegen dann in der Absicht, Erfolg zu erlangen, zu schreiben, genauer – zu arbeiten begannen, wurde es völlig uninteressant, es wurde sogar uninteressant, daß sie unsere Altersgenossen waren.

Weder damals noch heute, da die Schicksale mehr oder weniger vollendet sind und die Schritte, die zufällig aussahen, sich als beabsichtigt erwiesen haben, da Verbindungen, die fest schienen, gerissen und solche, die unmöglich schienen, entstanden und erstarkt sind, da Anschauungen und Reputationen triumphierten, die einem lächerlich vorkamen, fand und finde ich ein System in den Beziehungen zwischen Menschen ebensowenig wie im Widerstreit und in der Entwicklung ihrer Ideen. Die Begriffe »Generation«, »Fortschritt«, »historischer Standort« sind für mich nichts weiter als Worte eines Zeitungs-Jargons, die einem zur Erarbeitung von Gesprächsthemen bestimmter Art und zum Schreiben von Büchern bestimmter Art aufgezwungen werden und jedes realen Sinnes entbehren. Olschewskaja sprach mit Achmatowa, Nadescha Jakowlewna Mandelstam sprach mit Achmatowa, Olschewskaja mit der Mandelstam, manchmal unterhielten sie sich zu dritt, aber jede vertrat sich selbst, jedenfalls war das Gespräch um so echter, je weniger jede in seinem Verlauf mit jemandem verbunden war, der am Gespräch nicht teilnahm. Jeder Mensch bringt etwas Außerindividuelles zum Ausdruck: er spricht über seine Familie, seinen Kreis, seinen Beruf, seine Zeit – aber er bringt es zum Ausdruck und ist nicht sein Vertreter. Im Umgang von »Vertretern« fehlt jene Einmaligkeit und Unbedingtheit, die bezeugt, daß die »Vertreter« konkrete, das heißt lebendige Menschen sind, also Menschen und nicht, sagen wir, Textseiten oder Bäume. Deshalb überrumpelte und entmutigte mich ein Skandal, den ich unerwartet provoziert hatte. Die Sache spielte sich in der Wohnung der Aliger ab, wo Achmatowa kurze Zeit wohnte. Ich besuchte sie und wurde von der Hausherrin zum Mittagessen eingeladen. Am Tisch saßen noch zwei Töchter der Aliger und ein ukrainischer Dichter, dessen Namen ich nicht behalten habe. An jenem Tag war Sluzki zum Drehbuchkurs gekommen und hatte den Zuhörern, darunter auch mir, von der sozialen Rolle der zeitgenössischen Poesie erzählt. Er hob hervor, wie die Nachfrage nach Gedichtbänden angewachsen sei: fünfzigtausendfache Auflagen könnten sie nicht befriedigen. Vor einem halben Jahrhundert sei *Abend* von Achmatowa in einer Auflage von dreihundert Exemplaren erschienen: »Sie hat mir erzählt, daß sie sie mit der Droschke in einer Fuhre transportiert hat.« Während des langweiligen und wenig anregenden Mittagessens in einem großen kalten Zimmer gab ich an – wie mir schien – passender Stelle seine Worte wieder. »Ich?« rief Achmatowa aus. »Ich soll die Bücher transportiert haben? Denkt er denn, ich hätte keine Freunde gehabt, die das hätten tun können? Und er sagt in aller Öffentlichkeit, ich hätte ihm das erzählt?« »Anna Andrejewna!« rief Aliger mit hoher Stimme, ihren Monolog übertönend. »Er will Sie mit unserer Generation entzweien!« »Er« war ich, dieser Gedanke aber erschien mir so unsinnig, daß ich dachte, hier läge eine grammatische Verwirrung vor. Ich hatte keineswegs vor, Achmatowa mit Sluzki zu entzweien; aber am wenigsten war mir in den Sinn gekommen, daß Sluzki und Aliger zu einer Generation gehörten, ja daß sie überhaupt irgendwie zusammengehörten.

In jenen Tagen, wenn nicht sogar am selben Tag zeigte mir Achmatowa in ihrem Heft das neue Gedicht »Alles in Moskau ist mit Versen durchsetzt, von Rhythmen durchbohrt...«. Es ist nicht direkt mit dieser Episode verbunden, berücksichtigt sie vielleicht nicht einmal, aber das Gefühl des satten, klebrigen Überschusses an gereimten Versen, nicht an bestimmten Versen, sondern an Versen überhaupt, an Moskauer, Leningrader Versen, an sowjetischen Versen, gab dieses Mittagessen wieder, wie es besser nicht möglich war: die Hausherrin – eine Dichterin, der Dichter aus Kiew, Generation der Dichter, fünfzigtausend Bücher – dieser Andrang von sozial, nicht jedoch individuell bedeutsamen Bezeichnungen und Zahlen zog nach und nach sowohl die dreihundert Exemplare des *Abend* als auch den Namen Achmatowa in sein buntes Treiben hinein. »Prokop selbst ist nicht schlecht«, sagte sie über den Leningrader Verbandsvorsitzenden Prokofjew. »Aber seine Gedichte sind ein typisches le robinet est ouvert, le robinet est fermé. Das sind die Goncourts, die sich erinnern, wie die alte George Sand von der Erfindung des Wasserhahns ergriffen war und ihnen die ganze Zeit demonstrierte: ›Vous voyez, der Hahn ist offen – das Wasser fließt, der Hahn ist geschlossen – Ende.‹«

*

Der Freund, der die Pakete dünner Bändchen mit der Lyra auf dem Einband transportiert hatte, erwies sich als ebenso real wie die Teilnehmer des Tischgesprächs, von denen er erwähnt wurde. Wenn nicht realer: so wie dreihundert realer ist als fünfzigtausend; so wie der jüdische Verleger des *Stein*, der Mandelstam gesagt hatte: »Junger Mann, Sie werden immer besser und besser schreiben«, realer ist als Dymschiz, der die Gedichte Mandelstams 35 Jahre nach dem Tod des Dichters in einem Lager im Fernen Osten mit dem Satz herausgab: »1937 endete der Schaffensweg Mandelstams jäh.«

Sie erinnerte sich an Verstorbene, besonders an Jugendfreunde mit demselben Ton, mit derselben Lebendigkeit wie an den gestrigen Besucher und oft gerade aus Anlaß des gestrigen oder gegenwärtigen Besuchers. Obwohl sie vor sich hinsprach: »Ich bin jetzt Madame Larousse, über alles werde ich befragt«, waren ihre Antworten jedoch keine enzyklopädischen Informationen über Literatur- und Kunstgeschichte, sondern Anekdoten, keine Wertung, sondern prägnante Details. Sie schrieb Skizzen über den Akmeismus, über den Kampf der Literaturströmungen, über Modigliani, über Blok, aber im Gespräch ging es stets um »Kolja«, »Ossip«, Nedobrowo, Anrep, »Olga«, Lourié, Losinski, Schilejko; war die Rede von Modigliani, dann sprach sie von »Modi«, dem unbekannten, lieben, dem »ihren«. Was Blok betraf, so entstand der Eindruck, daß sie gezwungen wurde, sich an ihn zu erinnern, daß sie gezwungen war, als »Zeitgenossin« Bloks aufzutreten, aber er war ihr »fremd«. Sie erzählte über seine Frau Ljubow Dmitrijewna Mendelejewa: »Sie hatte so einen Rücken«, und deutete ihn an, die Arme weit ausbreitend, »einen großen, schweren Rücken, und ein grobes, rotes Gesicht«, und im Geiste tauchte die Muse des Zollbeamten Rousseau auf. Aber Bloks Bedeutung wurde dadurch nicht geschmälert, im Gegenteil, denn die Tendenz seiner von ihr in den Memoiren veröffentlichten Sätze über Tolstoi, über Igor Sewerjanin oder den abgegebenen Schuß auf der Station Podsolnetschnaja war dieselbe wie in seinen Gedichten, der Rücken und die Wangen aber, die er nicht sah, jedenfalls nicht als Dichter sah, geben eine Vorstellung von dem Winkel, unter dem sein dichterischer Blick auf die Wirklichkeit gerichtet war. Und der Akmeismus erscheint als Dichter-Gilde, zu deren Zusammenkünften Gumiljows Frau Anna Achmatowa die Einladungen geschickt hat, und Schilejko scherzte, daß sie diese aus Mangel an Bildung mit »Siklitär Anna Gu« unterschrieben hätte, das heißt, er erscheint als Akmeismus »Koljas«, »Ossips« und »Mischenka« Senkewitschs und nicht als Akmeismus von Philologen. Aber wenn es so war, wenn Blok – Blok war, auch bei einer derartigen Muse, und der Akmeismus – Akmeismus war, auch bei dieser Leichtsinnigkeit, dann konnte Achmatowa ebenso über Puschkin, die zentrale Figur jener dritten, »historischen Zeit«, in der sie lebte, in einer fröhlichen Minute mit Sologubs Worten sagen, ohne seine Würde im entferntesten anzutasten: »ein Neger, der sich auf die russischen Frauen stürzt«, und auch daß Natalja Nikolajewna eine Frau des Typs »Lösch die Kerze!« gewesen sei – wie über etwas, das sie selbst erlebt hatte, wie über etwas wirklich Lebendiges, und nicht künstliches, willkürliches »Wenn-er-heute-leben-würde«.

Die mit Vergangenheit durchwachsene Gegenwart entwickelte in nicht vorhersagbaren Minuten frische Triebe vergangener Zeiten. Achmatowa erzählte, wie sie 1935, in der Nacht nach der Verhaftung ihres Sohnes und ihres damaligen Mannes Punin gemeinsam mit Punins erster Frau Anna Jewgenjewna, geborene Arens, in Erwartung der bevorstehenden Durchsuchung im Ofen Papiere verbrannte, die kompromittierend sein konnten, ein Blatt nach dem anderen. Und als sie sich gegen Morgen rußbeschmiert und entkräftet endlich hingesetzt hatten und Achmatowa zu rauchen begann, schwebte von dem obersten der leeren Regale eine Fotografie zu Boden, auf der zu sehen war, wie Baron Arens, Anna Jewgenjewnas Vater, ein Admiral des Gefolges, dem Herrscher Nikolai II, der auf Inspektionsbesuch war, an Bord eines Kriegsschiffes Bericht erstattete. (A. A. begann mit ihren Bemühungen um die Freilassung, fuhr nach Moskau, ging zu Sejfullina, diese begab sich zu

Poskrjobyschew, Stalins Sekretär, und erfuhr, wie man einen Brief abgeben mußte, damit er in Stalins Hände gelangte. Poskrjobyschew sagte: »Unter dem Kutafi-Turm des Kremls gegen 10 Uhr, dann übergebe ich ihn.« Am folgenden Tag fuhr A. A. mit Pilnjak im Auto dorthin, und Pilnjak übergab den Brief. »Strelitzenfrauen« äußerte sie an dieser Stelle der Erzählung, so die Zeilen des *Requiem* kommentierend: »Ich werde, wie einst die Strelitzenfrauen, heulen unter den Kremltürmen.« Am selben Tag schickte auch Pasternak einen Brief dorthin, mit den Worten: »Soviel ein anderer auch bitten würde, ich würde es nicht tun, aber hier...« Darauf lief sie in Trance durch Moskau und fand sich bei den Pasternaks wieder. Der Hausherr sprach den ganzen Abend über Annenski: was dieser ihm, Pasternak, bedeute. Dann wurde sie zu Bett gebracht. Und als sie am Morgen in dem sonnigen Zimmer aufwachte, stand Sinaida Nikolajewna (Pasternaks Frau) in der Tür und sagte: »Haben Sie das Telegramm schon gesehen?« Das Telegramm war von den Punins, beide waren bereits zu Hause. Achmatowa fuhr nach Leningrad und traf beide in sehr unzufriedener Stimmung, aus irgendeinem Grunde böse aufeinander, an. Über seine Freilassung erzählte Punin: als er nachts geweckt wurde – zum so- und sovielten Male –, schlußfolgerte er, daß er wieder zum Verhör müsse. Als man ihm mitteilte, daß er freigelassen würde, bemerkte er, obwohl vor Überraschung aus der Fassung gebracht, daß die Straßenbahnen nicht mehr fuhren, und fragte: »Könnte ich nicht hier übernachten?« Die Antwort lautete: »Das ist hier kein Hotel.« »Sehen Sie, Tolja«, sagte sie, »das ist die Vorgeschichte meiner Beziehungen zu Stalin, nicht immer hat der Schnurrbart gefragt: ›Was macht die Nonne?‹«)

Auf Punin kam das Gespräch selten. So leicht sie über Schilejko und so gern sie über Gumiljow sprach, so sorgsam umging sie Punin. Einmal sagte sie nach einem Gespräch zum Thema Scheidung (»Die Einrichtung der Scheidung ist das Beste, was die Menschheit« – oder »die Zivilisation« – »je erfunden hat.«), daß sie offenbar einige Jahre länger mit Punin gelebt habe, als notwendig gewesen sei. Sie gab mir eine Kopie seines Briefes von 1942 zu lesen, in dem er schrieb, wie er, im Leningrad der Blockade sterbend, viel an sie gedacht habe, und »das war vollkommen uneigennützig, denn Sie einmal wiederzusehen, damit hatte ich natürlich nicht gerechnet«. »Und mir schien damals, daß es keinen anderen Menschen gibt, dessen Leben so aus einem Guß und darum so vollkommen ist wie das Ihre... Ich dachte damals, daß dieses Leben nicht durch Willen eine Einheit ist – und das schien mir besonders wertvoll –, sondern durch jenes Organische, das heißt jene Unvermeidlichkeit, die von Ihnen offenbar überhaupt nicht abhängt. ... vieles von dem, was ich an Ihnen nicht akzeptierte, erstand vor mir nicht nur akzeptiert, sondern wohl auch um vieles schöner... In Ihrem Leben gibt es eine Stärke, Sie sind wie aus einem Guß in Stein gehauen von sehr erfahrener Hand.« »... ich bin am Leben geblieben und habe sowohl jenes Gefühl selbst als auch die Erinnerung daran bewahrt. Ich fürchte so, es nun zu verlieren und zu vergessen, und unternehme alles, damit das nicht geschieht, damit nicht das geschieht, was mir im Leben so manches Mal widerfahren ist: Sie wissen, wie leichtsinnig, ohne jegliche Anstrengung, eher noch mit einer Herausforderung an das Schicksal, ich das Beste, was das Schicksal mir gegeben, verloren habe.« Er war 1949 verhaftet worden und starb 1953 im Lager – Achmatowa zeigte mir die Fotografie eines ebenen Feldes, das mit geometrisch korrekten Reihen von Täfelchen besteckt war: Pflöcke mit angeschlagenen Sperrholztäfelchen und auf jeder Tafel eine Nummer und einige weitere Ziffern – auf den vorderen konnte man die Ziffern erkennen. Soviele Täfelchen, wie das Fotoobjektiv erfassen konnte: es war der Lagerfriedhof, jene Stelle vermutlich, wo Punins Körper begraben war.

Ihre Ehe mit Schilejko erschien in ihren Gesprächen als finsteres Mißverständnis, jedoch ohne einen Schatten von Rachsucht, eher fröhlich und mit Dankbarkeit ihrem einstigen Mann gegenüber, sie sprach in einem Ton von ihm, der dem Zorn und der Verzweiflung der an ihn adressierten Gedichte nicht im entferntesten ähnelte: »Das waren Kolja und Losinski, die riefen: ›Ägypter! Ägypter!...‹ – zweistimmig. Also bin ich darauf eingegangen.« Wladimir Kasimirowitsch Schilejko war ein hervorragender Assyrologe und Übersetzer poetischer Texte aus dem alten Orient. Schon als vierzehnjähriger Junge begann er, ägyptische Texte zu entziffern. Das verbrannte Drama Achmatowas *Enuma elisch* – eine Vorstellung davon geben die von ihr am Ende ihres Lebens erneut wiederhergestellten Fragmente des *Prolog* – erhielt seinen Titel nach den ersten Worten (»Dort oben«) eines altbabylonischen Poems über die Erschaffung der Welt, das Schilejko übersetzt hatte. Ich nahm an, daß von ihm auch der familiäre Spitzname Achmatowas – Akuma – stammte, obwohl ich in der Folge las, daß Punin sie so genannt hatte – beim Namen des japanischen bösen Geistes. Schilejko war ein feinsinniger lyrischer Dichter, er veröffentlichte Gedichte im *Giperborej, Apollon*, im Almanach *Dreizehn Dichter*. Hier eines seiner Gedichte, erschienen 1919 im Sammelband *Sirene*:

> In Zeiten der Erbitterung –
> Der Höhe letzter Klang,
> Der Schwäne vertrauter Gesang,
> Bliebst Du, der einzige Stern.
>
> Über dem Schierlingsbecher schwer,
> Im Einklang mit dem tristen Schicksal,
> Bliebst Du allein zurück, mein Täubchen,
> Und er, der Sehnsucht hat nach Dir.

Vor der Revolution arbeitete er als Erzieher der Kinder des Grafen Scheremetew und erzählte Achmatowa, wie er im Schubfach des Schreibtisches in dem ihm zugewiesenen Zimmer – schon seit langem das Zimmer für die Lehrer – eine Mappe mit der Aufschrift »Fremde Gedichte« gefunden hatte. Er erinnerte sich, daß Wjasemski seinerzeit als Erzieher in dieser Familie gearbeitet hatte und begriff, daß dies seine Mappe war, denn fremde Gedichte konnte es nur bei jemandem geben, der auch eigene schrieb. In dieses Zimmer führte Schilejko Achmatowa, nachdem sie den schweren Herbst 1918 in Moskau in der 3. Satschatjewski Gasse erlebt hatte.

Es war Achmatowas erster Einzug ins »Fontanny Dom«, Haus Nr. 34 auf der Fontanka: der nächste erfolgte einige Jahre später, als sie Punin heiratete, der dort im 4. Hof im Seitenflügel wohnte. Mit Schilejko wohnte sie auch noch in einer Wohnung im Dienstgebäude des Marmorpalais: »Das eine Fenster ging auf die Suworowa, das andere auf das Marsfeld.« Lachend erzählte sie folgendes über diese Ehe: In jener Zeit genügte es für die Eheleute, um die Ehe registrieren zu lassen, diese bei der Wohnungsverwaltung zu melden: die Ehe galt als gültig, nachdem die Verwaltung eine Eintragung in ein entsprechendes Buch gemacht hatte. Schilejko sagte, daß er das erledigen werde, und bestätigte bald, daß alles in Ordnung sei, die Eintragung sei gemacht worden. »Aber als ich nach unserer Trennung jemanden bat, die Wohnungsverwaltung über unsere Ehescheidung in Kenntnis zu setzen, fanden sie keine Eintragung, weder unter dem Datum, das ich deutlich in Erinnerung hatte, noch unter einem ähnlichen und überhaupt nirgends.« Sie zeigte mir einige Briefe von Schilejko, mit kalligraphischer Handschrift, in eleganter Manier geschrieben, mit den bezaubernden Beobachtungen eines Büchermenschen, gespickt mit Auszügen in verschiedenen Sprachen. »Den ganzen Tag lese ich Servius' Kommentare zu Vergil. Wunderbar! Hier einige kleine Dummheiten für Sie:

> Geh höflich um mit hochmütiger Langeweile.
>
> (Mandelstam)

> Nonne fuit satius tristes Amaryllidis iras
> Atque *superba* grati *fastidia.*
>
> Verg. Ecl. ii, vv. 14–15

Dabei hat Oska nie auch nur einen Blick in die mantuanische Seele geworfen.« (Ein Zweizeiler aus *Schäferdichtungen*: War [mir] der *betrübende Zorn* Amaryllidas/Und die *hochmütige Abneigung* des lieben [Menalcus] etwa nicht genug?) Die Briefe waren freundschaftlicher, nicht intimer Natur, mit scherzhaften Unterschriften wie »Ihre Elefanten« und einem gemalten Elefanten. »So war er«,

nickte sie. »Er konnte mich ansehen, nachdem wir Spiegeleier ge-
frühstückt hatten, und sagen: ›Anja, es steht Ihnen nicht, Farbi-
ges zu essen.‹« Er war es wohl auch, der Gästen gegenüber gesagt hatte: »Anja hat die erstaunliche Gabe, Unangenehmes mit
Nutzlosem zu verbinden.« Um so unerwarteter war es, von ihr zu
hören, daß mit »Der mich stammelnd rühmte« – auch er gemeint
war.

Der Beginn der sechziger Jahre war die Zeit des postumen
Ruhms von Mandelstam. Die *Woronescher Hefte* lasen wir etwa
1955 eben in einem Heft, mit der Hand abgeschrieben. Mit derselben braunen Tinte, schon etwas verblaßt, mit derselben Feder war
am Anfang dieses Heftes der *Stein* abgeschrieben, und der erste
Eindruck von Mandelstams ersten Versen war unvergleichlich
schärfer als der Eindruck, sagen wir, von den »Versen vom unbekannten Soldaten«, die zwar tragisch klangen, aber trotz allem
schon vor dem Hintergrund des erstaunlichen, erstaunlich frischen
Klanges jener ersten Verse. Bald begann eine Maschinenabschrift
der *Vierten Prosa* zu kursieren, die durch ihre Verbindung egozen-
trisch-aggressiver Auserlesenheit mit Beschimpfung verblüffte –
kennzeichnend für die Situation der Verfolgung und darum bar
individueller Züge. Der Rhythmus, angepaßt an den stockenden
Atem eines von allen Seiten umstellten, aber seinen Lauf fortsetzen-
den, edlen Tieres; der hohe Ton, der sich fast zum Schrei losreißt;
ein Maximalismus von Ansprüchen, unterstützt durch die Fülle der
Selbsteinbringung – das alles zusammen erschien einem jungen
Menschen als höchst faszinierende und den eigenen literarischen
Ansprüchen bestens entsprechende Manier. An ihr orientierten sich
insbesondere auch meine ersten Prosaversuche: es war verführe-
risch, darin Universalität und folglich vielversprechende Perspek-
tiven zu sehen. »Das ist für Ihre rachsüchtige Prosa«, schloß Achmatowa ihre oder meine Erzählung über ein Ereignis oder einen
Menschen, dessen Erscheinungsbild sich in schwer formulierbarem
Widerspruch zum Wesen der Dinge befand. Damals machte sie
auch eine Aufzeichnung in der Absicht, diese in die *Tagebuchblätter*
einzufügen (sie notierte sogar »in den Text einfügen, S.«, bezeich-

nete aber die konkrete Stelle nicht): »Und die Kinder sind dem pockennarbigen Teufel nicht im voraus verkauft worden wie ihre Väter. Es erwies sich als unmöglich, drei Generationen im voraus zu verkaufen. Und da brach eine Zeit an, da die Kinder kamen, die Gedichte Ossip Mandelstams fanden und sagten:

Das ist unser Dichter.«

Im Winter 1962 stiftete ich Brodsky zu einer Reise nach Pskow an. Am Abend vor unserer Abfahrt schlug Achmatowa uns vor, Nadeschda Jakowlewna Mandelstam aufzusuchen, die im dortigen Pädagogischen Institut unterrichtete, ihr Grüße zu übermitteln; die Adresse wußte sie allerdings nicht und sagte uns nur, über wen wir sie finden könnten. Wir verbrachten drei Tage in Pskow, sahen uns die Stadt an, überquerten den zugefrorenen Fluß, fuhren in die Umgebung, liefen einen Tag durch Isborsk. An einem der Abende begaben wir uns zu Nadeschda Jakowlewna. Sie hatte ein Zimmer in einer Gemeinschaftswohnung bei einer Hauswirtin mit dem Familiennamen Nezwetajewa (Nicht-Zwetajewa) gemietet, was in jener Situation eher unheilvoll als lustig klang. Sie war erschöpft, halbkrank, lag auf dem Bett und rauchte. Wir schwiegen mehr als wir sprachen, und man spürte deutlich, daß die Müdigkeit, die Erschöpfung, das Liegen auf dem gemachten Bett, das Lämpchen ohne Schirm – daß dies alles keine augenblickliche Erscheinung, sondern ihr Leben waren, Jahrzehnt um Jahrzehnt, ausweglos, in fremden Winkeln, fremden Städten. Als sie einige Jahre später endlich nach Moskau zog, war sie ein anderer Mensch: geschäftig, irgend etwas Unnötiges beweisend, etwas Unglaubwürdiges mitteilend, jener vollkommen unähnlich, die bis ans Ende ihrer Tage verbannt schien, die nichts zu verlieren hatte, für die es sowohl unzulässig als auch erniedrigend war, sich von den Kleinigkeiten des sorgenlosen, freien Lebens blenden zu lassen. Und ihr *Mann*, der ihr dieses Schicksal bereitet und sie mit dem Satz: »Und wer hat dir gesagt, daß du glücklich sein sollst?« gestärkt hatte, begann sich aus dem genialen Dichter Mandelstam, der in der Eiswüste verschollen war, in den berühmten Moskauer Narren in Christo »Oska« und in die hervorragende Figur des intellektuell-ästhetischen Petersburg »Ossip Emiljewitsch« zu verwandeln. Als »die Schrauben wieder fester angezogen wurden«, entweder als Chruschtschow die Kunst und Literatur beschimpfte, die sich weiß der Teufel womit beschäftigte, statt den russischen Wald darzustellen, der zur Winterszeit besonders schön war, oder als der Prozeß gegen Sinjawski und Daniel anlief, kam die erschrockene Nadeschda Jakowlewna zu Achmatowa, um sich zu beraten, was zu tun sei. Sie hatte damals bereits ihr erstes Erinnerungsbuch geschrieben, viele lasen das Manuskript. Sie wohnte noch bei Freunden, aber man bemühte sich, für sie eine Wohnung zu finden, auch Achmatowa, die einen Brief an Surkow geschickt hatte, beteiligte sich daran. (»Schon ein Vierteljahrhundert lang irrt die Witwe des Dichters, der despotischer Willkür zum Opfer gefallen ist, ohne Obdach durch das Land. Aber dieses Nomadenleben geht inzwischen über ihre Kräfte: sie ist eine alte Frau, die medizinische Hilfe braucht.«) Nadeschda Jakowlewna hatte Angst: Gerüchte über die Existenz ihrer Memoiren, wenn nicht gar ein Exemplar des sich unkontrolliert vervielfältigenden Manuskripts konnten zur Leitung des Schriftstellerverbandes vordringen. Achmatowa beruhigte sie, so gut sie konnte, sagte aber, nachdem sie gegangen war: »Was denkt Nadja sich denn: daß sie solche Bücher schreiben kann und dann eine Wohnung bekommen wird?« Ich fragte, inwiefern das Buch Enthüllungen beinhalte und ob es in der Tat so gefährlich für die Autorin sei, wie N. J. dachte. Sie sah mich mit einem Blick an, der ausdrückte, daß sie meine Frage seltsam fand, und flüsterte: »Ich habe es nicht gelesen.« Zufrieden mit meinem Erstaunen fügte sie hinzu: »Sie hat es mir glücklicherweise nicht angeboten – und ich habe sie nicht darum gebeten.« Nach Achmatowas Tod schrieb und veröffentlichte Nadeschda Jakowlewna noch *Generation ohne Tränen*. Ihre Hauptmethode ist die feine, gut dosierte Auflösung der Lüge in der Wahrheit, oft auf der Ebene der Grammatik, wenn es kein Mittel gibt, das bösartige Molekül herauszustochern, ohne dem Stoff zu schaden. Irgendwo wird nebenbei und scheinbar nicht im Ernst gesagt, vielmehr eher fallengelassen: »der Dummkopf Bulgakow« – und weiter folgen nicht unbestreitbare, aber auch nicht logisch widerlegbare Auslegungen, die jedoch jeden Sinn verlieren, wenn Bulgakow kein Dummkopf ist. Achmatowa ist als launische alte Frau dargestellt, die das Gefühl für die Realität verloren hat. Wahr ist daran nur die alte Frau, das übrige resultiert aus Sätzen des Typs: »Als Antwort auf Achmatowas Worte lachte ich nur« – was eher unwahrscheinlich anmutet bei der Hierarchie der Beziehungen, die in Wirklichkeit bestanden hat. Mir scheint, indem Nadeschda Jakowlewna begann, die Figuren Mandelstams und Achmatowas durch den »Alltag« herabzusetzen, glaubte sie in den letzten Jahren aufrichtig, daß sie beide an Verstand übertraf und an Talent fast in nichts, ja überhaupt in nichts nachstand. Möglicherweise brauchte sie eine solche Kompensation für den Schmerz, das Grauen, die Erniedrigungen ihres früheren Lebens. Was den Platz in der vorrevolutionären Petersburger Kultur betraf, auf den sie Mandelstam beharrlich stellte, erzählte Achmatowa, nachdem sie die Tür hinter Nadeschda Jakowlewna geschlossen hatte, die eine Viertelstunde lang unter Achmatowas ausdrucksvollem Schweigen schnelle Monologe zu diesem Thema gehalten hatte, folgende Episode. »Etwa um das Jahr 1915 entstand in Petersburg die Dichtergesellschaft ›Phisa‹, die wie auch einige andere Gruppen vor allem deshalb ausgerufen wurde, um die ›Gilde‹ zu zerrütten. Mit Ossip, Kolja und mir ging es bergauf, und was die ›Gilde‹ betraf, so sollte sie sich von selbst auflösen. ›Phisa‹ war der Titel eines Poems von Anrep, welches auf der ersten Versammlung der Gesellschaft in Abwesenheit des Autors vorgelesen wurde, der sich damals in Paris befand. Daraus habe ich das Epigraph genommen: ›Ich singe, und der Wald ergrünt.‹ Einmal war Mandelstam dorthin eingeladen worden, um irgendeinen Vortrag zu halten. Nach dem Vortrag fuhr ich mit Nikolai Wladimirowitsch Nedobrowo, der in jener Zeit in Zarskoje wohnte, um näher bei mir zu sein, in einer Droschke zum Bahnhof. Nedobrowo sagte: ›Weiß Gott, was das für ein Vortrag sein sollte! Erstens verwechselt er Partizipien mit Gerundien. Und zweitens hat er gesagt: alle zwölf Musen, es sind aber nur neun.‹

Für Mandelstam war es keineswegs unbedingt nötig, mehr zu wissen, als er wußte. Er erzählte, er sei drei Jahre alt gewesen, als er zum ersten Mal das Wort ›Fortschritt‹ gehört habe, und er sei in wildes Lachen ausgebrochen. Er belebte alles, was er auch berührte, wo er auch hinsah. Aber die ›Giftmischerin Phädra‹ hat er trotzdem verändert, als Gumiljow und Losinski ihn fragten: ›Wen hat sie denn vergiftet?‹. Man muß ihn nicht als Absolventen der Universität darstellen, wenn er bestenfalls acht Kurse besucht hat. Man muß ihn auch nicht mit Solowjow in Verbindung bringen und aus ihm und Blok irgendwelche Zwillinge machen, wie Dodik und Radik.« Ein andermal erinnerte sie sich wie folgt: »Mandelstam sagte: ›Ich bin ein Sinnesmensch und mag darum Ausgeklügeltes nicht.‹ Und weiter: ›Ich bin ein Wartender, darum erscheint mir die Verbannung noch schrecklicher.‹«

Über Nedobrowo wußte ich zur Zeit des Gesprächs über »Phisa« schon viel von ihr, ich hatte seinen Artikel über sie und seine an sie gerichteten Gedichte gelesen, hatte schon gehört: »Vielleicht hat er ja die Achmatowa geschaffen«, aber damals, als sie seinen Namen aussprach, hielt sie es für nötig zu unterstreichen: »Er war der erste Gegner des Akmeismus, ein Mensch vom Turm, Anhänger Wjatscheslaw Iwanows.« In ihrem Fotoalbum fand sich eine Fotografie von Nedobrowo, in einem Petersburger Atelier zu Beginn des Jahrhunderts aufgenommen. Er war sorgfältig gekämmt – wohl nicht speziell für die Aufnahme, sondern immer –, mit hoch erhobenem Kopf, mit dem etwas hochmütigem Blick der länglichen Augen, die in Verbindung mit den hohen, langen Brauen und der dünnen gebogenen Nase das schmale Gesicht mit den harten Umrissen zum »Porträtgesicht« machten, streng gekleidet – mit einem Wort, ein Äußeres, das sein Wesen verschließt und nicht preisgibt, ähnlich der »lebensechten« Darstellung auf einem Sarkophagdeckel. Er sah aus wie ein kräftiger, wenn auch eleganter Mann, aber seine Brust erschien mir zu sehr vom Gehrock eingeschnürt, vielleicht war sie einfach schmal, vielleicht aber achtete ich nur darauf, weil ich wußte, daß er wenige Tage nach dieser Aufnahme an Tuberkulose starb. Er starb auf der Krim, 1919, im Alter von 35 Jahren. Achmatowa sah ihn im Herbst 1916 in Bachtschissarai zum letzten Mal, wo die Werststeine, die ihnen auf dem Weg von Petersburg nach Zarskoje Selo so oft entgegengekommen waren, endeten und nun von beiden traurig wieder verkannt wurden.

> Wo ich Abschied von dir nahm,
> Und von wo ins Reich der Schatten
> Du gegangen bist, mein Trost!

Achmatowa sagte, daß Nedobrowo sich für eine der zentralen Figuren dessen gehalten habe, was in der Folge »Silbernes Zeitalter« genannt wurde, daß er niemals daran gezweifelt habe, seine Gründe dafür gehabt und sich entsprechend verhalten habe. Er war überzeugt, daß seine Briefe in Einzelbänden herausgegeben würden, und hinterließ wohl dafür die Konzepte. Achmatowa widmete ihm einige hervorragende Gedichte, andere waren an ihn adressiert, und die lyrische Abschweifung im *Poem ohne Held*, die mit den Worten endet:

> Weshalb solltest du mir nicht sagen
> Noch einmal das Wort, das besiegte den Tod,
> Das meines Lebens Rätsel gelöst?

mit der entfallenen Strophe:

> Daß er über rastloser Jugend wurde
> Mein unvergeßlicher, zärtlicher Freund –
> Der Traum ward nur einmal geträumt, –
> Dessen Kraft irgendwann einmal glänzte,
> Dessen Grab auf ewig vergessen,
> Als hätt er überhaupt nicht gelebt.

»N. W. Nedobrowo – eine Idylle von Zarskoje Selo«, begann sie eine Aufzeichnung der letzten Jahre.

1914 machte Nedobrowo Achmatowa mit seinem langjährigen

und engsten Freund Boris Anrep bekannt. Bald begann zwischen ihnen ein Liebesverhältnis, und bis zum Frühling des darauffolgenden Jahres hatte Anrep Nedobrowo aus ihrem Herzen und ihren Gedichten verdrängt. Dieser nahm sich den zweifachen Verrat sehr zu Herzen und trennte sich für immer von seinem bis zu jener Zeit besten und hochgeschätzten Freund; durch die häufigen Erzählungen von ihm hatte er das Geschehene in bedeutendem Maße vorbereitet. Anrep benutzte jeden Urlaub oder jede Dienstreise von der Front, um Achmatowa in Petersburg zu sehen. An einem der Tage der Februarrevolution kam er, nachdem er die Offiziersschulterstücke abgenommen hatte, unter Einsatz seines Lebens über die Newa zu ihr. Er sagte ihr, daß er nach England gehe, daß er die »friedliche, englische Zivilisation der Vernunft, nicht aber den politischen und religiösen Wahn« liebe. Sie verabschiedeten sich, er fuhr nach London. 1923 schrieb sie:

> Sieben Jahre sind seitdem vergangen. Der tragische Oktober
> Fegte wie gelbe Blätter die Menschenleben fort,
> Und von den schrecklichen Ufern der lodernden Heimat
> Entriß das letzte Schiff mir den Freund.

Er wurde für Achmatowa etwas wie amor de lonh, wie die »ferne Liebe« der Troubadours, die ewig erwünschte, aber nie erreichbare. An ihn richten sich mehr Gedichte als an irgend jemanden sonst, sowohl vor als auch nach ihrer Trennung. Im Ausland wurde er als Mosaik-Künstler bekannt, A. A. zeigte mir eine Schwarzweißfotografie eines seiner Mosaike, im Vestibül der Londoner Nationalgalerie: als Modell für die *Barmherzigkeit* hatte Anrep ihr Porträt gewählt. 1965, nach ihrer Ehrung in Oxford, trafen sie sich in Paris. Von dort zurückgekehrt sagte Achmatowa, daß Anrep während der Zeit ihrer Begegnung »hölzern wirkte, offenbar hatte er vor nicht allzu langer Zeit einen Schlaganfall«: »Wir sahen einander nicht in die Augen – wir fühlten uns beide als Mörder.«

An den Komponisten Arthur Lourié, mit dem sie ganz zu Anfang der zwanziger Jahre zusammenkam und der viele Jahre später, nachdem er mit Olga Sudejkina, der »Heldin« des *Poems ohne Held*, nach Paris gefahren war, schrieb: »Wir lebten zusammen, zu dritt, auf der Fontanka... Anja ist jetzt 73. Ich kenne sie noch als Dreiundzwanzigjährige«, erinnerte sich Achmatowa gewöhnlich im Zusammenhang mit jemandem: mit Mandelstam, mit Olga, mit dem »Streunenden Hund«. Lachend erzählte sie, daß »Arthur sich mit einer Bitte aus Amerika« an sie gewandt habe: ob sie nicht, ihre Stellung nutzend, etwas für die Inszenierung seines Balletts »Der Mohr Peters des Großen« in der Sowjetunion tun könne. »Etwas Klügeres, als ein Ballett über einen Neger unter Weißen hat er sich dort jetzt nicht ausdenken können« – es war zur Zeit der Rassenauseinandersetzungen. In einem anderen Gespräch rief der Name »Artur« die Erinnerung an die »alte Dienerin in Olgas Haus« wach. Jene meinte, daß es der Hausherrin und ihrer Freundin schlecht gehe: »... Und Anna Andrejewna hat am Anfang wenigstens gesummt, aber jetzt summt sie nicht mehr. Sie löst ihre Haare auf und läuft herum wie ein Hirsch. Wenn die Schüler zu ihr kommen, lächeln sie, aber weg gehen sie trübsinnig.«

Mit jedem neuen Tag, den sie lebte, mit jedem Buch, das sie öffnete, mit jeder Straße, die sie betrat, geriet sie in die Vergangenheit – so wie sie in den Keller des »Streunenden Hundes« geriet, als sie in den nächstliegenden Luftschutzbunker hinabstieg, von einem Luftalarm im August 1941 überrascht. Doch dabei versank sie nicht in der Vergangenheit, ließ sich nicht zu einem Teil von ihr machen, sondern schickte sie je nach dem, wie sich das, was eben erst Zukunft war, in Vergangenheit verwandelte, als Gegenstrom in die fernere Zukunft. Nicht durch Memoiren, versteht sich, die bestimmt sind, die Vergangenheit ein für allemal an die bestehende Zeit zu binden, sondern durch das ganze fehlerfreie Bewußtsein dessen, daß die unendlich vielfältige Zukunft zu einer einzigen Vergangenheit eben aus dem Grunde wird, um ewig zu bestehen. Da gibt es keinen Platz für Varianten und unterschiedliche Lesarten: was Fakt sein soll – muß Fakt sein, was Legende werden soll – muß Legende werden. Als in *Nowy mir* die Erinnerungen Morosowas erschienen, die, wie Achmatowa vermutete, von der »legendären«

Pallada Olympijewna Gross inspiriert worden waren (»Die Liebe ist ihre ganze Freude, und wo's sein muß und nicht sein muß, antwortet sie nie, nie, nie: ›Heute nicht.‹« – wie es in der Kusmin-schen Hymne auf den »Streunenden Hund« hieß), war Achma-towa wütend, als sie las, daß die Memoirenschreiberin sie im »Rastplatz der Komödianten« gesehen hätte: »Ich habe die Schwelle des ›Rastplatzes‹ kein einziges Mal übertreten! Ich bin nur in den ›Hund‹ gegangen!« Ich dachte damals: was für ein Unterschied, das waren Künstlerkabaretts aus fast derselben Zeit, viele Besucher des »Streunenden Hundes« gingen dann in den »Komödiantenrastplatz«... Aber wenn man aus irgendeinem Grunde irgendwo *nicht* gewesen ist, wenn man vielleicht jeman-dem versprochen hat, nicht dorthin zu gehen oder wenn man es für unmöglich hält und Einladungen abgelehnt hat, alle wissen ließ, daß man dort nicht verkehrt – wie Blok im »Streunenden Hund« –, und dann liest man, daß man da *war*, dann ändern alle *ja* und *nein* im Leben ihre Plätze, mit anderen Worten, das ganze Leben ändert sich.

Jene, die behauptet haben oder behaupten, daß sie in den letzten Jahren ihre Biografie korrigiert habe, gehen von der Überzeugung aus, daß ein Dokument – und als Dokument bezeichnen sie jede *Aufzeichnung* – glaubwürdiger sei als seine darauffolgende Korrek-tur. Daß sie, indem sie sich auf Dokumente stützen, die *wahre* Lage der Dinge wiederherstellen. Und daß sich die darauffolgende Ein-mischung in das Dokument, die auf die eine oder andere Weise das von ihnen konstruierte Bild entstellt, an der Wahrheit vergreife und sich aus der Absicht erklären lasse, die eigene Rolle und die der Nahestehenden in der Vergangenheit zu verbessern und die Gegner anzuschwärzen. Aber Achmatowa hatte einige Jahrzehnte lang mit Archivdokumenten gearbeitet, kannte ihren Wert, wußte, zu wel-cher unfreiwilligen oder beabsichtigten Desinformation ihre Un-vollständigkeit, das fehlerhafte Lesen »mit heutigen Augen« und eine tendenziöse Auswahl führte. Sie glaubte nicht, daß ein Achma-towa-Forscher klüger sein würde als Achmatowa selbst, und er-klärte sich mit ihren Erinnerungen und Korrekturen der letzten

Jahre zum ersten Achmatowa-Forscher, dessen *objektiver* Meinung die folgenden wie keiner anderen Rechnung tragen mußten.

Sie hatte eine besondere Art, die Meinung über sich selbst in erwünschter Richtung zu korrigieren. Einmal gab sie mir das Manuskript des Artikels »Feuerglühende Kohle« eines bekannten Leningrader Kritikers zu lesen. Der Artikel war wohlwollend geschrieben, fügte aber, obwohl er auch neue Arbeiten Achmatowas ansprach, dem schon Bekannten nichts hinzu, wiederholte nur selektiv etwas. Sie sagte: »Das macht nichts, ich lade ihn ein und lasse den einen oder anderen Gedanken einfließen. Das ist meine Methode: ich lasse meine Gedanken ins Gespräch einfließen, aber unauffällig. Und einige Zeit später ist er aufrichtig davon überzeugt, daß ihm das selbst in den Kopf gekommen ist.« Es sieht so aus, als hätte sie es ebenso mit Nikita Struwe getan, als sie mit ihm in London sprach, aber dieser »nahm das Fremde nicht an«: »Ist es wahr«, wandte sie sich an ihn, »daß Sie jemandem nach Rußland über meine Erinnerungen geschrieben haben: Je possède les feuillets du journal de Sappho?« (Ich bin im Besitz von Tagebuchblättern der Sappho.) »Nie im Leben habe ich so etwas geschrieben.« »Da soll man den Menschen noch glauben.« Mir scheint, diese Methode verwendete sie auch, als sie erklärte: »Es heißt, daß in der Poesie des zwanzigsten Jahrhunderts die Spanier Götter und die Russen Halbgötter sind.« Wer hatte das behauptet, auf wen, wenn nicht auf sich selbst, bezog sie sich? Oder als eine große Gruppe von Dichtern auf Einladung des italienischen Schriftstellerverbandes nach Italien fuhr, ihr die Ausreise aber nicht gestattet wurde, sagte sie mit verschmitztem Lächeln: »Die Italiener schreiben in ihren Zeitungen, daß sie lieber die Schwester von Alighieri gesehen hätten als seine Namensvetterin.« Und der Überzeugung halber wiederholte sie auf italienisch: »La suora di colui.« Mit Namensvetterin war Margarita Aliger gemeint, die nach Rom gefahren war, in welchen Zeitungen die Italiener das jedoch geschrieben haben sollten, war müßig herauszufinden. »La suora di colui« aber ist der Mond im XXIII. Gesang des *Fegefeuers*, der Sonne Schwester. Ebenso waren ihre Worte zu verstehen, als ich in ihrem Auftrag mit dem Fahrrad in Komarowo unterwegs war und zurückgekehrt, hörte: »Nicht umsonst nennen gewisse Leute Sie Hermes.« Keine »gewissen Leute« außer ihr waren weit und breit zu sehen.

Sie redigierte die schon erwähnten Memoiren von W. S. Sresnewskaja. »... der charakteristische Mund mit der scharf geschnittenen Oberlippe, schlank und geschmeidig wie eine Weidengerte, mit sehr weißer Haut, schwamm und tauchte sie ausgezeichnet (besonders im Wasser der Badeanstalt in Zarskoje Selo), das hatte sie am Schwarzen Meer gelernt, wo sie häufig den Sommer verbrachten. Sie schien eine Nixe zu sein, die zufällig in die dunklen unbeweglichen Gewässer der Teiche von Zarskoje Selo geschwommen war [Achmatowa fügt hinzu: und nennt sich bis heute die Letzte aus Cherson]. Es ist kein Wunder, daß Nik. Step. Gumiljow sich sofort und für lange Zeit in diese, für ihn schicksalhafte Frau seiner Muse, verliebt hat. Ihr Bild, bald als grausame, gleichgültige und ferne Königin, vor der er die ›Rubine der Gottheit‹ [Achmatowa korrigiert: der Zauberei], aufhäuft, bald als unerfahrene Verführerin und gleichsam einer Zauberin und Hexe ähnlich – in ›Perlen‹, in ›Köcher‹ [Achmatowa streicht »Köcher« durch] und noch viel später – schon als erkanntes und für immer verlorenes Trugbild der geliebten Frau, die weggegangen ist – drückt auf dem Herzen des Dichters. Um zu zeigen, daß dies nicht meine ›Erfindungen und Vermutungen‹ sind (wie es in Biografien großer Dichter nicht selten vorkommt), sondern die wirkliche und lebendige Wahrheit, berufe ich mich nicht nur auf meine langjährige, beglückende Freundschaft mit beiden, sondern auf die überzeugendere und offensichtlichere Spur dieser Liebe in den Gedichten N. S. Gumiljows [Weiter fügt Achmatowa die Titel der an sie gerichteten Gedichte hinzu, beginnend mit »Weg der Konquistadoren«.]«.

Mit Walerija Sergejewna Sresnewskaja, geborene Tjulpanowa, war sie am längsten befreundet. Schon in Zarskoje, als die Gorenkos vom Erdgeschoß in die erste Etage des Schuchardina-Hauses übersiedelten, zogen die Tjulpanows ins Erdgeschoß, und den Bruder von »Walja« – Andrej – besuchte dessen Mitschüler Gumiljow. Bei ihr in Petrograd in der Botkinskaja 9 (neben der Klinik, in der

Doktor Sresnewski als Arzt arbeitete) wohnte Achmatowa vom Januar 1917 bis zum Herbst 1918, sie erlebte also beide Revolutionen dort, nahm von Anrep Abschied, heiratete Schilejko. Bei Sresnewskaja wohnte sie noch einige Male, ihr widmete sie eines ihrer besten Gedichte: »Erfahrenheit statt Weisheit...«. Sie erinnerte sich, wie sie einmal zu zweit mit der Droschke fuhren, die eine beklagte sich bei der anderen über etwas, und der Kutscher, »er war so alt, daß er schon Lermontow hätte gefahren haben können, sagte unerwartet: ›Eure Kränkung ist sehr eifrig, junge Damen‹, ich weiß nicht, wen er damit meinte.« Als Sresnewskaja 1964 starb, sagte A. A.: »Walja war die Letzte, mit der ich mich duzte. Jetzt ist niemand mehr da.« Sie blieb Zeugin der frühesten Jahre, als die wichtigsten Knoten von Achmatowas Schicksal geknüpft wurden, und begann unter einigem Druck Achmatowas und mit einer gemeinsam bestimmten Zielsetzung, ihre Erinnerungen aufzuschreiben. In dem angeführten Auszug läßt Achmatowa »drückt« (anstatt »lastet« – ein Bildungsmangel, auf den sie sich in anderen Fällen gestürzt hätte) und »Frau seiner Muse« stehen. Wenn sie »die aus Cherson« oder die Titel der Gedichte Gumiljows ergänzt, so verändert sie nicht die Erinnerungen – weder als Selbstausdruck der Verfasserin noch als Dokument –, sondern steuert nur das, was jener fehlt, nicht einmal aus ihrem eigenen, sondern aus ihrem gemeinsamen Gedächtnis bei, sie fügt der Ermittlung die abgerissene Ecke hinzu.

Ihr Gedächtnis – »gierig«, »golden«, um mit den Worten zu sprechen, die sie verwendete, um das Erinnerungsvermögen anderer zu loben – war scheinbar auf besondere Weise eingerichtet: es behielt das, was in der *konkreten* Situation geschehen war, und gleichzeitig das, was in *solchen* Situationen geschehen mußte. Dabei war das kein erarbeitetes Wissen, das aus ihrem Leben resultierte, das heißt keine Folge ihrer Erfahrung – obwohl es sich parallel auch auf ihren riesigen Erfahrungsschatz stützte, sondern gleichsam von Geburt an Ererbtes, in der Tiefe angelegt, ohne zu wissen wann und von wem. Achmatowa *wußte* eben einige Dinge, deren Augenzeugin sie nicht war, nicht, sondern *erinnerte* sich an sie. Der Erinnerungsmechanismus – den sie im Zusammenhang mit Blok beschrieb: »Das Notizbuch von Blok bereitet kleine Geschenke, indem es die Daten halbvergessener Ereignisse aus dem Abgrund der Vergessenheit heraushold und zurückgibt« –, erstreckte sich bei ihr auch auf Ereignisse, die ihre Spur im Urgedächtnis hinterlassen hatten. »Einmal war ich im Winter in Slepnjowo. Das war herrlich! Alles war irgendwie ins neunzehnte Jahrhundert entrückt, fast in die Zeit Puschkins. Schlitten, Filzstiefel, Bärenfelldecken, riesige Pelzjacken, klingende Stille, Schneewehen, Diamanten.« Das ist nicht die durch Wissen genährte Vorstellung von der Puschkin-Zeit, sondern ihr Erkennen. Dasselbe kam beim Lesen von Büchern vor: auf Seiten, die das beschrieben, was sie durch eigenes Zeugnis nicht bestätigen oder widerlegen konnte, stieß sie plötzlich auf eine Zeile, die von dem handelte, woran sie sich »erinnerte«, dessen Echtheit oder Fälschung sie »erkannte« auf Grund der »Erinnerung«, sei es Hemingway oder Awwakum oder Shakespeare oder Plutarch. »Natürlich«, rief sie aus, mit dem Finger auf die Rohübersetzung des Papyrus deutend, die sie unter anderen durchsah, bevor sie ihr Einverständnis zur Übertragung der ägyptischen Lyrik gab. »Pyramid altius. Für Horaz waren die Pyramiden eine Abstraktion, dieser aber schaute aus dem Fenster und erblickte nur sie.« »Dieser« war ein Schreiber, der die Schreiber des tiefen Altertums rühmte: »Sie bauten sich keine Pyramiden aus Kupfer und Grabstätten aus Bronze.« Mit derselben Bestimmtheit sagte sie, daß ihr Großvater mütterlicherseits, Erasm Iwanowitsch Stogow, ein »Gendarmerieoberst«, in den Enfiladen der III. Abteilung an Puschkin vorbei gegangen sei (obwohl sie lediglich wissen konnte, daß er seit 1834 als Stabsoffizier der Gendarmerie in Simbirsk gedient hatte).

Der »Erinnerung« ähnelte auch die Methode, die sie zu einigen Entdeckungen in der Puschkinforschung, besonders während der letzten Jahre, befähigt hatte: zunächst »erkannte« sie, daß die Sache sich gerade so und nicht anders verhalten hatte, und tatsächlich begannen sich bald – wie von einem Magneten angezogen – die notwendigen Beweise zusammenzuziehen, ein dem Anpassen der Fakten an ein Konzept genau entgegengesetzter Prozeß.

Bei dieser Verwendung des Erinnerungsvermögens von »irgend jemandem«, das ihr »umsonst zugefallen war«, teilte Achmatowa ihr eigenes sowie das erworbene großzügig an Bedürftige aus. Freilich hieß es hinter ihrem Rücken manchmal, daß sie das nicht uneigennützig tue, daß sie parteiisch sei und, indem sie die Fakten auf ihre Weise auslege, ihre »subjektive« Meinung aufdränge. Ich beobachtete nicht, daß sie je versucht hätte, zu beweisen, daß sie recht hatte, im Gegenteil, wenn sie jemanden oder etwas erwähnte, so geschah das – wenigstens äußerlich – sorglos, durchweg humoristisch, frei: glauben Sie's, wenn Sie wollen, wenn nicht, dann nicht – mit diesen Worten schloß sie, nebenbei gesagt, oft ihre Rede. Sie versteckte sich nicht, besserte die Literaturgeschichte nicht aus, die Gesamtbewertung ihres Schicksals, ihrer Dichtung und ihres Platzes in der russischen Kultur und in der Weltkultur behagte ihr ebenso wie die der Schicksale und des Schaffens ihrer Zeitgenossen. Wenn sie jemanden angriff oder sich verteidigte, dann vor allem um der Gerechtigkeit im allgemeinmenschlichen Sinne willen. In unserer Jugend umgab Brodsky das unerklärliche Wohlwollen derselben Menschen, deren unerklärliche Mißgunst ich spürte. Er konnte versprechen, jemanden vom Bahnhof abzuholen, der aus einer anderen Stadt kam, und es vergessen – beschuldigt wurde der andere: weshalb sei er auch gefahren. Ich konnte mit einem Herzanfall ins Krankenhaus eingewiesen werden – da hieß es: das mußte ja so kommen. »Das hängt davon ab, wie es jedem vorherbestimmt ist«, erklärte Achmatowa. »Kusmin konnte noch so gemein handeln – und er ging schrecklich mit den Menschen um –, alle himmelten ihn an. Aber wie edel sich Kolja auch verhielt, nichts war ihnen gut genug. Da kann man wirklich nichts machen.« In der Erregung allerdings konnte sie mit ganzer Wucht zuschlagen: »Vielleicht ehren Kusmin auch seine Päderasten...« (zum Thema: »Wjatscheslaw Iwanow – wer schätzt ihn heute schon?«)

Sie erzählte: »Bunin hat ein Epigramm auf mich gedichtet:

Ein Rendez-vous mit der Achmatowa –
Stets endet es mit Leiden,
Denn wie man diese Dame auch umfaßt,
Brett wird immer Brett bleiben.

Was denn? Ich finde, es ist gelungen.«

Und mit demselben Vergnügen: »Ich bin geboren, um Wjatscheslaw Iwanow zu entlarven. Er war ein großer Betrüger, ein Graf Saint-Germain. Seine Frau, Sinowjewa-Annibal, stirbt an Scharlach: in einem Dorf, einige Tage lang quält sie sich, sie erstickt einfach. Er lebt ab da mit ihrer Tochter aus erster Ehe, sie ist vierzehn. Diese bekommt ein Kind von ihm, irgendein Pope in Italien traut sie wider das Gesetz. Und dann erklären Sir B. und Sir B. das feierlich als letzten Willen der Ehefrau... Blok ist nach europäischen Vorstellungen jener, der ›den berühmten Turm von Wjatscheslaw Iwanow besucht hat‹. ›Wjatscheslaw Iwanow lehrte Achmatowa, Gedichte zu schreiben.‹ Überall, in Baku, in Italien hinterließ er alte Männchen, die seinetwegen weinten.« Mit einem Anflug von Rache: »Aber nicht in Rußland. Er klammerte sich an die Menschen und ließ sie dann nicht wieder los, der ›Menschenfänger‹. In dem Oxforder Büchlein *Abendlicht* gibt es ein Porträt von ihm: ein zweiundachtzigjähriger Greis mit klerikalem Äußeren, aber – kein Verstand, keine Ruhe, keine Weisheit – nur Analogien.«

»Habe ich Ihnen schon meine ›Platte‹ über Balmont aufgelegt?
Balmont kehrte aus dem Ausland zurück, einer seiner Bewunderer veranstaltete ihm zu Ehren einen Abend. Er lud auch die jungen ein: mich, Gumiljow, noch irgend jemanden. Der Bewunderer war ein General, hatte eine luxuriöse Petersburger Wohnung, die Bewirtung war üppig, alles wie es sich gehörte. Der Gastgeber setzte sich an den Flügel und sang: ›In meinem Garten flimmern Rosen, weiß und r-rot.‹ Balmont war der König. Aber wir hatten das alles überhaupt nicht nötig.
Nach Mitternacht wurde beschlossen, daß diejenigen, die einen weiten Weg hatten, wie wir nach Zarskoje, besser bis zum Morgen

bleiben sollten. Man ging ins Zimmer, jemand setzte sich ans Klavier, irgendein Paar begann zu tanzen. Plötzlich erschien der kleine, rothaarige Balmont in der Tür, lehnte sich mit dem Kopf an den Pfosten, stellte die Füße so [dabei legt sie die Hände über Kreuz] und sagte: ›Warum wird mir, einem so zarten Wesen, das alles zugemutet?‹«

Diesen Satz äußerte sie ironisch-traurig, wenn sie etwas ihr Sympathisches, aber der allgemeinen Meinung nach »einer Achmatowa« Unwürdiges sah (zum Beispiel als sie auf die Veranda des Komarower Häuschens trat und ihre jungen Gäste erblickte, die sich gerade zu zweit auf Fahrräder setzten, um an den Fluß Sestra zum Baden zu fahren), oder wenn ihr etwas mißfiel, was aber keiner ernsthafteren Reaktion wert war (zum Beispiel als ihr eine Zeitschrift mit Fotografien von Elizabeth Taylor als Kleopatra in die Hände geriet).

Irgendwie trug es die Menschen »vor dem dreizehner Jahr«, also die Älteren, einschließlich derer, mit denen sie gut bekannt war, in ihren Erzählungen in das neunzehnte Jahrhundert hinüber, über Tolstoi zu Turgenew, Fet, Nekrassow. Sie spielten die Rolle des Bandes zwischen ihrer Vergangenheit und der historischen Vergangenheit. Ebenso trug es diejenigen, die nicht ins »dreizehner Jahr« gehörten, mochten sie auch Altersgenossen sein, die zum Zeitpunkt ihrer Erzählungen schon tot waren – Pasternak, Pilnjak, Bulgakow –, in die Gegenwart. Sie waren gänzlich in die sowjetische Zeit eingegliedert, waren uns verständlich wie unsere damals noch lebenden Väter und Mütter und erfüllten in Achmatowas Biografie die Funktion von Zeichen ihrer zwanziger, dreißiger, vierziger Jahre... Ich verließ sie einmal, um zu einer Abendgesellschaft bei meinen georgischen Freunden zu gehen. Sie bemerkte beiläufig, daß die einen sich wie Pasternak »Georgien hingaben« (eine ihrer üblichen Wendungen; zum Beispiel sagte sie über einen Leningrader Schriftsteller und Kriminalisten: »German hatte sich zu dieser Zeit schon der Miliz hingegeben...«), sie aber »war immer mit Armenien befreundet«. Ich entgegnete, daß in dieser Gesellschaft ebensoviele Georgier aus Tbilissi wie Moskauer Georgier seien, ja daß ein Georgier aus Tbilissi in Moskau fast dasselbe sei wie ein Leningrader in Moskau. Sie sagte, daß sie mit einigen Moskauer Georgiern bekannt gewesen sei. Ich nannte den Namen Boris Andronikaschwili. »Was denn ... Er müßte jetzt in Ihrem Alter sein. Als Piljak in Amerika war, kaufte er ein Auto, das per Schiff nach Leningrad transportiert wurde. Pilnjak kam, um es nach Moskau zu bringen und lud mich ein, ihn zu begleiten, ein wenig spazierenzufahren. Ich hatte nichts dagegen. Wir fuhren los – eine weiße Nacht. Als wir ankamen, erfuhr er, daß ihm in dieser Nacht ein Sohn geboren worden war. Das ist Ihr Boris Borissytsch ... Pilnjak hatte kein Glück mit seinen Frauen, eine von ihnen, ich glaube, es war nicht Boris' Mutter, hatte ihren Anteil an seiner Verhaftung. Aber zugrunde gerichtet hat ihn – ebenso wie Babel – die Vertraulichkeit mit dem NKWD. Beide fühlten sich zu den hohen Rängen dort hingezogen, freundeten sich mit ihnen an und zechten mit ihnen, wohl wegen der Nähe zur ›realen Macht‹, wegen der Gefühlsintensität, obendrein war es modern. Sie mußten unvermeidlich zu Opfern werden.« Sie schwieg eine Weile, dann sagte sie: »Pilnjak machte mir sieben Jahre lang einen Antrag, ich war eher dagegen.«

Und einige Tage später: »Einmal – bald nach dem Krieg – kehrte ich mit Pasternak morgens von einem georgischen Festmahl zurück. Wir hatten denselben Weg, nach Samoskworetschje, er faßte mich unter und sprach die ganze Zeit über den Dichter Spasski, einen Leningrader: was das für ein hervorragender Dichter sei, wir gingen über die Brücke und hier, in der Ordynka«, sie deutete mit dem Kinn in die Richtung des Flusses – wir standen am Tor des Ardow-Hauses, »überschlug er sich förmlich: Spasski! Spasski! Sie können sich nicht vorstellen, Anna Andrejewna, was das für Gedichte sind, was für eine Begeisterung ... Und da begann er, im Überschwang der Gefühle, mich zu umarmen. Ich sagte: ›Aber, Boris Leonidowitsch, ich bin nicht Spasski.‹ Das ist typisch für ihn. Borissik.«

An einem sonnigen Wintertag kam ich in die Ordynka und traf Achmatowa am Wohnzimmertisch sitzend an, den Tisch bedeckte eine blendend weiße Decke; bei ihr saßen Nina Antonowna und noch zwei ältere Menschen: ein eleganter, stattlicher Herr und eine bezaubernde zarte Dame, die ich für Mann und Frau hielt. Während Achmatowa mich vorstellte, fügte sie lächelnd hinzu: »Anatoli Genrichowitsch ist ein Verehrer des *Theaterromans*...« Der *Theaterroman* war eben erst in *Nowy mir* erschienen und seinerzeit in aller Munde. Die Dame sah mich an und lächelte auch. Überhaupt lächelten von Beginn an alle – und je weiter die Zeit fortschritt, um so fröhlicher – mit Ausnahme des Mannes. Ich faßte Achmatowas Worte als Ermutigung auf, mich zu diesem Thema zu äußern und sagte, daß mir der Roman gefallen habe und warum. Das entgegenkommende Lächeln aller, das aber, wie mir schien, breiter war, als meine Worte es hervorrufen konnten, und das sarkastische Lächeln des Mannes nötigten mir weniger aufrichtige und darum heißere Lobsprüche ab. Die weibliche Lachlust und die männliche Mißgunst, die sich schon in »hm« und im Ausruf »Sieh an!« äußerten, verstärkten sich. Ich fühlte mich unwohl, wollte aber nicht aufgeben und führte einige der besten Beispiele von Bulgakows Stil an. Achmatowa unterbrach mich: »Gestatten Sie, daß ich Ihnen Jelena Sergejewna Bulgakowa vorstelle.« Das löste Verlegenheit bei mir, allgemeines Vergnügen und das Mißtrauen des Mannes aus: »Aber er wußte es doch, und wenn er es nicht wußte, hätte er es erraten können.« Es war der Dramaturg Michail Davidowitsch Wolpin, ein Mensch mit scharfem, etwas galligem Verstand und noch schärferer Zunge, in den zwanziger Jahren hatte er Achmatowa bei Dichterabenden aus Liebe zu Majakowski ausgepfiffen, außerdem war er einer der wenigen Menschen, die Ende der dreißiger das *Requiem* von ihr gehört hatten. Während des Krieges besuchten er und der Dramaturg Erdman, sein engster Freund, beide in Militäruniform, Achmatowa, als es sie nach Taschkent verschlagen hatte. Sie wußten nur ungefähr, wo sich das Haus befand, und ihren Worten zufolge beeilte sich jeder, den sie nach ihrer Adresse fragten, irgend etwas Enthüllendes mitzuteilen – in der Überzeugung, man »sei gekommen, um sie abzuholen«. Als sie dann aber aus dem Haus traten, Achmatowa ehrfurchtsvoll untergehakt, und fünf Minuten später mit großen Weinflaschen zurückkehrten, waren die Leute, die sich am Aufgang versammelt hatten, bestürzt und schwer enttäuscht...

An jenem Wintertag wandte sich Jelena Sergejewna im Gehen zu mir um und sagte: »Wenn Sie wollen, kann ich Ihnen einen anderen Roman meines Mannes zu lesen geben, bei mir zu Hause, versteht sich.« In drei Tagen las ich in ihrer Wohnung mit den hellen, wie mit Wachs gebohnerten Fußböden und den klassizistischen Möbeln, im Haus am Nikitski Tor, die zwei Mappen des *Meister und Margarita*. Ich bekannte Achmatowa, daß sich die süßen Stunden des Lesens, das um so bezaubernder war, als es in dieser außergewöhnlichen und privilegierten Situation erfolgt war, letzten Endes als quälende Enttäuschung in mir festgesetzt hatten. Die fesselnde, lebendige »bulgakowsche« Schicht des sowjetischen Moskau sollte der Absicht des Autors zufolge in die Schicht des Evangeliums, das heißt in die außerzeitliche, »ewige«, eingeschlossen werden. Das Ergebnis aber war der Einschluß dieser Schicht, nachdem er sie zu sich heruntergezogen hatte, als stilisierte historische Belletristik, obendrein ohne wirkliches Interesse, »rein technisch« geschrieben. Sie erwiderte lustlos: »Das ist alles immer schrecklicher«, vielleicht nicht genau mit diesen Worten, aber in diesem Sinne. Dann fragte sie mich spöttisch: »Gut, daß sie seine Witwe ist, haben Sie nicht erraten, aber ist Ihnen wenigstens klar, daß sie – Margarita ist?«

Sie nannte die Bulgakowa eine »Musterwitwe«, das heißt eine, die für die Erhaltung und Bewahrung des Andenkens ihres Mannes alles tat, was in ihren Kräften stand. Sie erzählte von der Ergebenheit dieser jungen, schönen, verwöhnten Frau ihrem halb in Ungnade gefallenen und dann schwerkranken Mann gegenüber. Einmal kam das Gespräch auf die »Dekabristinnen des zwanzigsten Jahrhunderts«, das war offensichtlich ein Terminus von Nadeschda Jakowlewna Mandelstam; dann auf die Ehefrauen, die das Schicksal ihrer Männer im Leben und nach deren Tod teilten, auf Bulgakowa und Stenitsch und auf die Ehefrauen, die sich lossagten und ihre Männer verrieten. Der Name der Ehefrau von N. tauchte auf, der die Natur die Rolle der Ehefrau eines »Verdienten Künstlers« zugedacht hatte. Drei Jahre lang lebten sie, da N. »Verdienter Künstler«

war, glücklich. Dann gab man ihm den Titel »Künstler des Volkes«, und sie löste sich im Nichts auf. Ihren Platz nahm eine andere ein, die zur Ehefrau eines »Künstlers des Volkes« taugte. Dann wurde N. verleumdet, eingesperrt, der Titel wurde ihm aberkannt, und er blieb allein. »Für diese Rolle fand sich keine Dame«, sagte Achmatowa schroff.

Pilnjak wurde im selben Jahr geboren wie Majakowski, Bulgakow drei Jahre früher, aber Majakowski erschien in Achmatowas Überlieferung eine historische Epoche älter als sie. Sie hatte eine sehr hohe Meinung von seiner Poesie der zehner Jahre: »Ein genialer, junger Mann, der *Wolke in Hosen* und *Wirbelsäulen-Flöte* geschrieben hat.« Sie erinnerte sich an ihn als jungen Mann mit Wärme, fast mit Zärtlichkeit. Sie erzählte, wie sie mit Punin den Newski entlangging und, als sie um die Ecke der Bolschaja Morskaja biegen wollten, mit Majakowski, der auf den Newski zulief, zusammenstieß; ohne sich zu wundern sagte Majakowski sofort: »Und ich gehe so und denke: gleich werde ich Achmatowa treffen«, das war schon in den zwanziger Jahren. Wiederholt sagte sie, gesetzt den Fall, sein Werk wäre vor der Revolution abgebrochen, so gäbe es in Rußland einen leuchtenden, tragischen, genialen Dichter, der nicht seinesgleichen fände. »Aber zu schreiben ›Meine Miliz behütet mich‹, das geht entschieden zu weit. Ist es etwa vorstellbar, daß Tjutschew zum Beispiel geschrieben hätte: ›Meine Polizei behütet mich‹?« »Im übrigen kann ich Ihnen das erklären«, kehrte sie in einem anderen Gespräch zu diesem Thema zurück. »Er hat alles früher als jeder andere verstanden. Zumindest früher als wir. Deshalb auch: ›In den Fenstern – Lebensmittel, Weine, Früchte‹, deshalb auch dieses Ende.«

Mit der unterwarteten Gegenüberstellung von Majakowski und Tjutschew verfolgte sie noch einige andere Ziele außer dem offensichtlichen: sie maß – an der Ähnlichkeit, öfter aber am Kontrast – den Rang einer Person; sie suchte deren Platz in der historischen Perspektive durch die Überführung in eine andere Zeitebene; sie präsentierte die Zeit als unteilbar, nicht in Schichten zerfallend, nicht in Epochen zerbrechend. Zur selben Methode griff sie, als das

Gespräch auf Marschak kam – zwei-drei Wochen nach dessen Tod: »Wenn ein greiser Schriftsteller stirbt, muß das einem Erdrutsch gleichen, einer seelischen Erschütterung, das Ende eines Tolstoi – aber hier?« Über Fjodor Sologub, einen der wenigen Älteren, den sie verehrte, mit dem sie bis zu seinen letzten Lebensjahren freundschaftliche Beziehungen unterhielt, sagte sie: »Sologub beneidete niemanden, er ließ sich überhaupt nicht zu einem Vergleich herab, mit wem auch immer – außer mit Puschkin. Für Puschkin hegte er ein persönliches Gefühl, er sagte, daß Puschkin ihn verdränge, seinen Weg überschreite.« Sie erzählte von den Mittagessen bei den Sologubs im großen, kalten, dunklen Speisezimmer mit den an den Wänden hängenden, verstaubten Lorbeerkränzen, die ihm zu verschiedenen Zeiten bei poetischen Turnieren und Benefizvorstellungen verliehen worden waren; manchmal brach ein einsames Blatt ab und schwebte langsam zu Boden. Sie war auch mit Anastassija Iwanowna Tschebotarewskaja befreundet, seiner heißgeliebten Frau und Mitarbeiterin, die sich in einem Wahnsinnsanfall das Leben genommen hatte: im Herbst 1921 verschwand sie plötzlich, und im Frühjahr fand man ihren Körper in der Newa unter den Fenstern ihrer Wohnung.

Überhaupt begann das Gespräch über fast alle »Älteren« so: »Wir mochten ihn nicht, aber...« Am 11. Oktober 1964 schenkte sie mir eine Fotografie von sich mit folgenden Worten: »Wir mochten die Verse von Sinaida Hippius nicht, außer einem wunderschönen Vierzeiler, den ich für Sie abgeschrieben habe.« Auf der Rückseite stand:

> Scheide nicht, solange du am Leben,
> Nicht zum Spiel, nicht wegen einer Sache,
> Denn die Liebe duldet das nicht ohne Rache,
> Denn die Liebe, sie entreißt dir ihre Gaben.

Dann in Klammern: »S. Hippius« und das Datum, dann das kleine »a«, groß wie das große »A«, mit einem horizontalen Strich durchkreuzt.

»Unsere Jahre vergehen wie der Schall. Siebzig Jahre sind uns zugemessen, bei großer Stärke achtzig«, wie der Psalter unmißverständlich bezeugt. Und die Kinder des Verstorbenen erinnern sich noch zwanzig-dreißig Jahre an ihn, solange sie selbst am Leben sind, das ergibt gerade ein Menschenalter, hundert Jahre. Doch dann »gedenke all jener, Herr, für die niemand betet«.

Das Andenken »von Geschlecht zu Geschlecht« wird Menschen zuteil, die ein heiliges Leben geführt haben, also jenen wird dauerhaftes Andenken zuteil, die durch ihre Taten die große Gegenwirkung der Vorsehung ausgelöst haben. In eine besondere Lage sind die Dichter versetzt:

Nein, ganz vergeh' ich nicht – im heil'gen Klang der Saiten
Lebt unverweslich, wenn der Leib zerfiel, mein Geist –
Lebendig werd' ich sein,

unter der unerläßlichen Bedingung:

solang auf Erdenbreiten
Man einen einzigen Dichter preist.

Die Dichter sind nicht dadurch in eine besondere Lage versetzt, daß sie ein Buch als Sache hinterlassen, die weiterhin verwendet wird, und nicht dadurch, daß ein nachfolgender Dichter auf dieses Buch gestoßen ist oder es ausfindig gemacht hat, es in gebührendem Maße würdigt oder die Verse des Vorfahren sogar benutzt. Der Dichter »vergeht nicht ganz«, nicht nur in einem namenlosen und zufälligen Splitter einer Zeile, den die Zeit wählerisch bewahrt hat, sondern auch in den für immer verlorengegangenen Gedichten und Poemen, die irgendein anderer Dichter sich irgendwann zu eigen gemacht hat, und die über die spätere Aneignung aus dritten, zehnten, hundertsten Händen dem Nachkommen übergeben worden sind. Im Prinzip bleibt ein Dichter »lebendig« (»Lebendig werd' ich sein«), das heißt, er ist bekannt, man erinnert sich an ihn – beim Lesen eines beliebigen anderen Dichters, beim Lesen von Dichtung überhaupt, man erinnert sich in dem Maße an ihn, wie er darin enthalten ist, wie er sie bestimmt. Mit anderen Worten, Dichtung ist das Andenken an den Dichter, nicht an ihn selbst, sondern jedes Andenken an jeden Dichter, aber um dazu zu werden, muß ein anderer Dichter sie sich zu eigen machen, egal ob »in der Generation« oder »in der Nachwelt«. Und die Aneignung erfolgt bereits »auf der Ebene« des Lesens, »im Prozeß« des Lesens.

Liest ein Leser, der kein Dichter ist, bleibt der Dichter auch »lebendig«, aber dies ist von ganz anderer Qualität: ein Nicht-Dichter empfängt, verschluckt die poetische Energie nur, die schöpferische Sendung des Dichters dringt in ihn ein, hört bei ihm auf. Achmatowa schreibt in den Anmerkungen zu den Gedichten Puschkins über »Reste eines französischen Reims«: der verbreitete Reim »rivage« (Ufer) – »sauvage« (wild) verwandelt sich bei Puschkin in die feste Formel »wildes Ufer«. Kurz und gut, der Unterschied zwischen diesen beiden Arten von Erinnerung (bei einem Leser/Nicht-Dichter und bei einem Leser/Dichter) ähnelt dem Unterschied zwischen dem französischen Gleichklang, der dem Ohr schmeichelt, und dem selbstständigen Bild. Der Nicht-Dichter ist dem Autor dankbar, ist gerührt, nennt ihn »mein«; der Dichter bringt ihn in sein Werk ein. Eben in das Werk und nicht als Schnörkel: eine Säule kann man in fertiger Gestalt nehmen, aus der Vielzahl der von Ausgrabungen mitgebrachten, der zwischen Ruinen herumliegenden, der vom Nachbarn nicht mehr gebrauchten – das wurde immer getan und wird auch auf dem Bau getan, sie muß jedoch tragen und nicht dekorieren. Der Leser/Nicht-Dichter dekoriert seine Rede mit Stuckverzierungen von Gedichten: »Und einige sind schon nicht mehr, die andern aber, sie sind fern, wie Sadie einmal gesagt hat«, ein Beispiel Puschkins von einer solchen Aneignung-Besitzergreifung der Dichtung. »Wildes Ufer« ist ein reines Puschkinsches Bauteil, obwohl Elemente fremder Architektur dafür verwendet worden sind. Das heißt: der lesende Dichter *eignet* sich die Dichtung nicht im allgemeingebräuchlichen Sinne des Wortes an, sondern er eignet sie sich *für neue Verse* an.

Wenn das geschieht, erneuert sich das Angeeignete zweifach: durch die Verse, die vorher nicht dagewesen sind – und durch die Bereicherung der darin gespiegelten Verse. Die Dichtung kann man nur der Anschaulichkeit halber mit einer Baustelle vergleichen: die poetische »Säule« entsteht im Unterschied zur architektonischen im neuen Gebäude, während sie im alten erhalten bleibt. Mit dieser Erhaltung-Umwandlung erinnert der schöpferische Akt der Aneignung der Dichtung an die Metamorphosen bei den Alten, mit der Verbesserung, daß Philomela, in eine Nachtigall verwandelt, weiterhin Philomela bleibt. Daraus, daß der eine nicht stirbt, solange der andere lebt, folgt, daß in jedem Moment der Dichtung beide leben. Dieses Leben besteht nicht ewig: vom menschlichen Gedächtnis abhängig – existiert es nur »solang«. Das Gedächtnis aber ist eine Analogie der Unsterblichkeit, der Versuch, »aus eigener Kraft« Unsterblichkeit zu erlangen, und da es keine bessere Analogie auf Erden gibt, wird vorgeschlagen, sie für echte Unsterblichkeit zu halten, wobei verschwiegen wird, daß dies trotz allem nur eine Imitation der Unsterblichkeit ist.

> Ich weiß, die Götter, sie verwandelten
> Menschen in Dinge, doch ließen das Bewußtsein.
> Daß ewig lebt die wundervolle Traurigkeit,
> Gingst du, verwandelt, in mein Gedächtnis ein.

Das sagte die junge Achmatowa. Von einem gewissen Zeitpunkt an, wenn nicht von Anfang an, wird ihr ganzes Schaffen einem Wunsch unterworfen – Totes in Lebendiges zu verwandeln. Die Magie, hervorgerufen durch das Phänomen der Dichtung, grenzt bei ihr an Nekromantie: sie wollte mit der lebendigen Stimme der Verstorbenen sprechen. Höchste Konzentration erreichten diese Bemühungen im *Poem ohne Held.* »Ich höre ihre Stimmen...«, schreibt sie über Freunde, die während der Leningrader Blockade umgekommen sind, »wenn ich das Poem laut lese...« – und es entsteht der

Eindruck, als würden die Stimmen nicht nur in ihrem Gedächtnis, sondern auch in ihrer Realität erklingen.

Wenn Achmatowa in ihren Versen die Dichter-Vorfahren »zitiert«, tritt sie bewußt als der von ihnen prophezeite, künftige Dichter auf, der lebt, damit sie nicht sterben. In ihrer bescheidenen Bibliothek waren immer die Bibel, Dante (in einer italienischen Anthologie vom Anfang des Jahrhunderts – den Abschluß bildeten Gedichte des Herausgebers; »deswegen hat er die Anthologie auch zusammengestellt«, kommentierte sie –), Shakespeares *Gesammelte Werke* in einem Band und ein Band Puschkin zur Hand. Mehr oder weniger chiffrierte Reminiszenzen daraus sind so häufig und dank ihrer äußerst feinen Transplantation in den Stoff der Achmatowaschen Verse oft derart schwer erkennbar, daß man von einer ständigen biblischen oder Danteschen oder Shakespeareschen Schicht in ihrer Dichtung sprechen muß. Doch dabei darf man, wie mir scheint, ihre »Muse« nicht nur als antike Stilisierung verstehen:

> Sie kam, warf ab den Schleier, der sie zierte,
> Und schaute dann sehr aufmerksam auf mich.
> Ich frug: Bist du's, die Dante einst diktierte
> Das Buch der Hölle? Sie entgegnet': Ich.

Dieser aufmerksame Blick der Muse ist ebenso konkret wie alle *Blicke* in ihren Versen. Noch einmal Blok:

> Wie der Hausherr auf mich schaute,
> Schweigend mit dem klaren Blick!

Sie wiederholte gern, daß die Passanten, erblickten sie Dante auf der Straße, einander zuflüsterten: »Dieser Mensch ist *dort* gewesen.« Mit der Zeile »Und schaute dann sehr aufmerksam auf mich« wurde die Beschreibung des Kommens der Muse aus der Sphäre der Einbildung herausgeführt, ebenso wie Dantes Zeitgenossen sich nicht einbildeten, daß er *dort* gewesen sei, sondern davon überzeugt waren.

Im Jahr ihrer Rückkehr aus der Evakuierung und ihrer Begegnung mit dem verstümmelten Leningrad, als sie ihren fünfundfünfzigsten Geburtstag beging, schrieb Achmatowa ein Gedicht, das man zu ihren »späten« zählen kann, das heißt jenen, die beanspruchen, das Schaffen des Dichters abzuschließen, nicht: »O Stunde seliger Vereinung«; sondern »Irr' ich durch das Gelärm der Gassen«, es heißt »Über Leben und Tod«:

> Unser geheiligtes Handwerk
> Besteht schon tausend Jahre...
> Mit ihm ist die Welt auch ohne Licht erhellt.
> Doch hat noch kein Dichter je gesagt,
> Daß es keine Weisheit gibt, kein Alter gibt,
> Und vielleicht auch keinen Tod.

Die letzten Zeilen setzen mindestens zwei verschiedene Lesarten voraus. »Kein Dichter hat es je gesagt«, weil es Weisheit gibt und Alter gibt und den Tod gibt, und ihre Widerlegung oder, genauer, der Sieg über sie ist nicht Sache der Dichtung, sondern des Glaubens. Dank einiger Methoden – der Gegenüberstellung von »Weisheit« und »Alter«, deren berechnete Überraschung, um nicht zu sagen, Unkorrektheit, das Ziel hat, die Verwirrung des Lesers hervorzurufen; und der Einführung des bestätigend-zweifelnden »und vielleicht« – tritt jedoch ein anderer Gedanke in den Vordergrund: »kein Dichter hat es je gesagt«, aber es wäre möglich. Es hätte wenigstens einer risikieren können. Die letzte Zeile, syntaktisch selbständig, stellt die verschmitzte Frage: wenn die Dichtung tatsächlich in der Dunkelheit leuchtet, dann gibt es vielleicht auch keinen Tod? Dahin kann man nur gelangen, wenn man das Handwerk geheiligt nennt und das Geheiligte – Handwerk. Das »geheiligte Handwerk« macht keinen Unterschied zwischen Worten, die von Gott inspiriert und solchen, die von Apollon inspiriert sind. In diesem Falle kann der Sechszeiler auch den Ekklesiastes meinen, indem er ihn nicht direkt anficht: »Da sah ich, daß die Weisheit die Torheit übertrifft wie das Licht die Finsternis; ... man gedenkt des

Weisen nicht für immer, ebensowenig wie des Toren, und in künftigen Tagen ist alles vergessen. Wie stirbt doch der Weise samt dem Toren!... Denk an deinen Schöpfer in deiner Jugend, ehe die bösen Tage kommen und die Jahre sich nahen, da du wirst sagen: ›Sie gefallen mir nicht‹.« (Kap. 2, V.13, 16; Kap. 12, V.1) Wenn aber der Ekklesiastes damit schließt: »Denn Gott wird alle Werke vor Gericht bringen, alles, was verborgen ist, es sei gut oder böse«, warum hat es dann »kein Dichter je gesagt«, warum hat sich keiner erdreistet, die Worte der Hoffnung auszusprechen – bis zum Gericht? Darauf scheint das Gedicht anzuspielen. »I'll give thee leave to play till doomsday« ist Achmatowas Lieblingsstelle in *Antonius und Kleopatra*, die Worte, mit denen sich die Königin vor ihrem Tod an ihre ergebene Dienerin wendet.

Sie begann, Shakespeare in ihrer Jugend zu lesen (in jenem Sinne, in dem ein Dichter liest; die Philologen würden sagen: sich mit Shakespeare beschäftigen) und las ihn bis ans Ende ihrer Tage, las in verschiedenen Perioden verschiedene Arbeiten oder in ein und derselben auf Verschiedenes achtend. *Macbeth* gehörte zu den von ihr gründlich studierten und ständig verwendeten Stoffen; Macbeth-Motive gelangten in ihre Verse unmittelbar aus dem tragischen Alltag, der die blutigen Situationen des Stücks wiederholte, und über Puschkin, dessen Entlehnung von Shakespeare sie schon in den zwanziger Jahren entdeckt hatte. Das *Requiem* und – weiter gefaßt – das Requiemthema der Terrorzeit, die fast vierzig Jahre ihres Lebens ausmachte, ist von Wort und Geist des *Macbeth* durchdrungen. Der tragische Oktober, der wie gelbe Blätter die Menschenleben fortfegte – in dem an Anrep adressierten Vierzeiler –, und die Bäume, die im Garten abstimmen – im Epigraph zum Gedicht »Und da, trotz allem...«, das sind Echos der Bewegung des Waldes von Birnam, des »wandelnden Haines«, der dem König und Mörder Verderben bringt.

Sie erzählte, daß ein junger Engländer sich über die Schwierigkeiten beim Lesen von Shakespeare-Texten beklagt habe, der archaischen Sprache wegen und dergleichen mehr. »Und ich habe mit Shakespeare überhaupt angefangen, Englisch zu lesen, das ist mein erstes Englisch.« Sie erinnerte sich, daß sie, wenn sie ein unbekanntes Wort im Wörterbuch gefunden hatte, einen Punkt an die Stelle setzte; wenn sie wieder auf dieses Wort stieß und es nachsehen mußte, setzte sie einen zweiten Punkt usw.: »Sieben Punkte bedeuteten, daß ich das Wort auswendig lernen mußte.« Die meisten Engländer und Amerikaner habe ich in den schlaflosen Nächten der dreißiger Jahre gelesen«, erwähnte sie einmal. Darunter waren Joyce und Faulkner. Sie las auf englisch, fast ohne ein Wörterbuch zu benutzen, sprach aber mit großen Schwierigkeiten, stockend, mit fehlerhafter Grammatik und Aussprache. Sir Isaiah Berlin, der gehört hatte, wie sie Byron deklamierte, schrieb, daß er nur einige Worte habe erkennen können, und verglich das mit dem heutigen Lesen der antiken Klassiker, was jenen frühen Gelehrten ebenso kaum verständlich wäre. Einmal wollte sie mir etwas sagen, das nicht für fremde Ohren bestimmt war, und in der Annahme, daß uns jemand hinter der Tür hören könnte, der des Französischen mächtig sei, sprach sie unerwartet Englisch, ich antwortete irgendwie, die nächsten paar Sätze wurden unter ebensolcher Anstrengung, wenn auch freier hervorgebracht, die Episode endete, das Gesprächsthema wurde gewechselt. Einige Zeit später sagte sie: »Wir haben uns unterhalten wie zwei alte Neger.«

Sie fand die Pasternakschen Shakespeare-Übersetzungen für das Theater geeigneter, bevorzugte aber die Übersetzungen Losinskis, die den »Text« adäquater wiedergaben. Über *Hamlet* sagte sie, daß der Geist des Vaters nur auf der Bühne aufblitzen solle, damit beim Zuschauer der Eindruck entstehe, er wäre ihm erschienen. Im gleichen Zusammenhang bemerkte sie, daß »sich auf der Bühne überhaupt alles in jeder Minute ändern muß«. Ihre Tagebuchnotiz »Gefundenes Zitat in Hamlet (Frère Berthold)« bedeutet, wenn ich nicht irre, daß die Worte von Claudius:

. . . so, haply, slander,
Whose whisper o'er the world's diameter,
As level as the cannon to his blank
Transports his poison'd shot, may miss our name,
And hit the woundless air.

(...so kann der schlangenart'ge Leumund, / Des Zischeln von dem einen Pol zum andern, / So sicher wie zum Ziele die Kanone / Den gift'gen Schuß trägt, unsern Namen noch / Verfehlen und die Luft unschädlich treffen.) – in Puschkins *Szenen aus den Ritterzeiten* im Satz »La pièce finit par des réflexions – et par l'arrivée de Faust sur la queue du diable (découverte de l'imprimerie, autre artillerie).« [Das Stück endet mit Erörterungen – und mit der Ankunft Fausts auf des Teufels Schwanz (eine Erfindung der Buchdruckerkunst, eine Art Artillerie)] widerhallen. Auf diese Weise wird die Buchdruckerkunst – die Erfindung Fausts ist hier mit der Erfindung des Pulvers durch den Mönch Berthold Schwarz auf eine Stufe gestellt – über die Metapher einer Verleumdung ähnlich.

Unter den Zeilen Shakespeares, die sie auswendig und bei passender Gelegenheit rezitieren konnte, war ein Vers aus *Romeo und Julia*, die Worte Romeos: »For nothing can be ill, if she be well«. (Denn nichts kann übel stehn, geht's ihr nur wohl.) Ihre Erwiderung auf diesen Vers, die von ihr erdachte Zeile: »Romeo gab es nicht, Aeneas aber lebte natürlich« – ist kein Auszug aus einem unbekannten oder unvollendeten Gedicht, sondern ein selbständiger, universeller Aphorismus für die ganze Sphäre der Liebesbeziehungen, worauf sie mit einer kaum bemerkbaren scherzhaften Note beharrte: Männer, die ihrer Geliebten so ergeben sind wie Romeo, gibt es nicht; solche, die sie »wegen einer Sache« verlassen wie Aeneas, gibt es ohne Zahl. Sie führte ihn nicht nur einmal als schönes Wort im Gespräch, in Briefen an, versuchte, ihn dem Sonett »Erschrick nicht – denn ich kann in dieser Stunde...« voranzustellen, aber als Epigraph taugte er nicht.

Aus *Antonius und Kleopatra* zitierte sie noch zwei Stellen, die Worte Kleopatras über sich selbst: »I am fire, and air; my other elements I give to baser life.« (Ganz Feur und Luft, geb ich dem niedern Leben die andern Elemente.); und über Antonius: »...his delights were dolphin-like, they show'd back above the element they liv'd in« (seine Freuden – Delphinen gleich; stets ragte hoch sein

Nacken aus ihrer Flut). Diese gleichzeitige Zugehörigkeit zu zwei Elementen dehnte sie auf sich aus: sie erinnerte sich an den Satz, mit dem ihr Bruder Viktor, ein Seemann, ihre Schwimmfähigkeiten bewertet hatte: »Anja schwimmt wie ein Vogel.« Ein andermal äußerte sie zum selben Thema: »Ich bin geschwommen wie ein Hecht.« Und einmal, an einem stillen, warmen, bedeckten Tag saßen wir auf der Bank vor dem Haus, und sie sagte: »In meiner Jugend liebte ich vor allem die Architektur und das Wasser, jetzt sind es die Musik und die Erde.«

Überhaupt war jede Shakespeare-Spur in ihren Versen auch noch ein Zeichen des »englischen Themas«, ein gewisser Gedächtnisknoten. Die »ferne Liebe« zu dem Freund, der nach London gegangen war (Anrep), verband und verflocht sich von 1945 an – und bereicherte sich auf literarischer Ebene – durch das Gefühl zu einem anderen Russen, der ebenso als Junge gemeinsam mit seiner Familie aus Petersburg emigriert war, zunächst nach Lettland, dann nach England. Im Herbst jenes Jahres kam auf dem Wellenkamm der gegenseitigen Sympathien der Alliierten im gerade erst beendeten Krieg der bekannte englische Philologe und Philosoph Isaiah Berlin für einige Monate als Botschaftsberater nach Moskau. Seine Begegnung mit Achmatowa im Fontanny Dom, die ihrer Überzeugung nach das ganze bald hereinbrechende Unglück einschließlich des erschlagenden Donners und des langen Echos auf den Bannfluch des Jahres 1946 und sogar, ebenso wie die Rede Churchills in Fulton, den im selben Jahr ausbrechenden kalten Krieg hervorgerufen hatte, gestaltete ihr poetisches Weltall um, verfeinerte es und setzte neue schöpferische Kräfte in Bewegung – in der Weise, wie das nach Zusammenstößen der Götter auf dem Olymp geschah. Die Gedichtzyklen *Cinque, Die Heckenrose blüht*, die dritte Widmung des *Poem ohne Held*, das Erscheinen des Gastes aus der Zukunft darin sind direkt und die Wendung einiger anderer Gedichte, einzelner Zeilen sind indirekt mit dieser Begegnung im Herbst, die eine ganze Nacht lang gedauert hat, und einer zweiten, kurzen Abschiedsbegegnung gegen Weihnachten verbunden, mit seiner Abreise, die unter Korrektur der Umstände die Abreise

Anreps »wiederholt« hat, und mit den darauffolgenden Ereignissen.

Achmatowa sprach immer fröhlich und voll Achtung über ihn (außer dem einen Mal, als sie die Worte über den »Mann im goldenen Käfig« äußerte), hielt ihn für eine sehr einflußreiche Figur im Westen, versicherte, freilich mit verschmitztem Lächeln, daß »Taormina und die Mantilla«, das heißt der italienische Literaturpreis und die Oxforder Ehrendoktorwürde »seiner Hände Arbeit« gewesen seien und daß er es sei, der sich jetzt um den Nobelpreis für sie bemühe, obwohl er das bei der Begegnung mit ihr 1965 und in späteren Erinnerungen gänzlich verleugnete. Sie schätzte sein Urteil, seine Einschätzung von Menschen, Ereignissen, Büchern imponierte ihr. Sie schenkte mir sein Büchlein *The Hedgehog and the Fox* über Tolstoi als Historiker, das mit einer Zeile des griechischen Dichters Archilochos beginnt: »Der Fuchs weiß eine Vielzahl Dinge, der Igel aber kennt ein großes Ding.« und unter diesem Gesichtspunkt die Schriftsteller betrachtet: die Igel Dante, Platon, Pascal, Dostojewski, Proust – und die Füchse Shakespeare, Aristoteles, Goethe, Puschkin, Joyce. Von ihrer Hand sind in dem Büchlein die Stellen unterstrichen: »Tolstoi war seiner Natur nach ein Fuchs, hielt sich aber für einen Igel« und »der Konflikt zwischen dem, was er war, und wofür er sich hielt«. Möglicherweise hörte sie in diesen Worten einen Widerhall ihrer eigenen, die sie nicht müde wurde zu wiederholen, worin sie Tolstoi für seine Doppelmoral tadelte: die unmittelbare einerseits – und andererseits jene, die Ausdruck der Meinung seines Kreises, seiner Familie, der Gesellschaft war; diese Worte äußerte sie insbesondere in jenem mehrstündigen Gespräch mit Berlin, der sie später in seinen Memoiren festhielt: »Tolstoi kannte die Wahrheit, zwang sich jedoch, sich schändlich an die Spießerkonventionen anzupassen.«

Im Gespräch nannte sie ihn oft ironisch-ehrfürchtig »Lord«, seltener »Sir«: für seine Verdienste für England hatte ihm der König den Adelstitel verliehen. »Sir Isaiah ist der beste *causeur* Europas«, sagte sie einmal. »Churchill lädt ihn gern zum Essen ein.« Ein andermal, als ich mit einem Freund, der nach Komarowo gekommen war, Fußball spielte und mich zu der Stunde, zu der wir mit der nächsten Übersetzung beginnen wollten, verspätete, erhitzt angerannt kam und sie unzufrieden vor sich hinbrummte: »Sie sind wohl ein professioneller sportsman«, wobei sie »sportsman« englisch aussprach, fragte ich, einer plötzlichen Eingebung folgend, wie Isaiah Berlin aussehe. »Er hat eine trockene Hand«, antwortete sie ärgerlich, »und während seine Altersgenossen foot-ball spielten« – »foot-ball« klang schon französisch –, »las er Bücher, weswegen er das geworden ist, was er ist.« Sie schenkte mir eine Flasche, die er ihr zum Abschied geschenkt hatte: eine englische Feldflasche für Brandy.

Das englische Thema, oder wie man in der Philologensprache zu sagen pflegt, den englischen Mythos der Poesie Achmatowas, macht nicht nur die Shakespeare-Spur in ihren Gedichten aus. Byron, Shelley, Keats (direkt oder über Puschkin), Joyce und Eliot sind eng mit den Zyklen *Cinque, Die Heckenrose blüht, Poem ohne Held* verwoben (oder die Zyklen mit ihnen) – ebenso wie Vergil und Horaz, Dante, Baudelaire, Nerval. Aber so wie das Erscheinen Isaiah Berlins auf ihrer Schwelle und in ihrem Schicksal, wie das Gespräch mit ihm – das nächtliche im Zimmer und das unendliche »im Äther« – nicht nur Begegnungen mit einem konkreten Menschen waren, sondern auch das reale Hinaustreten, Hinausfliegen aus der geschlossenen, kreuz und quer durchstreiften Strecke Moskau – Leningrad in den offenen, lebendigen, intellektuellen Raum Europas und der Welt, in die Zukunft, aus der er als Gast gekommen war, so brachte auch das Fließen des Shakespeare-Stroms durch ihre Verse sie nicht konkret mit der Romantik, mit dem Individualismus der Moderne oder mit »England« überhaupt in Verbindung, sondern sog sie durch den ständig in ihm wirkenden Zug in die Dichtung überhaupt, in die Kultur überhaupt, in »alles« überhaupt ein, denkt man an ihre Zeile »Wenn auch Shakespeare alles gesagt...«.

Bei der Verwendung des Shakespeare-Materials verschob sie die persönliche Situation, um ihre Vielschichtigkeit zu zeigen, indem sie das Blickfeld des Lesers manipulierte. Diese Verschiebungen im alltäglichen Leben zeugten von ihrer Wahrnehmung der Welt oder Einstellung (was in ihrem Falle, besonders in den späten Jahren, ein und dasselbe war), in der Poesie aber wurden sie zu einer der wichtigsten und beständigsten Methoden. Am häufigsten trat diese Verschiebung bei Figuren auf, die in Geschlecht und Alter nicht miteinander übereinstimmten. Sie schrieb mir, einem damals jungen Mann, in einem ihrer Briefe: »...wir werden einfach leben wie Lear und Cordelia im Käfig...« Hier liegt eine verdrehte Spiegelung vor: sie ist Lear dem Alter und Cordelia dem Geschlecht nach, beim Adressaten verhält es sich genau umgekehrt. Dieselbe Anordnung der Teilnehmer, »wir«, findet sich in ihrer Bemerkung »Wir haben uns unterhalten wie zwei alte Neger«, die wahrscheinlich Puschkins Notiz aus dem Abschnitt »Habent sua fata libelli« (»Bücher haben ihr Schicksal« – es gibt eine Tagebuchnotiz Achmatowas unter derselben Überschrift) in *Widerlegungen der Kritik* berücksichtigt: »...Othello ist ein alter Neger, der Desdemona mit seinen Erzählungen über seine Reisen und Schlachten gefesselt hat.«

Bei der Verschiebung des grammatischen Geschlechts in ihrem scherzhaften Vorwurf an die jungen Engländerinnen – »Und das nennt sich aufgeklärte Seefahrerinnen!« – liegt die Gegenüberstellung mit einer ähnlichen Verschiebung in den Zeilen von 1961 über den Geist nahe: »Schlank war er, rotblond und jung, er war eine Frau« – wenn man sich an die »rothaarigen Schönen« ihrer früheren Gedichte und an den »roten Hochmut der Engländerinnen« bei Mandelstam erinnert. Nach demselben Schema änderte sie die zu jener Zeit gebräuchliche Formel-Schablone »eine Sekretärin von unmenschlicher Schönheit«, indem sie in die Tragödie *Enuma Elisch* einen »Sekretär von unmenschlicher Schönheit« einführte. Und ebenso waren einige ihrer Scherze konstruiert: »Bobby hat Ivonnen untern Arm genommen«, wenn sie sich beim Hinausgehen auf meinen Arm stützte. Oder: »Colombine aber ist unterdessen fünfundsiebzig Jahre alt«, wie sie nach dem Lesen eines Madrigals bemerkte, das ein junger Dichter ihr dargebracht hatte.

Komplizierter sind die Verschiebungen in der Funktion aufgebaut. Den Schlüssel zu ihrer Dechiffrierung kann man aus dem relativ einfachen Beispiel der Replik aus Joyces *Ulysses* erhalten: »You cannot leave your mother an orphan« (Du kannst deine Mutter nicht als Waise zurücklassen), die Achmatowa nacheinander einigen ihrer Arbeiten als Epigraph voranstellte, einschließlich dem *Requiem*, und endgültig dem Zyklus *Scherben*. Die Folge einer solchen Verschiebung ist eine Vielfalt von Funktionen, eine Vielfalt von Rollen, in denen die lyrische Heldin Achmatowas gleichzeitig auftritt – eine Methode, die insbesondere und vielleicht am umfassendsten im Zyklus *Mitternachtsgedichte* verwirklicht ist.

Das Erscheinen Ophelias in der »Vorfrühlingselegie« (»Sang dort, wie Ophelia...« – Achmatowa sprach den Namen, wenn sie diese Verse laut vorlas, englisch aus) ist unmittelbar mit dem Inhalt des Vierzeilers verbunden, der den ganzen Zyklus der *Mitternachtsgedichte* eröffnet. Die ersten beiden Zeilen des Vierzeilers:

Ich schweif auf den Wellen umher und versteck mich im Wald,
Auf reiner Emaille erschein ich,

sind sowohl periphrastisch als auch textgemäß zur Szene der Blauen Emaille aus »Thamyra-Citharoedus« von Annenski ins Verhältnis gesetzt:

Ohne Obdach irrt ich umher,
Durch menschenleere Wälder, auf Abhängen von Felsen,
Auf Sandbänken und über Wellen.

Die Heldin der Verse Annenskis ist Nymphe-Mutter-Geliebte. Die »geliebte« Ophelia ist ebenso eine Nymphe: »The fair Ophelia! Nymph...« (Die reizende Ophelia! Nymphe...), sagt Hamlet, und die sie begleitende Winterlandschaft bei Achmatowa (»Der Schneesturm verstummte zwischen den Kiefern«) verweist den Leser offensichtlich auf »... be thou as chaste as ice, as pure as snow...« (sei so keusch wie Eis, so rein wie Schnee).

In dem Gedicht »Im Land hinter dem Spiegel« wird diese Methode noch mehr verfeinert. Die *Mitternachtsgedichte* orientieren sich beharrlich und demonstrativ an der englischen Quelle:

Ophelia im 1. Gedicht;

Das Land hinter dem Spiegel *(Alice through the looking-glass – Alice hinter den Spiegeln* von Lewis Carroll) im 3.;

Der heilige Schutz der Birken (in Achmatowas Notizbüchern gibt es eine Episode »Birken«: »...riesige, mächtige Birken, und alt wie Druiden...« im 4.;

schließlich das Ende: »Und über uns war sie, ein Stern des Meeres, Die neunte Woge suchend mit dem Strahl«, im Wechselspiel mit den Zeilen: »Die Newawelle war laternenlos und schwarz... Als hätte dich ein Stern geführt, kamst du zu mir« aus dem an Isaiah Berlin adressierten Zyklus *Die Heckenrose blüht* – im 7. »und letzten« Gedicht.

Die rätselhaften Verse »Im Land hinter dem Spiegel« bekommen eine gewisse Erklärung, wenn man sie mit demselben »englischen« Schlüssel liest.

Im Land hinter dem Spiegel

O quae beatam, Diva,

tenes Cyprum et Memphin...

Hor.

Die Schöne, sie ist noch sehr jung,
Doch nicht aus unserem Jahrhundert,
Zu zweit sind wir nie mehr, die Dritte
Läßt nie mehr uns allein.
Du rückst den Sessel ihr, ich geb
Ihr meine Blumen hin. Was tun –
Wir wissen nicht, doch uns wird banger
Mit jedem Augenblick.
Wie Haftentlassene wissen wir
Vom andern Schreckliches. Wir leben
In einem Höllenkreis und hoffen,
Daß wir es gar nicht sind.

Der als Epigraph verwendete Vers von Horaz (O Göttin, die über das glückliche Zypern und Memphis herrscht...) beschreibt, indem er den Sinn der Anrede von Venus bewahrt, ebenso die »Herrscherin der Meere« Britannia und ruft konkret die Begrüßung aus *Othello* (ii, 1) ins Gedächtnis zurück: »Ye men of Cyprus, let her have your knees. – Hail to thee, lady!« (Ihr Zyperns Edle, neigt euch huldigend: Heil dir, o Herrin!) Der Sessel trägt in Achmatowas Versen immer eine zusätzliche Bedeutungslast – in ihm erholt sich der Reisende: »Nicht die namhafte Reisende im Sessel« im Gedicht »Die bin ich nun« und noch klarer »die prunkvollen Jubiläumssessel« im *Poem ohne Held* – darum widerspricht die Zeile »Du rückst den Sessel ihr« dem Bild der »Herrscherin der Meere« nicht nur keinesfalls, sondern verstärkt es. In den Zeilen »Die Schöne, sie ist noch sehr jung, Doch nicht aus unserem Jahrhundert« klingt die »hundertjährige Zauberin« aus dem zweiten Teil des *Poem ohne Held* an, aus dem das Epigraph zu den *Mitternachtsgedichten* entnommen ist, das heißt ein »romantisches Poem vom Anfang des neunzehnten Jahrhunderts« (in erster Linie nach Byron und Shelley), wie Achmatowa selbst das Geheimnis dieser »englischen Dame« aufgedeckt hat.

Dergestalt wird die durch den ganzen Zyklus geführte Parallele: die Nymphe aus »Thamyra« – und Ophelia (wie auch ihre hinter ihnen hervortretenden Schöpfer: Sophokles – und Shakespeare); Venus – und Britannia, vereint im Vers des Epigraphs (und wieder Horaz – und Shakespeare); die Birken »wie der Pergamonaltar« (in der erwähnten Etüde) – und »wie Druiden«; vielleicht umschreibend durch die Formel des Kinderrätselspiels: »Wenn eine Zeit – dann die Antike, wenn ein Ort – dann England« wiedergegeben. Ich denke, genau das, nur mit anderen Worten, bekräftigte Achmatowa, als sie – aus Italien zurückgekehrt – sagte, daß »Florenz dasselbe wie unser zweites Jahrzehnt« sei, das heißt, die Zugehörigkeit zur Kultur eines Ortes entspricht der Zugehörigkeit zur Kultur einer Zeit. Dieselbe Parallele Antike/England wird auch in dem Gedicht »Sicher bist du Ehemann« sichtbar, das gleichzeitig mit den *Mitternachtsgedichten* entstanden ist.

Rosa moretur

Hor. 1, letzte Ode

Sicher bist du Ehemann oder einer Frau Geliebter,
In der Schatulle gibt es ohne dich auch schon genug davon,
Den ganzen Tag nun bittet die göttliche Flöte,
Ihr Worte zu schenken, sich anzuschmiegen an jenen Ton.
Nicht du bist es, an dem ich mich nicht sattsehn kann,
Doch vor mir wieviel nächtliche Alleen,
Und wieviel Abschieds-Chrysanthemen im September.
Wenn auch Shakespeare alles gesagt, lieber mag ich Horaz,
Geheimnisvoll erlebte er die Wonne alles Seins...
Du aber fingst die eine auf von hundert Intonationen,
Und was nicht sollte, es geschah im selben Augenblick. (1963)

(Hier sei etwas zu den Umständen der Entstehung des Gedichts
bemerkt. Anfangs beabsichtigte Achmatowa, es mit »Letzte Rose«
und »Fünfte Rose« zu einem Zyklus – *Drei Rosen* zu verbinden. Zu
jedem Gedicht hatte sie ein Epigraph aus ihr gewidmeten Gedichten gewählt: Brodskys »Sie werden über uns schreiben in schräger
Schrift« zur »Letzten«, mein »Ihre bittere, göttliche Rede« zu »Sicher bist du Ehemann...«. Die »Fünfte« war aus Anlaß eines
Straußes aus fünf Rosen geschrieben worden, den Bobyschew ihr
geschenkt hatte: vier verwelkten sofort, die fünfte »leuchtete, duftete, schwebte beinahe«. Kurz zuvor hatte Bobyschew Achmatowa
das Gedicht »Die herrlichen Sieben« gewidmet, das folgende Zeilen enthielt: »Rauben müßte man Ihnen zu Ehren einen Elektrozug,
mit Wortschatzsilber gefüllt«, hielt es aber nicht für gut genug und
schlug ihr für das Epigraph einen Vierzeiler über eine Rose vor, der
zuvor einen anderen Adressaten gehabt hatte. A. A. ließ sich den
Vierzeiler in ihr Heft schreiben, durchschaute aber die List sofort,
und die »Fünfte Rose« blieb ohne Epigraph. »Meine« Rose wurde
bald »Rosa moretur« – Zögernde Rose – genannt, nach Horaz'
Vers, was gleichzeitig wie ein Epigraph und wie der Titel aussah.
Zwei Epigraphe hielt das Gedicht nicht aus (wie zuvor das Sonett in

Die Heckenrose blüht), meins ging in ein Gedicht ein, das bis heute nicht veröffentlicht wurde: »Die verbotene Rose«, mit den Zeilen: »Jener Bund, der Trennung heißt Und auch die hundertste Qual«, die offensichtlich mit »eine von hundert Intonationen« in »Rosa moretur« verbunden ist. (Bei der Vorbereitung eines postumen Achmatowa-Bandes druckte der Herausgeber den Horaz-Vers schon nicht mehr als Titel, sondern als Epigraph.)

Mit der Zeile dieses Gedichts »Wenn auch Shakespeare alles gesagt, lieber mag ich Horaz« werden nicht nur »Ort und Zeit« in den *Mitternachtsgedichten* bestimmt, wird nicht nur die Intention der Autorin formuliert. Es findet sich auch der Hinweis auf die besondere Art Achmatowas, einen fremden »Text in einem Text«, der ebenfalls fremd ist, in ihre Verse einzuschließen. Ihre »Kleopatra«, die zum Thema *Antonius und Kleopatra* von Shakespeare geschrieben ist, und ihre Abhängigkeit vom Sujet dieses Stückes zur Schau trägt, birgt dadurch eine andere »Kleopatra« in sich – die der 37. Ode des 1. Buches von Horaz:

> ausa et iacentem visere regiam
> voltu sereno, fortis et asperas
>   tractare serpentes, ut atrum
>   corpore conbiberet venenum

(die sich erdreistete, das niedergeschlagene Reich ruhig anzusehen, die es wagte, gräßliche Schlangen an sich zu drücken, um durch den Körper das schwarze Gift einzusaugen). Konkret aber, das heißt in bezug auf die Rose, meinte die Zeile Achmatowas vielleicht Hamlets Worte über Gertruds Tat, über ihren Verrat, diese

> ...takes off the rose
> From the fair forehead of innocent love
> And sets a blister there, makes marriage vows
> As false as dicer's oaths...

(...die Rose wegnimmt von unschuldsvoller Stirn / Und Beulen hinsetzt; Ehgelübde falsch / Wie Spielereide macht). Aber wenn Shakespeare auch darüber wie über alle anderen Liebesdinge alles gesagt hat, lieber mag sie Horaz, »geheimnisvoll erlebte er die Wonne alles Seins«:

mitte sectari, rosa quo locorum
    sera moretur
(hör auf zu suchen, an welchem Ort die späte Rose zögert).

Simplici myrto nihil adlabores
sedulus curo: neque te ministrum
dedecet myrtus neque me sub arta
    vite bibentem

(ich bitte dich, bemühe dich nicht, der einfachen Myrte eifrig etwas hinzuzufügen: weder dich, Diener, verdirbt die Myrte noch mich, der ich unter dichter Rebe trinke). Die Myrte – als Grün Aphrodites, Symbol der ehelichen Liebe – und die Myrte – als Schmuck der Verstorbenen – sprießt und welkt in Achmatowas Gedicht als Chrysantheme: »Und wieviel Abschieds-Chrysanthemen im September.« »Soviele Blumen – wie bei einer Beerdigung«, sagte sie an ihrem Geburtstag, als die dargebrachten Sträuße und Körbe keinen Platz im Zimmer fanden.

Zwischen Horaz' geheimnisvollem Reiz des entschwindenden Augenblicks und dem unabänderlichen Verdikt, mit dem Shakespeare diesen Augenblick für immer an das Wort gekettet hat, fließen ihre Verse, bald zum einen, bald zum anderen Ufer schweifend. Öfter zu dem, das der Zerstörung weniger ausgesetzt ist, das fester, unversehrter, »denkmalhafter« ist. An einem Julitag des Jahres 1963 füllte sie einer jungen Frau einige Tropfen eines duftenden, bulgarischen Öls aus ihrem Flakon »Tal der tausend Rosen« ab, diese Geste verband sie mit dem Vers »Ich geb ihr meine Blumen hin«. Sie liebte Blumen, vor allem Rosen. Über den Strauch unter ihrem Fenster, der einmal im Herbst unerwartet und stürmisch zu blühen begann – unzählige Knospen öffneten sich, und jeden Tag bekam er neue –, sagte sie mit Zärtlichkeit und Dankbarkeit: »Die Rose ist verrückt geworden.« Also ist »das alles anvertraut der tiefsten Tiefe der Rosen« – der Tiefe lebenden Rosen. Aber gleichzeitig konnte sie bemerken: »Mit den Blumen steht es in der russischen Sprache ganz schlecht: *buket* (Strauß), *buton* (Knospe), *klumba* (Beet), *lepestki* (Blütenblätter), *zwetnik* (Blumengarten) – das taugt fast alles überhaupt nichts. Damit soll man nun Verse dichten.« Über die Begegnung mit Isaiah Berlin im Jahr 1945 schrieb sie:

> Die Heckenrose duftete so sehr,
> Daß sie sogar sich in ein Wort
> Verwandelte – ich war bereit,
> Dem Boten der schneeweißen Felsen zu begegnen.

Offenbar flößte die Zartheit dieser Worte ihr Besorgnis ein, die schicksalhafte Minute drohte zu vergehen, und um »alles« über sie zu sagen, untermauerte sie das Fundament stärker – wenn auch nicht ohne Verlust für die »Wonne alles Seins«:

> . . . ich war bereit
> Der neunten Woge meines Schicksals zu begegnen.

*

Das »Ausland« hatte für Achmatowa zweierlei Gestalt: das Europa ihrer Jugend – und der Aufenthaltsort der russischen Emigration. Das Ausland der berühmten Namen, der neuen Richtungen und Strömungen, des Glücks und der Fröhlichkeit blieb ihr fremd und bedeutete ihr im großen und ganzen wenig. Die Politik, die sie stets interessierte, erklärte sie sich aus den konkreten Menschen, ihren Beziehungen, Gewohnheiten und Manieren. Das war unvergleichlich überzeugender, als sie mit dem Kampf um Freiheit und Rohstoffe zu erklären.

Zum ersten Mal war sie mit einundzwanzig Jahren im Ausland.

Die damaligen Eindrücke nahmen ein halbes Jahrhundert später in dem Essay »Amedeo Modigliani« und in den Begleitnotizen Gestalt an – das ist der Hauptkern der Achmatowaschen Prosa (zusammen mit den *Tagebuchblättern*). Die Erinnerungen an Modigliani wurden vor meinen Augen zusammengestellt und beendet – ich fungierte damals sozusagen als ihr Sekretär –, und das, was nicht aufgenommen wurde, auch wenn es unwesentlicher erschien als das Aufgenommene, zog dadurch noch besondere Aufmerksamkeit auf sich, daß es nicht aufgenommen wurde. Beiläufig fügte sie in den Text ein, daß Modigliani sich für »Aviatoren« (Flieger sagen wir jetzt) interessiert habe, aber als er einen kennenlernte, enttäuscht gewesen sei: sie seien einfach Sportler. (Was hatte er anderes erwartet?) In diesem Zusammenhang erzählte sie mir folgende Geschichte. »Wir, sechs Russen, begaben uns auf den Montmartre in irgendein Haus. Der Ort war nicht ganz schicklich, etwas finster: einer ging irgendwohin, irgend etwas anzusehen, irgend jemand kam. Ich setzte mich sofort an den Tisch mit der langen, bis zum Boden reichenden Decke, zog die Schuhe aus – sie drückten irrsinnig – und blickte stolz um mich. Links von mir saß der damals berühmte Flieger Blériot mit seinem Mechaniker. Als wir uns zum Gehen erhoben, lag die Visitenkarte von Blériot in meinem Schuh.« Ähnlich geartet war auch die Geschichte mit dem Oberst des französischen Generalstabs, der sie zum Rummel einlud und durch alle Attraktionen führte; vor jeder fragte er den Angestellten stereotyp: »Est-ce que ces attractions sont vraiment amusantes?«

Auch folgendes Fragment wurde nicht in die Memoiren über Modigliani eingefügt – entweder fand sich einfach keine passende Stelle oder es hätte unnötige Erläuterungen erfordert: »Er schrieb sehr schöne lange Briefe: Je tiens votre tête entre mes mains et je vous couvre d'amour. Die Adresse auf dem Umschlag malte er sorgfältig, natürlich ohne die russischen Buchstaben zu kennen.« Einmal erzählte ich ihr von einem bekannten Schauspieler, den italienische Filmleute für die Rolle des Tristan engagieren wollten. Ich bemerkte, daß sein Kopf dem Modiglianis ähnlich sei. »Und wie groß ist er?« – »Mittelgroß.« – »Modigliani aber war nicht groß.« (Oder sogar – »klein«.) Ich sagte: »Sie konnten bei sich wohl keinen Tristan finden.« – »Bei ihnen sind alle doch sehr langnasig.«

Einmal erinnerte sie sich an diese Zeit nach einem Besuch von Simon Markisch, zu dem sie ein gutes Verhältnis hatte, und den sie von Zeit zu Zeit in seiner Eigenschaft als Antikeforscher zu Rate zog. Seinen Vater, den bekannten jüdischen Dichter Perez Markisch, der 1952 erschossen wurde, kannte sie schon in ihrer Jugend und erzählte, daß er »phantastisch schön« gewesen sei. Als er 1913 in Paris in akuter Geldnot war, meldete er sich auf eine Annonce, ging zu einem Schönheitswettbewerb – und gewann den ersten Preis.

Die Emigration bestand, wie sie ein für allemal feststellte, aus jenen, »die das Vaterland... dem Feind als Beute überließen« und aus »Verbannten«, aber hier machte sie keinen Unterschied, sondern betrachtete jene, die das Vaterland verlassen hatten, ebenso als »Verbannte«. Mit den Jahren verschob sich der Gefühlsakzent in die Richtung des Mitleids mit den von Ovids und Dantes Schicksal überschatteten »Verbannten«, zu denen sie auch sich selbst in den Tagen der Evakuierung zählte: »Das fröhliche Wort – zu Haus – ist niemandem mehr bekannt. Schaun alle aus fremden Fenstern hinaus: ob in New York oder Taschkent...« Gleichzeitig war die Emigration auch die Quelle ständiger Gereiztheit und Unruhe. Die Emigranten, die »ihren letzten Tag« aus Rußland hinausgeführt hatten, veröffentlichten Nachrichten, die sie nicht widerlegen konnte. Diese Veröffentlichungen beeinflußten sowohl die Meinung der Philister als auch der Philologen, auf sie wurde in Dissertationen, in Büchern verwiesen. Sie sagte, so meine ich, über ein Büchlein von Robert Payne: »Ich lese, daß ich 1937 in Paris war. Wie seltsam uns das auch erscheinen mag, da wir wissen, was damals vor sich ging, die Lüge läßt sich enträtseln. Jemand hatte ihm von Zwetajewa erzählt, die tatsächlich damals in Paris war. Aber daß ein Amerikaner annehmen soll, daß zur gleichen Zeit zwei russische Frauen auf der Welt existieren, die Gedichte schreiben – das wäre zuviel verlangt von einem Menschen.« Deshalb nutzte sie jede Begegnung mit einem Ausländer, um etwas zu berichtigen, zu präzisieren, die Wahrheit wiederherzustellen. Darum beschäftigte sie sich so lange mit Amanda Haight, die eine Dissertation über ihr Werk schrieb, gab ihr entsprechendes Material, diktierte ihr Daten, verwies auf Quellen. Das tiefgründige und lebendige Büchlein Haights *Akhmatova. A Poetic Pilgrimage*, 1976 herausgegeben in Oxford – im selben Jahr erschien auch die zweibändige Dissertation –, ist nicht nur deshalb hervorragend, weil es auch jetzt, über zwanzig Jahre nach Achmatowas Tod, die einzige vollständige Biografie von ihr bleibt, sondern auch, weil es ihre Stimme bald durch das eine, bald durch das andere Wort wiedergibt, und durch seinen ganzen Inhalt – die Richtung ihres Denkens, ihren »letzten Willen«.

Kein Schatten der russischen Xenophobie oder des Argwohns gegenüber Ausländern fand sich bei ihr. Die »Spionomanie«, die gegen Ende ihres Lebens in Herz und Verstand der Allgemeinheit Wurzeln gefaßt hatte, war ihr zuwider. Andererseits war sie dem Gift der Spitzelmanie nicht entronnen: möglicherweise waren ihre Vermutungen unbegründet – wenn sie aber einen Verdacht hatte, überzeugte sie sich und die ihr Nahestehenden, daß die und die »auf sie angesetzt« sei, daß der und der »eindeutig ein Denunziant« sei, daß jemand die Rücken ihrer Mappen aufschneide, daß die Haare, die sie zur Kontrolle in die Manuskripte gelegt habe, verschoben seien, daß in der Decke Mikrophone angebracht seien usw. Es waren Vermutungen, die aber auf keinen Fall leicht genommen werden konnten: erstens gab es das alles tatsächlich zur Genüge, zweitens quälten sie derartige Vermutungen. Was die totale »internationale Spionage« betraf, so war eines ihrer Lieblingsgegenargumente die Spionagereise von Somerset Maugham 1919 nach Rußland: »Wie Sie sehen, ist es erstaunlich schwer, eine passende Person zu finden: um in einem zerstörten Land, also praktisch ohne Gefahr und ungestraft, zu spionieren, hat man niemanden außer einem bekannten Schriftsteller gefunden.« Und Ähnliches über Rubens: »Ich habe seine Briefe übersetzt – wie sich herausstellte, war er ein Doppel-, wenn nicht gar Dreifachagent. Solche Figuren sind Spione und nicht Krämerseelen von Touristen, die mit ihren Fotoapparaten herumknipsen.«

Sie wurde selbst manchmal für eine Ausländerin gehalten (»zu den Herrschaften in Slepnjowo ist eine Chranzosin gekommen« – 1911), Ausländer waren ein untrennbarer Bestandteil ihrer Petersburger Jugend und selbst der Kindheit auf der Krim. Sie erzählte, wie sie als Mädchen weit ins Meer hinaus geschwommen sei – »und ich schwamm so, daß mein Bruder, der als Seekadett mit vollem Gepäck in eisigem Wasser schwamm, sagte: ›Ich schwimme fast so wie Anja.‹« Irgendein französischer Weinfabrikant, der auf der Krim eine Kognakproduktion einrichtete, beobachtete sie einmal und machte ihr, als sie aus dem Wasser kam, ein Kompliment für ihre Fähigkeiten. Danach stellte er sich vor: »Je suis des Cognac, c'est connu, n'est-ce pas?« »Und mir war das damals vollkommen egal...«

»Die Italiener denken, ihre Sprache sei schwer – ganz und gar nicht, sie tun sich nur wichtig«, so konnte nur ein Mensch sprechen, der nicht nur die *Göttliche Komödie* gelesen hatte, sondern auch durch die Straßen von Florenz, Venedig, Genua spaziert war. Diese Bemerkung gehörte zur selben Kategorie wie »Die Italiener sind alle langnasig«. Die Reisen von 1964 und 1965 standen in direktem Gegensatz zu den Reisen ihrer Jugend: damals weilte sie, wo es ihr beliebte – hier wurde sie herumgefahren; damals betrachtete sie die Welt – hier wurde sie angestarrt. Sie wurde geehrt, sie hatte bewiesen, daß ihr Weg richtig war, sie hatte gesiegt, aber der Palazzo Ursino hatte etwas von einer Gruft, die Oxforder Mantilla – etwas von einem Leichengewand, die Feierlichkeit selbst ähnelte einer Beerdigung. Und dabei lag es nicht am Alter oder der Schwäche, die das Bild nur abrundeten, sondern daran, daß alles, was einmal gelebt hatte, versteinert war, seine Seele verloren hatte.

Punina, die sie auf ihrer Italienreise begleitete, ging mit ihr in ein Geschäft, um einen Koffer zu kaufen, in dem sie die Geschenke für die Angehörigen transportieren konnte. Der Verkäufer schickte sich an, die beste Ware vom Regal auf den Ladentisch herunterzuholen. Punina deutete auf einen der Koffer und fragte, ob er stabil sei. Statt einer Antwort warf der Verkäufer ihn auf den Boden, nahm Anlauf und sprang mit beiden Füßen darauf... – der Koffer brach ein. Er griff nach einem anderen, sie hielten ihn zurück, kauften den erstbesten und gelangten irgendwie aus dem Geschäft heraus. Achmatowa erzählte diese amüsante Episode, aber in ihrer Stimme klang keine Fröhlichkeit mit: es war einer der seltenen lebendigen Eindrücke von Rom, doch er glich nicht dem »Traum, an den man sich sein ganzes Leben lang erinnert«, wie sie über die Italieneindrücke von 1912 geschrieben hatte.

Die Bearbeitung der Dokumente für beide Reisen nahm mehrere Monate in Anspruch, die Fahrkarte für den Zug nach London händigte man ihr erst am Abreisetag aus. Sie sagte: »Denken sie etwa, daß ich nicht zurückkomme? Daß ich hiergeblieben bin, als alle weggingen, daß ich in diesem Land mein ganzes Leben – und was für eines – gelebt habe, um ausgerechnet jetzt alles zu ändern!« Sie brummte: »Früher rief man den Hausmeister, gab ihm zehn Rubel, und am Abend brachte er den Auslandspaß aus dem Revier.«

Das hatte etwas vom *Besuch der alten Dame*: nicht Anna Andrejewna, sondern Anna Achmatowa ging auf Reisen. Sie mußte sich verhalten wie »Achmatowa« und verhielt sich so. Nach ihrer Rückkehr zeigte sie Fotografien: die Feierlichkeiten in Sizilien, das Schloß, ein großer Tisch, viele Menschen; im Hintergrund eine antike Büste mit lebendigem – und spöttischem – Gesichtsausdruck. Sie kommentierte: »Sehen Sie, er sagt: ›Euterpe – kenne ich. Sappho – kenne ich. Achmatowa? – höre ich zum ersten Mal.‹« Die Gegenüberstellung der Namen war wesentlicher als die Selbstironie.

Sie erzählte, wie sie am Morgen im Zug aufgewacht und an das Wagenfenster getreten sei: »Und ich sehe eine an das Glas geklebte, über das ganze Fenster reichende Ansichtskarte vom Vesuv. Wie sich herausstellte, war es der Vesuv ›persönlich‹.« Der Vesuv der Ansichtskarte war das Symbol eines »neuen«, endgültigen, letzten Sehvermögens: nicht die frische, neugierige Scharfsichtigkeit einer Ausländerin, die ein Ding nennt, *damit* »so auch sein Name sei«, sondern der zu allem bereite Blick aus der Tiefe der Kultur, für den ein Ding existiert, *weil* »sein Name so ist«. Und so wie diese ganze Reise parodierte auch die Kultur sich selbst dadurch, daß sie fünfzig Jahre zurücklag: die Ansichtskarte der »Sakko-Ära«, der »Feuilletonzeit« ersetzte das Gemälde des »Silbernen Zeitalters« mit der Darstellung desselben Italiens: »Wie auf Bildern, alt und verblaßt / Starrt in Blau ein verwaschener Himmel.« »Die Gemeinheit hat mich besiegt«, wiederholte sie Pasternaks Worte, die sie von ihm bei ihrer letzten Begegnung gehört hatte; er hatte gesagt: »Die Gemeinheit hat mich besiegt – hier wie dort.«

Auch die Delegation, mit der sie reiste, um den Preis in Empfang zu nehmen, hatte mit der russischen Montmartre-Gesellschaft von 1911 nicht viel gemein. »Sie waren nett«, sagte sie. »Aber sie tranken nicht und waren deshalb ganz finster. Hätten sie getrunken, wie sie wollten, hätten alle erfahren, wer sie sind.« Aber auch die Ausländer, die nach Rußland kamen, um sie zu sehen, waren nicht durchweg alle Sir Isaiahs.

Die Briefträgerin von Komarowo brachte ihr ein Telegramm mit der Bitte des amerikanischen Professors Sowieso, ihn zu der und der Zeit zu empfangen. Achmatowa knurrte: »Warum können sie nicht zu Hause bleiben?« und versank zur festgesetzten Stunde im Sessel am Tisch. Der Gast kam mit eigenem Dolmetscher, sie bat mich zu bleiben. Der Professor war etwa vierzig Jahre alt und hatte große Pläne – er beabsichtigte, eine vergleichende Geschichte einiger Staaten, darunter der Vereinigten Staaten und Rußlands und wohl auch der Türkei und Mexikos im Verlaufe von einigen Jahrzehnten entweder des neunzehnten oder des zwanzigsten Jahrhunderts zu schreiben. Er sammelte gerade Material über Rußland und wollte insbesondere von Achmatowa erfahren, was der sogenannte »russische Geist« sei. Er erklärte mit der Direktheit eines wohlhabenden Geschäftsmannes: »In Amerika sagte man mir, daß Sie sehr berühmt seien, ich habe einige Ihrer Sachen gelesen und begriffen, daß Sie der einzige Mensch sind, der weiß, was russischer Geist ist.« Achmatowa lenkte das Gespräch höflich, aber bestimmt auf ein anderes Thema. Der Professor jedoch bestand auf dem seinen. Sie kam ihm nicht entgegen und lenkte das Gespräch jedesmal auf etwas anderes, jedesmal trockener und kürzer. Er fuhr fort, sie zu bedrängen und fragte nun auch mich gereizt, ob ich nicht wüßte, was russischer Geist sei. »Wir wissen nicht, was russischer Geist ist!« äußerte Achmatowa ärgerlich. »Aber Fjodor Dostojewski wußte es!« entschloß sich der Amerikaner zum äußersten Schritt. Er hatte den Satz noch nicht beendet, da sagte sie schon: »Dostojewski wußte vieles – aber nicht alles. Er dachte zum Beispiel, daß man zum Raskolnikow wird, wenn man einen Menschen tötet. Wir aber wissen heute, daß man fünfzig, hundert Menschen töten – und abends ins Theater gehen kann.«

Als Robert Frost nach Leningrad kam, wurde in der Datscha des Anglisten Alexejew eine Zusammenkunft mit Achmatowa organisiert. Ihre Namen standen beide auf der Liste der Nobelpreisanwärter, und der Plan, sie miteinander bekannt zu machen, erschien den führenden Köpfen und Anhängern der Literatur außerordentlich erfolgversprechend. Achmatowa erinnerte sich spöttisch an diese Begegnung: »Ich kann mir vorstellen, wie wir von der Seite ausgesehen haben, ganz wie ›Opachen oder Omachen‹.« (Als Tschukowski einmal spazierenging, kam ein Kind auf ihn zu und fragte: »Sind Sie ein Opachen oder ein Omachen?«) Professor Reeve, der an diesem Treffen teilgenommen hatte, sah das Geschehen in einem anderen Licht und schrieb über Achmatowa feierlich: »Wie majestätisch sie war, und wie schmerzerfüllt sie schien.« Sie las Frost die »Letzte Rose« vor: »Einige Augenblicke lang schwiegen wir, rührten uns nicht.« Achmatowa erzählte auch, daß Frost sie gefragt habe, welchen Gewinn man erzielen könne, wenn man aus den Komarower Kiefern Bleistifte herstellen würde. Sie nahm den vorgegebenen Ton auf und erwiderte ebenso »geschäftlich«: »Bei uns bezahlt man für einen Baum, der in einem Datschengebiet gefällt wird, eine Strafe von fünfhundert Rubeln.« (Den Dichter Frost mochte sie seiner »Farmer-Ader« wegen nicht. Sie führte ein Gedicht als Beispiel an, in dem er behauptete, daß ein Mensch, der nichts mehr zu verkaufen habe, so schlecht sei, wie es schlimmer nicht gehe. Sie äußerte sich in dem Sinne, daß es einem Dichter trotz allem nicht zustehe, Überlegungen auf diesem Niveau und von dieser Art anzustellen.)

Im Sommer 1964 wohnte Faina Ranewskaja im »Haus der Thea-

tergesellschaft« in Komarowo. Ihr außergewöhnliches schauspiele-
risches Talent, ein ebensolcher Intellekt und eine ebensolche
Schärfe des Geistes; ihre originelle Sicht der Dinge, die Freiheit
ihres Verhaltens, ihrer Rede und Gestik; der Reiz ihrer unwahr-
scheinlichen Popularität, die zeitweise einem tragikomischen Äußeren beigegeben war – das alles zusammen wirkte augenblicklich
und fesselnd auf die, die sich in ihrer Nähe befanden. Man war sich
einig darüber, daß ihre schauspielerische Begabung von mittelmäßigen Regisseuren für Rollen, die weit unter ihren Möglichkeiten
lagen, verschwendet, auf »Episoden« und »Nummern« vergeudet
worden war. Aber die Trauer und das Klagen lenkte selbst die
Aufmerksamkeit der Zeitgenossen, die sie kannten, von dem ab,
was noch trauriger war: ebenso vergeudete das Jahrhundert, das
gewöhnt war, die Menschen nach Millionen zu zählen, die ganze,
außergewöhnliche Begabung dieser einzigartigen Frau für Nichtig-
keiten, ebenso ungeschätzt blieb das Format ihrer Persönlichkeit.
Sie lernte Achmatowa in Taschkent kennen, wo sie gleich Sympathie füreinander empfanden. Als Achmatowa das Gedicht »Sicher
bist du Ehemann...« geschrieben hatte, kommentierte sie die Zeile
»Du aber fingst die eine auf von hundert Intonationen«: »Ein
Schauspieler ist jener, der die hundertste, also niemandem ähnliche
Intonation beherrscht, diese macht ihn eben zum Schauspieler; darüber weiß Faina alles, fragen Sie sie.« Die Achtung, die Ranewskaja
Achmatowa gegenüber empfand, war demonstrativ, doch nicht gespielt. Sie würzte die Ehrfurcht mit Humor und wandte sich mit
»Rabbi« und »Madame« an sie. Mandelstams Witwe nannte sie
nach deren Ausfällen gegen Achmatowa ausschließlich »diese Chasina«, nach deren Mädchennamen. Als sie später Anfang der achtzi-
ger Jahre in einem der zahlreichen Erinnerungsbände gelesen hatte,
daß Achmatowa Tschechow nicht mochte, rief sie mich überraschend an und hielt mit schluchzender Baßstimme und ihrem char-
manten charakteristischen Stottern eine entrüstete Rede, wie denn
das zuginge, zuerst habe sich »diese Chasina« erdreistet und nun
auch noch »dieser...«, niederträchtige Lügenmärchen über Dinge
zu veröffentlichen, die sie nicht wüßten, die nicht möglich seien,

denn mehr als alles in der Welt schätze sie zwei Menschen, »A-channotschka Andrejewna« und »A-chanton Pawlowitsch«, beide vergöttere sie, beide seien Genies, und wie könne denn die eine den anderen nicht mögen, da er doch »die ganze Wahrheit über uns alle« geschrieben habe: »Menschen, Löwen, Adler und Rebhühner, gehörnte Hirsche, Gänse...« und so weiter, sie trug fast den ganzen Monolog von Nina Saretschnaja vor, mit bezaubernden Pausen und tragischer Intonation, so daß es in der Tat »kalt, kalt, kalt; leer, leer, leer; schrecklich, schrecklich, schrecklich« wurde.

In jenem Sommer brachte Ranewskaja Achmatowa das Buch des Chemikers Katschalow über Glas mit. »Faina liest nie das, was die übrige Menschheit liest«, sagte A. A. »Ich habe sie darum gebeten.« Möglicherweise interessierten sich beide speziell für den Autor, den Ehemann der nach 1910 bekannten Schauspielerin Time. Einige Tage später machten wir einen Spaziergang, und als wir zurückkehrten, steckte ein Zettel in der Tür; ich bin später auf ihn gestoßen, als ich die Briefe jener Zeit wiedergelesen habe. »A. A. A. Madame Rabbi! Sehr ärgerlich, ich habe Sie nicht angetroffen. Ich bitte Sie sehr, übermitteln Sie Tolja meine inständige Bitte, das Buch ›Glas‹ an sein Fahrrad zu hängen. Wenn er mich nicht antrifft, soll er es in meine Höhle werfen.« Alle kleinen »a« waren wie bei Achmatowa rührend mit einem horizontalen Strich versehen. Die »Höhle« war ein Zimmer im Erdgeschoß des »Hauses der Schauspieler«, ein andermal konnte sie es »Illusion des herrschaftlichen Lebens« nennen – eines jener Worte der Ranewskaja, die Achmatowa häufig verwendete.

Einmal in Taschkent hatte sie Ranewskaja ihre Version von Lermontows Duell erzählt. Offensichtlich hatte sich Lermontow in ungehöriger Weise über Martynows Schwester geäußert, diese war unverheiratet, der Vater war gestorben, und dem Duellkodex jener Zeit zufolge (Achmatowa kannte ihn – wegen ihrer Beschäftigung mit Puschkin – in allen Einzelheiten) trat der Bruder für ihre Ehre ein. »Faina, wiederholen Sie, was Sie sich damals ausgedacht haben«, wandte sie sich an Ranewskaja. »Wenn Sie Lermontow spielen«, willigte diese ein. »Heute würde dieser Streit anders aussehen... Martynow würde an ihn herantreten und fragen: ›Du hast zu meiner Schwester gesagt‹«, sie begann, mit grober Stimme zu sprechen und sprach das »g« aus irgendeinem Grunde ukrainisch aus, »›daß sie eine Hure ist?‹« Das Wort war mit Genuß ausgesprochen worden. »Nun, in dem Sinne: ›ja, das habe ich gesagt‹«, erwiderte Achmatowa als Lermontow. »›Eine Hure‹« – »›Gib mir was zu rauchen‹, würde Martynow sagen. ›Sagt man solche Dinge etwa in aller Öffentlichkeit? Solche Dinge sagt man einem Fräulein unter vier Augen... Jetzt werden wir um die Gewerkschaftsversammlung nicht herumkommen.‹« Achmatowa triumphierte wie ein Impresario, der die Bestätigung bekam, daß die von ihm ausgewählte Nummer schlagenden Erfolg hatte. Mit Ranewskaja zu spielen war für jeden eine Herausforderung, aber Achmatowa spielte ihre Rolle mit so ausdrucksstarker Ungeschicktheit, daß die Fülle dieser Antivirtuosität der Kunst ihrer Partnerin gleichwertig war. Martynow war Herr der Lage, Lermontow dagegen unsympathisch, aber ungeschickt und erregte dadurch Mitleid.

Eine neue Etappe des Ruhms nach dem *Requiem* und des im Gefolge eintretenden Wirbels um ihren Namen hatte eingesetzt. Das Interesse, das sie hervorrief, die Komplimente und alles andere, woran sie sich gewöhnt hatte, ließen sie gleichgültig. Einer kurzen Notiz in irgendeiner europäischen Zeitung jedoch konnte sie unerwartet eine besondere Bedeutung beimessen, die Meinung der Bekannten darüber erfragen, sich bei Begegnungen mit Unbekannten auf sie beziehen. »Die Schweden fordern den Nobelpreis für mich«, sagte sie zu Ranewskaja und holte den Zeitungsausschnitt aus ihrem Täschchen hervor. »Hier, in Stockholm ist das gedruckt worden.« »Stockholm«, äußerte Ranewskaja. »Wie provinziell!« Achmatowa begann zu lachen: »Ich kann Ihnen dasselbe auch aus Paris zeigen, wenn Ihnen das besser gefällt.« »Paris, New York«, fuhr jene traurig fort. »Alles, alles Provinz.« »Was ist denn keine Provinz, Faina?« Der Ton der Frage war spöttisch: sie spottete sowohl über Paris als auch über den Ernst ihrer Gesprächspartnerin. »Alles ist provinziell«, erwiderte Ranewskaja, ohne auf den Scherz einzugehen. »Alles ist provinziell, außer der Bibel.«

*

Das Leningrader Fernsehen plante einen Gedenkabend für Blok. Man wandte sich an Achmatowa, die Filmaufnahmen kategorisch ablehnte, jedoch einverstanden war, eine Erzählung über einige ihrer Begegnungen mit Blok auf Tonband aufzeichnen zu lassen. Die Fernsehleute beschlossen aber offenbar, sie vor Ort zu überreden, und am vereinbarten Tag erschienen anstelle des Reporters mit Tonband zwei Busse und einige Autos in der Osernaja in Komarowo. Wir erblickten sie aus dem Fenster, Achmatowa sagte mit Verzweiflung in der Stimme: »Ich ergebe mich nicht.« Einige Tage bereits fühlte sie sich schlecht, sah schlecht aus.

Kurz darauf traten zwei Frauen mit Rosensträußen ins Zimmer, die Elektriker legten ein Kabel ins Haus. Achmatowa sagte mit scharfem Ton in der Stimme, daß von einer Kamera keine Rede sein könne, das Maximum sei ein Tonband, obwohl auch das wegen der Verletzung der Vereinbarung und wegen der vielen Menschen jetzt in Frage gestellt sei. Man versuchte es nun mit Appellen wie: »Millionen Fernsehzuschauer«, »eine einzigartige Möglichkeit« und besonders mit – »Meine Mutter schläft nachts nicht in der Erwartung des Augenblicks, da sie Sie sehen wird«. Sie wandte sich Unterstützung suchend zu mir um, ihr Blick war krank, gehetzt. Eine der Frauen, eine entfernte Bekannte, sah mich aufmunternd an, sichtlich überzeugt, daß ich auf ihrer Seite sei. Ich bat, sie in Ruhe zu lassen. Die Frauen schleppten mich in den Korridor und flüsterten mit Feuereifer, daß sie schon alt sei und spätere Generationen das nicht verzeihen würden. Letzten Endes einigten sich beide Seiten in gegenseitigem Ärger auf das Tonband.

Einen Fernseher besaß sie nicht. Ich schaute mir das Programm an, am darauffolgenden Tag sahen wir uns, sie fragte mich sofort nach meinem Eindruck.

Kurz vor ihrem Auftritt hatte der Moderator mitgeteilt, daß er sie derart verehre, daß er ihren Namen nicht im Sitzen aussprechen könne, also stand er auf. Der Kameramann war darauf nicht eingestellt und zeigte ziemlich lange seinen Bauch. Achmatowas Stimme ertönte, und da erst begann die Kamera langsam zum Gesicht des Stehenden hinaufzugleiten. Dieser aber begann unterdessen, sich unsicher zu setzen und verschwand aus dem Bild: einige Zeit lang erklangen Achmatowas Sätze vor dem Hintergrund der leeren Studiowand. Der endgültige Eindruck des Ganzen jedoch war feierlich, geheimnisvoll und eindringlich. Und ihre körperliche Abwesenheit erwies sich als besonders vorteilhaft vor dem Hintergrund des Auftritts der alten Schauspielerin Werigina, die sich merklich lispelnd erinnerte, wie »Alsan Alsanytsch« auf dem Kostümball zu Neujahr neunzehnhundert...undzwanzig von ihrem Kleid entzückt gewesen sei. Sich aber – in den Fernseher schauend – vorzustellen, daß sie jemals anders ausgesehen hatte, war unmöglich, und das leichte, helle Kleid jenes Balls erweckte in Verbindung mit diesem gebrechlichen Körper und diesem faltigen Gesicht die Vorstellung, daß Blok perverse, makabre Neigungen gehabt haben mußte. Achmatowa lachte.

»Und trotzdem hat niemand geglaubt, daß Sie kein Verhältnis mit ihm gehabt haben«, sagte ich. Sie entgegnete darauf: »Um so mehr, da seine Mutter ihm dieses Verhältnis bekanntlich sogar empfohlen hat.« – »Nein, das ist nicht schön, Sie haben die Erwartungen von Millionen Fernsehzuschauern betrogen...« – »Nun ist es zu spät, diesen Fehler wiedergutzumachen, die Sendung ist vorbei.« Und noch einige Sätze im selben Ton, bis ich sagte: »Was würde es Sie denn kosten, den Menschen Gutes zu tun und auf das Verhältnis einzugehen!« Sie antwortete sehr ernst: »Ich habe mein allereigenstes Leben gelebt, und dieses Leben hat bei anderen nichts zu borgen.« Und etwas später: »Warum sollte ich mir ein fremdes Leben ausdenken?«

Unterdessen wurde das »fremde Leben« zumindest als Legende schon vor ihren Augen erschaffen und erdichtet; und das nicht nur auf Grund der Gewissenlosigkeit und Böswilligkeit der Kritiker und Memoirenschreiber, sondern es unterwarf sich den Gesetzen der menschlichen Gerüchte, die immer nach ihrer eigenen Logik handeln und gehandelt haben. Achmatowa wußte das und unternahm vorsorgliche Schritte, machte vorbeugende Aufzeichnungen und verstand gleichzeitig, daß die Logik der Gerüchte wie ein mu-

tierender Virus jedem ihrer Medikamente entkommen und ihre
Biografie von unerwarteter Seite befallen würde. In den Tagebü-
chern von Lidija Tschukowskaja gibt es die Erzählung Achmatowas
darüber, wie ihre Freundin verrückt wurde und zu ihr sagte:
»Weißt du, Anja, Hitler, das ist Feuchtwanger, und Ribbentrop ist
jener Herr, erinnerst du dich, der mir in Zarskoje den Hof gemacht
hat.« Zehn Jahre nach Achmatowas Tod kam eine ältere Dame auf
mich zu und sagte, daß sie mir eine Sache mitteilen möchte, die
niemand wisse: »Ich freundete mich mit Achmatowa in Taschkent
an, den ganzen Krieg über waren wir unzertrennlich. Ich möchte
Ihnen erzählen, wer sie vor dem endgültigen Untergang bewahrt
hat ... Als Ribbentrop nach Moskau kam und mit Molotow im
Auto den Newski entlang fuhr – sie kannten sich schon aus der
Schule, die Ribbentrops waren ja Petersburger Deutsche –, wandte
er sich an Molotow und fragte: ›Wjatscheslaw, wie geht es dem
Abgott unserer Jugend, der Dichterin, die wir vergöttert haben, wie
geht es Anna Achmatowa?‹ – ›Na ja, sie hat sich was zuschulden
kommen lassen‹, antwortete Molotow. ›Wir mußten einen ZK-Beschluß über sie fassen.‹ – ›Na, leg doch ein gutes Wort für sie ein, tu
es für mich!‹ Molotow wandte sich an Schdanow mit dieser Bitte,
und Achmatowa war gerettet.« Wahrscheinlich hätte ich noch viel
Interessantes von ihr erfahren können, wenn ich nicht unüberlegt
gefragt hätte, in welchem Jahr das gewesen sei. »In welchem Jahr,
in welchem Jahr«, äffte sie mich nach. »In welchem er gekommen
ist, in dem war es auch«, sie schaute mich feindselig und mißtrau-
isch an und ging weg. Das erinnert an die Erzählungen von Charms
und an das Genre der Anekdoten über Puschkin und Lermontow
überhaupt – ich wollte sogar zur Unterhaltung eine *solche* Biografie
Achmatowas schreiben. Im Zentralen Staatsarchiv wird zum Beispiel eine Fotografie aufbewahrt, auf der Achmatowa und ich auf
der Bank vor der Hütte aufgenommen sind, und die Unterschrift
lautet: »Achmatowa und Brodsky in Komarowo.« Das ist komisch,
aber an einem Herbsttag 1964 saßen wir auf einer Bank, es war eine
andere, in dem Wäldchen am Weg zum Hechtsee, ein junger Brief-
träger fuhr auf dem Fahrrad vorbei, hielt plötzlich an und fragte

mich schrecklich verlegen: »Sind Sie Brodsky?« Und als er weggefahren war, bemerkte sie: »Er wollte sehr, daß Brodsky mit Achmatowa zusammen sitzt, das wäre symmetrischer.« Und ein andermal erzählte sie, daß man sie im Ausland mit Ehrenburg verheiratet habe: man hörte ihren Namen, und wer lebte noch in Rußland? – Ehrenburg; also müßten sie Mann und Frau sein.

Eben damit lassen sich ihre oft ungerecht zornigen Briefe, Aufzeichnungen, Monologe erklären, oder ein solcher Satz in ihrer Autobiografie: »Am 1. Oktober 1912 wurde mein einziger Sohn Lew geboren«, denn sie hatte von den unzähligen Kindern Bloks gehört, von Mandelstams Tochter usw. Nachdem sie die in einer Zeitschrift abgedruckten Memoiren über Mandelstam gereizt zugeschlagen hatte, sagte sie: »Anna Grigorjewna Dostojewskaja schrieb, daß die Memoirenschreiber ihr viel Leid zugefügt hätten, daß sich jedesmal, wenn sie vom Erscheinen neuer Memoiren über ihren verstorbenen Mann erfuhr, ihr Herz in trüber Vorahnung zusammenkrampfte: ›Wieder irgendeine Übertreibung, irgendeine Erfindung oder Klatschgeschichte.‹ Und sie irrte sich selten. Die Mehrzahl der Memoiren, die veröffentlicht werden, ist ein Unglück. Unterschiedliche Begegnungen verbinden sich zu einer, eine Person wird durch eine andere ersetzt, die Daten werden eifrig durcheinandergebracht. Dafür wird ungeheuer ausführlich erinnert, was jemand gegessen hat: Mandelstam – Fisch, Pasternak – Huhn... Ich würde Memoiren mit dem Epigraph herausgeben: ›Na, wie geht's, mein lieber Puschkin?‹ – ›Ja so, Brüderchen, alles geht so irgendwie...‹ Die Geißel der Erinnerungen ist die direkte Rede. In Wirklichkeit erinnern wir uns an sehr wenige Äußerungen des Gesprächspartners genau so, wie sie geäußert worden sind. Dabei geben doch nur sie einen lebendigen Eindruck von einem Menschen, den man durch nichts ersetzen kann.« Darüber schrieb sie ebenfalls in ihrem Tagebuch: »Die Kontinuität ist auch Betrug. Das menschliche Gedächtnis ist so eingerichtet, daß es wie ein Scheinwerfer einzelne Momente beleuchtet, während ringsum unüberwindbare Finsternis herrscht. Bei einem noch so guten Gedächtnis kann und muß man etwas vergessen.«

Die Worte »bei einem noch so guten Gedächtnis« bezog sie natürlich auf sich. Sie erinnerte sich bis in kleinste Details an Ereignisse, die sechzig Jahre zurücklagen, ebenso deutlich wie an gestrige. Besonders entwickelt war bei ihr das Gedächtnis für Verse und das visuelle Gedächtnis – sie erinnerte sich zum Beispiel, an welcher Stelle des Buches, also »näher zum Ende, oben auf der rechten Seite«, sich der Satz, den sie suchte, befand. Einmal las sie mir neue Verse vor, und gleich darauf wiederholte ich sie aus dem Gedächtnis; sie bewertete das: »Die Formel ist gefunden: Ihnen die Verse einmal vorzulesen ist zuviel.«

Vor ihrer Reise nach Italien, Ende 1964, besuchte sie einer Angelegenheit wegen Ehrenburg. Während des Gesprächs mit den Gastgebern trat eine Frau von etwa fünfzig Jahren mit ausdrucksstarkem, schönem Gesicht ins Zimmer, beugte sich über Achmatowas Sessel und sagte mit wohltönender Stimme: »Anna Andrejewna, wie ich mich freue, Sie zu sehen!« Achmatowa begrüßte sie, es war aber ersichtlich, daß sie sie nicht erkannt hatte. »Sie müssen mich vergessen haben, ich bin Ariadna Efron«, sagte die Frau; wie sich herausstellte, versammelte sich an diesem Tag die Kommission, die Zwetajewas Erbe betreute, und eines ihrer Mitglieder war die Tochter der Dichterin. Als sie hinausgegangen war, sagte Achmatowa: »Ich erinnere mich natürlich an sie, aber wie sehr sie sich verändert hat.« »Ja, ja«, entgegnete Ehrenburgs Frau, und um die Verlegenheit zu überspielen, die ihrer Überzeugung nach durch die Vergeßlichkeit der alten Achmatowa verursacht worden war, brachte sie das Gespräch auf ein anderes Thema. Aber A. A. besann sich demonstrativ auf Einzelheiten und sogar auf das Datum ihrer letzten Begegnung und wiederholte beharrlich, daß »Alja« sich seitdem sehr verändert habe. Der mondän-höfliche Ton des Satzes, mit dem ihr beigepflichtet wurde, gefiel ihr nicht, und da erzählte sie: »Das ähnelt der Episode mit dem schon alten Tolstoi, an die sich Suchotin erinnert. Lew Nikolajewitsch wendet sich nach dem Mittagessen an seinen Sohn: ›Wohin fährst du, Ljowa?‹ – ›Zu meiner Frau.‹ – ›Ist sie denn nicht hier?‹ – ›Aber nein, sie wohnt in Petersburg.‹ – ›Und wer ist das?‹ – ›Das ist Annotschka, Ihre Enkelin, Iljas Tochter.‹ – ›Ach so. Und warum ist sie hier?‹ – ›Aber ich bin doch schon vor einer Woche angekommen‹, antwortet diese.« Als wir auf die Straße traten, sagte Achmatowa: »Sie machen aus mir eine Alte, die ihren Verstand verloren hat, ich wundere mich, daß ich mich überhaupt noch an etwas erinnere.«

Aber wenn sich schon zu Lebzeiten das Offensichtliche verzerrte, so fühlte sie sich um so machtloser, jemanden nach hundert Jahren zu überzeugen, daß Hitler nicht Feuchtwanger war. Das einzige Mittel, um zu beweisen, daß sich eine Sache so verhalten hatte und nicht anders, sah sie in einer eigentümlichen Objektivierung der Aussagen, in der Einbeziehung wenigstens noch eines Zeugen des Sachverhalts. Sie beginnt ihre Aufzeichnungen über Mandelstam mit dem Satz: »...Auch der Tod Losinskis hat den Faden meiner Erinnerungen in gewisser Weise abgerissen. Ich wage nicht mehr, mich an etwas zu erinnern, was er nicht mehr bestätigen kann...« Das war eine fast schon juristische Methode: Das Semester, das sie an der Juristischen Fakultät der Hochschulkurse für Frauen in Kiew absolviert hatte, gab ihr das Wissen über die Geschichte des Rechts in die Hand; dieses erklärte die Tragödie der Epoche in der Sprache der Rechtsprechung, beurteilte die »neue Rechtsordnung« als Rechtswidrigkeit und äußerte sich in ihren Gesprächen durch eine unerwartete Erklärung wie »Ich als Juristin bestätige...« Weder im jüdischen Gericht noch im römischen war ein Zeuge ausreichend: »Erst zwei Zeugen erbringen einen vollständigen Beweis.« Der lyrische Dichter bezeugt, was mit ihm geschehen ist und mit jenem, der sein Erlebnis geteilt hat: ein anderer Mensch, die Natur, ein Buch. Die Natur, ein Buch liefern ihre Aussagen, und der Richter-Leser, der sie aus der Erfahrung unmittelbarer Eindrücke kennt, entscheidet, inwieweit der Dichter der Wahrheit treu geblieben ist. Aber die Beziehungen zu dem Geliebten, zu einem Freund, zu einem vertrauten Menschen sind immer persönlich, der Dichter möchte sich nicht auf die ihm unbekannte Erfahrung des hypothetischen Lesers verlassen, der seine Gefühle zu Anna Kern, Tschaadajew oder Arina Rodionowna konkret bewerten wird. Bewußt und instinktiv sucht der Dichter einen Partner, der seine Worte bestätigen könnte: Sappho – Alkaios, Alkaios – Sappho. Neben der Bestätigung der Wahrheit, das heißt der Rechtlichkeit eines jeden von ihnen, rettet es beide vor einer Art Narzißmus, vor der reinen Selbstbetrachtung. Es ist schwer zu sagen, ob Achmatowa von Anfang an eine solche Einstellung hatte, oder ob sie – in jungen Jahren unwillkürlich entstanden – später unverzichtbar wurde, aber Gumiljow, Schilejko, Nedobrowo, Anrep, Punin sowie einige andere Adressaten ihrer Verse waren Dichter. 1914 forderte Blok sie mit einem Madrigal zur Gedicht-Korrespondenz heraus (»›Grausam ist Schönheit‹ – hörn Sie sagen« – »Von dem Dichter eingeladen«), den er damals auch veröffentlichte. Ganz am Ende ihres Lebens schreibt Achmatowa in Versen, die sich an die *Mitternachtsgedichte* und den *Prolog* anschließen:

Es werden aufkommen – und das ist am schlimmsten –
Zwei Wunderbücher, die allen von allem erzählen.

In den letzten Jahren legte sie Gedichte, die ihr im Verlaufe ihres Lebens gewidmet worden waren, ganz gleich von welcher Qualität und wer sie geschrieben hatte, in eine Mappe, die sie »In hundert Spiegeln« nannte. Es waren einige hundert, die Mehrzahl spielte nur die Rolle von »Spiegeln«, die sie auf diese oder jene Weise widerspiegelten, aber einige waren obendrein Seiten aus den »zwei Wunderbüchern«: das erste schrieb sie, das zweite – die anderen. Das bedeutet keineswegs, daß es ihr gleichgültig war, wer ihr und wem sie als zweite Stimme ertönte: die Gedichte, die den Zyklus *Mitternachtsgedichte* und den *Prolog* bilden, richten sich ebenso wie jedes ihrer Gedichte, das Beziehungen wie »du und ich«, »ich und er« beschreibt, an eine konkrete Person; sie äußerte sich ziemlich scharf über die Gedichte einer Dichterin, die »an zwei Adressaten auf einmal geschrieben sind«, in dem Sinne, daß die Dichtung diese Unsittlichkeit nicht verzeihe und sie mit demütigenden Zeilen räche. Aber wie jede Wahrheit wird die Wahrheit über zwei Personen oder Dinge auf zwei beliebige ausgedehnt; um jedoch zur Wahrheit über zwei konkrete Personen zu werden, die Zweifeln und Ge-

a Achmatowa mit ihrem
ler Andrej, etwa 1895.

Haus in Slepnjowo.

Ein seltenes Photo von Achmatowa
auf der Brücke nahe Slepnjowo.

Mit ihrem Mann,
N. S. Gumiljow, und dem
gemeinsamen Sohn, Lew.

D. Bouchènes Zeichnung
von Anna Achmatowa
aus dem Jahr 1914.

Mit N. N. Punin
in den Zwanzigern.

In einem der Höfe des Hauses
an der Fontanka
in den Zwanzigern.

In Punins Wohnung
in den Zwanzigern.

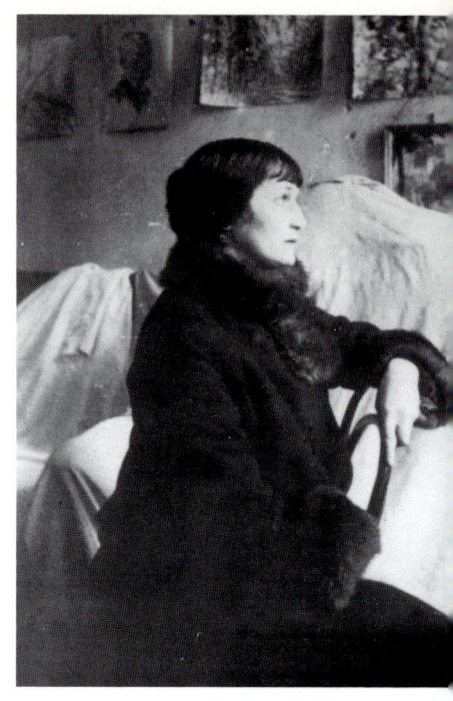

Mit Ossip Mandelstam
in den Dreißigern.

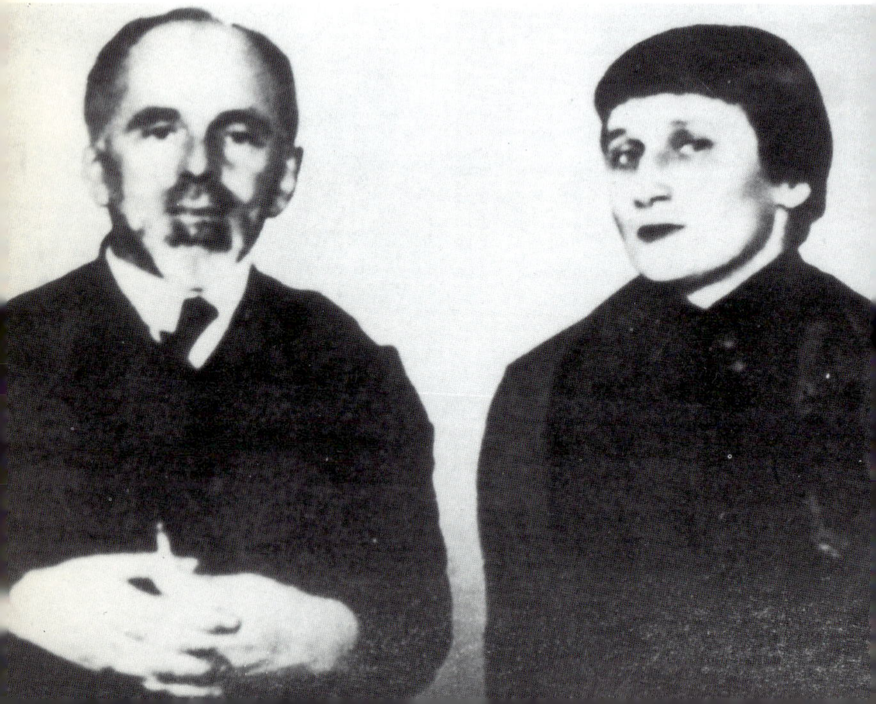

Achmatowa
in den Zwanzigern.

Mit Olga
Glebowa-Sudejkina, 1924.

Achmatowa im Jahr 1936.

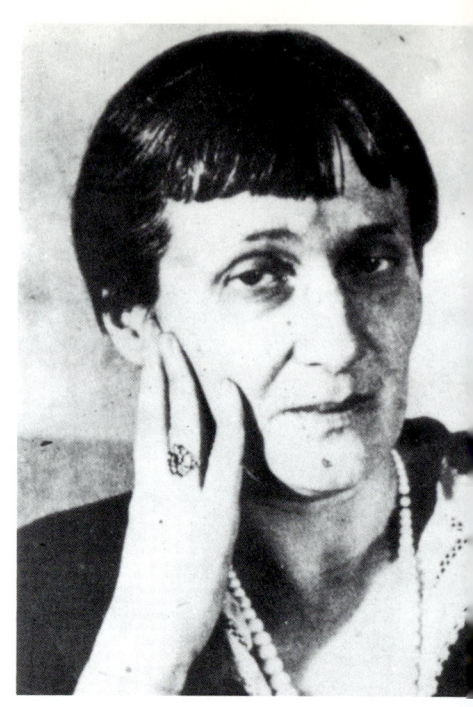

Mit Boris Pasternak, 1946.
(Photo: L. Poljakow)

Mit Anatoli Naiman
an der Datscha bei
Komarowo, 1964.

Achmatowas Schreibtisch
in der Datscha bei Komarowo
in den Sechzigern.

Achmatowa im Jahr 1964.

Bei ihrer Beerdigung, 1966
(von links nach rechts):
Je. Rejn, Anatoli Naiman
(nach vorn gebeugt),
Je. Korobowa (mit Hut),
D. Bobyschew,
Joseph Brodsky.
(Photo: B. Schwarzman)

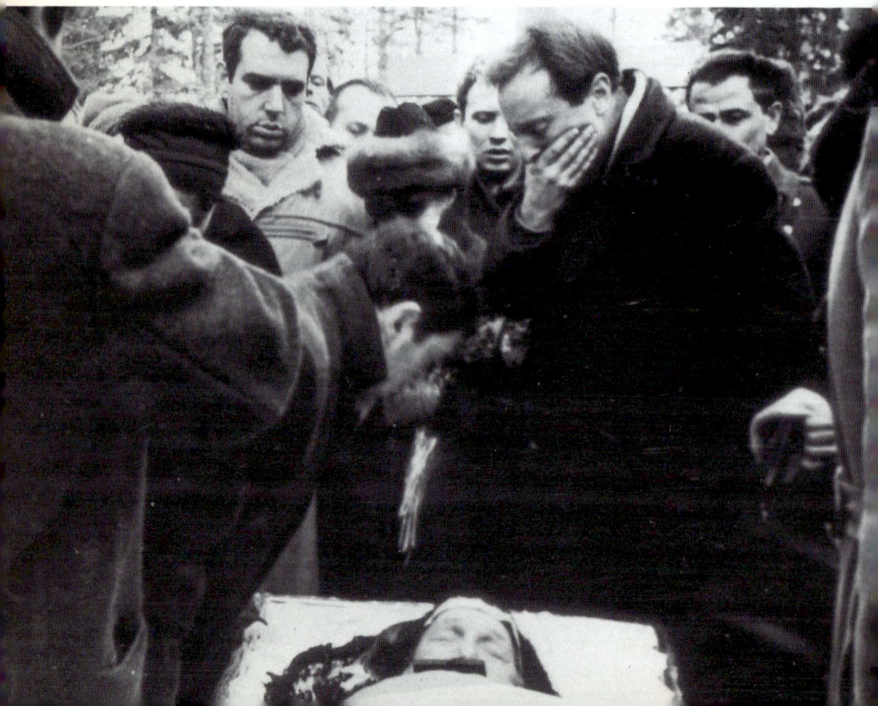

klatsch nicht ausgesetzt ist, braucht man die Bestätigung des zweiten Beteiligten – und der Kreis schließt sich.

Solange es um den Zeugen und Beteiligten eines lyrischen Dramas ging, war alles verhältnismäßig klar: »Aber auf mein Leben legte sich Trauer als ewiger Strahl, und meine Stimme, sie klingt nicht mehr« – wandte sie sich an Gumiljow, und dieser bestätigte: »Sie schweigt darauf und fröstelt nur, alles ist ihr zuviel, wie leid sie mir tut, die Schuldige.« Die Stimme eines solchen Zeugen gelangte dann zwar mit demselben Recht in die Achmatowaschen Verse wie auch alle »fremden« Stimmen, aber aus anderen Gründen: indem sie sie einführte, konnte sie auf ihren »persönlichen Schriftverkehr« verweisen. Diese Methode der Bezugnahme auf früher erhaltene »Aussagen« verwendete sie im *Poem ohne Held* in ganzer Fülle und Ergiebigkeit.

Achmatowa begann das Poem mit fünfzig Jahren zu schreiben und schrieb bis zum Ende ihres Lebens daran. In jedem Sinne nahm diese Arbeit einen zentralen Platz in ihrem Schaffen, in ihrem Schicksal, in ihrer Biografie ein. Es war ihr einziges einheitliches Buch nach den ersten fünf, das heißt nach 1921, dabei stand es nicht in einer Reihe mit ihnen, sondern umfaßte sie – sowie alles, was Achmatowa je geschrieben hatte, das *Poem* selbst inbegriffen –, schloß sie in sich ein. Wenn sie in dem Brief von 1960 bemerkte: »Auf der schöpferischen Ebene begleitete mich ununterbrochenes Mißgeschick, und vielleicht verdeckte oder beschönigte das offizielle Mißgeschick sogar zeitweise jenes hauptsächliche«, dann war damit sehr wahrscheinlich ebenso auch das Fehlen von Büchern mit einem einheitlichen, lyrischen Sujet nach *Anno Domini* gemeint, das nacheinander aus *Abend*, *Rosenkranz* und so weiter eben Bücher und keine Gedichtsammelbände gemacht hatte. Sie stellte Abschnitte von Sammelbänden, die zum Druck vorbereitet wurden und erscheinen sollten oder unters Messer geraten waren, kunstvoll und gründlich zusammen, sie war eine Meisterin der Verbindung von Gedichten zu Zyklen. Einmal, als der launenhafte Zusammenfluß der Ereignisse und deren falsche Erklärung zum Streit zwischen uns geführt hatte, sagte sie im Zorn: »Und was die Verse betrifft, so ist Ihr Zyklus fertig, setzen Sie nur das letzte Gedicht von der Zeit her an die erste Stelle, das rate ich Ihnen als erfahrene Kollegin.« Das Poem aber schrieb sich – bei der allerstrengsten Beobachtung seiner Komposition durch die Autorin – von selbst, und es war öfter nötig, Stücken den Eingang zu verwehren, die sein Äußeres angenommen hatten, als solche, die direkt zu ihm gehörten, formell aber selbstständig waren, in Strophen hineinzujagen.

Achmatowa holte Meinungen über das Poem ein und schrieb selbst darüber, sein künftiges Schicksal beunruhigte sie, sie befürchtete, daß der Text zu hermetisch sei oder sich so darstelle. Sie erzählte, daß eine Verehrerin, die Gedichte auf der Bühne deklamierte, sie gefragt habe: »Es heißt, daß Sie ein Poem ohne irgend etwas geschrieben haben? Ich möchte es lesen.« Im Abstand von zwei Jahren gab sie mir zwei Varianten des Poems, beide Male fragte sie mich ausführlich nach meinem Eindruck. Während sie Platz für neue Strophen suchte, sie einfügte oder, im Gegenteil, herausstrich, überprüfte sie, ob die Lösung natürlich, überzeugend, unvermutet war. Nach einem dieser Gespräche schlug sie vor, einen Artikel aus allem, was ich über das Poem gesagt hatte, zusammenzustellen. Mir schien damals, daß der Artikel fundamental sein müsse, meine Notizen aber waren fragmentarisch, trotzdem sammelte ich etwa anderthalb Jahre später alles und schrieb etwas, wobei ich die frischen Gedanken einbüßte und, was die Fundamentalität betraf, keine Fortschritte erzielte. Insbesondere beschrieb ich damals eine Strophe des Poems: »Die erste Zeile zieht zum Beispiel die Aufmerksamkeit an, weckt das Interesse; die zweite begeistert einen endgültig; die dritte – erschreckt; die vierte läßt einen vor einem Abgrund zurück; die fünfte beschenkt einen mit Glückseligkeit, und die sechste schließt die Strophe ab, indem sie alle verbliebenen Möglichkeiten ausschöpft. Aber die nächste beginnt alles von vorn, und das ist um so erstaunlicher, da Achmatowa eine anerkannte Meisterin des kurzen Gedichts ist.« Nach ihrem Tod stellte sich dann heraus, daß sie diese meine Beobachtung am selben Tag unseres Gesprächs aufgeschrieben hatte, und zwar mit folgenden Worten: »Noch etwas über das Poem. X-Y sagte heute, daß folgendes für das Poem am charakteristischsten sei: die erste Zeile einer Strophe ruft, sagen wir, noch Verwunderung hervor, die zweite – den Wunsch zu streiten, die dritte verführt irgendwohin, die vierte erschreckt, die fünfte rührt zutiefst, und die sechste schenkt letzte Ruhe und wonnige Befriedigung, der Leser erwartet am allerwenigsten, daß die nächste Strophe wieder das eben Aufgezählte für ihn bereithält. So etwas habe ich über das Poem noch nicht gehört. Das öffnet eine neue Seite an ihm.«

Das Poem war für Achmatowa, wie *Onegin* für Puschkin, der Kodex aller Themen, Sujets, Prinzipien und Kriterien ihrer Dichtung. Wie in einem Katalog kann man darin gleichsam ihre einzelnen Gedichte suchen. Es begann als Übersicht des Erlebten – also des Geschriebenen – und übernahm sofort die Funktion eines Rechnungskontrollhauptbuches oder eines Elektronengehirns einer modernen Computeranlage, wo *Requiem, Kriegswind, Die Heckenrose blüht, Mitternachtsgedichte, Prolog*, kurzum alle großen Zyklen und einige der Sachen, die abseits standen, ebenso wie auch die ganze Achmatowasche Puschkiniana auf besondere Weise kodiert »vermerkt« waren. Gleichzeitig führte Achmatowa das Poem auch völlig bewußt im Geiste einer unparteiischen Chronik der Ereignisse, wobei sie vielleicht auf diese originelle Weise die Puschkin-Karamsin-Mission des Dichters als Historiograph verwirklichte.

Einem Gehirn ähnlich, das genügend Angaben erhalten hat, um auf ihrer Grundlage und nach ihrer Logik neue »aus sich selbst« zu schaffen, erzeugte das Poem scheinbar ohne die Mitwirkung der Autorin neue Zeilen.

> Schon sind die Akteure auf ihren Plätzen:
> Im Sommergarten riechts nach fünftem Akt.
> ...Es singt
> Ein betrunkner Matrose...

Der Seemann, der Matrose – die zentrale Figur der Revolution – nahm sofort seinen Platz im Bild der vorrevolutionären Erwartung ein, wobei er entweder aus dem Gedächtnis, von Tatlins Gemälde, von späteren Plakaten oder aus Bloks Poem gekommen war. Aber die Stellung der letzten Zeile auf dem Papier selbst setzte in ihr gleichsam einen ergänzenden Inhalt voraus, und die Atmung der Strophe glättete diese Falte bei ihrem folgenden Ausatmen plötzlich:

> Zur Stelle ist das Gespenst
> Der Hölle Tsushimas. Es singt
> Ein betrunkner Matrose...

Man kann mehr oder weniger erfolgreich raten, ob der Anstoß für das Auftauchen des neuen Verses nicht Pasternaks »Matrose in Moskau« war:

> Betrunken der Wind, und übergoß mit Schauer:
> Vom Wein – ein Raufbold.
> Der Matrose sah auf (Er war auch
> Wie der Wind betrunken) –

zu dem sich die Zeile aus dem ihm folgenden Gedicht zieht:

> Januar, das Jahr Tsushimas.

Wesentlicher als der Anstoß zu dieser oder jener Einfügung ist jedoch der Aufbau des Poems selbst, die Vielzahl seiner Winkel, wo man, wenn nötig, einen neuen Vers einfügen kann oder – was dasselbe ist – einen neuen Vers oder gar einen Block neuer Verse entdecken kann. In ihm ist alles schon enthalten, und die Variante der vierziger Jahre unterscheidet sich von der Variante der sechziger Jahre durch ihren Umfang, nicht aber durch die Fülle – wie ein zum Fliegen bereiter Ballon, der einmal zur Hälfte und einmal ganz aufgeblasen ist. Nach demselben Prinzip ist auch die Harmonika der Sinne jeder Zeile aufgebaut, die sich je nachdem, wie sie ausgezogen wird, mit neuen Kommentaren äußert. Einer der Leser bemerkte, daß die Verse »Oder steht wirklich dort schon wieder jemand zwischen Ofen und Schrank?« an die *Dämonen* anklingen, an die Szene vor Kirillows Selbstmord, als er sich in der Ecke zwischen Wand und Schrank versteckt. Achmatowa erzählte vielen von dieser Übereinstimmung, ohne zu präzisieren, ob sie zufällig oder beabsichtigt war, es schien eher, daß sie das Ziel verfolgte, einer möglichst großen Zahl von Uneingeweihten die Methode des Poems zu erklären.

Diese magische Eigenschaft – mehr in sich zu verbergen, als zu eröffnen – ist eine der wesentlichen, aber nicht die einzige. In der veröffentlichten Prosa über das Poem, im sogenannten *Zweiten Brief*, staunte Achmatowa aufrichtig oder gespielt: »L. Ja. Ginsburg meint, daß seine Magie eine verbotene Methode ist – why?« – und in den Versen über das Poem bekannte sie selbst schon offen:

> Ich fürchte weder Tod noch Schande,
> Geheimschrift ist das, Kryptogramm,
> Eine verbotene Methode.

Über die im Poem versteckten, nicht gelesenen oder unlesbaren Kryptogramme geben jene Aufschluß, die mancherorts an die Oberfläche treten. Eine der Strophen, bei der Veröffentlichung durch Punktzeilen mit der Fußnote »Die ausgelassenen Strophen sind eine Nachahmung Puschkins« ersetzt, ist den »Zwangsarbeiterinnen, den Hundertfünfern, den gefangenen Frauen« der Terrorzeit gewidmet und endet mit dem unheimlichen Wortspiel:

> Zusammengepreßt die blauen Lippen,
> Wahnsinnige Hekuben
> Und Kassandren aus Tschuchloma,
> Tönen wir als schweigsamer Chor
> (Wir, mit Schande gekrönt):
> »Auf der anderen Seite der Hölle sind wir.«

Die Frauen und insbesondere jene, die die Dichter womöglich noch vor kurzem eher prophetisch denn aus Offensichtlichkeit als Kassandren und Hekuben des »Jahres 1913« besungen haben, sind von den sich jenseits des Stacheldrahts drängenden Männern, vor allem von jenen, die sie besungen haben – Mandelstam, Narbut –, getrennt: »Die Dichter-Gilde, das sind alles Adams«, scherzte Michail Kusmin in der Hymne des »Streunenden Hundes« (russ. *Zech poetow – wse Adamy* – hieraus ergibt sich das grimmige Wortspiel, das in der letzten Strophe des Gedichts enthalten ist – *Po tu storonu ada my*: Jenseits der Hölle sind wir).

Die Stimmen der Dichter-Vorfahren, die auf Vertonung, das heißt auf Belebung durch ihre Stimme warten, und die Stimmen der Dichter-Zeugen, die ihre Stimmgabel auf der Höhe ihres Tons gestimmt lassen, vermischen sich im Poem mit namenlosen Stimmen, die bald in ein Grollen – der Zeit, der Masse – zusammenfließen, bald in dokumentarisch fixierten Repliken durchstoßen:

»Auf dem Isaaksplatz pünktlich um sechs...«
»Wir werden schon irgendwie durch die Dunkelheit stolpern,
Wir gehen von hier dann noch in den ›Hund‹...«
»Wohin wolln Sie gehn?« – »Das weiß der Himmel!«

Ohne in einen Chor zusammenzufließen, zeigen sie eine neue Eigenschaft, in der sich die Stimme der Autorin äußert. Im Verlaufe eines Gesprächs über Blok bemerkte Achmatowa: »Als ich über ihn schrieb: ›ein tragischer Tenor der Epoche‹, empörten sich alle sehr und begannen, mir Vorwürfe zu machen: ›Er ist ein großer Dichter und keine Opernprimadonna!‹ Aber bei Bach in der ›Matthäus-Passion‹ singt der Tenor den Evangelisten.« In derselben Eigenschaft auftretend singt der tragische Kontraalt Achmatowas die Partie aller Gäste des Poems, der bekannten und der unbekannten, aller, die sie mit dem Klang ihrer Stimmen beschenkt haben.

Qualitativ neu ist auch der Adressat der Verse. Das Poem wird mit drei Widmungen eröffnet, hinter denen drei ebenso konkrete wie verallgemeinerte und symbolische Figuren stehen: der Dichter vom Anfang des Jahrhunderts, der an seiner Schwelle gestorben ist; die Schöne vom Anfang des Jahrhunderts, die Freundin der Dichter, von unwahrscheinlicher, realer, schwindender Schönheit; und der Gast aus der Zukunft, jener, auf den die Autorin und ihre Freunde zu Anfang des Jahrhunderts die Gläser erhoben haben: »Wir müssen auf den trinken, der noch nicht unter uns ist.« Mit den grammatischen Zeiten der Verben spielend zwingt das Poem die Vergangenheit, zurückzukehren, und die Zukunft, vorfristig zu erscheinen, so daß sie beide sich in dem Augenblick, da die Verse erklingen, in diesem Augenblick befinden, ihn aber obendrein auch fortziehen, wie Magneten, jeder in sein Gebiet. Das erzeugt ein Gefühl der Bewegung der Zeit, keiner bildhaften Bewegung, sondern auf dem Niveau der Sprache; das heißt, das Poem und jedes seiner Worte ist eben an die Zeit selbst, an ihren Lauf gerichtet.

Zu verschiedenen Zeiten zeigte oder überreichte Achmatowa verschiedenen Menschen Aufzeichnungen über das Poem, denen sie die Form von Briefen gab: »Brief an NN«, »Zweiter Brief«. Ihr literarischer Stil ähnelt dem der Prosa »Statt eines Vorworts«, der von einem bestimmten Moment an unveränderlich in den Text des Poems eingegangen ist. Mir übergab sie »Was in den zweiten Brief einzufügen ist«.

1) Über das Belkintum

2) Über die Bearbeitung des Poems für Ballett, Kino usw. *Meyerhold.* (Dämonisches Profil)

3) Über die Schatten, die den Lesern erscheinen.

4) »Nicht unser Schicksal«, wie die Moskauer Ende Dez. 1916 sagten, als sie die Gerüchte über Rasputins Tod erörterten.

5) ... und ich höre schon eine Stimme, die mich davor warnt, durch das Poem zu Fall zu kommen, so wie Pasternak durch *Schiwago* zu Fall kam, was ihm auch sein Verderben gebracht hat, doch ich antworte – »Nein, mir droht etwas völlig anderes. Ich habe gerade meine Verse gelesen. (Eine Auswahl.) Sie erschienen mir unwahrscheinlich hart (von wegen Zartheit in den frühen!), kahl, bettelarm, aber es gibt darin kein Jammern und Wehklagen über mich selbst und alles Unerträgliche.

Doch wer braucht sie! Hand aufs Herz, ich würde sie um keinen Preis lesen, wenn sie ein anderer geschrieben hätte. Sie *geben* dem Leser *nichts*. Sie ähneln Gedichten eines Menschen, der zwanzig Jahre im Gefängnis verbracht hat. Man achtet das Schicksal, aber man kann daraus nichts lernen, sie spenden keinen Trost, sie sind nicht so vollkommen, daß man sich an ihnen ergötzen könnte, ihnen kann man, finde ich, nicht folgen. Und diese rauhe kohlschwarze Stimme, und kein Lichtschimmer, kein Strahl, kein Tropfen... Alles ist unwiderruflich zu Ende. Wenn man sie mit dem letzten Büchlein (1961) verbindet, fällt das vielleicht nicht so auf, oder ein anderer Eindruck kann entstehen. Ich sehe in ihnen überhaupt keine Größe. Im großen und ganzen ist das alles so nackt, so geradeheraus, so eintönig, wenngleich das Thema der unglücklichen Liebe fehlt. Irgendwie heller sind die »Verblichenen Bildchen«, ich fürchte jedoch, daß sie als Stilisierung aufgenommen werden – Gott bewahre! – (und das ist mein erstes Zarskoje von der Zeit her, vor Versailles, vor den Erschießungen). Das übrige aber! – mit Kohle auf Teer. Mein Gott! – sind das wirklich Gedichte? Die Tragödie selbst darf nicht so sein. Es scheint auch so, als ob die Menschen, die sich versammelt haben, um sie zu lesen, verstohlen zueinander sagen müßten: »Kommt, wir gehn' was trinken!« oder etwas in der Art.

> Solche Armut hat die Welt nicht gesehen,
> Und sie kennt kein rechtloseres Wesen,
> Selbst der Wind ist mit mir per du
> Hinter dem abgerissenen Fensterladen.

Wie ich Sie in Ihrer zauberhaften Moskauer Umgebung beneide, mit welch großer Bitterkeit erinnere ich mich an Kolomenskoje, ohne das zu leben fast unmöglich ist, und an die Lawra, die Fürst Dolgoruki-Roschtscha einst verteidigte (wie es auf der Tafel über dem Tor steht), und beim ersten Blick auf die Ikonenwand wird einem klar, daß es in diesem Land sowohl Puschkin als auch Dostojewski geben wird.

Gott allein weiß, was ich geschrieben habe: ein Ballettlibretto, oder ein Filmszenario. Ich habe vergessen, Aljoscha Batalow danach zu fragen. Über diese meine Tätigkeit werde ich an anderer Stelle ausführlicher schreiben.

Anmerkung
Die einzige Stelle, wo ich es in meinen Gedichten erwähne, ist:

> Jenes Bildnis, das seinen Rahmen
> In der Neujahrsnacht schrecklich verließ?

d. h. ich schlage vor, es jemandem zur Erinnerung zu lassen.

Die Leser überrascht, daß nirgends die Stiche der neuen Flicken zu sehen sind, aber ich habe damit nichts zu tun.

*

Erstmalig fließen bei Achmatowa »fremde Stimmen« in einen Chor zusammen, oder, um es anders auszudrücken: erstmalig singt Achmatowas Stimme anstelle eines Chores – im *Requiem*. Das ist nicht der die Tragödie begleitende Chor, den sie im Poem erwähnt hat: »Ich bin bereit, die Rolle zu übernehmen des Schicksalsverkündenden Chors.« Zwischen der Tragödie des *Poem ohne Held* und der Tragödie des *Requiem* besteht derselbe Unterschied wie zwischen einem Mord auf der Bühne und einem Mord im Zuschauerraum. Dort hat jeder seine Rolle, auch der antike Chor, Ende des vierten Akts, fünfter Akt; hier wird die Seelenmesse, der Trauergottesdienst für die Toten abgehalten, alle sind Zuschauer, und alle sind handelnde Personen.

Im Grunde genommen ist das *Requiem sowjetische Poesie*, in jener *idealen* Gestalt verwirklicht, die alle Deklarationen beschreiben. Der Held dieser Dichtung ist das Volk. Keine aus politischen, nationalen und anderen Interessen so genannte größere oder kleinere Anzahl von Menschen, sondern das ganze Volk: alle bis zum letzten nehmen auf der einen oder auf der anderen Seite am Geschehen teil. Das Poem spricht im Namen des Volkes, der Dichter geht mit dem Volk, ist ein Teil von ihm. Die Sprache ist fast so einfach wie die Zeitungssprache, ist dem Volk verständlich, ihre Methoden sind frontal: »Für sie webte ich ein breites Tuch aus armseligen Wörtern, von ihnen gehört.« Und diese Dichtung ist voll Liebe für das Volk.

Ein Fakt unterscheidet sie und stellt sie dadurch sogar zur idealen sowjetischen Poesie in Gegensatz, nämlich, daß sie persönlich ist, ebenso tief persönlich wie »Hinterm Schleier, da rang ich die Hände«. Von der realen sowjetischen Poesie unterscheidet sie selbstverständlich auch vieles andere: erstens – die vorhandene und die Tragödie mildernde christliche Religiosität, zweitens – der Antiheroismus und eine Aufrichtigkeit, die sich keine Beschränkung auferlegt, die verbotenen Dinge bei ihrem Namen zu nennen. Doch all das ist das *Fehlen* von Eigenschaften: der Bekenntnisse der Selbstgenügsamkeit und Eigenmächtigkeit des Menschen, des Heroismus, der Grenzen, der Verbote. Das persönliche Verhältnis aber ist nicht das, was fehlt, sondern das, was da ist und mit jedem Wort in der Dichtung des *Requiem* von sich zeugt. Das eben macht das *Requiem* zu Dichtung – nicht zur sowjetischen, sondern einfach zu Dichtung, denn sowjetische Dichtung zu diesem Thema sollte staatlich sein: persönlich konnte sie sein, wenn sie einzelne Personen, ihre Liebe, ihre Stimmungen, ihre – der offiziell erlaubten Formel gemäß – »Freuden und Nöte« berührte. Als Achmatowa vor der Italienreise Unannehmlichkeiten wegen der Erteilung des Visums hatte, sagte sie in Fortsetzung des »Denken sie etwa, ich komme nicht zurück« zornig: »Ich wünsche meiner Regierung mehr solcher Bürger, wie ich es bin.« Auf »Bürger« fiel die Betonung mit ebensolcher Stärke wie auf »ich«. In ähnlicher Weise wiegt in dem Zweizeiler:

> Und wenn man mir meinen gequälten Mund zudrückt,
> Mit dem ein Hundertmillionenvolk schreit,

das »mir«, welches sich in eine unbetonte Spalte verkrochen hat, ebensoviel wie das lautstarke »Hundertmillionen-«. Jene, die Achmatowas Dichtung ihres »Kammercharakters« wegen verurteilten, lieferten, ohne es selbst zu wissen, das Stichwort zu einem tragischen Wortspiel: sie wurde zur Dichtung der Gefängniskammern.

Als das *Requiem* Anfang der sechziger Jahre, nachdem es ein Vierteljahrhundert lang auf dem Grund gelegen hatte, zum Vorschein kam, ähnelte sein Eindruck beim Publikum dem sonst üblichen Lesereindruck von Achmatowas Gedichten überhaupt nicht. Die Menschen brauchten nach den dokumentarischen Enthüllungen eine Enthüllungsliteratur, und unter diesem Aspekt wurde das *Requiem* aufgenommen. Achmatowa spürte das, hielt es für gesetzmäßig, trennte aber diese Verse, ihre künstlerischen Methoden und Prinzipien nicht von den anderen. Als ein Gesprächspartner im Ausland begann, sich übermäßig für die Verse zu begeistern und das Poem als poetisches Dokument der Epoche bezeichnete, bremste sie ihn mit den Worten: »Ja, es gibt da eine gelungene Stelle, das einleitende Wort: ›zum Unglück‹ – ›wo mein Volk, zum Unglück, war‹«, womit sie daran erinnerte, daß dies trotz allem Verse waren und nicht nur »Blut und Tränen«. Im 8. Gedicht – »An den Tod« – zum Beispiel verweist die Zeile »Dring ein als Giftgeschoß« allem Anschein nach auf dasselbe Shakespearesche »poison'd shot«, den vergifteten Schuß des Leumunds, also auf Denunziation und nicht, sagen wir, auf eine Gasattacke während des 1. Weltkrieges.

Damals, in den sechziger Jahren, stand das *Requiem* auf einer Liste mit der Lagerliteratur des Samisdat und gehörte nicht zu der halboffiziellen antistalinschen Literatur. Achmatowas Haß Stalin gegenüber war vermischt mit Verachtung. Als das Gespräch einmal auf einen jungen Dichter kam, der sich die Reputation erkämpft hatte, »unversöhnlich« zu sein, und seine ganze Zeit und Kraft daran wandte, diese Reputation aufrechtzuerhalten, sagte sie: »Er ist zum Untergang verurteilt. Das Gebäude wird ganz plötzlich zusammenstürzen... Stalin hörte den ganzen Tag ›Hurra‹ und daß er eine Koryphäe und ein Generalissimus sei und wie man ihn liebe, und am Abend sagte irgendein kleiner Franzose im Radio über ihn: ›Dieser Schnauzbart...‹ – und alles mußte von vorn beginnen.«

Ein Tag im Leben des Iwan Denissowitsch brachte man ihr noch mit der Schreibmaschine abgeschrieben, noch unter dem Pseudonym Rjasanski. Sie sagte jedem: »Gefallen oder nicht gefallen – darum geht es nicht: das müssen zweihundert Millionen lesen.« Über Solschenizyn erzählte sie einige Tage nach ihrer Bekanntschaft mit ihm: »Er ist vierundvierzig Jahre alt, hat eine Narbe über der Stirn an der Nasenwurzel. Er sieht aus wie fünfunddreißig. Sein Gesicht ist rein, klar. Er ist ruhig, ohne jede Hast und ohne die Moskauer Geschäftigkeit. Mit großer Würde und Klarheit des Geistes. Moskau mag er nicht, Rjasan bemerkt er nicht, er liebt nur Leningrad. Wie mir zumute war – Sie wissen ja, was ich für ein Verhältnis zur Heldenstadt habe! –, ob es meine oder seine Schuld ist, wird man später entscheiden. Ich las ihm die ›Krankenpflegerinnen von Siebenunddreißig‹* vor. Er sagte: ›Das sind nicht Sie, die spricht, da spricht Rußland.‹ Ich erwiderte: ›In Ihren Worten ist Versuchung.‹ Er entgegnete: ›Aber ich bitte Sie! In Ihrem Alter...‹ Er kennt den christlichen Begriff nicht. Ich sagte ihm: ›Sie werden in kurzer Zeit weltberühmt. Das ist schwer. Ich bin nicht nur einmal morgens berühmt aufgewacht, ich weiß das.‹ Er antwortete: ›Das wird mich nicht berühren. Ich werde es überleben.‹«

Damals, in den fünfziger und Anfang der sechziger Jahre, wurden die »Folterungen, Hinrichtungen und Tode« der vorangegangenen Jahrzehnte mit der offiziellen Formel »Personenkult« und mit der gebräuchlichen Formel »Siebenunddreißig« – nach dem Jahr der Massenrepressalien – bezeichnet. Achmatowa konnte je nach Gesprächstendenz sowohl die eine als auch die andere Formel verwenden, nannte diese Zeit in einem ernsthaften Gespräch jedoch nur »Terror«. Für sie begann sie lange vor dem Jahre siebenunddreißig und endete lange danach. Sie erzählte eine Geschichte, schrieb sie auch auf, die sie »Funken einer Dampflokomotive« nannte: An einem Augustabend des Jahres einundzwanzig spürte sie im Zug von Zarskoje nach Petrograd das Herannahen von Versen und trat auf die Plattform hinaus, wo eine Gruppe von Rotarmisten stand. Sie holte eine Zigarette hervor und rauchte unter deren beipflichtenden Bemerkungen, von der Dampflok flogen Funken und setzten sich auf die Geländerstangen der Plattform zwischen den Waggons, und unter dem Rattern der Räder dichtete sie ein Gedicht auf die Hinrichtung Gumiljows, das in der Folge berühmte

* »Daß mit den Krankenpflegerinnen von Siebenunddreißig/Den blutbefleckten Boden ich wische« – Zeilen aus dem Gedicht »Alle sind gegangen, niemand ist zurückgekehrt...« – Anm. d. Autors

»Nein, du wirst nicht wieder wach...« Als ein ihr Nahestehender einmal sagte, daß ihr Sohn einen schwierigen Charakter habe, entgegnete sie scharf: »Vergessen Sie nicht, daß er sich seit seinem neunten Lebensjahr als Sohn eines erschossenen Volksfeindes in keiner einzigen Bibliothek anmelden durfte.« Und in der Erinnerung an die Zeit nach dem Beschluß von 1946 sagte sie: »Von dem Tag an passierte es kein einziges Mal, daß ich aus dem Fontanny Dom gekommen wäre, ohne daß sich von den Stufen, die zum Fluß führen, jemand erhoben hätte, um mir zu folgen.« Meiner Jugend wegen fragte ich: »Und woher wußten Sie, daß er Ihnen folgt, haben Sie sich umgedreht?« Sie erwiderte: »Wenn Ihnen jemand folgt, merken Sie das.«

Ende 1963, also in einer – verglichen mit der Stalinschen Epoche – weitaus günstigeren Zeit, begann das Verfahren gegen Brodsky. Im November wurde in einer Leningrader Zeitung das Feuilleton »Ein Parasit aus dem Literatenmilieu« abgedruckt, das in den besten Traditionen der Verleumdung und Hetze geschrieben war. Ich wohnte damals in Moskau, die Zeitung wurde mir am darauffolgenden Tag gebracht, und am selben Morgen traf ich mich mit Brodsky, der kurz zuvor ebenfalls nach Moskau gekommen war, in einem Café. Die Stimmung war ernst, aber nicht niedergeschlagen. Mitte Dezember lud Achmatowa Schostakowitsch in die Ordynka ein, er war Abgeordneter des Obersten Sowjets ebenjenes Bezirkes von Leningrad, in dem Brodsky wohnte. Sie bat mich, dabeizusein, falls es nötig sein würde, etwas zu präzisieren oder eine Auskunft zu geben, Brodsky selbst war schon aus Moskau abgereist. Schostakowitsch bezeugte Achmatowa mit einigen nervösen Zuckungen und überstürzender Sprache, der man angestrengt zuhören mußte, in erster Linie seine tiefe und aufrichtige Verehrung, über die Sache selbst aber sprach er schwermütig und hoffnunglos, mir stellte er lediglich eine Frage: »Hat er sich mit Ausländern getroffen?« Ich antwortete, daß er sich mit Ausländern getroffen habe, aber... Ohne mich ausreden zu lassen, sprudelte er hervor: »Dann kann man gar nichts tun!« – und berührte dieses Thema nicht mehr, nur im Weggehen sagte er, daß er »Erkundigungen einziehen« und alles, was von ihm abhänge, tun werde. Im Februar wurde Brodsky auf der Straße in ein Auto hineingestoßen und in eine Zelle des Milizreviers gebracht. Einige Tage später gab es eine Gerichtsverhandlung, die damit endete, daß er sich einer psychiatrischen Untersuchung in einer Irrenanstalt unterziehen mußte. Im März, bei der weiten Gerichtsverhandlung, wurde er wegen Parasitentums zur Verbannung verurteilt und in den Archangelsker Bezirk in ein Dorf gebracht. Die ganze Zeit über versuchten Wigdorowa, Tschukowskaja und noch zwei-drei Dutzend Menschen, Achmatowa eingeschlossen, ihn davor zu bewahren. Entweder Achmatowa oder Tschukowskaja sagte, nachdem sie die Nachricht von der Verhaftung aus Leningrad gehört hatte: »Wieder das ›Es ist erlaubt, die Zahnbürste zu übergeben‹, wieder die Suche nach den Wollsocken, nach warmer Wäsche, wieder Besuche, Päckchen. Alles ist wie immer.«

Ende April erkrankte ich unerwartet, kam ins Krankenhaus und wurde gegen Ende Mai in erbärmlichem Zustand entlassen. Im Juni, in der Nacht vor Achmatowas Geburtstag, siedelte ich zusammen mit ihr und Olschewskaja nach Leningrad über, wo sich, so unwahrscheinlich das auch war, Brodsky aufhielt, der einen Urlaub für drei Tage durchgesetzt hatte. Ich erholte mich erst gegen Herbst einigermaßen, und Achmatowa sagte zu Olschewskaja, als ich an einem der Tage Ende August nach dem Baden zur Hütte kam: »Erinnern Sie sich, Ninotschka, was für einen Lappen wir im Juni an Toljas Stelle aus Moskau mitgebracht haben?« Mitte Oktober fuhr ich in das Dorf Norinsk im Kreis Konoscha des Archangelsker Bezirkes, wo Brodsky die Verbannung absaß. Ich brachte ihm Lebensmittel, Zigaretten und warme Sachen mit.

Vor meiner Abreise hatten mich Bekannte angerufen und darum gebeten, ihm Briefe und verschiedene Kleinigkeiten zu überbringen; einer wollte ihm Lederhandschuhe mitgeben. Ich fuhr hin, um sie abzuholen, aber seine Frau öffnete die Tür und sagte, ihr Mann habe nicht gewußt, daß ihr Sohn die Handschuhe schon trage. Achmatowa äußerte, als sie das erfuhr: »Der Halunke!« – ich dachte, weil er mich vergeblich durch die ganze Stadt gejagt hatte und seine Frau vorgeschoben hatte, und begann, ihn zu verteidigen, es könne ja sein, daß er nicht gewußt habe, daß sein Sohn die Handschuhe trägt. »Da geht man eben in einen Laden«, unterbrach sie mich gereizt, »und kauft neue.«

Konoscha ist eine große Bahnstation und ein kleines Städtchen, bis Norinsk sind es noch etwa 30 Kilometer. Man gelangte per Anhalter mit einem Lastkraftwagen dorthin, von denen fünf oder sechs am Tag fuhren. Auf einen von ihnen konnte man in jedem Falle rechnen, auf den Postwagen, der offiziell niemanden mitnehmen durfte, der Ausweglosigkeit der Lage wegen aber Reisende aufnahm. Im Dorf angekommen, ging ich aufs Geratewohl und erblickte im ersten Bauernhaus linkerhand eine Stangenpackung »Kent«-Zigaretten im Fenster. Brodsky hatte ein Haus des Ehepaars Pesterew, wohl für zehn Rubel im Monat, gemietet. Die Pesterews wohnten nebenan, in einem weiteren Bauernhaus, das neuer und besser aussah. Es waren gute, teilnahmsvolle, Brodsky wohlgesonnene Menschen, sie nannten ihn Jossif-Alexanytsch. Das Haus war schief, mit hohem Vorbau und einem Schornstein, dessen Ziegel zur Hälfte eingefallen waren. Wenn der Ofen geheizt wurde, glühte das Eisen, es leuchtete rot in der Dunkelheit, und die Pesterews bangten jeden Tag, daß ein Feuer ausbrechen könne. Um das Dorf herum lagen zu jener Zeit kahle Felder, der niedrige, feuchte, wilde Wald reichte nah heran. Am anderen Ende des Dorfes floß ein Bach, an ihm stand das Klubhaus, das gleichzeitig die Grundschule war, dort sahen wir uns einen Film mit Batalow in der Hauptrolle an. Einmal, als wir in der frühen Dämmerung durch das Dorf liefen und spärliche Schneeflocken auf die Erde fielen, kam ein betrunkener Mann aus einem Haus gerannt, in Filzstiefeln, Unterhosen und einer über die Schulter geworfene Wattejacke, mit einem Gewehr in der Hand, und schrie: »Marder! Marder!«, er legte das Gewehr an und schoß in eine Eberesche, aus der irgendein Tierchen zu Boden plumpste: wir traten gemeinsam heran, es war kein Marder, sondern eine Katze, der Jäger spuckte aus und ging in sein Haus zurück. Es herrschte eine derartige Stille, daß man den Klang eines Motors zehn Minuten vor dem Auftauchen des Autos hören konnte.

Der Ort war abgelegen, deprimierend, aber nicht deprimierender und abgelegener als viele andere, nicht viel abgelegener als Michailowskoje zum Beispiel. Abends sendeten der BBC und die »Stimme Amerikas« die verschiedensten Dinge, auch über Brodsky. Es gab genug zu essen, ausreichend Holz, auch für Verse reichte die Zeit. Es kamen Briefe an, Bücher wurden geschickt. Manchmal konnte man von der Post im Nachbardorf Danilowo aus per Telefon nach Leningrad durchkommen. Einen Tag verbrachte ich allein, Brodsky war zu einem Eintagesseminar über Strahlenschutz nach Konoscha abkommandiert. Er kehrte mit einer Bescheinigung und mit phantastischen Vorstellungen über Protonen und Neutronen sowie über Atom- und Wasserstoffbomben zurück. Ich erklärte ihm die Sache allgemeinverständlich, und wir gingen schlafen, aber er weckte mich einige Male und fragte: »A. G., wievielwertig ist flüssiger Sauerstoff?« oder »Stimmt es, daß die H-bomb (er nannte die Wasserstoffbombe auf englisch) nicht gefriert? In keinem Falle?« Mit einem Wort, alles wäre normal und manchmal auch gut gewesen, wenn es sich nicht um Verbannung gehandelt hätte, wenn er hier nicht eingesperrt gewesen wäre, obendrein für fünf Jahre. Als ich wegfuhr, begleitete er mich nach Konoscha, und während er dem Fahrer, einem jungen Burschen, einen Rubel in die Hand drückte, der es aber ablehnte, das Geld zu nehmen, sagte er schnarrend und mit Nachdruck: »Hallo, Bursche, mach mir nicht das Leben schwer!«

Das nächste Mal fuhr ich im Februar mit Michail Mejlach, dem damals neunzehnjährigen Mischa dorthin. Bei unserer Ankunft schickte ich Achmatowa, wie wir es vereinbart hatten, ein Telegramm, daß wir gut angekommen seien. Von ihr kam ein Antworttelegramm: »AUS LENINGRAD 23.02.65 NACH DANILOWO FÜR NAIMAN C/O BRODSKY STOP DANKE FÜR TELEGRAMM STOP SATZ LAUF DER ZEIT ABGEZEICHNET STOP KÜSSE ALLE DREI STOP ACHMATOWA STOP.« Es herrschte starker Frost, das Wasser im Flur fror ein. Am Tag der Sowjetarmee kam der Vorsitzende des Dorfsowjets stark angetrunken, in einer Mütze mit hochgebundenen Ohrenklappen und ohne

Handschuhe. Ich öffnete eine Flasche Wodka und schenkte ihm und mir ein – Brodsky stand es als Verbanntem nicht zu, Mejlach seines Alters wegen. Der Vorsitzende fragte fröhlich: »Seid ihr gekommen, ihn mitzunehmen?« – »Lassen Sie ihn weg?« – »Ich halte ihn ja nicht, meinetwegen könnt ihr ihn sofort mitnehmen.« – »Und wer hält ihn?« – »Die Leitung.« – »Ist er ein Parasit?« fragte ich mit dem Kopf in Brodskys Richtung weisend. – »So würde ich das nicht sagen«, erwiderte der Vorsitzende ernst. – »Vielleicht ein Spion?« – »Ja genau, das ist es!« sagte er schnell, in Lachen ausbrechend. Und bevor er wegging, verkündete er: »Aus diesem Anlaß – drei freie Tage.«

Im Mai wurde Brodsky 25 Jahre alt, und Rejn und ich fuhren zu ihm. Als wir mit schweren Rucksäcken bepackt am Haus ankamen, war die Tür abgeschlossen, Pesterew kam auf uns zugelaufen und rief schon von weitem: »Jossif-Alexanytsch ist eingesperrt!« Wegen einer Ordnungswidrigkeit hatte man ihn nach Konoscha gebracht und dort zu sieben Tagen Gefängnis verurteilt. Eine Stunde später tauchte ein Lastkraftwagen in Richtung Konoscha auf, und ich machte mich auf den Rückweg. Das Gefängnis von Konoscha befand sich in einem langen einstöckigen Haus, das aus dicken Holzstämmen gebaut war. In dem Moment, als ich an das Haus herantrat, kam Brodsky mit zwei weißen Eimern die Treppe herunter, der eine trug die Aufschrift »Wasser«, der andere »Brot«. Er erklärte mir, daß alles vom Richter abhänge, der Richter jetzt im Gericht sei, im Haus gegenüber. Ich begab mich zu dem Gebäude und wartete. Ein Mann trat an mich heran, bat um etwas zu rauchen. Er interessierte sich für mein Anliegen und sagte, nachdem er es erfahren hatte, im Gericht sei gerade Pause, man halte über einen Mörder Gericht, genauer gesagt, über ihn, man werde ihm acht Jahre geben, dies habe der Staatsanwalt beantragt. Er habe seine Frau mit einer Axt erschlagen, sei betrunken gewesen, er selbst komme aus Jarzewo, in das Lager bei Jarzewo werde man ihn wohl auch schicken, das sei eine Station von Konoscha entfernt. Höflich bat er um noch ein paar Zigaretten für später, ich gab ihm die ganze Schachtel, da erschien der Richter, und er verschwand hinter irgendeiner Tür. Der Richter lehnte meine Bitte ab, ich versuchte es nun im Sekretariat des Kreiskomitees. Es befand sich in einem dem Gericht benachbarten Haus, davor stand eine silberfarbene Lenin-büste. Der Sekretär war in meinem Alter, trug ein Institutsabzei-chen und hörte mich ernst und ohne Feindseligkeit an. Er wählte am Telefon eine dreistellige Nummer und sagte: »Laß Brodsky für den Abend frei, das sitzt er später ab. Hat einen runden Geburts-tag, sein Freund ist gekommen«, offenbar hörte er Einwände und wiederholte: »Laß ihn für den Abend frei«, legte den Hörer auf und sagte zu mir: »Ihr könnt im Bahnhofsbüfett einkehren«, was heißen sollte: den Geburtstag feiern. Ich sagte, im Dorf warte noch einer, dort hätten wir Wodka und etwas zu essen, geben Sie doch einen Tag. Er dachte nach und willigte ein. Als ich hinausging, sagte er noch, daß er in Leningrad studiert habe, und fragte mich, wie viele Stationen die Leningrader Metro jetzt schon habe. Ich zählte sie auf. »Warum schreibt er keine patriotischen Gedichte?« sagte er und ließ mich gehen. Mit Autos war zu dieser Stunde nicht zu rechnen, so brach ich mit Brodsky und einem anderen Verbannten, den er im Gefängnis kennengelernt hatte, ohne zu zögern in Rich-tung Norinsk auf. Auf halber Strecke befand sich das Dorf, in dem der Brigadier wohnte, auf dessen Antrag hin Brodsky verhaftet worden war, so daß wir das Dorf umgehen mußten. Glücklicher-weise holte uns etwa hundert Meter vor dem Dorf ein Laster ein und brachte uns schnell an Ort und Stelle.

Am 11. September erhielt ich ein Telegramm aus Komarowo: »JUBELN STOP ANNA SARRA EMMA STOP.« Sarra Jossi-fowna Arens führte Achmatowas Haushalt, Emma Grigorjewna Gerstejn war damals bei ihr zu Gast. Der Anlaß des Jubels war Brodskys Freilassung.*

---

* Folgendermaßen erinnert sich K.M. Asadowski, damals ein junger Mann, an diesen Tag: »Jemand rief mich an und sagte, daß Ossja Brodsky aus der Verbannung entlassen sei. Ich erinnere mich nicht mehr genau: entweder hatte man mich gebeten, Achmatowa diese erfreuliche Neuigkeit mitzuteilen, oder ich hatte selbst beschlossen, dies zu tun. An jenem Tag, als ich den Anruf erhielt, war die Italienerin Silvana de Vidovich bei mir zu

All dem waren einige falsche Versprechungen seiner baldigen Freilassung vorausgegangen. Im Oktober 1964 holte ich Frieda Wigdorowa in Leningrad von der Bahn ab. Sie war aus Moskau gekommen, um Unterschriften für Brodskys Freilassung zu sammeln. Während sie den Bahnsteig betrat, rief sie: »Tolja, Sieg!« Beim Generalstaatsanwalt hatte man ihr mitgeteilt, daß man Brodsky jeden Augenblick freilassen werde. Dasselbe wurde Achmatowa vor ihrer Reise nach London im Schriftstellerverband versichert.

Gast, die damals ihre Diplomarbeit über Suchowo-Kobylin in Leningrad schrieb, und ich lud sie ein, gemeinsam mit mir nach Komarowo zu fahren.

Zu Achmatowas Häuschen fragte ich mich durch. Anna Andrejewna erkannte mich natürlich nicht, so nannte ich meinen Familiennamen und erinnerte sie an den Besuch im Winter. Ich machte sie mit Silvana bekannt. Bei Anna Andrejewna war auch diesmal eine mir unbekannte Dame zu Gast – E. G. Gerstejn, wie sich herausstellte. Ich erklärte den Grund unseres plötzlichen Überfalls. Anna Andrejewna hörte sich die Neuigkeit über Joseph, die ich ihr mitteilte, aufmerksam und, ich würde sagen, zurückhaltend an, was mich leicht verwunderte. (Mir schien, daß sie es schon von jemand anderem erfahren hatte.) Nichtsdestotrotz sagte sie laut: ›Nun, das ist ja eine große Freude, wir werden jetzt jubeln‹, mit diesen Worten begann sie, den Tisch zu decken, und fragte nebenher, zu Silvana gewandt: ›Und Sie, Silvana, wissen Sie, was jubeln ist?‹ Die arme Sisi, ohnehin schon durch die Begegnung mit Achmatowa verwirrt, stotterte etwas Unverständliches, aus dem aber hervorging, daß sie die Bedeutung dieses Wortes nicht richtig verstand. Da sagte Anna Andrejewna, auf die errötende Sisi blickend, großmütig: ›Grämen Sie sich nicht, Silvana, wir wissen, ehrlich gesagt, selbst nicht, was das ist.‹ Und dann erklärte sie uns ausführlich, wie in Rußland das Wort *likowat* (jubeln) entstanden war und sich verbreitet hatte: An großen Feiertagen, wenn die Ikone aus dem Gotteshaus herausgetragen wird, fällt die Menge vor dem Antlitz (*lik*) auf die Knie und jubelt (*likujet*). Dann setzten wir uns an den Tisch und begannen zu ›jubeln‹ (ich glaube, wir tranken sogar Wodka). Worum das Gespräch ging, daran kann ich mich nicht mehr genau erinnern. Anna Andrejewna interessierte sich für Silvanas Arbeit und äußerte sich sehr anerkennend über Suchowo-Kobylin, nannte ihn einen ›großen‹ Schriftsteller. Sie sprach über Ossja, aber eher über Alltägliches: über seine Rückkehr, seine Anmeldung und Einrichtung usw.« (Anmerkung: Die Erklärung des Wortes *likowat* stimmt nicht mit der allgemeingebräuchlichen überein; Asadowski führt sie so an, wie er sie behalten hat.)

Selbstverständlich war das »Verfahren gegen Brodsky« im Vergleich mit »Siebenunddreißig« ein »Schmetterlingskampf«, wie Achmatowa gern sagte. Für ihn mündete es in Leiden, Gedichte und Ruhm, und Achmatowa sprach, während sie sich für ihn bemühte, gleichzeitig beipflichtend von der Biografie, die »unserem Rotschopf bereitet wird«. Das *Requiem* begann etwa zu gleicher Zeit, in denselben Kreisen und in ebensovielen Exemplaren von Hand zu Hand zu gehen, wie die Aufzeichnung von Brodskys Prozeß, die Wigdorowa gemacht hatte. Die öffentliche Meinung stellte diese beiden Sachen auch in einen inneren, wenngleich nicht direkt genannten Zusammenhang: der Dichter verteidigt sein Recht, Dichter zu sein und *niemand sonst*, um im gegebenen Augenblick *für alle* zu sprechen. Das Stenogramm der Gerichtsverhandlung über den Dichter klang wie bürgerliche Dichtung – die bürgerliche Dichtung des *Requiems* wie ein Stenogramm von Repressalien, eine Art Martyrolog.

Die Gedichte der Kriegszeit im Zyklus *Kriegswind*, die Achmatowa offizielle Billigung und offizielle Überführung aus dem Rang der »Kammerdichter« in den der gesellschaftlich anerkannten Poeten eingebracht hatten, waren in derselben Art und Weise wie das *Requiem* geschrieben, genauer gesagt, in der Erschöpfung dieser Art und Weise. In der Zeit zwischen dem *Requiem* und *Kriegswind* entstanden Gedichte, die sowohl dem einen als auch dem anderen Themenkreis angehören. Zu den Verhaftungen und den Schlangen vor den Gefängnissen kam 1939/40 der Krieg mit Finnland, und das dem Winter der »finnischen Kampagne« gewidmete Gedicht »Zum Neuen Jahr! Zum neuen Leid!« klingt in der Tonart des *Requiems*:

> Und was für ein Los zog es ihnen heraus,
> Jenen, die der Folter entronnen?
> Sie gingen aufs Feld, um zu sterben.

Davon handelt auch das Gedicht »Von Stunden, schlaflos hingleitenden«: Wegen der Zensur ist *Finnland* darin hinter *Normannen* versteckt, verrät sich aber durch die »fremden Spiegel«:

In leere Häuser hin gehe ich,
Jüngst jemandes Zufluchtsstatt.
Wie still ist's. Nur weiße Schatten sehe ich
In fremden Spiegeln dort schimmern matt.

Die »leeren Häuser« und »fremden Spiegel« enthüllten ihre finnische Zugehörigkeit, als sie sich in den »leeren Spiegeln« Finnlands im späteren Gedicht »Mag jemand noch ruhen in südlichen Gauen« reflektiert wurden, die wegen der Zensur durch eine andere Variante ersetzt werden mußte: statt

Gar Seltsames haben im Abendermatten
Die Spiegel für sich bewahrt.

hieß es:

Und zärtlich und heimlich betrachtet Suomi
Sich in seinen Spiegeln, den leeren –

ebenso wie das »alte, schartige Messer« das »finnische schartige Messer« ersetzte. Das Ende des Gedichts »Von Stunden, schlaflos hingleitenden« ist durchsichtig:

Und was dort im Nebel? Welch ein Ort?
Sind Dänen, Normannen so weit?
Oder war ich selbst einmal früher dort,
Und hier verwandelt sich fort und fort
Auf ewig vergeßne Zeit?

Wenn die Normannen tatsächlich für Finnland stehen, dann sind die weißen Schatten nicht nur die maskierten Skifahrer-Infanteristen – das verbreitetste Bild jenes Krieges –, sondern auch die Geister aus ewig vergeßner Zeit:

von Zarskoje Selo, das früher Sarskoje hieß, nach seinem finnischen Namen Saari-mois;

vom Landgut der Gumiljows in Slepnjowo – »der stillen karelischen Erde« (im Gedicht »Jener August«): die umgesiedelten Karelier machten einen großen Teil des Beschezker Kreises aus;

von Hyvinkaa, nahe Helsinki, wo sie in einem Tuberkulosesanatorium »beim weißen Tod zu Gast war« (im Gedicht »Wie eine Braut bekomme ich...«);

und schließlich des ganzen kulturellen, symbolistischen »Skandinavien« vom Anfang des Jahrhunderts – »Knut Hamsun, der damalige Herrscher über die Gedanken«, »Ibsen, der andere Herrscher«, wie sie sich viele Jahre später erinnerte.

Dieser »alte Freund, mein treuer Norden« steht in der Achmatowaschen Dichtung deutlich dem feindlichen Westen, Osten und Süden gegenüber:

> Vom Westen verleumdet, der's selbst nicht geglaubt,
> Vom Osten so glanzvoll verraten,
> Vom Süden sehr sparsam mit Luft nur versorgt,
> Er grinst auf die mutigen Zeilen.

Mit einem Wort, »zwar ist die Erde nicht die Heimat, doch denkwürdig für alle Zeit«, sie hat ihr am Ende ihres Lebens Obdach unter den Kiefern von Komarowo gewährt, unter denen sie auch ihre sterblichen Überreste zur Ruhe gebracht hat.

Noch etwas über einen anderen notgedrungenen Ersatz in ihren Gedichten. Einmal rief sie der Redakteur von *Der Lauf der Zeit* abends an und schlug ihr vor, in »Den Weg aller Welt« die Zeile »durch die gekreuzigte Hauptstadt« zu verändern:

> Das Wiedersehen aber
> Wird hundertmal schlimmer,
> Als alles, was einst mir
> Hier wiederfahren...
> So geh ich nach Hause
> Durch die gekreuzigte Hauptstadt –

über Leningrad solle man sich nicht so äußern. Außer mir waren damals Brodsky und Samoilow bei ihr zu Gast. Sie sagte zu uns: »Denken Sie sich einen Ersatz dafür aus.« Ich fand ziemlich schnell: »Getrieben von neuem Verlust«, sie sagte sofort: »Angenommen.« Brodsky und Samoilow prusteten los und äußerten ihr Mißfallen, schlugen jedoch nichts Konkretes vor, sie lachte nur. Die neue Variante war eine Imitation und Ausbeutung der Achmatowaschen Methode, nichts weiter. Diese Geschichte ebenso wie der übrige Zensurraub und das ganze Schicksal ihrer Dichtung überhaupt wird durch die Zeilen im »Tischliedchen«, die sie an ihre Verse gerichtet hat, beschrieben:

> Verstümmelt durch Gerede,
> Vom Morgenstern geschlagen,
> Gezeichnet, gezeichnet seid ihr
> Mit dem Sträflingsbrandmal.

Und keineswegs auf Puschkin bezogen schrieb sie den Vierzeiler, den sie grob und naiv mit weißem Faden an das »Wort über Puschkin« annähte – mit dem einzigen Ziel, das zur Publikation Verbotene zu veröffentlichen:

> Mir bleibt ihr keine Antwort schuldig,
> Ihr könnt einstweilen ruhig schlafen.
> Denn Kraft ist Recht, nur eure Kinder,
> Sie werden euch für mich bestrafen.

*

Von Anfang 1962 an erfüllte ich bei Achmatowa die Pflichten eines literarischen Sekretärs. Zu Beginn von Fall zu Fall, später dann regelmäßig. Es waren kleinere Verpflichtungen: einen zweitrangigen Brief beantworten, telefonieren, hin und wieder in einer Angelegenheit umherfahren, ein neues oder erinnertes Gedicht auf der Schreibmaschine festhalten, Aufzeichnungen, meist Memoiren, oberflächlich redigieren, in der Hauptsache zusammenstellen. Dazu besuchte ich sie alle paar Tage einmal, jedesmal für kurze Zeit. Als ich vorschlug, noch dies oder jenes zu erledigen, und es nicht aufzuschieben, sagte sie majestätisch: »Merken Sie sich: eine Sache pro Tag.«

Täglich kamen einige Leserbriefe, vor allem ungestüm schmeichelhafte. »Ich bin siebenundsechzig Jahre alt, das ganze Leben lang habe ich Ihre Verse geküßt und küsse sie noch heute...« Als ich bis zu dieser Stelle gelesen hatte, fragte sie plötzlich: »Wie alt?« – »67.« – »Die Schelmin«, sagte sie. Auf einige Briefe diktierte sie eine Antwort, die immer kurz ausfiel. Überhaupt waren alle persönlichen Briefe von Achmatowa kurz. Ein Mann schrieb, daß er in schwierigen Momenten seines Lebens Trost in ihren Versen finde. Sie diktierte unverzüglich: »...Mich aber haben meine Verse nie getröstet. So lebe ich denn ungetröstet – Achmatowa.«

Von Zeit zu Zeit kamen Briefe aus der »Zone«: »Sie kennen mich nicht« usw., manchmal waren sie lang, da schüttete ein Mensch sein Herz aus. Einmal schrieb jemand, der gerade aus der Haft entlassen worden war, er schrieb aus Tomsk oder Irkutsk, daß er schon einmal geschrieben habe, als er noch gesessen habe, jetzt würde er um Hilfe bitten. Sie gab sofort den Auftrag, ihm telegrafisch Geld zu überweisen.

Den ersten Brief erhielt ich von ihr, als ich in Moskau war, und sie aus der Leningrader Wohnung nach Komarowo umzog. Er begann mit einem Vierzeiler: es sah so aus, als hätte sie die Verse gedichtet und beschlossen, auf demselben Blatt den Brief zu schreiben.

> Unter des Hünengrabs Todesbogen
> Kam sie hervor, vielleicht, um erneut
> Spät in der Nacht oder früh am Morgen
> Unter dem grünen Mond zu zaubern.

Heute bin ich in die Hütte zurückgekehrt. In meiner Abwesenheit ist der Herbst hier entschieden eingedrungen und hat alles mit seinem Atem durchtränkt. Aber der Mohn hat auf mich gewartet.

Das Zimmer ist verwildert, und ich mußte es mit der Chaconne von Bach, der Psalmensinfonie von Strawinski, dem glühenden Ofen, Blumen und mit Ihrem Telegramm zum Leben erwecken.

Jetzt ist schon fast alles gut. Kerzen brennen, die schweigsame und geheimnisvolle Marina zeichnet mich. Wenn ich in die Stadt komme, werde ich auf einen Anruf aus Moskau warten, wenigstens von Nina.

A.

21. September 1963

Anstelle von »entschieden« stand anfangs »unwiderruflich«.

Marina Basmanowa, eine Malerin, war damals Brodskys Braut. Sie zeichnete Achmatowa in einen kleinen Notizblock von der Größe einer Handfläche, und nicht einfach schweigend, sondern gleichsam mit zusammengepreßten Lippen.

Der Mohn in der Mitte des Rasens, der mit großer Verspätung unter dem Fenster gesät worden war, blühte unerwartet schon in den Herbsttagen.

Den Haushalt in Komarowo führte Sarra Jossifowna Arens, eine fast siebzigjährige, kleine Frau, die von morgens bis abends in eine Schürze gekleidet war und stets ein Lächeln in dem faltigen Gesichtchen mit den immer traurigen Augen hatte. Still, zart, diensteifrig, selbstlos, fürchtete sie Achmatowa, konnte aber gegen ihren unausrottbaren Wunsch, Rechenschaft über die Ausgaben abzulegen, nichts tun und fand eine Gelegenheit, etwas über den teurer gewordenen Quark zu murmeln, worauf jene unverzüglich in Wut geriet: »Sarra! Ich habe Ihnen verboten, mir von Quark zu sprechen.« Noch mehr als Achmatowa fürchtete sie ihren Mann, Lew Jewgenjewitsch, den Bruder von Punins erster Frau, den sie auch grenzenlos liebte und verehrte. Er war gleichfalls von kleinem Wuchs, hatte das ausdrucksstarke, wache Gesicht eines Sonderlings, mit lebendigen fröhlichen Augen und einem langen, weißen Bart, der im Wind flatterte, wenn er Fahrrad fuhr, und mit dem

Fahrrad fuhr er hauptsächlich zum Baden an den Hechtsee. Als Botaniker, wohl auch mit wissenschaftlichem Grad, kannte er Namen und Eigenschaften einer Vielzahl von Pflanzen. Er war ein gläubiger orthodoxer Mensch und fuhr oft mit der Bahn in die Schuwalow-Kirche. Seinerzeit Repressalien ausgesetzt, hatte er auf die Worte des Untersuchungsrichters – »Was denn, Sie wollen ein aufgeklärter Mensch sein und glauben an Gott?« – geantwortet: »Darum bin ich ja aufgeklärt, weil ich glaube.« Er dichtete ausschließlich zum eigenen Vergnügen, und als an seinem Geburtstag, der auf der Veranda in Anwesenheit von Achmatowa, Ranewskaja und noch einem Dutzend vor allem junger Gäste gefeiert wurde, ein Freund seines Sohnes, der etwas getrunken hatte, voll Ergriffenheit sagte: »Onkel Ljowa, lesen Sie uns doch ihre Verse vor«, fuhr er ihn an: »Schweig! Denk daran, vor wem du sitzt!« Überhaupt verlief jener Geburtstag lautstark. Der Urheber der Feierlichkeit wollte Ranewskaja unbedingt zum »Haus der Schauspieler« begleiten, sie aber machte ein erschrockenes Gesicht und flüsterte ihren Nachbarn zu: »Wenn wir uns als Pärchen auf der Schwelle zeigen, werden alle sagen, daß ich die Leute absichtlich zum Lachen bringen will.« Einer der Gäste, ein Schauspieler des Theaters Sowremennik, erhob sich mit einem Glas in der Hand, um einen Trinkspruch auf Ranewskaja auszubringen, verwechselte aber den Vatersnamen, statt: »Georgijewna« sagte er: »Erlauben Sie, herrliche Faina Abramowna...«, blieb aber stecken, schwankte und wurde im Handumdrehen von helfenden Händen auf die Matratze hinter dem Sofa getragen. Als Achmatowa am Morgen zu Tisch kam, fragte sie: »Wo ist der Gewisse, der zusammengebrochen ist?« Im Zusammenhang mit dem verwechselten Vatersnamen erinnerte sie sich an folgendes: als das Moskauer Künstlertheater *Anna Karenina* inszeniert hatte und alle das Stück übermäßig lobten, sie aber bei jemandem zu Gast über das Stück schimpfte und es auslachte, protestierte eine dort anwesende Verehrerin des Theaters aufgeregt: »Sie sind ungerecht, liebe Anna Arkadjewna...«

Morgens kam sie ausgeruht zum Frühstück, irgendwie überraschend, und es entstand der Eindruck, daß sie in der Zeit vom

»Gute-Nacht«- bis zum »Guten Morgen«-Gruß irgendwo an einem Ort gewesen wäre, über den es viel zu erzählen gäbe, und daß es ihr angenehm wäre, sich nach dieser Trennung wieder mit Freunden zu treffen.

An der Achmatowaschen Seite des Zauns zog sich eine mit Gras überwachsene Fahrrinne entlang, auf der von Zeit zu Zeit ein und dasselbe Fuhrwerk vorbeiratterte. Das Pferd lenkte die schräg gegenüber der Hütte wohnende »Frau Pferdeknecht«, zu der Achmatowa ein betont wohlwollendes, wenn auch flüchtiges Verhältnis hatte. Es äußerte sich darin, daß sie sich, wenn sie das Geräusch des Fuhrwerks hörte, vom Gespräch, von einer Übersetzung, von jeder beliebigen Beschäftigung losriß und mit erhobener Hand ihre Bekannte grüßte. Jene erwiderte den Gruß erfreut auf dieselbe Weise, und Achmatowa bekannte – ob im Scherz oder im Ernst, ließ sich nicht sagen –, daß sie die Meinung der Nachbarin fürchte und sich ein klein wenig bei ihr einschmeicheln wolle.

Der andere Nachbar war Viktor Maximowitsch Schirmunski, zu jener Zeit bereits Akademiemitglied, der aber Achmatowa schon um 1915 oder früher kannte, als er noch Privatdozent war. An die Privatdozentur erinnerte er sich jedesmal, wenn er ein Gläschen getrunken hatte: es schien, als schätze er sie höher als seine jetzige Akademiemitgliedschaft, vielleicht, weil es seine Jugend war und eine gute Zeit. Einmal kam ein Engländer, ein Slawist, zu Achmatowa, der mit einer russischen Emigrantin verheiratet war. Er hatte auch vor, Schirmunski zu besuchen, dessen Datscha drei Minuten zu Fuß entfernt war, und Achmatowa bat mich, ihm den Weg zu zeigen. Die Schirmunskis setzten sich zu dieser Stunde gerade zum Abendessen und luden uns beide zu Tisch ein. Es war die Zeit der weißen Nächte, draußen war es hell, eben erst hatte es aufgehört zu regnen. Der Engländer überbrachte einen Gruß von seiner Schwiegermutter, der Witwe des Universitätslehrers von Schirmunski. Schirmunski dankte: »Er war nicht nur mein Lehrer, sondern auch mein älterer Kollege. Ich habe bei ihm die Jahresarbeit in Ethik, Ästhetik und Mathematik geschrieben.« Dann fragte er plötzlich: »Wie alt ist denn Ihre Frau? Ihre Familie ist 1920 weggegangen, da war sie so groß, zehn Jahre etwa – wie alt ist sie jetzt also?« Sowohl mir als auch Schirmunskis Frau wurde klar, daß sie sehr viel älter sein mußte als ihr Mann. Dieser wiederholte sehr verlegen: »Nein, nein, das kann nicht sein.« Schirmunskis Frau lenkte das Gespräch auf ein anderes Thema, aber der Hausherr, der das Alter des Gastes offenbar nicht geschätzt und die Peinlichkeit nicht bemerkt hatte, kam wieder darauf zu sprechen und bat mich, als Menschen mit naturwissenschaftlicher Ausbildung, auszurechnen, wie alt sie jetzt sei, wenn sie 1920 usw. Ich begriff, daß dies eine Geschichte für Achmatowa war, und zurückgekehrt, erzählte ich sie ihr sofort. Sie hörte begierig zu und neigte sich sogar, je weiter sich die Geschichte entwickelte, in meine Richtung. »Das ergibt, daß sie nicht jünger als fünfundfünfzig ist«, faßte ich zusammen. Sie warf sich im Sessel zurück und sagte im Ton eines Menschen, der bei der Geburt dabei war, mit Betonung auf der zweiten Hälfte der Zahl: »Fünfund*sechzig*, wenn nicht siebzig ... Sie haben sich dort alle um zehn Jahre jünger gemacht.« Dasselbe sagte sie im selben Ton über Balzac: »Er ist von den Frauen betrogen worden. Seine welkende ›Dreißigjährige‹ war natürlich eine vierzig-, wenn nicht gar fünfzigjährige Dame. Sie bestand darauf, dreißig zu sein: sie rechnete mit der Gutgläubigkeit des großen Schriftstellers. Eine Dreißigjährige – das sehen Sie selbst – ist überhaupt keine welkende, sondern eine blühende junge Frau. Das hat sich doch nicht geändert in einem halben Jahrhundert. Man muß meinen, da hat sich unsere wunderschöne Frau Hanska bemüht.«

Mit großer Unlust machte sie einmal am Tag einen Spaziergang, obwohl die Ärzte auf zwei bis drei Spaziergängen bestanden. Ihre Strecke führte in der Regel bis zur Osernaja und zurück, auf einer kleinen, durch den Kiefernwald führenden Allee. Einige Meter von der Osernaja entfernt stand eine niedrige Bank, sie setzte sich für kurze Zeit dort hin und begann, das Gespräch fortsetzend, mit dem Spazierstock nach links und nach rechts über die Erde zu streichen, so daß bald eine von heruntergefallenen Nadeln freie Fläche reiner feuchter Erde zum Vorschein kam. Es war etwas Bezauberndes in diesem, dem Schwingen einer Metronomnadel ähnlichen Gleiten des dünnen braunen Stocks und in der allmählichen Säuberung der schwarzen Erde, zu einer wie fürs Schreiben bereiten Schiefertafel, umgeben von gelben Nadeln. Ich ertappte mich dabei, diesem Vorgang mehr Interesse entgegenzubringen als dem Gespräch. Bei diesen scharrenden Klängen und dem Zeichnen der Bögen spielte es gar keine Rolle, worum sich das Gespräch drehte.

Einmal begaben wir uns in die entgegengesetzte Richtung, genau gesagt zu Schirmunski. Es war ein sonniger, aber schon kraftloser Augusttag. Die Soldaten, die an der Straße entlang einen Graben für irgendwelche Rohre gruben, hatten Rauchpause, und viele warfen sich sogleich auf die Erde und schliefen. Sie sagte: »Darum ist die russische Armee auch unbesiegbar, weil sie so schlafen können.« Einige Schritte weiter begann ihr Strumpf an einem Bein zu rutschen, ich tat, als würde ich es nicht bemerken; sie bat mich, ein wenig voranzugehen und in einiger Entfernung zu warten. Bald holte sie mich ein, aber der Strumpf rutschte wieder, und die Szene wiederholte sich. Und noch zweimal. Die Hausangestellte Schirmunskis, die auf unser Klingeln herausgekommen war, sagte: »Sie schlafen.« So schliefen also alle, außer uns, wir kehrten um, Achmatowas Laune war endgültig verdorben. Eine halbe Stunde später erschien jedoch der verschlafene Schirmunski mit Entschuldigungen, und eine Woche darauf bemerkte Achmatowa nebenbei im Gespräch: »An jenem Tag, erinnern Sie sich, als die Kleider von mir abfielen...«

Von den Grundstücksnachbarn war sie mit den Gitowitschs befreundet, mit dem anderen Schriftsteller und dessen Frau hatte sie ein, wie es heißt, gutnachbarliches Verhältnis. Er war Kriegsinvalide, durch ein Wunder hatte er eine äußerst schwere Verletzung überlebt: Achmatowa sagte, wobei sie sich wohl auf seine Frau bezog, daß von ihm lediglich vierzig Prozent übriggeblieben seien, alles andere seien Prothesen. Als ich nach fast einem Monat wieder nach Komarowo kam, erzählte sie mir unter anderen Neuigkeiten, daß es einen Skandal gegeben habe – der Nachbar habe seine Frau wegen einer anderen verlassen: »Verstehen Sie, zwei Frauen kämpfen um vierzig Prozent.«

Nicht weit von ihrem Häuschen stand die Datscha eines Kritikers, der Ende der vierziger Jahre mit der Hetze gegen Achmatowa Karriere gemacht hatte. Wenn sie an dieser einstöckigen Villa vorüberging, sagte sie: »Auf meinen Knochen erbaut.« Einmal gingen wir langsam den Weg zum See entlang, als der Hausherr der Datscha uns mit seiner kleinen Tochter entgegenkam. Er nahm seine Baskenmütze ab und begrüßte Achmatowa ehrerbietig. Sie antwortete nicht – vielleicht hatte sie ihn wirklich nicht bemerkt, oder sie wollte ihn nicht bemerken. Da überholte er uns durch den Wald, trat hervor und begrüßte sie nochmals auf dieselbe Weise. Sie verbeugte sich. Kurz darauf fragte ich sie nach dem Grund dafür, da sie ihn doch erkannt habe. Sie erwiderte: »Wenn Sie fünfundsiebzig sind und ein ebenso schwaches Herz haben wie ich, werden Sie verstehen, daß es leichter ist zu grüßen, als nicht zu grüßen.« Über zwei berühmte Leningrader Schriftstellerinnen bemerkte sie: »Sie schreiben große Romane und bauen große Datschen.«

Ein andermal saßen wir auf der Bank, von der Bucht her wehte ein leichter Wind, die Kiefern wiegten sich und rauschten. Sie sagte: »Sie reden, ohne müde zu werden.« Nach kurzem Schweigen fügte sie hinzu: »Das Mitglied des Schriftstellerverbandes N. hat geschrieben: der Kiefern Kupferklang. Sie reden, flüstern, streiten, stöhnen – alles Mögliche. Aber woher kommt der Kupferklang? Wo hat er den gehört?« – »Das ist doch der Flug der Phantasie«, begann ich spottend, ihn zu verteidigen. »Oder die Spesen der Eingebung! Oder eine originelle Erscheinung! Er ist ja trotz allem ein Dichter.« – »Ja«, äußerte sie mit gelangweilter Stimme. »Ein Dichter. Billard.« Möglicherweise waren ihre Pfeile gegen eine weitaus bedeutendere Figur gerichtet als gegen den sowjetischen Lyriker aus Leningrad, genau gesagt, gegen Nikolai Kljujew (»›Meine Rus, du meine Frau‹, das hat er Blok beigebracht«, sagte Achmatowa.), dessen Gedichtbändchen *Das Glockengeläut der Kiefern* Gumiljow einst rezensiert hatte... Überhaupt empfand sie Bäumen gegenüber die Zärtlichkeit einer älteren Schwester und verehrte sie mit der Ehrfurcht einer jüngeren. Als wir uns einmal über Pantheismus unterhielten, zitierte sie als Antwort auf meine

Entgegnung den Anfang eines Gumiljowschen Gedichts aus dem Buch *Feuer* – sie deklamierte ihn nicht wie Verse, sondern stellte ihn als Argument hin, so daß ich die Verse nicht sofort heraushörte: »Ich weiß, daß den Bäumen, nicht uns, die Größe vollkommenen Lebens gegeben.« Und einen Augenblick später trug sie – nun schon als Verse, schon zu ihrem Vergnügen – melodisch vor:

> Unter den Eichen gibt es Moses',
> Marien zwischen Palmen ...

Wenn sie auf ihrer Hand eine Mücke bemerkte, schlug sie sie nicht tot, sondern blies sie weg. Über die blutgierige alte Spinne aus »Mücke-Zokotücke«, die die »Mücke in eine Ecke schleppte«, äußerte sie sich wie folgt: »Das müssen Kinder durchaus nicht unbedingt wissen.« Den riesigen Datschenkater Gljuk, der mit Gepolter von einem Kiefernzweig auf das Dach des Hauses sprang, nannte sie »anderthalb Kater«, und einmal sagte sie über Brodsky: »Finden Sie nicht, daß Joseph ein typischer anderthalber Kater ist?« Als Puninas Mann von einer Wespe gestochen worden war und empört und wortreich auf den Nachbarjungen zustürzte, der sich für Insekten interessierte, weil jener »den Wespen ein Nest in einem Wohnhaus gebaut« habe, entgegnete sie ungerührt: »Niemand hat ihnen irgendwas gebaut, sie bauen selbst, wo sie wollen.«

Das Fenster ihres Zimmers ging auf einen Kiefernhain hinaus, der im Sommer von »grüner Luft« erfüllt war und den sie ihren Gästen gern und mit einigem Stolz auf die Natur zeigte. Zweimal pro Woche etwa wurde vor dem Haus ein Feuer aus trockenen Zweigen, Zapfen und abgefallenen Nadeln entfacht. Sie liebte diese Stunden sehr, die summenden Flammen, die rotschimmernde Glut. Aber wenn der Feuermeister unerfahren war, warnte sie: »Mein Feuer ist eines der heimtückischsten Wesen auf der Welt« und achtete darauf, daß es zur Nacht sorgfältig mit Erde bedeckt wurde. Es war einmal vorgekommen, daß sie mitten in der Nacht davon aufgewacht war, daß die Flammen höher loderten als die Kiefern: »Am Abend aber hatte es sich friedlich gestellt. Sie kennen es nicht.«

Sie liebte Sommer und Winter – wegen der Beständigkeit, der Eindeutigkeit, Frühling und Herbst dagegen mochte sie nicht – wegen der Unstetigkeit und des »Übergangszustandes«, obwohl der heiße schmutzige Moskauer Frühling, der hastig auf die Stadt niederging, immer ganz nach ihrem Geschmack war.

Sie sammelte gern Pilze, um das Haus herum und auf dem Weg zum See, und putzte sie gern. Einmal kam ein unerwarteter Besucher, Sarra Jossifowna meldete ihn, und sie sagte laut und gereizt: »Richten Sie ihm aus, daß ich Pilze putze.« Fünf Minuten später klopfte es, der junge Mann steckte seinen Kopf durch die Tür und stellte sich als Kenner und Verehrer der Verse und der Persönlichkeit Woloschins vor. Sie entgegnete mit scharfem Ton: »Sie sehen doch, ich putze Pilze!« Es sah ganz so aus, als sei der Grund ihres Zorns eher Woloschin als sein ungenierter Verehrer gewesen. »Ich bin die Letzte aus Cherson«, sagte sie oft bedeutungsvoll; beharrlich wiederholte sie diesen Satz auch aus dem Grunde, damit *ihre* Krim nicht mit der von *Koktebel*, von *Woloschin* verwechselt wurde. Woloschin mochte sie als Mensch nicht, verzieh ihm die Geschichte mit Cherubina de Gabriaque nicht, als Dichter schätzte sie ihn gering, hielt ihn für eine aufgeblasene Figur, die in der Memoirenliteratur unwahrscheinliches Glück gehabt hatte: »Zuerst schreibt Zwetajewa über ihn – als verliebte Frau, dann schreibt Ehrenburg nur positiv über ihn, als er alle Namen nacheinander rehabilitiert.« Und die ganze »Koktebeler Institution«, alle seine Manieren und Gebärden hielt sie für unwürdig.

Der kleine Kartentisch, der in ihrem Zimmer am Fenster stand, diente sowohl als Schreibtisch als auch als Eßtisch – das »Tischliedchen« beschreibt eben diese zweifache Verwendung: »Unter der gemusterten Decke ist der Tisch nicht zu sehen«, weiter geht es um die Verse, also darum, was sich auf ihm als Schreibtisch getan hat. Aus einem Wohnzimmer konnte sich das Zimmer plötzlich in ein Eßzimmer verwandeln. Wenn die Zeit des Mittagessens heranrückte, wurde dem Tisch ein Tuch übergeworfen und die Gedecke aufgelegt. Achmatowa konnte in einem Ton, als wäre es ihr eben erst eingefallen, sagen: »Vielleicht l'eau-de-vie? Na, und noch irgend etwas«, und aus einem alten Portemonnaie holte sie einen Zehner hervor. Ich oder einer der jungen Gäste fuhr mit dem Fahrrad in ein Geschäft in der Nähe der Bahnstation. L'eau-de-vie mußte nicht unbedingt Wodka sein, auch Kognak wurde akzeptiert, und »noch irgend etwas« bedeutete Schinken, Sprotten oder andere Konserven, manchmal wurden extra »Kaulköpfe in Tomate« verlangt, die damals äußerst billig waren und stapelweise in den Regalen standen. Ein Freund, der sah, daß ich sie kaufte, bemerkte, nachdem er erfahren hatte, für wen es war, verständnisvoll: »Wahrscheinlich erinnert sie das an ihre Kindheit in Odessa.«

Die Spezialität von Sarra Jossifowna waren gekochte Linsen, denen sich Achmatowa mit einer kurzen Einleitung – mit den Worten des Esau aus dem 1. Buch Mose – widmete: »Laß mich essen das rote Gericht« und mit dem Lob endete: »Dafür kann man sein Erstgeburtsrecht verkaufen.« Wodka trank sie wie Wein, in kleinen Schlucken, und wenn sich jemand in dem Moment an sie wandte, setzte sie das Glas ab, antwortete und trank dann ebenso langsam aus.

In ihrem Zimmer stand gegenüber dem Holzregal mit den verschiedensten Büchern – von einem geschenkten, eben erst erschienenen Buch, das sie in der Regel eilig weiterverschenkte, bis zu einem französischen Bändchen Parny oder einem lateinischen Horaz – ein altes Röhrenradio »Rekord« mit zwei Wellenbereichen: Mittelwelle und Langwelle. Sie sagte, daß sein Äußeres nach dem obligatorischen Porträt des Genossen Stalin an der Wand darüber verlange. Die Zeitschriften der vierziger Jahre waren voll von Fotografien, auf denen stets etwa folgendes zu sehen war: ein gemütliches Zimmer, eine lächelnde Familie, ein reich gedeckter Tisch, ein Gummibaum, ein Stalinporträt in der roten Ecke, und unter ihm das »Rekord«-Radio.

Einmal gelang es uns am hellichten Tag, eine Sendung von »Radio Liberty« zu empfangen: der Sprecher las ohne jede Störung etwas Sarkastisches aus *Ljubimow* von Abram Terz. Terz-Sinjawski und Arschak-Daniel waren bereits verhaftet, Achmatowa hatte mir schon Sinjawskis Namen in der von ihr einen Monat zuvor zusammengestellten Liste der hundert Personen, denen sie das gerade erschienene Buch *Der Lauf der Zeit* schenken wollte, gezeigt. Als die Sendung zu Ende war, sagte sie: »Ich mag solche Reiterkunststücke auf den Knochen anderer nicht. Aber was den Diebstahl betrifft, so wurde uns in den juristischen Kursen beigebracht, daß der Diebstahl in Rußland sich durch das verminderte Gefühl für Privateigentum als Folge der Urgemeindeordnung der Slawen erklären lasse. Und was die Trunksucht betrifft, braucht man keine juristischen Kurse, da muß man einfach aus dem Fenster schauen.«

Am Kopfende der Liege stand ein Plattenspieler auf einem niedrigen Tisch: entweder hatte ich ihn im Ortsausleihdienst besorgt, oder jemand hatte ihn aus der Stadt mitgebracht. Sie hörte oft und lange die unterschiedlichste Musik, es kam aber auch vor, daß für eine gewisse Zeitspanne ein Stück oder mehrere Stücke ihr besonderes Interesse hervorriefen. Im Sommer 1963 waren das die Beethoven-Sonaten, im Herbst – Vivaldi; im Sommer 1964 – das 8. Quartett von Schostakowitsch; im Frühjahr 1965 – »Stabat mater« von Pergolesi und im Sommer und Herbst – »L'Incoronazione di Poppea« von Monteverdi und besonders oft »Dido und Aeneas« von Purcell, die englische Aufnahme mit der Schwarzkopf. Sie hörte die »Bagatellen« von Beethoven gern, hörte viel Chopin (von Sofronizki gespielt), die »Vier Jahreszeiten« und andere Konzerte von Vivaldi, außerdem Bach, Mozart, Haydn, Händel. Das »Adagio« von Vivaldi ist bekanntlich in die *Mitternachtsgedichte* eingegangen: »Im Adagio Vivaldis werden wir uns wieder sehn.« Die kleine Schallplatte hieß auch so: »Vivaldi. Adagio«, ohne Hinweis auf das konkrete Werk des Komponisten.

Es war ein Stück für Geige, daher:

> Der Bogen fragt nicht, wie du ins Haus,
> Ins mitternächtliche kamst.

Ein französischer Übersetzer übertrug diese Zeilen etwa so: »Der Hund wird nicht bellen, wenn du eintrittst«, in der Annahme, daß *smytschok* (Bogen) der Name eines Hundes sei.

An einem der Tage bat sie mich, zur Abwechslung irgendeine Musik im Radio einzustellen. Ich begann, den Zeiger auf der Skala zu verschieben und bemerkte laut, daß es allerlei Unterhaltungsmusik gebe. Achmatowa äußerte: »Wer braucht die denn?« – »Hier ist irgendeine Oper.« – »Opern sind nicht immer schlecht.« – »Wann zum Beispiel nicht?« – »Wenn es die ›Chowanschtschina‹ ist oder ›Die Stadt Kitesch‹.« Plötzlich erklang aus »Pique Dame«: »Eine Tat von beispielloser Stärke bin ich bereit, für Sie jetzt zu vollbringen.« »Na und, was bedeutet denn das?« sagte sie, als würde sie es zum ersten Mal hören. »Im übrigen ist ›Pique Dame‹ immer gut. ›Onegin‹ – ist schrecklich.«

Von Achmatowa zu sagen, daß »sie Gedichte schrieb«, wäre ungenau: sie schrieb Gedichte auf. Sie öffnete ein Heft und schrieb die Zeilen auf, die zuvor schon in ihrem Kopf entstanden waren. Oft setzte sie anstelle einer Zeile, die noch nicht existierte, die ihr noch nicht in den Sinn gekommen war, Punkte und schrieb weiter, die ausgelassenen Zeilen setzte sie später, manchmal nach einigen Tagen ein. Nebenbei gesagt, wurden die beiden letzten Zeilen des Vierzeilers in dem angeführten Brief über zwei punktierte Zeilen geschrieben, die vorher durchgestrichen worden waren. Manche Verse fand sie gleichsam: sie existierten schon irgendwo, noch niemandem auf der Welt bekannt, ihr aber gelang es, sie zu entdecken – im Ganzen, mit einem Mal, ohne spätere Veränderungen. Am häufigsten waren das Vierzeiler, zum Beispiel:

> Deine Augen irre,
> Und eisig deine Reden
> Erklärungen der Liebe
> Vor der ersten Begegnung.

Wenn sie »Verse dichtete«, wurde dieser Prozeß nicht für eine Minute unterbrochen: ganz plötzlich, während der Replik des Gesprächspartners, beim Lesen eines Buches, über einem Brief, beim Essen sang-murmelte sie mit voller Stimme – »summte« – undeutliche Vokale und Konsonanten der herannahenden Zeilen, die schon ihren Rhythmus gefunden hatten. Dieses Summen stellte sich als phonetischer und daher für alle hörbarer Ausdruck der mit dem gewöhnlichen Gehör nicht wahrnehmbaren, ständigen Vibration der Dichtung dar. Oder, wenn man so will, als Verwandlung des Chaos in poetischen Kosmos. Mit den Jahren ging dieser Prozeß bei Achmatowa auf immer konkretere, sich selbst präzisierende Ebenen über: ihr berühmter tonischer Vers verschluckte sich am klassischen Versmaß, ein Gedicht aus drei- oder vier vierzeiligen Strophen tendierte zum modifizierten Sonett, ein ungefährer Gleichklang wurde durch einen erlesenen Reim verdrängt. Sie erzählte, daß Losinski über die Reime *skasal-glasa* (sagte-Augen) oder *nasch-otdana* (unser-gegeben) gesagt habe: »So zu reimen und dann noch gut, das gelingt nur Ihnen.« Und als sie mir ein Liedchen diktierte, das später dem *Poem ohne Held* beigefügt wurde:

> Ich war es, die für dich gezahlt hat
>   Mit Zaster,
> Zehn Jahre lang, bewacht vom Nagant,
>   Vegetiert ich dahin,
> Ich sah nicht nach links und nach rechts.
>   Doch hinter mir
> Erklang der Verleumdung
>   Geraschel.

bemerkte sie: »Ich reime gern Stimmloses mit Stimmhaftem: *sapla-tila-chodila* (bezahlte-ging), *gljadela-schelestela* (sah-raschelte).«

Sie bestand darauf, daß es in Versen weniger Kommas und Satzzeichen überhaupt geben solle, verwendete aber ein Zeichen, welches sie das »ihre« nannte, häufig, ein Komma mit Gedankenstrich, dabei bezog sie sich wieder auf Losinski, der ihr gesagt hatte: »Eigentlich gibt es ein solches Zeichen nicht, aber Sie dürfen es verwenden.« Als ich einmal auf eine Stelle im Manuskript hinwies: »Hier müßte man ein Komma setzen«, lautete die Antwort: »Ich habe selbst gespürt, daß da etwas Komma-iges ist.« Wenn sie müde wurde und sich weniger unter Kontrolle hatte, schrieb sie einige

Worte auf die alte, vorrevolutionäre Weise, zum Beispiel mit Theta: »Grüße an Θedja« in einer Notiz; oder die Adjektive im Genitiv mit »w« statt mit g: *molodowa* (jung). Diese Schreibfehler verliehen den Worten eine größere Ausdruckskraft und dem ganzen Brief einen besonderen Reiz.

Die Verse verließen sie nicht einmal während einer Krankheit, in Krankenhäusern schrieb sie viele bekannte Gedichte, und sogar im Fieber, in der Typhusbaracke dichtete sie:

> Irgendwo die junge Nacht,
> Sternenvoll und frostig ...
> Oh, der schlimme
> Typhuskopf, –

und so weiter, Verse, die ihren Worten nach irgendein angesehener Professor seinen Medizinstudenten als Beispiel für eine dokumentarische Fixierung von Visionen, die den Typhuskranken heimsuchen, zitiert hat.

Manchmal träumte sie von Versen, brachte ihnen aber Mißtrauen entgegen und unterzog sie im nüchternen Zustand des Tages einer strengen Kontrolle.

✳

Den nächsten Brief erhielt ich ein halbes Jahr später. Es war das Nachwort zu einem der Gespräche, die sie in jener Zeit immer häufiger begann und die ich weder zu führen noch abzubrechen verstand – Gespräche über ihren nahen Tod. Jenes, welches im Brief erwähnt wird, hatte ich schroff unterbrochen, aber auch danach verschwand dieses Thema nicht ganz. Schon nach ihrer Rückkehr aus Italien hatte sie mir ein 1941 in Mailand erschienenes Miniaturbändchen der *Göttlichen Komödie* geschenkt, mit der Widmung: »Era a me morte, ed a lei fama rea ... Petrarca.« In der CCCLXVI. Kanzone wendet sich Petrarca an die Jungfrau Maria mit der Bitte um Beistand, denn die Hilfe, die ihm seine irdische Donna erweisen könnte, bestünde für ihn im Tod und für sie in Schmach: ».. . ch'ogni altra sua voglia Era a me morte, ed a lei fama rea.« Die Zeit des Geschenks und der Widmung fiel mit der Entstehung des Vierzeilers zusammen –

> Es tagt – das ist das Jüngste Gericht,
> Begegnung nun ist trauriger als Trennung.
> Dem toten Ruhm übergeben mich
> Deine lebendigen Hände.

in dem der »tote Ruhm« Semantik und Phonetik von Petrarcas Vers zu einem Knoten verband.

Den Brief erhielt ich aus ihren Händen.

31. März 1964
Moskau

Sie sind heute so unerwartet und schwer betrübt gewesen – daß ich ganz verwirrt bin. Ich habe Ihnen oft und seit langem davon gesprochen, und Sie haben meine Worte immer vollkommen ruhig aufgenommen.

Ich bitte Sie sehr zu glauben, daß sie auch heute nichts enthielten als den Wunsch, Ihnen Gutes zu tun. Nun habe ich mich endgültig davon überzeugt, daß alle Gespräche zu diesem Thema Verderben bringen, und verspreche, sie *niemals* wieder zu beginnen.

Wir werden einfach leben wie Lear und Cordelia im Käfig – werden Leopardi und Tagore übersetzen und einander vertrauen.

Anna

Nach dem »Wunsch, Ihnen Gutes zu tun« ist »im besten Sinne dieses Wortes« durchgestrichen.

Der Vertrag für die Übertragung der Lyrik von Leopardi, die »Achmatowa, Anna Andrejewna und Naiman, Anatoli Genricho- witsch, die gemeinsam arbeiten und im folgenden Autor genannt werden« im Mai 1965 dem Verlag vorlegen sollten, wurde erst ge- gen Ende des Sommers 1964 mit uns abgeschlossen, aber die Arbeit hatten wir bereits im Winter begonnen. Der Sammelband *Giacomo Leopardi. Lyrik* erschien ein Jahr nach ihrem Tod beim Staatsverlag für Literatur. Tagore, dessen Gedichte dringend für eine mehrbändige Sammlung seiner Werke übertragen werden mußten, kollidierte in jenem Frühjahr unerwartet mit Leopardi. Im Herbst 1965, kurz vor Achmatowas letzter Krankheit, schlossen wir einen ebensolchen gemeinsamen Vertrag wie den Leopardi-Vertrag über die Übertragung von Versen der griechischen Kommunistin Rita Bume-Papa, die A. A. sofort »Papa Grischa« nannte, des Gleichklangs wegen. Die Redakteurin des Verlages »Progreß« erinnerte uns höflich, aber bestimmt immer wieder an den Abgabetermin, sie erklärte, daß die Herausgabe des Buches »für den Frauentag, den 8. März geplant« sei.

Achmatowa empfand die Übertragung von Versen als eine notwendige, lästige Arbeit, und sie spannte sich nicht einmal als Puschkinsches »Postpferd der Aufklärung« vor diese Fuhre, sondern als ruhiges Lastpferd, das mal für diesen, mal für jenen Herren arbeitet. Welche Achtung oder Sympathie der Dichter auch genoß, den sie übertrug, er war ihr Peiniger, er forderte das Dichten russischer Verse, obendrein unbedingt in großer Zahl, denn sie erarbeitete sich ihren Lebensunterhalt hauptsächlich mit Übertragungen. Eigene Verse schrieb sie, wie es sich eben ergab: bald mehrere in einer kurzen Periode, bald in einem halben Jahr nichts, mit den Übersetzungen aber war sie jeden Tag vom Morgen bis zum Mittag beschäftigt. Darum zog sie es auch vor, Verse von Dichtern zu übernehmen, die ihr gleichgültig waren, und noch lieber – Verse mittelmäßiger Dichter: die Mitarbeit am Buch Baudelaires lehnte sie ab, auch auf das Angebot, Verlaine zu übertragen, ging sie nicht ein.

Das bedeutete keineswegs, daß sie nicht gern arbeitete: trotz allem waren es Gedichte, und sie war Achmatowa. Die Qualität der Arbeit, die sie dem Redakteur lieferte, war tadellos: sie nannte sich – ein wenig für das Publikum – eine professionelle Übersetzerin, eine Schülerin von Losinski. Von ihren Übertragungen schätzte sie selbst am meisten ein serbisches Epos (»nach Puschkin«), einiges aus der koreanischen Poesie, den *Wanderer* des Rumänen Alexandru Toma:

> Wenn ein Gast kommt in dein Zelt
> Empfang mit Güte ihn: gib Brot und Salz,
> Gieß Wasser auf die Wunden, rette ihn vor Schmerz,
> Ihn auszufragen aber wage nicht,
> Woher er kommt, wohin er geht;

und »Herbst« von Perez Markisch:

> Dort rauschen die Blätter nicht unruhevoll,
> Sie liegen gekrümmt, und sie schlummern im Wind,
> Doch da schleppt sich eins auf dem Wege vom Schlaf,
> So wie eine goldene Maus ihre Höhle aufsucht.

Sie konnte bei passender Gelegenheit die letzten Zeilen vortragen: »Ihn auszufragen aber wage nicht ...« oder sagen: »Bei Markisch ist das reizend gesagt: ein welkes Blatt – wie eine goldene Maus.«

Sie übertrug Nezval, den sie den *Parfümfabrikanten* nannte, Hugo, den sie einfach nicht mochte, Tagore, den sie bei der Arbeit schätzen lernte, und viele andere. Sie beschuldigte Kritiker der Inkompetenz oder des Begleichens persönlicher Rechnungen usw., die dem Übersetzer die Übertragung nach der Interlinearübersetzung vorwarfen. »Wir übertragen alle nach der Interlinearübersetzung: einer, der die Sprache des Originals kennt, sieht in irgendeinem Stadium trotzdem die Interlinearübersetzung vor sich.« Sie war entrüstet, als sie in Etkinds Buch las, daß Djakonows Übertragung des *Gilgamesch* genauer sei als die Gumiljowsche: »Kolja hat sich mit dem *Kulturträgertum* beschäftigt und aus dem Französischen übertragen, wie kann man das vergleichen!«

Ihre Bemerkungen zu dem zu übersetzenden Material trugen einen durch und durch ironischen Charakter. »Blankverse?« sagte sie, wenn sie sich irgendeinen Autor vornahm. »Nun, das ist ja edelmütig von ihm.« Sie beherrschte den Blankvers vollkommen, mit dem Reim aber, auch wenn er den Übersetzer zur Disziplin anhielt, mußte sie kämpfen. Als wir mit Leopardi begannen, hatten wir bald Mitleid mit ihm: er war ein großer Dichter, hatte wunderschöne Gedichte geschrieben und so weiter, aber er war sehr krank und von kleinem Wuchs, die Aspasien und Nereiden mochten ihn nicht, er starb früh. Wenn sie müde wurde, konnte der fünffüßige Jambus unmerklich in den sechsfüßigen übergehen, einmal wich er ganz und gar in den Trochäus ab, und ich bemerkte: »Das ist ja schon Hiawatha.« Von dem Tag an sagte sie, wenn sie ein neues Stück vorlas, fröhlich: »Ist es noch nicht Hiawatha?« Ein andermal, als ich meinen Teil vortrug – wir arbeiteten bereits an Tagore, fragte sie, mitten im Lesen abgelenkt, wie ich bemerkte, in betont mondänem Ton: »Ist das schon die Übertragung oder noch die Interlinearübersetzung?« Zum selben Thema äußerte sie einmal: »Schreiben wir das, oder schreibt man uns?« und erklärte: »Wahrscheinlich aus den Karamsinschen Geschichten. Ein Beamter berichtet dem Wojewoden die Neuigkeiten; dieser sitzt wichtig da, im Pelzmantel, hört zu und stellt schließlich diese Frage.«

»Was, sowohl ›gésagt‹ als auch ›geságt‹?« fragte sie betont kummervoll. »In meinem Leben gab es alles doppelt: zwei Kriege, zwei Zusammenbrüche, zwei Hungerperioden, zwei Beschlüsse – aber eine zweifache Betonung überlebe ich nicht.«

Einige Tage nach dem Abschluß der letzten Tagore-Übertragungen sagte sie zum ersten Mal: »Er hing über mir wie eine Schuld . . . Aber er ist ein großer Dichter, das sehe ich jetzt. Es kommt nicht auf einzelne, geniale Zeilen an: ›Wanderer, fürcht' nichts, im Unwetter stehst unterm Schutz du der Göttin des Unglücks‹, nicht auf einzelne Gedichte wie ›Laß ihn frei‹, sondern eben auf den mächtigen Poesiestrom, der wie im Ganges Kräfte im Hinduismus schöpft und Rabindranath Tagore heißt.« Sie begann diese Replik ganz alltäglich, endete aber mit Stentorstimme, und sie sprach nicht zu mir, sondern quasi zu einer dritten Person, als würde sie die Gereiztheit und die beißenden Spötteleien über Tagore während der Übertragung mit diesem majestätischen Aphorismus ausgleichen. Damals war sie »vor den Wagen gespannt«, jetzt sprach sie im

Sessel sitzend, damals kam es »vom Herzen«, jetzt war es, »wie es sein mußte«.

Überhaupt sollte man mit der Veröffentlichung der Achmatowaschen Übertragungen vorsichtig sein. Die Übertragungen von Leopardi zum Beispiel, die der eine angefertigt hat, sind jeweils von dem anderen korrigiert worden, und ihre Zuordnung zu dem einen oder dem anderen Familiennamen im Buch ist sehr relativ. Ich kenne das Maß der Hilfe, den Anteil an Achmatowas Arbeit von Chardschijew, von der Petrowych. Niemand der an diesen Arbeiten beteiligten Menschen würde sich für die Autorschaft Achmatowas in jeder konkreten Übertragung verbürgen. Das Beste wäre, ihren Willen zu erfüllen, den sie verschiedenen Gesprächspartnern gegenüber mehrmals geäußert hat: nach ihrem Tod keine Übertragungen in ihren Büchern zu veröffentlichen. Es war eine komplizierte, unfrohe, notgedrungene Angelegenheit, und ein angesehener Wissenschaftler, dem ich von Lear und Cordelia im Käfig erzählte, die Leopardi und Tagore übersetzen, bemerkte sehr treffend: »Es klingt aber nicht wie Leopardi und Tagore, sondern eher wie Leopard und Tiger im Käfig.«

Ende April 1964 kam ich mit der Diagnose Mikroinfarkt ins Krankenhaus. Das war damals eine Seltenheit unter jungen Menschen, die Ärzte stürzten sich erschrocken und begeistert auf mich. Den Ernst der Krankheit begriff ich nicht, stand entgegen den Anordnungen des Arztes auf, bat, mich auf eigene Verantwortung zu entlassen. Achmatowa besuchte mich einige Male, gab regelmäßig jemandem kleine Briefe mit und schickte Blumensträußchen.

Gründonnerstag

Tolja,

und das ist alles Unsinn, Hauptsache, Sie sind ganz gesund und nicht betrübt.

Das Herz beruhigt man durch richtige Atmung und düstere Gedanken durch den Glauben an die Freunde. Trennungen, Scheidungen, Abwesenheit existieren überhaupt nicht, davon überzeugte ich mich vor kurzem und hatte Gelegenheit, diese Wahrheit dieser Tage auch zu überprüfen. Freigiebig teile ich diese meine neue Erfahrung mit Ihnen.

Gestern habe ich mit dem »Haus« gesprochen. Irina läßt Sie grüßen. Nika hat den Brief über Leopardi für Sie erledigt. Schicken Sie Tagore, wir schreiben ihn auf der Schreibmaschine ab und geben ihn dem Jungtürken. Boris spricht in höchsten Tönen von Ihrem Stück.

Ich bin überzeugt, daß 1963 dasselbe mit Ihnen war, und Sie haben die ganze Krankheit ohne Arzt durchgemacht.

Grämen Sie sich nicht!

A.

Heute ist die *Junost* mit meinen Gedichten erschienen.

... und denken Sie daran, daß das Krankenhaus seinen klösterlichen Reiz hat, wie mir einmal M. L. Losinski schrieb.

Freitag

Nacht

Tolja,

heute ist ein riesiger, leerer Tag, sogar ohne Anrufe und ohne die geringsten Anzeichen der »Achmatowka«. Ich habe aus irgendeinem Grunde fast die ganze Zeit geschlafen. Ich war froh, als Sascha Nilin sagte, Sie hätten die biblischen Narzissen erkannt. Ich danke dem Freund, der in Ihrem Namen angerufen hat.

Um wieviel behaglicher wäre es, wenn ich im Krankenhaus wäre und Sie mich besuchen kämen, wie einst in Gawan.

Lida Tsch. hat ein Epigraph zu allen meinen Versen gefunden:

Auf der schändlichen Bühne der Sorge,
Unterm Thronbaldachin steh' ich fremd.

Aber er bezieht wohl nicht alle ein?!

Am Abend ist Ranewskaja gekommen. Alexej hat sie zur Premiere seines Films »Die drei Dickwänste« eingeladen.

Morgen erwarte ich Nika.

Wenn Tagore Sie anstrengt, hören Sie auf, und vor allem – machen Sie beim ersten Anzeichen von Müdigkeit eine Pause: wir werden noch zu den Birken und zum Hechtsee fahren.

Gute Nacht!

A.

Ich w-e-r-d-e Ihnen oft schreiben.

Das »Haus« im ersten Brief ist in Anführungszeichen gesetzt. In der Dreizimmerwohnung in der Leninstraße Nr. 34 wohnten außer Achmatowa – Irina Nikolajewna Punina mit ihrem Mann sowie ihrer Tochter Anna Kaminskaja und deren Ehemann. Sowohl Punina als auch Kaminskaja brachten Achmatowa selbstverständlich Ehrerbietung entgegen, jedoch mit einer Spur von leichtem und ständigen Unmut, ohne daß man es konkret hätte erklären können. Es gab Perioden der Freundlichkeit und größeren Nähe, die durch solche der Kühle und des Streits abgelöst wurden, der gewisse Unmut aber und eine gewisse Intimität, demonstriert durch die Anrede Achmatowas mit »Akuma«, waren keinerlei Schwankungen unterworfen, sie waren ausgeklammert. Über Punina sagte Achmatowa in ihrer besten Phase einmal: »Ira ist ein besänftigter Bergbewohner.« Nach der Rückkehr Achmatowas aus Moskau im Winter bemühte sich das »Haus« darum, für sie einen Platz im »Haus des Schaffens« in Komarowo zu bekommen; nach ihrer Rückkehr aus der Hütte wurde sie, oft nach wenigen Tagen, reisefertig gemacht und nach Moskau geschickt.

Ihr Zimmer, es war lang, mit einem Fenster zur Straße, befand sich neben der Küche. Über dem Bett hing die Zeichnung von Modigliani, an der gegenüberliegenden Wand stand eine Kredenz mit Papieren, die sie stets *kradenza* (Wortspiel: *kradenoje* – Diebesgut. Anm. d. Übers.) nannte. In meinem Bewußtsein verbanden sich diese Kredenz, das Tischchen mit abnehmbarer Tischplatte, unter der auch Briefe und Papiere verwahrt waren, das gobelinartige Bild mit dem Hirsch, das auf dem Tischchen lag und sich als Schreibmappe erwies, in der auch Briefe verwahrt wurden, der ovale Spiegel, das angeschlagene Flakon, die Blumenvasen und alle anderen alten Dinge, die in diesem Zimmer gleichzeitig von Achmatowa zeugten und ebenso zufällig aussahen, mit der Beschreibung des Schlafzimmers von Olga Sudejkina, der »Heldin« des Poems, die mit der Zeile »Halbgestohlen ist dieses Gut« endet. Einmal kam ein junger Oxford-Absolvent zu ihr, der sich mit dem Thema »Volkstümliche Quellen im Schaffen Achmatowas« beschäftigte, er deklamierte mit leichtem Akzent: »Lieber sollt' ich keck Tschastuschkas singen / Du aber die heisere Harmonika spielen« und erklärte auf diese Weise, was er unter volkstümlichen Quellen verstand. Einige Zeit später kam das Gespräch auf Modigliani, sie bat mich, ihm die Zeichnung zu zeigen, ich trat an das Bett heran und machte eine einladende Geste, aber er rührte sich nicht von der Stelle; in der Annahme, er habe etwas nicht verstanden, erklärte ich, daß hier die Zeichnung sei, und zog den Gast am Ärmel, stieß ihn leicht in die Richtung. Er warf erschrocken einen Blick auf das Bild und kehrte sofort an seinen Platz zurück. Als er gegangen war, sagte Achmatowa: »Sie sind es dort nicht gewöhnt, die Betten alter Damen zu sehen. Er sah ganz verstört aus, als Sie ihn an den Rand des Abgrunds schleppten.« Dann: »Sie können nicht glauben, daß wir so leben. Und sie können nicht verstehen, wie wir unter diesen Bedingungen noch etwas schreiben können.« Und nach einer erneuten Pause: »Er hätte sich über die Volkstümlichkeit bei Achmatowa etwas Geistreicheres ausdenken können, als Tschastuschkas und Harmonikas.«

Puninas Mann, der Rezitator Roman Albertowitsch Rubinstein (den A. A. hinter seinem Rücken ebenfalls nach Soschtschenko »Dramenschauspieler« nannte), trat mit dem Poem *Herbe Liebe* von Smeljakow in Bibliotheken, Klubs und an so ungewöhnlichen Orten wie zum Beispiel in Sprechzimmern von Krankenhäusern auf: um acht Uhr morgens, bei der Ablösung des Nachtdienstes. Er war ein »Liebhaber des Schönen«, wie es sie offenbar schon nicht mehr gab auf der Welt – im Korridor begann er leidenschaftlich darüber zu sprechen, daß man die Verse des jungen Dichters XY und des Z der alten Garde »nicht unterbewerten« oder »nicht überbewerten« dürfe, und da Achmatowa wie versteinert schwieg, wandte er sich an ihre Gäste. Am 5. März 1963 lud Achmatowa Brodsky und mich ein, den zehnten Todestag von Stalin zu feiern. Wir tranken gehörig Kognak und erhoben uns gegen ein Uhr nachts zum Gehen. Achmatowa trat in den Flur, um uns zu begleiten. Überraschend tauchte Roman Albertowitsch an der Garderobe auf: er fragte mich, ob ich mit ihm übereinstimme, daß man Wosnessenski und Surkow nicht unterbewerten dürfe – ich war aber nicht mehr in der Lage, ihm zu antworten. Er wandte sich mit demselben Anliegen an Brodsky, der ihn, betrunken wie er war, in seinem Gesichtsfeld einfing und herauspolterte: »Ramon, alles in Ordnung!« Achmatowa pflegte über ihn zu sagen: »Ich schätze ihn sehr. An seiner Stelle hätte auch ein Mensch sein können, der mich ständig ermahnte: ›Mama, Sie haben wieder das Licht in der Toilette nicht ausgeschaltet.‹«

Sie wohnte ungern im »Haus des Schaffens der Schriftsteller«: immer unter Menschen, die sie obendrein nicht ausgewählt hatte, kasernenmäßiges »Wecken« und »Abtreten zum Schlafen«, ein gemeinsames Badezimmer, gemeinsames Frühstück-Mittag-Abendbrot, aber sie fand sich damit ab, wie mit etwas Unvermeidbarem. Eine der Mitbewohnerinnen begann, sich bei ihr zu beklagen, daß ihr Bekannter, ein Schriftsteller, der alle Achtung verdiene, in Malejewka ein kleines Zweizimmerhäuschen bekommen habe, während ein unbegabter, der aber Sekretär des Verbandes sei, eines mit fünf Zimmern erhalten hätte. Nachdem sich die Tür hinter ihr geschlossen hatte, sagte Achmatowa: »Warum erzählt sie mir das? Alle meine Gedichte habe ich auf dem Fensterbrett oder auf irgendeiner Kante geschrieben.« Jenes Mal, als wir zusammen im »Haus des Schaffens« waren, fand sich am Nachbartisch eine Gesellschaft von Schriftstellern mittlerer Jahre zusammen, die von Mahlzeit zu Mahlzeit ein und dasselbe Thema mit immer größerer Leidenschaft diskutierten: man bröckelt den Tauben Brot hin, aber die Spatzen fliegen heran und picken es sofort auf. Von Mal zu Mal wurden die Tauben vertrauensseliger und schutzloser, die Spatzen aber immer schlauer und räuberischer, so daß es bald schon gar keine Tauben und Spatzen mehr waren, sondern jemand vollkommen anderes, dem die Gesprächspartner eine Wohltat erweisen bzw. den sie zerfetzen wollten. Achmatowa saß mit dem Rücken zu diesem Tisch. Eines Tages tauchte auf jenem Mittagstisch Sekt auf. Einer der Schriftsteller, ein großer Mann mit rundem Gesicht, der genau denselben finnischen Pullover trug wie seine große Frau mit rundem Gesicht, näherte sich Achmatowa mit zwei Gläsern und der Bitte, aus Anlaß seines Geburtstages mit ihm anzustoßen. Ohne ihn ausreden zu lassen, erklärte sie sehr schroff, daß der Arzt es ihr verboten habe. Er geriet in Verlegenheit und erinnerte sie nuschelnd daran, daß sie sich von einem gemeinsamen Auftritt 1936 oder 1937 beim NKWD her kennten. »Sie haben den Verstand verloren!« sagte sie. »Sie wissen einfach nicht, wer ich bin.«

Während eines anderen Aufenthalts in diesem Haus saßen wir auf der Bank am Eingang, als ein wohlgestalter alter Mann mit einem Köfferchen in der Hand – ein bekannter Leningrader Dichter – anreiste. Er war in Zarskoje Selo geboren worden, was er gern marktschreierisch kundtat, in der Familie eines Priesters, wovon er die Aufmerksamkeit des Publikums abzulenken bemüht war. »Aufs Haar genau der Vater«, sagte Achmatowa halblaut, »wenn er zur Amtshandlung ging.« Eine Stunde später wurde bekannt, daß der Dichter verbannt worden war: in Leningrad war eine Lasterhöhle ausgehoben worden, er entpuppte sich als einer der Besucher, seine Frau hatte vor Gericht erklärt, daß sie sich danach nicht mehr mit ihm in einer Wanne waschen wolle, und man schickte ihn für einige Monate ins »Haus des Schaffens«. Achmatowa rief aus: »Und ich will mich wohl in einer Wanne mit ihm waschen?!«

Für Kaminskajas Mann, den Maler Leonid Sykow empfand sie Sympathie, setzte sich für ihn ein, als die Unannehmlichkeiten wegen des Militärdienstes bei ihm begannen, und geriet seinetwegen einmal in eine zweideutige Lage. Die Tochter Chagalls besuchte sie in Leningrad, erzählte ihr sentimental und feierlich von der Liebe ihrer Eltern zu ihren Versen. Dann fragte sie, was sie ihr aus Paris schicken könne, welches Parfüm, welche Bücher, Medikamente . . . Nein, ich brauche nichts, danke. Na, irgend etwas, was Sie wollen, niemandem bereitet das Schwierigkeiten, es wird uns eine Freude sein. Und da erinnerte sich Achmatowa, daß sie vor kurzem erörtert hatten, woher man für Ljonja Pastelle beschaffen sollte, und bat sie, welche zu schicken. Einen Monat später übermittelte ihr jemand, der aus Frankreich gekommen war, daß Chagall frage, was sie genau für ein Pastell haben wolle, ein früheres, oder vielleicht denke Achmatowa an eine bestimmte Arbeit von ihm. Nach Paris gelangte die Erklärung, daß Farben gemeint seien. Schließlich kam ein

Schächtelchen mit Pastellfarben in Moskau an. Die Geschichte betrübte Achmatowa, sie hatte in ihrem ganzen Leben niemanden um etwas gebeten, Chagall achtete sie als großen Künstler und Zeitgenossen, und niedergeschlagen sprach sie vor sich hin: »Da hast du dein ›Ich will dich beschreiben wie Chagall sein Witebsk‹« – eine Zeile aus der »Ode von Zarskoe Selo«. (Die Tochter Chagalls begleitete ein berühmter Kunstwissenschaftler, der entfernt mit Achmatowa bekannt war. Am Ende des Gesprächs sagte er ihr: »Warum geben Sie nichts in die Archive? Im Zentralen Literaturarchiv wird man glücklich sein, wenigstens irgend etwas zu bekommen. Ein Autograph von Ihnen, das ist schon was.« Nachdem sie gegangen waren, äußerte sie: »Die Natur hat dafür gesorgt, daß alle seine Laster von seinem Gesicht ablesbar sind. Der Mensch selbst sieht das nicht.«)

Über Ljonjas Bruder Wladimir Sykow, einen scharfsinnigen, ruhigen, schönen Menschen, der damals begann, als Techniker zu arbeiten, sagte sie: »Ein typischer junger russischer Ingenieur. Solche tauchten nach den Reformen Alexanders plötzlich im Land auf: Ärzte, Richter, Ingenieure, Semstwo-Abgeordnete. In wenigen Jahren verwandelten sie Rußlands Gesicht, Mitte der Sechziger waren sie schon überall.«

Inzwischen zog das Verfahren Brodskys, das einen Monat zuvor mit seiner Verschickung nach Konoscha zu Ende gegangen war, weitere Kreise, die seine Freunde und Verteidiger erschütterten. Die Anklage des Parasitentums drohte aus denselben Gründen in der Tat noch einigen jungen Menschen, die keinen offiziellen Status als Literaten hatten, insbesondere mir, um so mehr, da ich von einem der Verlage eine Bescheinigung über die Mitarbeit Brodskys als Übersetzer beschafft hatte. Die Bescheinigung wurde vor Gericht verwendet, ich wurde als Gauner, Provokateur und ähnliches eingestuft, und der Chefredakteur, der die Bescheinigung ausgestellt hatte, erhielt einen Verweis, weil er sich der Gaunerei, Provokation und ähnlichem nicht widersetzt hatte. Hinzu kam, daß der Initiator des ganzen Verfahrens früher Leiter des Klubs in dem Institut war, in dem ich studiert hatte, und mich persönlich kannte, fünf Jahre zuvor hatte er eine Denunziation gegen mich veröffent-licht. Die Situation beunruhigte Achmatowa, besonders nach der Geschichte mit Ionisjan.

Im Winter 1963/64 geschahen einige grausame Morde, die sich in fast allen Einzelheiten ähnelten. Mittags klingelte es an der Tür, auf die Frage – »Wer ist da?« – antwortete der Mörder hinter der Tür: »Der Gasmann«, trat ein, holte aus seiner Tasche eine Axt, erschlug die Bewohnerin, meistens eine alleinstehende, alte Frau oder eine alte Frau und ein Mädchen, nahm irgendwelchen Trödel mit, zum Beispiel einen alten Fernseher, schleppte ihn zum Taxistand und verschwand. Dabei maskierte er sich nicht, so daß sich in der Folge viele an sein Äußeres erinnerten und die Miliz ein »Phantombild« erstellen konnte. Die Moskauer waren in Maßen terrorisiert, in Maßen erregt und von der Entwicklung der Ereignisse mitgerissen. Man suchte mystische Erklärungen für seine gleichzeitige Anwesen-heit an verschiedenen Stellen der Stadt: um zwölf Uhr sagte er »Der Gasmann« in Troparewo im Südwesten, fünf Minuten nach zwölf in Beskudnikowo im Norden. Dann ging das Gerücht um, daß an einem Morgen Chruschtschow ohne Vorankündigung und ohne Begleitschutz zum Generalstaatsanwalt gekommen sei und erklärt habe, daß er ihm für das Ergreifen des Mörders eine Frist von drei Tagen gebe. Er wurde am Ende des zweiten Tages gefaßt, in der Nacht, als das Taxi, in dem ich von der Ordynka zum Prospekt Mira fuhr, wo ich ein Zimmer gemietet hatte, alle hundert bis zweihundert Meter von Milizstreifen angehalten wurde, die meine Papiere und die des Fahrers beim Licht der hellleuchtenden Stra-ßenlaternen kontrollierten. Man hielt sofort Gericht über ihn, ver-urteilte ihn zum Tode durch Erschießen und erschoß ihn auf der Stelle.

Einige Tage später sagte meine Wirtin, daß der Abschnittsbevoll-mächtigte der Miliz in meiner Abwesenheit gekommen sei, eine Durchsuchung meines Zimmers vorgenommen und mich aufs Re-vier bestellt habe. Auf dem Revier empfing mich ein Hauptmann der Miliz, wies meinen Protest wegen der Durchsuchung gutmütig zurück und sagte, nachdem er in den von mir mitgebrachten Büchern mit meinen Übersetzungen geblättert hatte, nicht ohne Vergnügen: »Was heißt das schon, daß Sie Schriftsteller sind, der da war auch Künstler«, dann griff er in die Tischschublade, warf eine kleine und undeutliche Zeichnung von Ionisjan vor mich hin und präzisierte: »Organisator von Massenunterhaltungen.« Es stellte sich heraus, daß der Verbrecher ganz in der Nähe seines Reviers gefaßt worden war, auf jeden Fall betraf ihn die Geschichte unmittelbar und bot ihm eine gute Aufstiegschance. Im Zusammenhang mit diesem Fall überprüfte er alle Verdächtigen, zu denen der Hofwart oder irgendein wachsamer Nachbar natürlich auch mich gezählt hatte.

Das alles geschah im wahrsten Sinne des Wortes vor Achmatowas Augen. Ich wohnte schon einige Monate auf dem Prospekt Mira zur Untermiete, als A. A. mir mitteilte, daß sie auf Einladung von Nina Leontjewna Schengeli zu dieser übersiedle, und mich bat, ihr beim Umzug zu helfen. Wir fuhren los, und sie ließ den Fahrer halten – vor dem Haus, in dem sich meine Wohnung befand. Nach den ersten Augenblicken der Sprachlosigkeit sagte ich ihr, daß ich hier wohnte – jetzt war die Reihe an ihr zu staunen. Ich lebte im ersten Stock, Schengeli im sechsten.

Von der Miliz zurückgekehrt, ging ich zu Achmatowa hinauf. Sie hörte meinen Bericht an, schwieg und sagte dann: »Ionisjan hätten also auch Sie sein können. Mit derselben Wahrscheinlichkeit. Also danken Sie dem Schicksal. Auch mir hätte eine vorteilhafte Rolle zukommen können: die alte erfahrene Komplizin und Aufkäuferin des Diebesguts. Ich bin, wie Sie wissen, hier auch nicht gemeldet. Sind nicht zuviele von uns auf einem Treppenaufgang?« Ich hatte all das bald vergessen und zog nicht lange danach zu Freunden um. Sie aber nahm sich die Angelegenheit, wie mir damals schien, über die Maßen zu Herzen: einige Male überzeugte sie mich davon, nun schon ohne den geringsten Anflug von Humor, daß ich einer tödlichen Gefahr entronnen sei – einer wirklichen Gefahr, keiner erdachten –, und erzählte diese Geschichte vielen ihrer damaligen Gäste. Darum drängte sie auch den Verlag, mit mir noch vor Abschluß des Vertrags für Leopardi einen Vorvertrag abzuschließen, falls die Sicherheitsorgane beginnen sollten, sich entschlossener mit mir zu befassen.

Nika – Nika Nikolajewna Glen – war Redakteurin im Staatsverlag für Literatur, beschäftigte sich mit bulgarischer Literatur, wofür A. A., die immer zärtlich und ehrerbietig von ihr sprach, sie »bulgarische Königin« nannte. Sie besaß das absolute Vertrauen Achmatowas, stellte ihr eins von zwei kleinen Zimmern in einer Gemeinschaftswohnung, die sie zu zweit mit ihrer Mutter bewohnte, zur Verfügung, fuhr zu ihr nach Komarowo, um sich um sie zu kümmern und erfüllte bis 1963 einige Zeit Sekretärspflichten bei ihr. Das, was von ihr verlangt wurde, verrichtete sie lautlos, sie sprach wenig. Ihre schweigende Anwesenheit bei einem Gespräch erzeugte den Eindruck, daß sie nicht da sei, und nur dann auftauchte, wenn sie gebraucht wurde, immer mit einer ausgewogenen und klar formulierten Meinung. Ihre hohe Professionalität, ihre literarische Begabung und genaue Kenntnis verschiedener Fachgebiete verband sie mit einer derart unauffälligen Äußerung dieser Eigenschaften, daß es übertrieben wäre, sie bescheiden zu nennen. Zu jener Zeit arbeiteten im Staatsverlag für Literatur einige erstklassige Redakteure, wirkliche Spezialisten, Wissenschaftler und Intellektuelle, Achmatowa wußte sie zu schätzen und brachte dem ganzen Verlag im allgemeinen Sympathie entgegen. Wenn sie kam, um das Honorar abzuholen, begann »eine kleine Kirchenprozession im Gouvernement Twer«, Bekannte, Unbekannte, Buchhalter, Korrektoren, Leiter kamen ihr entgegen. Pasternaks Erlebnisse schildernd erzählte sie: wenn er in der Zeit der Hetze wegen des *Schiwago* oder wegen Honorarangelegenheiten erschien, vergruben sich die armen Redakteurinnen in ihre Papiere und flüsterten von dort: »Boris Leonidowitsch, wir mögen Sie sehr, wir mögen Sie sehr.« Im übrigen gab es unterschiedliche Typen von Redakteuren – jener zum Beispiel, den Achmatowa aufgrund seines Äußeren und Benehmens gutherzig »Jungtürke« nannte ...

Entweder begann in jenem Jahr mein Verhältnis mit dem Theater Sowremennik, oder es endete. Ich hatte ein Stück geschrieben, in dem es drei handelnde Personen gab; das Theater, das heißt der Regisseur, einer der führenden Schauspieler, der Leiter der Literaturabteilung des Theaters interessierten sich dafür, es ließ sich bequem inszenieren. Irgendwann jedoch verlief die Sache im Sande, aber das machte mir nicht allzuviel aus, denn ich saß schon an einem anderen Stück. Die Handlung bestand darin, daß eine Gruppe von Menschen begann, den Gewinn eines Lotteriescheins, der in den Händen des Verkäufers verblieben war, zu beanspruchen, wobei sie den Anschein erweckte, ein Recht darauf zu besitzen. Der Verkäufer hatte dieser Gruppe einige von den Scheinen verkauft, und die Umstände wollten es so, daß er selbst zu ihr gehörte. Die beiden Haupthelden und deren Antagonisten sollte jeweils ein Schauspieler spielen, ebenso wie deren Ehefrauen – eine Schauspielerin. Von diesem Stück hielt Boris, der jüngste der »Ardow-Jungen«, »sehr viel«, wie er Achmatowa gegenüber äußerte; darüber schrieb sie auch, nachdem sie das Sujet »aufmerksam betrachtet hatte«, in einem ihrer nächsten Briefe: »Alles liegt an Ihrem Stück.« Ihr schien, daß das Stück ungehörige Anspielungen enthalte: die Idee der Doppelgänger selbst deutete sie als Versuch, die Situation zu maskieren, die einen Bezug zu ihr, vielmehr zu dem, was sie damals schrieb, hatte. Versehentlich gab ich den Anlaß dazu, indem ich eine Person in die Handlung einführte, die einem Menschen aus ihrer Umgebung zu offensichtlich ähnelte. Es folgte eine unangenehme Erklärung, eine Unstimmigkeit und dann die Versöhnung.

»Lida Tsch.« – Lidija Kornejewna Tschukowskaja – gab mit erschöpfender Ausführlichkeit Inhalt und Einzelheiten ihrer langjährigen Beziehung zu Achmatowa in ihren dreibändigen *Aufzeichnungen über Anna Achmatowa* wieder: ihr Name ist von nun an für immer mit dem Achmatowas verbunden. Sie waren Menschen verschiedener Zeit, verschiedener Denkart, verschiedenen Geschmacks und verschiedener Ideen – jetzt, wo die Geschichte beinahe Altersgenossinnen aus ihnen macht, muß man das unterstreichen. Achmatowa schätzte, wie mir schien, nicht nur die allgemein anerkannten Werte in ihr in vollem Maße: Ehrlichkeit, Unerschrockenheit, Offenherzigkeit, sondern auch die selteneren: ihre Naivität und sogar Geradlinigkeit, über die sie hinter ihrem Rücken spötteln konnte, aber niemals zum Schaden der Achtung vor dieser Treue zum Ideal, die vor dem Hintergrund des geschickten, verdorbenen Sinnes und des willfährigen Erfindergeistes, den die Mehrheit besaß, besonders einnehmend waren. Das von ihr vorgeschlagene Epigraph zu Achmatowas Versen sind die Zeilen des Vierzeilers, der den Zyklus *Scherben* eröffnet:

> Ich, der Feuer und Wasser entzogen,
> Die vom einzigen Sohne getrennt ...
> Auf der schändlichen Bühne der Sorge,
> Unterm Thronbaldachin steh' ich fremd.

»Aber es bezieht wohl nicht alle ein?!« ist eine notwendige, listige und feine Präzisierung. Dies ist eher ein Epigraph zum Bild Achmatowas in den *Aufzeichnungen* Tschukowskajas als zu Achmatowas Dichtung. Ihre Beziehung begann im Alpdruck der dreißiger Jahre, er gab auch die Tonart ihrer Entwicklung in der Folge an. Achmatowa aber war so und auch anders und, wie sie gern sagte, »noch eine dritte«. Tagebücher sind ein einzigartiges Dokument, aber ein Gespräch mit der Zielsetzung der Aufzeichnung, mag sie auch unbewußt sein, wird jenes Unlogischen, jener Zusammenhanglosigkeit, oft auch jener Sinnlosigkeit, die es wahrhaft lebendig machen, beraubt. Obendrein hatte Achmatowa ebenfalls den Verdacht, daß Aufzeichnungen über sie gemacht würden – unter den von ihr vermuteten Eckermanns hörte ich den Namen Tschukowskajas freilich nicht, und manchmal sprach sie für die Aufzeichnung, für die Erinnerung, für die Nachfahren, wobei sie sich aus Anna Andrejewna in Aereperennius-Pyramidaltius verwandelte. Achmatowa war bei Tschukowskaja ganz anders als zum Beispiel bei Ranewskaja – nicht besser oder schlechter, sondern einfach anders.

Was die Erwähnung von Alexej Batalow und den »Drei Dickwänsten« betraf, so hatte er kurz zuvor im Film »Der Mantel« zum ersten Mal Regie geführt und bereitete sich nun darauf vor, einen zweiten Film zu drehen, nach einem politischen Märchen von Olescha. Als Schauspieler war er – nach dem Film »Der Fall Rumjanzew« – beim Publikum unglaublich populär. Einmal sprach Olschewskaja während einer Taxifahrt mit dem Regisseur, der ihren Sohn Boris an seinem Theater engagiert hatte. Als sie aus dem Auto ausstieg, rief der Fahrer ihr feindselig und herausfordernd hinterher: »Scheinbar kann man es auch unter Schauspielern nicht ohne Beziehungen zu etwas bringen. Nur Batalow ist das gelungen.« Sie sagte: »Das ist mein anderer Sohn.« Achmatowa beklagte sich gespielt, daß die Besucher, die von ihrer Freundschaft mit dieser Familie wußten, sie stets fragten: »Wissen Sie eigentlich, woran Batalow jetzt arbeitet?« Er tröstete sie: »In jedem beliebigen Klub, bei jedem Treffen mit Zuschauern werde ich zuerst gefragt, wie es um die Gesundheit Smoktunowkis steht.« Einmal, als sich alle zum Mittagessen gesetzt hatten, wurde ihm eine Telegramm von einer Verehrerin aus Spanien gebracht, die er dort kennengelernt hatte: »SCHREIBEN ZWECKLOS.« Die Spanierin und ihre Fähigkeit, alles in zwei Worte zu fassen, würdigten die Anwesenden gebührend. Achmatowa sagte lächelnd: »Schön ... Ach, was für lumpige Telegramme habe ich in meinem Leben aufgegeben ...« Ranewskaja willigte ein, in dem Film mitzuspielen und fuhr nach Peterhof zu den Filmproben, letzten Endes aber spielte Rina Seljonaja das Tantchen Ganimed, mit der er als Regisseur leichter auskam.

*

Es ist möglich, daß ich die Briefe jetzt nicht ganz der Reihenfolge nach anführe, in der ich sie bekommen habe, obwohl die Gründe zugunsten einer solchen Folge stichhaltig genug sind.

Tolja
    Anjuta hat irrtümlicherweise das Bändchen Mistral und meine Verse mitgenommen. Tanja soll sie doch bitte zurückbringen.
    Gestern waren Karpuschkin und Marusja bei mir. Sie beeilen sich mit Tagore sehr, bis zum 1. Juni muß er abgegeben werden.

Achm.

    Lassen Sie sich nicht einfallen, mich anzurufen. Ich weiß, daß Sie nicht aufstehen dürfen.

Tolja!
Alles liegt an Ihrem Stück. Das werde ich ausführlicher erklären, wenn wir uns sehen. Ich bitte Sie sehr, mir zu glauben. Alles übrige ist wie gehabt. Schonen Sie sich. Wenn es möglich ist, schreiben Sie mir einige Worte – ich kann es noch gar nicht glauben, daß ich mit Ihnen gesprochen habe.

Das war aber heute ein Morgen! – Irrsinn.

A.

9 Uhr abends

Tolja,
Natascha Gorbanewskaja hat mir »Polen« mitgebracht. Darin gibt es Verse, die Sie an etwas erinnern werden. Wir setzten Nataschas Sohn auf ein großes weißes Pferd, er verzog das Gesicht. Ich fragte ihn: »Hast du Angst?« Er erwiderte: »Nein, das Pferd hat Angst.«

N. A. beklagte sich, daß Sie sehr rigoros sind. Tolja, begehen Sie keine Torheit. (...) Ich kann nicht sagen, daß es sehr angenehm für mich war, das zu hören ... Die Demütigung ist eine sehr komplizierte Sache. Ich habe wohl wie immer den Teufel an die Wand gemalt. Erinnern Sie sich, wie oft ich gesagt habe, daß die Natur gütiger sei als die Menschen und sich selten in unsere Angelegenheiten mische. Wahrscheinlich hat sie gelauscht und höflich an sich erinnert.

Geben Sie mir Ihr Wort, daß Sie das Krankenhaus nicht gegen jede Vernunft verlassen. Das würde nur bedeuten, daß Sie sehr bald dahin zurückkehren möchten, und dann schon aus anderen Gründen. Über das Krankenhaus weiß ich alles. Aber genug vom Krankenhaus – wir werden das als eine schon zurückgelegte Etappe ansehen. Die Hauptsache ist die Größe der Idee, wie Joseph sagt.

Sascha wird Ihnen erzählen, was ich tue. In der Tat aber bin ich schläfrig und abwesend. Die Menschen haben begonnen, mich ein wenig zu ermüden. Ich rufe niemanden an. Die Feier wird am 23. Mai stattfinden.

Schreiben Sie mir einen ganz guten Brief.

Ist es wahr, daß Sie Gedichte geschrieben haben?

2. Mai, Ordynka

Anna

219

Tolja,

auch ich danke Ihnen für den guten Brief. Heute war der Tag wieder grau, leer und traurig. In Mischas neuem Radio habe ich das Ende der russischen Messe aus London gehört. Ein wahrer Engelschor. Bei den ersten Klängen mußte ich weinen. Das geschieht mir so selten. Am Abend war Koma da, er hat Blumen gebracht, und Nika hat mir das Inhaltsverzeichnis meines bulgarischen Büchleins mitgebracht – sie hat es sehr gut zusammengestellt. Auch ein Leningrader Gast war bei mir – Schenja Berkowskaja.

Überanstrengen Sie sich nicht mit Tagore.

Schreiben Sie über sich.

Nina behauptet kategorisch, daß ich es nicht bis zu Ihnen schaffen würde, aber ich denke an den sechsten Stock bei Schengeli! – Erinnern Sie sich?

Morgen bringt man mir einen Sommermantel – ich werde beginnen, auszugehen.

Gute Nacht!

A.

Heute sät Ira den von Ihnen mitgebrachten mauretanischen Rasen um die Hütte herum, das Feuer brennt herunter, der Kuckuck sagt etwas wie kuck-kuck, und ich möchte wissen, was macht Ihre Pappel?

5. Mai

Tolja,

gleich kommt Galja Kornilowa, und ich werde ihr diese Notiz übergeben. Am 7. wird bei den hiesigen Chaikins mein »Schatten« vorgetragen. Vielleicht gehen wir zusammen hin.

Es wird immer schwieriger zu schreiben, da das Wiedersehen so nah ist. Ich bin ganz allein zu Hause. Ringsumher herrscht ohrenbetäubende Stille, die hiesige Pappel (am Fenster des Eßzimmers) ist auch bereit, zu ergrünen.

Gestern waren Slonims und Iljina bei uns, heute bringt mir Murawjow einen Sommermantel und die Leningrader Briefe. Im übrigen wissen Sie das alles schon.

Auf Wiedersehen.

A.

Lieber Tolja,

offenbar ist es mein Schicksal, Ihnen jeden Tag zu schreiben. Es geht darum, daß eben Ibragimow höchstpersönlich angerufen hat – er möchte mit Ihnen einen Vertrag abschließen und kennt Ihre Adresse nicht. Offenbar muß ihm die Leningrader Adresse mitgeteilt werden, wie ich es tue.

Liegen Sie ruhig, ruhig.

Sehen Sie, wie gut alles ist.

Das Buch von Reeve ist angekommen, in dem er den Nobelpreis für mich fordert.

Wenn es möglich ist, schreiben Sie zwei Worte und die *Adresse* für Ibragimow.

A.

Die ersten beiden Notizen waren durch einen Irrtum hervorgerufen worden, dessen ohnehin verschwommene, aus Realität, Zufällen und Phantasie geflochtene Kontur schnell begann, an Deutlichkeit zu verlieren, als sich alles aufgeklärt hatte, und es ergäbe keinen Sinn, die im Gedächtnis gebliebenen Kleinigkeiten jetzt aufzurühren. Die Malerin Anjuta Scherwinskaja, die älteste Tochter des Übersetzers und Altertumswissenschaftlers Sergej Scherwinski, lernte Achmatowa schon als Mädchen kennen: im Sommer 1936 war sie in deren Haus unweit von Kolomna zu Gast. Die Dichterin und Übersetzerin Tanja Makarowa, Aligers Tochter, war für Achmatowa auch eines der Kinder, die »bei Bekannten geboren wurden«. Von den Geschichten über diese Kinder erzählte sie gern folgende: Einmal war sie in Peredelkino und begegnete dem Kritiker Selinski auf der Straße, der sie bat, kurz auf seiner Datscha vorbeizukommen, um seinen Sohn anzusehen. »An die Pforte kam eine junge Frau mit einem einjährigen Engel auf dem Arm: blaue Augen, goldene Locken ... Zwanzig Jahre später, auf einer Straße in Taschkent, bat Selinski mich, kurz bei ihm zu Hause vorbeizukommen, um seinen Sohn anzusehen. Es war mir peinlich, ihn daran zu erinnern, daß ich ihn schon kenne. An die Pforte kam eine junge Frau mit einem einjährigen Engel auf dem Arm: blaue Augen, goldene Locken. Sowohl Frau als auch Engel waren neu, aber alles zusammen glich einem bösen Traum.«

1963 erschien eine Gedichtsammlung von Gabriela Mistral in der Übertragung von Sawitsch: eine Zeitlang wurde das Achmatowas Hauptlektüre. Sie waren ein Jahrgang, erste Bekanntheit erlangte Mistral 1914, ihre Lieblingsschriftsteller waren Russen. Wie sich herausstellte, war sie Nobelpreisträgerin und starb vor gar nicht langer Zeit. Die Tonart ihrer unerwartet akmeistischen Verse, besonders im Abschnitt »Schmerz«, die der Achmatowaschen erstaunlich nah ist, die Parallelen und Übereinstimmungen sind fast wortwörtlich:

> Die Heckenrose stand bei uns.
> Als uns die Worte ausgingen,

(»Die Heckenrose duftete so sehr, Daß sie sogar sich in ein Wort verwandelte«); oder das Gedicht »Farn« mit dem Refrain:

> Pflück ihn und verschenke ihn
> In der Johannesnacht zum Morgenrot.

Achmatowa sagte fast mit Entzücken: »Die Rothäutige hat mich überholt.« – Mistral war Indianerin. Sie bat einige Male, ihr das Gedicht »Der Springbrunnen« laut vorzulesen, veranlaßte ihre Gäste, es zu lesen, und forderte eine sofortige Bewertung.

> Ich bin wie jener verödete Brunnen,
> der, erstorben, sein Rauschen weiter vernimmt.
> Das Prasseln der Wasser auf seinen steinernen Lippen verblieb
> wie in meinem Herzen es haftet.

> Das Schicksal, ich glaube, es tagte noch nicht,
> seinen furchtbaren Spruch zu fällen.
> Nichs ist gemäht, nichts ist verloren,
> noch fänden dich meine Arme, hätt ich sie ausgebreitet.

Ich bin wie der verstummte Brunnen.
Schon erhebt ein anderer im Garten sein Lied.
Vor Durst ist er von Sinnen, und er träumt,
es wäre sein Herz, das sänge!

Ihm träumt, er würfe die schäumenden, zwitschernden Flocken
in die Bläue hinein. Längst ist ihm erloschen die Stimme!
Ihm träumt, es schmückten die Wasser
mit lebenden Diamanten die Brust ihm. Gott hat sie
                                        längst ihm geleert!

Das »lebende Wasser« (in der russischen Übertragung des Gedichts heißt es statt »Wasser mit lebenden Diamanten«, 4. Strophe,
»Küsse lebenden Wassers« – Anm. d. Übers.) ist in Achmatowas
Versen Symbol und Kennzeichen von Zarskoje Selo, jenes Teils in
ihrem Leben und in der russischen Geschichte und jenes Menschen, in dem sich Zarskoje Selo für sie am vollständigsten und
deutlichsten ausdrückt, das Bild von Puschkins leichter Hand ist
von dieser Stelle nicht zu trennen:

Noch höre ich der Freiheit frischen Ruf.
Mir scheint, mein Los heißt Freiheit,
Und »diese lebenden Wasser« vernimmt man,
Wo einst der junge Puschkin sang.

Es war verblüffend, bei einer Lateinamerikanerin, von deren blo-
ßer Existenz sie bis dahin nur vom Hörensagen wußte, plötzlich auf
»lebendes Wasser« zu stoßen. Ganz zu schweigen davon, daß Syn-
tax, Zeichnung, Rhythmus und Reime der zweiten Strophe – vielleicht nicht ohne Beteiligung des Übersetzers – direkt, konkret,
»patentiert« von Achmatowa, eine Kopie ihrer Verse waren. Dafür
schloß sie die Strophe des Gedichts »Kiefernwald«, das sie nie auch
nur mit einem Wort erwähnte, das ihrer Aufmerksamkeit scheinbar
entgangen war:

Ein Berg war da im Abendrot
von rosa Erde,
die Kiefern, sie bedeckten ihn
mit Dunkel.

mit ihrer beliebten, bis zur Virtuosität geführten Methode in die
bald darauf geschriebenen Verse ein:

Und der Kiefern rosa Körper
Stehen zur Untergangszeit nackt.

(»Zwar ist die Erde nicht die Heimat«)

In der Zeitschrift *Polen*, die Gorbanewskaja mitgebracht hatte,
waren Gedichte der Polin Wisława Szymborska in der Übertragung
Achmatowas herausgekommen. Natalja Gorbanewskaja liebte Polen, zitierte polnische Gedichte aus dem Gedächtnis und verehrte
besonders Norwid. Sie lebte in Moskau, erschien aber oft in Leningrad, wohin sie per Anhalter mit Lastwagen gelangte. Achmatowa
verkündete lachend: »Natascha hat angerufen – sie ist wie immer
per Anhalter gekommen.« Als Dichterin wurde sie von Achmatowa
sofort anerkannt, ihre Verse wurden ohne Zugeständnisse an ihr
Alter, an ungünstige Umstände und so weiter gewürdigt. Von ihnen
bevorzugte Achmatowa zwei »Aktivistengedichte« besonders:
»Hör mal, Bartok, was hast du komponiert?« und »Wie ein Soldat
der Anders-Armee« mit den anmutigen Zeilen:

Jedoch wir sind verraten. Der Kampf geht ohne uns.
Des Anders' Schulterstücke sind wie die Schnallen
        einer Tänzerin,
Wie deren Schuhchen und andere Dinge,
Und damit ist der Kampfvorrat ersetzt.

Das erinnerte Achmatowa natürlich an ihre Begegnungen mit dem
Anders-Anhänger Józef Czapski in Taschkent, an den »Wir hatten

uns um den Verstand gebracht« adressiert ist. Noch ein kurzes Gedicht gefiel ihr sehr:

> »Rühr mich nicht an!« ruf ich den Passanten zu,
> Die gehn vorbei, bemerken mich nicht.
> Fremden Zimmern gilt mein Fluch,
> Muß doch in fremden Vorzimmern sein.
> Aber wie kann ich ein Loch in die Wand schlagen?
> Und wer wird mir die Hand reichen?
> Ich brenne auf langsamem Feuer.

Gorbanewskaja schrieb ihre Gedichte auf kleine Blätter ab, legte sie in einen Umschlag und schenkte diese dünnen Heftchen Bekannten, insbesondere auch Achmatowa. Einmal bat A. A. mich, unter ihren Papieren ein Manuskript zu suchen, das sie brauchte, erklärte, wo es liegen könne, wie es aussehe. Ich sah einige Mappen durch, fand jedoch das Manuskript nicht. Ich suchte an einer anderen Stelle, dann an einer dritten und sagte, daß ich es nicht finden könne. Gar nichts Ähnliches? Auch nichts Ähnliches. »Und die Gedichte von Gorbanewskaja?« fragte sie plötzlich. Ich begann zu lachen und erwiderte, daß ich auch diese nicht gefunden hätte. Sie sprach verloren vor sich hin: »Früher konnte man wenigstens ihre Gedichte noch finden, jetzt sind auch sie verschwunden.«

Gegenüber dem Fenster meines Krankenzimmers wuchs eine hohe Pappel. In der Zeit, in der ich dort lag, platzten ihre Knospen, sie wurde mattgrün. Sie stand in der Sonne, jene Pappel aber, die auf dem Hof der Ordynka wuchs, stand im Schatten, war um einige Tage im Rückstand, so vergnügten wir uns damit zu prahlen, wie weit wessen Pappel sich entwickelt hatte. Das Krankenzimmer lag im zweiten Stock, und alle Treppen wurden von einem gewissen Zeitpunkt an nach dem Schwierigkeitsgrad des Aufstiegs mit der Treppe bei Schengeli verglichen. Damals begleitete ich Achmatowa, nachdem wir einen Besuch gemacht hatten: Als wir an den Fahrstuhl kamen, war dieser außer Betrieb. Bis zur Wohnung Schengelis waren es sechs hohe Stockwerke, und die Uhr zeigte ein

Uhr nachts. Ich begann, nach einem Ausweg zu suchen, schlug vor, ein Taxi zu nehmen und zu dem und dem zu fahren – selbstverständlich hätte ihr niemand seine Hilfe versagt – oder einen Mechaniker zu suchen, damit er den Fahrstuhl reparierte ... Sie sagte, die einzige Rettung sei, ohne zu zögern mit dem Aufstieg zu beginnen. Wir bewältigten die Treppe in über einer halben Stunde: zu welchen Mitteln ich auch greifen wollte, ihr den Aufstieg zu erleichtern, sie lehnte sie kurz und kategorisch ab. Sie stieg nach ihrer gewöhnlichen Methode hinauf: sie setzte beide Füße nacheinander auf jede Stufe, und auf dem Platz zwischen den Treppenläufen atmete sie fünf-sechsmal tief und gleichmäßig ein und aus, auf diese Weise das Herzklopfen bekämpfend. (»Das Herz beruhigt man durch richtige Atmung.«) Das hieß »Atmung der Yogis«, und Nina Antonowna definierte diesen Aufstieg, wobei sie die Schauspielerin Birman in der Rolle der Krankenpflegerin in einem damals populären Stück imitierte, als »ein kleiner Schritt! – und ausruhen!«. Zweimal setzte sie sich auf die Stufen. Beim Betreten der Wohnung bat sie die Hausherrin, ihr Valocordin einzuträufeln, und bevor ich nach Hause ging, sagte sie, daß sie jetzt jener Proustschen Großmutter oder Tante ähnele, der alle ein Loblied auf das Wetter und die Luft auf den Champs-Elysées sangen, um sie zum Spaziergang zu verlocken; sie willigte ein, man setzte den nächsten Sonntag für den Spaziergang fest, und alle wußten, daß sie das Haus nie verlassen würde, in der Überzeugung, einfach nicht imstande dazu zu sein; als das Haus jedoch in Brand geriet, stieg die Alte die Feuerleiter hinab, scheinbar ohne auch nur das Geländer zu berühren. Die Treppe bei Schengeli verlieh ihr Zuversicht und Erfahrung: in Italien führte zu dem Schloß, wo ihr der Preis überreicht werden sollte, eine hohe Marmortreppe mit steilen Stufen – ihren Worten zufolge erinnerte sie sich an den nächtlichen Aufstieg und ging ohne zu überlegen hinauf.

»Koma«, der die Blumen gebracht hat, ist Wjatscheslaw Wsewolodowitsch Iwanow, ein Linguist und Philologe, »Sascha« – das ist Alexander Nilin, Alexander Pawlowitsch, der engste Freund der »Ardow-Jungen«, der schon in einem der vorangegangenen Briefe mit einem Strauß Narzissen aufgetaucht war. »Marusja« – Maria Sergejewna Petrowych – nahm auch an dem Tagore-Unternehmen teil, Karpuschkin war der verantwortliche Redakteur der Übertragungen, er war wohl freier Mitarbeiter des Verlages. Die Unruhe, die sich um sie herum komprimierte, schien notwendig und wichtig, jemand versuchte den Abschluß des Vertrags zu verhindern, ein anderer brachte ihn in Gang: kaum waren die Übertragungen erschienen, wußte man schon nicht mehr, worum es gegangen war und warum die Angelegenheit alle in diesem Maße ergriffen hatte. Und diese Unruhe und Nervosität, von der kurze Zeit später keine Spur mehr zu finden war, wiederholte sich dann noch viele Male, immer mit derselben Kraft und Schärfe. Als bei mir die üblichen Schwierigkeiten beim Drehbuchkurs begannen und ich beunruhigt und finster dreinschaute, tröstete Achmatowa mich: »Zwei Wochen nach der Beendigung des Kurses werden Sie für immer vergessen, was Kino ist.« (Sie hatte sich um einige Tage geirrt.)

Der »Leningrader Gast« Schenja-Jewgenija Michailowna Berkowskaja – eine jener sechzigjährigen, vom Leben erschöpften, aber keinerlei Ansprüche stellenden und niemals klagenden Frauen, von denen es in Achmatowas Umgebung einige gab, entstammte einer sehr wohlhabenden Petersburger Familie und hatte alles durchgemacht, was sich bei dieser Herkunft gehörte. Zu jener Zeit lebte sie in fremden Winkeln und verdiente sich ihren Lebensunterhalt durch Stricken und Abtippen von Manuskripten, insbesondere auch für Achmatowa. Achmatowa war gleichbleibend freundlich zu ihr und stand ihr vor allem seelisch bei; Berkowskaja verwaiste endgültig, als sie sie verlor, kam irgendwie sofort von Kräften und starb sehr bald ... In der Regel brachten die Leningrader oder Moskauer Bekannten, wenn sie zwischen den beiden Hauptstädten hin- und herfuhren, Achmatowa etwas mit, was sie in einer der beiden Städte vergessen hatte, oder die Post sowie, wenn sie sich länger am jeweils anderen Ort aufhielt, der Jahreszeit entsprechende Kleidung, wie zum Beispiel der im Brief erwähnte Wladimir Sergejewitsch Murawjow.

Das Gedicht »Schatten«, Salomeja Andronnikowa gewidmet,

über die Achmatowa vor ihrer Reise nach England schrieb: »Wir haben uns 49 Jahre nicht gesehen, und wir werden uns auch nicht wiedersehen, denn sie ist blind«, hatte Arthur Lourié vertont, und die Noten waren nach Moskau geschickt worden. Die Chaikins waren Cousins von Ardow, aber »Schatten« wurde weder im Hause von Boris Emmanuilowitsch Chaikin, dem bekannten Dirigenten, noch im Hause seines Bruders, des bekannten Physikers aufgeführt, sondern beim Sohn des Physikers, der mit einer Musikerin verheiratet war. Ein Tonbandmitschnitt jenes Abends ist erhalten, mit der zweimal gesungenen Romanze und Achmatowas Versen, die sie mit Vergnügen nach der Musik vorlas.

Ilja Lwowitsch Slonim, einer der wenigen Bildhauer, die Linien, Flächen und Rauminhalte, die im Raum selbst angelegt sind, mit den Augen sehen und mit den Fingern fühlen und keine Phantome meißeln, die lediglich um das Zwei- oder Zehnfache aufgeblasenen Menschen ähneln, war mit Tatjana Maximowna Litwinowa, einer Schriftstellerin und Malerin, verheiratet. Er modellierte Achmatowas Kopf, wofür sie einige Male zu ihm ins Atelier in die Maslowka kam, aber das Porträt gelang nicht ganz, so wie es vorkommt, wenn die Natur selbst zu »plastisch« ist. Achmatowa saß in ihrem Leben einigen Dutzend Künstlern Modell, fühlte sich im Atelier ungezwungen, verhielt sich während der Sitzung professionell. Etwa zu derselben Zeit sagte sie: »Ich möchte Ihren Zelkow sehen.« Mit Oleg Zelkow war ich von Jugend an, von Leningrad her befreundet, und wir sahen uns oft in Moskau. Ich führte Achmatowa in sein Zimmer in Tuschino, das ihm gleichzeitig als Atelier diente. Er stellte einen Stuhl an die Wand, bat sie, sich zu setzen und begann, Leinwand für Leinwand im Abstand von ein, zwei Minuten an die gegenüberliegende Wand anzulehnen. Mir schien, daß sie erwartet hatte, etwas Oberflächlicheres, weniger Ernsthaftes und Talentiertes zu sehen. Als ich ihr einmal von Collagen auf einer Pop-Art-Ausstellung erzählte, die damals der letzte Schrei waren, bewegte sie lautlos die Lippen beim Zählen und sagte: »Das ist nun das fünfte Mal, soweit ich mich erinnere« – möglicherweise war sie auch jetzt auf etwas Ähnliches gefaßt. Während Zelkow die Bilder zeigte, plauderte er mit mir, sie aber ließ von Zeit zu Zeit leichte, mondäne Repliken fallen, worauf er eine Gesprächspause einlegte und lächelte. Als das »Gruppenporträt mit Agaven« zum Vorschein kam, fragte sie: »Was sind das für Blumen?« Er erwiderte prompt: »Ebensolche wie die Menschen.« Sie sah ihn aufmerksam an, und er sah sie an, dann tranken wir Tee und fuhren nach Hause. Einige Tage später sagte sie: »Danken Sie Ihrem Freund nochmals.«

Auf der ersten Seite eines Manuskripts zeichnete sie gern mit schnellem Federstrich ein »α«, halb Zeichen, halb Buchstabe, und das war die einzige Graphik – wenn man von ihrer Handschrift absah –, die ihr gelang. Einmal kam ich sie besuchen, und sie erzählte, auf die achtjährige Enkelin von Nina Antonowna deutend, die im Nachbarzimmer spielte, daß jene sie gebeten habe, irgend etwas zu malen. »Als sie ganz klein war, malte ich auf ihre Bitte hin irgend etwas aufs Papier. Aber nach meinem heutigen Versuch fragte sie höflich: ›Haben Sie verlernt zu malen?‹ Sie ist es, die es nun gelernt hat.«

Das Buch von Reeve, »in dem er den Nobelpreis« für Achmatowa »fordert«, ist offensichtlich ebenjenes *Robert Frost in Rußland*, in dem ihre Begegnung in Komarowo beschreibt.

Man hielt mich noch einige Tage im Krankenhaus fest, und die letzte Notiz, die ich dort erhielt, war folgende:

Lieber Tolja!
jetzt verlasse ich die »legendäre Ordynka«. Ich habe Nina den Leopardi für Sie gegeben, ich habe noch ein Exemplar – ein Geschenk von Lida Tschukowskaja.
Nina wird Ihnen erklären, warum alles gut ist, ich aber denke:

> Für den Mai der Maiglöckchen
> In meinem Moskau, mit hundert Kuppeln,
> Bin ich bereit, Sternenschwärme
> Von Glanz und Ruhm zu geben ...
> 1964 Moskau   A. 12. Mai

*

Am Ende dieses Jahres fuhr Achmatowa nach Rom, von dort nach Sizilien, nach Taormina (sie ist sich nicht schlüssig geworden, wie die Stadt zu nennen sei: Taormin, Taormino, Taormina), danach wurde ihr in Catania der Literaturpreis verliehen. Nina Antonowna sollte sie begleiten; während der Bearbeitung der Dokumente war sie nach Minsk gefahren, um in dem dortigen Theater ein Stück zu inszenieren – und im September erlitt sie überraschend einen Schlaganfall. Achmatowa nahm sich dieses Unglück schwer und heftig zu Herzen, sie bat mich sofort, nach Minsk zu fliegen, ich rief sie von dort aus an und teilte ihr den Zustand der Kranken mit. Die Krankheit nahm einen langwierigen Verlauf, und an Olschewskajas Stelle fuhr Punina mit nach Italien. Ich erhielt in der Zeit ihrer Reise sieben Briefe (größtenteils Ansichtskarten in Briefumschlägen) sowie ein Telegramm und telefonierte mit ihr. Einmal, als in Komarowo die Post gebracht wurde, sagte ich über einen Brief aus dem Ausland, der fast zwei Monate unterwegs war: »Er ist zu Fuß gegangen.« »Und man weiß nicht, bei wem untergehakt«, erwiderte Achmatowa, womit sie diese Worte gleichsam als Epigraph zu jeder Korrespondenz dieser Art stellte.

[Aus Rom nach Leningrad, Poststempel auf dem Umschlag 7. 12. 1964, Ansichtskarte von der Piazza di Spagna]

So ist es – dieses Rom. So und sogar besser. Es ist ganz warm. Wir sind durch einen blendend rosa-roten Herbst gefahren, hinter Minsk aber tanzten die Schneestürme, und ich dachte an Nina.

Am Dienstag fahren wir nach Taormino. Man will einen Gedichtabend veranstalten.

Ich bitte Sie, Ihre Eltern von mir zu grüßen (...).

A. Achmatowa

[Aus Rom nach Leningrad, Poststempel unleserlich, Ansichtskarte von der Piazza dell'Esedra]

Sind Sie nach Leningrad zurückgekehrt? Am Mittwoch fahren wir nach Taormino. Heute sind wir den halben Tag durch Rom gefahren, haben viel von außen ansehen können, aber etwas Schöneres als jenen rosa Tag auf dem Suworowski gab es nicht. Wir sind beide gesund. Achm.
[Zusatz oben:] Viele Grüße an die lieben Leningrader.

[Aus Rom nach Leningrad, Poststempel 9. 12. 1964, Ansichtskarte vom Pantheon]

Ich warte auf den Arzt aus der Botschaft. Er soll sagen, ob ich [nach] Taormin fahren kann u. a. Meine Träume sind so finster und schrecklich, als wäre das wahr, was die Tochter von Trauberg in Vilnius gesagt hat.
Wo sind Sie?
Wir kennen den Tag der Preisverleihung noch nicht.
Rufen Sie Anja an. Mögen sich alle an mich erinnern.

Achm.

[Aus Rom nach Leningrad, Poststempel 9. 12. 1964, Ansichtskarte von der Fontana di Trevi]

Heute war ein ganz besonderer Tag – wir sind durch die Via Appia, den ältesten Friedhof der Römer, gefahren. Ringsherum der heiße, rote Sommer und Gräber, Gräber.
Dann sind wir zu Raffaels Grab gefahren. Es scheint, als wäre er gestern begraben worden. (Im Pantheon)
Morgen fahren wir nach Taormin. Ira hat zwei Nächte hintereinander mit Anja telefoniert.

Achm.

[Aus Taormina nach Leningrad, Poststempel 10. 12. 1964, der Brief
kam ungeachtet der falschen Adresse an: statt »Karl-Marx-Prospekt«
hatte Achmatowa »Lenin-Prospekt« geschrieben, Ansichtskarte vom
Pantheon nachts]

Aus Taormina auf der Durchreise
Wir sind heute schon seit dem Morgen in Taorminin [*sic!*]. Hier gibt
es alles, wovon ich Ihnen gerade erst erzählt habe. Den ganzen Tag
habe ich geschlummert. Eben war Al-ej Alex. bei mir. Er ist frohen
Muts und sehr fürsorglich. Er sagte, daß Fr. Manzoni mein lit. Porträt
schreiben möchte. Darum bittet sie, daß ich sie empfange. [*Über der*
Zeile der Zusatz:] man braucht eine Bibliographie. Offenbar soll sich
Schenja darum kümmern. Ich habe es ja gewußt, daß Sie Ihren Besuch
in Moskau so lange ausdehnen. Ich küsse meine Nina in Moskau. Viele
Grüße an Ihre Angehörigen.

A.

[Aus Taormina nach Leningrad, Poststempel 11. 12. 1964, Ansichts-
karte mit einer Reproduktion der Radierung von A. P. Ostroumowa-
Lebedewa »Krjukow-Kanal«]

Aus Taormina auf der Durchreise, Achmatowa
Da haben Sie unser Leningrad. Und ich – bin fast in Afrika. Alles
ringsherum blüht, leuchtet, duftet. Das Meer strahlt. Morgen findet die
Lesung statt. Ich werde Verse aus dem *Prolog* lesen. Alle lesen in ihren
Sprachen. Bei mir waren schon Journalisten. Sie drohen mit dem Fern-
sehen.
Ich schreibe Nina.
Ich denke an sie. Grüße an alle.

Achm.

[Zusatz oben:] Ira sagt: »*Wir rufen an, wenn wir nach Rom zurückkeh-*
ren.«
[Zusatz an der Seite:] Kaufen Sie die »Unità« vom Sonntag.

Und heute gibt es zur Abwechslung statt einer Karte einen Brief.

Heute findet im Hotel der Gedichtabend statt. Alle lesen in ihren Sprachen. Ich habe beschlossen, nach dem Text von *Nowy mir* drei Stücke aus dem *Prolog* zu lesen, was ich Ihnen wohl schon geschrieben habe.

Morgen ist die Preisverleihung in feierlicher Umgebung – in Catania, dann wieder Rom und ... heim.

Alles ist wie im Traum. Aus irgendeinem Grund ist es überhaupt nicht schwer, Briefe zu schreiben. Wahrscheinlich hat mich jemand hypnotisiert. Der Arzt hat mir ein wundervolles Medikament gegeben, und mir ist sofort leichter geworden. Wie geht es meiner Nina? – Womit könnte man sie nur aufheitern ...

Sie sind wahrscheinlich schon in Leningrad. Ich bitte Sie, Ihre Angehörigen von mir zu grüßen. Eben bin ich auf den Gipfel eines Berges gefahren, um ein altes griechisch-römisches Theater anzusehen.

Rufen Sie Anja an und sagen Sie, daß Ira und ich in Eintracht leben und daß es ihr gut geht.

Wir werden aus Rom anrufen

A.

[*Telegramm:*] AUS CATANIA 14. 12. 1964 NACH LENINGRAD STOP TOUT VA BIEN DEMAIN PARTONS POUR ROME STOP ACHMATOWA STOP

Einmal bat mich Achmatowa, Surkow einen Brief zu überbringen. Ich rief ihn zuvor an – wie sich herausstellte, war er im Ausland. »Nun, da wird er also bald zurückkehren«, sagte Achmatowa. »Früher fuhr man für lange ins Ausland, heute aber fährt man für zwei Wochen – und zurück.« Ebenso war auch ihre Reise.

Ihr ging das Treffen mit Giancarlo Vigorelli, dem Vorsitzenden der Europäischen Literaturgesellschaft, die er wohl selbst auch organisiert hatte, in Moskau voraus. Achmatowa empfing ihn in der Ordynka: beim Ordynka-Rat war beschlossen worden, daß es am bequemsten und effektvollsten sei, ihn im »Kinderzimmer«, halb auf dem Diwan liegend zu empfangen. Sie zog einen Kimono an, puderte sich leicht und ließ sich, auf einen Arm gestützt, auf dem Diwan nieder – in der klassischen Pose der Gastgeberin eines europäischen Salons, Madame Recamier u. a. – ein derartiger Effekt sollte mit der Inszenierung auch erzielt werden; hinzu kam die sich sofort einstellende, unerwartete Ähnlichkeit mit der Zeichnung von Modigliani. Der Kimono war neu, vielleicht war es jener, den ihr Bruder Viktor aus Amerika geschickt hatte; außer ihm – dem Hauskleid, das gleichzeitig zu prunkvoll für ein Hauskleid war – schmückten ihre Garderobe noch ein, zwei alte, um nicht zu sagen, abgetragene Kimonos von weit zurückliegender Herkunft. Möglicherweise hatte dieser Stil mit Punin begonnen, mit seiner Reise nach Japan; die Besuche von japanischen Übersetzern erwähnte sie beiläufig – mit Ausnahme des einen, der einen starken Eindruck bei ihr hinterlassen hatte. Es war der Übersetzer des Gesamtwerks von Tolstoi, sie fragte ihn aus Höflichkeit, ob er noch einen anderen Russen übersetzt habe, worauf er erwiderte: »Ja, den ganzen Dostojewski.«

Ich sah aus dem Fenster und erblickte zwei dicke Männer, dem Aussehen nach Ausländer, die im leeren Hof auf der Stelle traten und die Nummern der Aufgänge studierten. Ich ging hinunter, fragte auf französisch, wen sie suchten, und zeigte ihnen den Weg. Der eine erstrahlte, der andere betrachtete mich feindselig, er war einer der Unsrigen – die Begleitperson aus dem Schriftstellerverband. Vigorelli betrat das Zimmer, blieb in der Tür stehen, fuhr malerisch zurück, breitete malerisch die Arme aus und rief: »Anna!« Sie hob eine Hand, winkte leicht und äußerte nicht ohne Strenge: »Willkommen, willkommen.« Er küßte ihr die Hand, setzte sich auf einen Stuhl und begann sofort, in geschäftlichem Ton zu sprechen.

Das literarische Unternehmen von Signore Vigorelli war prosowjetisch, wenn nicht gar direkt kommunistisch orientiert. Der damals von Surkow geleitete Schriftstellerverband suchte Gelegenheit, freundschaftlichen Kontakt zu den »realistisch denkenden« Literaten des Westens aufzunehmen, ohne dabei die eigene Würde zu verlieren. Der jüngste Skandal mit Pasternak erschwerte die von der einen wie von der anderen Seite gewünschte Annäherung. Achmatowa erwies sich als Figur, die zwar Beanstandungen der einen (nicht links – nicht revolutionär, wie Pasolini es formuliert hatte) wie der anderen (nicht sowjetisch und alles übrige) hervorrief, aber ideal für die entstandene Kollision war (*Requiem*, verfolgt und überhaupt unsowjetisch – für sie; patriotisch und nicht konterrevolutionär – für uns; Rang, Autorität und Bekanntheit – für alle). Jedoch daß »Al-ej Alex.« (Alexej Alexandrowitsch – Surkow) »sehr fürsorglich« war, bedeutete keineswegs, daß sein Interesse einzig darauf gerichtet war, die mitgebrachte Ware im besten Zustand zu erhalten und mehr nicht. Mit Achmatowa verbanden ihn eine lange, ungewöhnliche Beziehung und nicht die eines Vorgesetzten zu seiner Untergebenen. Er veröffentlichte einen Zyklus ihrer loyalen Verse, den sie nach dem ZK-Beschluß und der zweiten Verhaftung ihres Sohnes geschrieben hatte, in der Hoffnung, diesem helfen zu können. Und er suchte auch ihre Zustimmung zu seinen Versen, wobei er von sich sagte: »Ich bin der letzte Akmeist.« Nach einem Einschnitt von vielen Jahren gab er den ersten Band ihrer Gedichte seit der Zeit des ZK-Beschlusses heraus, der seines dunkelroten Einbands und der »offiziellen« Schrift wegen »Manifest der kommunistischen Partei« genannt wurde, ein schreckliches Buch, mit Gedichten über den Frieden (die sie, wenn sie ein Exemplar verschenkte, mit Autographen anderer Gedichte überklebte), mit unzähligen, verschwommenen Nachdichtungen, aber immerhin – er gab es heraus. Ihn konnte sie bitten, sich für jemanden einzusetzen, bei ihm konnte sie sich für jemanden um Wohnraum bemühen, er war eine Obrigkeit, die ihr vollkommen zusagte. Von Zeit zu Zeit nannte sie ihn hinter seinem Rücken bei dem herablassend-zärtlichen Spitznamen »Surkower«, der wahrscheinlich familiären Ursprungs ist. Sie schrieb, daß er »frohen Mutes« (*bodr*) sei, als ich aber den Brief zum ersten Mal las, las ich »gut« (*dobr*), und das erschien mir natürlich.

Die Reise war kurz, Rom gelang es nicht, Leningrad zu verdrängen, die Via Appia verdrängte den Krjukow-Kanal nicht, das Pantheon nicht den Suworowski Prospekt. Der im Brief durch seine

Ausgefeiltheit hervorstechende Gleichklang »Rom und ... heim« ist nicht nur der Achmatowasche Scherz-Reim »Roma-doma« und das umgekehrte Urbis-Orbis, sondern das gleichsam aus der Erfahrung gewonnene Wissen, welches dem noch nicht durch das Leben belehrten Adressaten für später mitgeteilt wird und besagt, daß Rom-die Welt (Rim-mir) weniger bedeute als das Heim, daß das Heim, jedenfalls gegen Ende des Lebens, vom letzten Heim ganz zu schweigen, in sich sowohl alle Roms als auch die ganze Welt einschließt.

Nach Italien fuhr sie – ebenso wie ein halbes Jahr später nach England – mit dem Zug. Sie reiste überhaupt gern mit der Eisenbahn – wohl auch deshalb, weil sich ihr Charakter und auch ihr Wesen selbst seit dem Anfang des Jahrhunderts fast nicht verändert hatten, als sie unbeschwert und viel gereist war, lediglich die Geschwindigkeit der Züge war vielleicht gestiegen. Sie erinnerte sich, wie sie aus dem Süden nach Petrograd über Moskau zurückkehrte (es war wohl ganz am Anfang der zwanziger Jahre, vielleicht aber auch 1916): »Ich kam am Morgen in Moskau an und fuhr am Abend weg, sehen mochte ich niemanden, vom Bahnhof aus fuhr ich mit einer Droschke zur Iwerskaja, betete, und dann lief ich den ganzen Tag durch die Straßen, es war so schön, niemanden zu sehen.« In dieser Erinnerung wie auch in allen anderen dieser Art tauchte nicht ein Schatten der Reisebeschwernisse auf, die nicht nur von zahlreichen Zeitgenossen immer farbenreich beschrieben wurden, sondern auch tatsächlich die Reisen jener und der folgenden Zeiten kennzeichneten. »Was kann angenehmer sein als eine Reise durch das winterliche Finnland in einem komfortablen russischen Waggon! Ein Musterbeispiel an Gemütlichkeit«, sagte sie an einem der unbehaglichen Frosttage in Komarowo, als die graue feuchte Kälte bis auf die Knochen drang. In den letzten Jahren jedoch fiel ihr das Reisen immer schwerer, hauptsächlich wegen der Herzerkrankung. Eine Stunde vor dem Verlassen des Hauses traten bei ihr die Symptome des Reisefiebers zutage, manchmal bekam sie einen Herzanfall. Sie reiste nur mit einer engen Bekannten oder Verwandten. Lange bevor der Zug eingesetzt wurde, kamen sie auf dem Bahnhof an. Einmal saß sie im Wartesaal des Moskauer Bahnhofs in Leningrad und Stenitsch-Bolschinzowa, die sie begleitete, erinnerte sich daran, wie ihr Mann und sie einst Mandelstam zum Zug gebracht hätten und auch vor der Zeit angekommen seien; im Wartesaal stand eine Palme in einem Kübel, Mandelstam hängte sein Bündel daran und sagte: »Ein einsamer Wanderer in der Wüste.« Irgend jemandem von den jungen Leuten wurde die Verantwortung für Achmatowas Gepäck anvertraut, jemand war ständig mit Nitroglyzerin zur Hand in ihrer Nähe, ein weiteres Fläschchen Nitroglyzerin lag immer in ihrem Täschchen. Sie ging langsam zum Wagen, sich auf jemandes Arm stützend, und von Zeit zu Zeit hielt sie an, um auszuruhen. Ich begleitete sie häufig – oder holte sie auch oft am Bahnhof ab –, die Hauptsache war, langsam zu gehen. Einmal, im Sommer 1965, beschlossen wir, zu zweit tagsüber von Moskau nach Leningrad zu fahren. Einige Bekannnte begleiteten sie. Nadeschda Jakowlewna Mandelstam ließ, bald vornweg laufend, bald zurückbleibend, höhnische Bemerkungen fallen. Als wir schließlich den Wagen betreten hatten, betrachtete sie das Häuflein der Begleiter und bemerkte beiläufig: »Als ich aus Pskow wegfuhr, standen zweihundert Menschen auf dem Bahnsteig.« Achmatowa hörte ihrer damaligen Schwerhörigkeit wegen nichts von alledem. Wir kamen fröhlich in Leningrad an, vom Fenster aus sahen wir das Empfangskomitee auf dem Bahnsteig entlang laufen, allen voran schwebte – mit einem üppigen Blumenstrauß an der Brust – Roman Albertowitsch, der Künstler von der Leningrader Konzertagentur, einige Zentimeter über dem Bahnsteig.

Sie las Einstein, verstand die Relativitätstheorie, die Errungenschaften der Technik aber betrachtete sie mit Skepsis. Ihre Einstellung zum Fahrstuhl war feindselig, doch tolerant; die Schreibmaschine, besonders in Verbindung mit Durchschlagpapier, konnte sie nicht ausstehen. Sie erinnerte sich, wie Physiker oder Astronomen 1929 in Gaspra spotteten: »Gebt Anna Andrejewna kein Fernglas in die Hand, es könnte explodieren.« Einzig das Auto genoß vorbehaltlose Anerkennung. Einmal hielt unser Taxi an einer Tankstelle neben einem neuen, glänzenden »Mercedes«, ich sagte: »Schön, nicht wahr?« Sie erwiderte geringschätzig: »Gefällt es Ihnen wirklich? Sie haben einen bürgerlichen Geschmack. Das Auto ist wahrscheinlich obendrein eines dieser modernen sprechenden: ›Füllen Sie Benzin nach, es geht zur Neige!‹, ›Senken Sie die Geschwindigkeit, lassen Sie Ihre Kinder nicht als Waisen zurück‹, Br-r!« Sie mochte es sogar, wenn Autobesitzer, die sie nur flüchtig kannte, sie zu einer Spazierfahrt einluden; ziemlich oft fand sie einen Anlaß, per Telefon ein Taxi zu rufen, um aus irgendeinem Grunde irgendwohin zu fahren, manchmal geschah das aber auch ohne Anlaß: »Kommen Sie, wir fahren spazieren!« Eben an eine solche ziellose Fahrt an einem rosa Tag – obwohl sich mir ein grün-rosa Sommerabend eingeprägt hat, den Suworowski-Prospekt entlang, erinnert sie sich im Brief. »Kennen Sie den Trick mit dem Smolny? Wenn man langsam auf dem Platz an der Kathedrale vorbeifährt, beginnt sie, sich zu drehen, aber der Blickwinkel bleibt derselbe. Ich zeige Ihnen das gleich«, sagte sie und bat den Fahrer, vom Newski in den Suworowski abzubiegen. Und in dem Brief ins Krankenhaus: »Wir werden noch zu den Birken und zum Hechtsee fahren« – das ist die Erinnerung an andere Spazierfahrten mit dem Auto.

Einmal unterbreitete Natalja Jossifowna Iljina Achmatowa den Vorschlag, für eine Stunde aus Moskau herauszufahren, und Achmatowa gab den Vorschlag an mich weiter. Es war ein sonnenloser Spätherbsttag, Iljina fuhr die Rubljow-Chaussee entlang und hielt das Auto am Rand eines blendend weißen Birkenwäldchens an, das bereits sein ganzes Laub verloren hatte und durchweg aus hohen und wie auf dem Reißbrett angeordneten Stämmen bestand. Der weiße Himmel und die Luft, die durch das zum Teil von den Birken widergespiegelte Tageslicht gefärbt war, milderten und löschten dabei das Blendende. Es war warm und unwahrscheinlich still. Wir spazierten auf dem abgefallenen Laub und fuhren dann zurück in die Stadt. Ich vermute, daß Achmatowas Notiz über die Birken: »riesige, mächtige Birken und alt wie Druiden« und »wie der Pergamonaltar« nach diesem Spaziergang entstanden ist. Zum Hechtsee, drei Kilometer von ihrem Haus in Komarowo entfernt, fuhren wir mehrmals und mindestens einmal mit Iljina: der vierte im Bunde war damals Bobyschew. Wir beide badeten, Achmatowa saß auf einem Baumstumpf, und Iljina spazierte am Ufer entlang, dann stiegen alle ins Auto, N. J. begann zu wenden, und da fing Bobyschew in einer fast höfischen, für ihn eigentlich untypischen Manier, mit Pausen und Ähs an, daß er ja, ohne auch nur in Gedanken zu wagen, sich in den Fahrprozeß einzumischen und so weiter und so weiter, nur liebenswürdig die liebenswürdige Aufmerksamkeit der Fahrerin darauf lenken möchte, daß das Hinterrad, über dem er sitzt, offenbar näher und näher an eine ... Kurz bevor ich ausrief: »Eine Grube!«, trat sie auf die Bremse. Zu dritt sprangen wir aus dem Auto: das eine Rad hing über einem metertiefen Abhang, das andere war genau am Rand stehengeblieben. Mit größter Vorsicht schoben wir das Auto von der Grube weg – Achmatowa blieb unbesorgt und feierlich darin sitzen. Als alles hinter uns lag, wollte ich von Bobyschew erfahren, warum er eine so lange Rede gehalten habe, Achmatowa entgegnete: »Was für eine Frage? So ist der Mensch eingerichtet.« Lachend erzählte sie mir ein andermal, daß Bobyschew, nachdem er Komplimente für meine letzten Gedichte von ihr gehört hatte, mürrisch und vielversprechend gesagt habe: »Ich könnte Tolja gegenüber eine Reihe von Vorwürfen erheben.« »Worauf er auf immer in Schweigen versank. Das erinnerte mich an den Jungen Walja Smirnow: er war mein Nachbar in Punins Wohnung, kam in der Blockade um. Er sah zu mir ins Zimmer und verkündete: ›Heute abend gibt es Kino.‹ Darauf folgte überhaupt nichts. Was heißt, überhaupt nichts, es gehörte einfach zu irgendeinem seiner Spiele.« Dann fügte sie hinzu: »Außer dieser Sache sagte er noch etwas Reizendes. Ich gab ihm Französischunterricht, lehrte ihn: le singe – der Affe, ›lö sänsch‹, wiederhole. Er rannte aus dem Zimmer, dann steckte er den Kopf durch die Tür und fragte: ›Ljusanytsch – geht das?‹ – und rannte wieder weg.« (Sie konnte, nachdem sie einem Gast ihre neuen Verse vorgelesen und sein begeistertes Murmeln gehört hatte, plötzlich äußern: »Übrigens, Ljusanytsch, geht das?«)

In eine wirklich heikle Lage gerieten wir am hellichten Tag auf der Gorochowaja. Sie wollte es noch in die Sparkasse schaffen, die Zeit aber war sehr knapp: es begann »die Achmatowasche Stunde«

– die Stunde der Mittagspause in Dienststellen, die unerklärlicherweise genau in der Minute begann, wenn Achmatowa dort eintraf. Der Taxifahrer raste waghalsig, in dem Wunsch, uns zu helfen, obwohl die Straßen eng und verstopft waren. Während wir eine Kolonne von Lastwagen und Trolleybussen überholten, schossen wir auf die steile Brücke über die Moika heraus und gerieten Stirn an Stirn mit einem uns entgegenkommenden Anderthalbtonner. Unser Fahrer riß das Lenkrad nach links, wir flogen auf den *linken* Bürgersteig, der zum Glück leer war, und drängten uns sofort, scharf rechts haltend, wieder in unsere Reihe. Das Manöver war mit großer Geschwindigkeit ausgeführt worden, so daß wir die Einzelheiten mit einiger Verspätung erfaßten, aber als wir sie erfaßt hatten, erschlafften wir augenblicklich. Wir – das waren der Fahrer und ich, Achmatowa verzog das Gesicht von dem Geschüttel, saß erneut hochaufgerichtet, unerschütterlich, und blickte nach vorn. Sofort war unser Auto von anderen Wagen umringt, deren Fahrer unser Manöver beobachtet hatten. Mit von dem durchgemachten Schrecken und vor Empörung entstellten Gesichtern schrien sie alle wie aus einem Munde, daß unser Fahrer betrunken sei. Ich versuchte, ihn in Schutz zu nehmen, sie riefen mir zu: »Danke Gott, daß du noch lebst!« Sie beschlossen, unser Auto zum nächsten Milizrevier zu bringen. Erst da rührte sich Achmatowa, wandte sich zu ihnen um, sah aus dem Fenster und sagte: »In diesem Falle verliert unsere Fahrt ihren Sinn.« Ihr Äußeres war so eindrucksvoll, der Ton so unerwartet ruhig und überzeugend, daß der Stau sich aufzulösen begann; wir schafften es in letzter Minute.

Unter den Leningradern, die Achmatowa »fuhren«, nahm Olga Alexandrowna Ladyschenskaja, eine bekannte Mathematikerin, einen besonderen Platz ein. Achmatowa empfahl sie zufälligen Gästen als »Sofja Kowalewskaja unserer Tage« und engen Bekannten als *sobaka-matematik* (Hund-Mathematiker), wobei sie die hinkende grammatische Formel *schenschtschina-matematik* (Mathematikerin) parodierte. Ihr ist das Gedicht »In Vyborg« gewidmet, das im Ergebnis eines komischen Zusammentreffens der Umstände entstanden ist. Gewöhnlich erstreckte sich die Route der Spazierfahrt am Finnischen Meerbusen entlang nicht weiter als bis zum Schwarzen Bach, wo sich das Grab von Leonid Andrejew befand – eben eine dieser Spazierfahrten besang Achmatowa in »Zwar ist die Erde nicht die Heimat«. Aber häufiger bat sie, das Auto zwischen dem 60. und 70. Kilometer auf der Primorskaja-Chaussee anzuhalten, wo es ein wildes, mit riesigen Granitfindlingen bedecktes, menschenleeres Ufer gab. Einmal freilich entpuppte sich diese Menschenleere, die Stille und Unbeweglichkeit als Bild auf einer Schachtel, aus der ein Teufelchen herausspringt. Achmatowa und ich stiegen aus dem Auto und gingen langsam an der Hecke entlang, die fast durchweg aus ungestüm blühenden Heckenrosen bestand. Ladyschenskaja schloß die Türen und folgte uns. In diesem Augenblick trat eine Dame mittleren Alters aus einem schmalen Durchgang zwischen den Sträuchern und sagte schwer atmend: »Guten Tag, Anna Andrejewna, sagen Sie, wie steht es um die Gesundheit von Lew Nikolajewitsch?« Zu jener Zeit hatte Achmatowa ihren Sohn, der in Leningrad lebte, schon einige Jahre nicht gesehen. »Er hat eine ausgezeichnete Gesundheit, ich danke Ihnen!« sprach sie betont, wandte sich schroff um und ging eiligen Schrittes zum Auto ... Nach Vyborg fuhr sie allerdings nicht mit Ladyschenskaja. Mich besuchte ein Moskauer Freund, der mit dem Auto durch Leningrad fuhr. Ich schlug Achmatowa vor, eine Spazierfahrt zu machen. Wir wählten eine schöne Strecke aus, die die Primorskaja Chaussee und die Vyborgskaja Chaussee verband, und fuhren ohne Eile. Plötzlich kam jemandem in den Sinn, nach Vyborg zu fahren. Sie willigte ein, und es begann eine halsbrecherische Raserei, denn sie sollte bald Besuch bekommen, und bis Vyborg waren es über 120 Kilometer. Mit einer Geschwindigkeit von 100 und schneller kamen wir in Vyborg an, fuhren um den Park und die Anlegestelle herum, ohne aus dem Auto auszusteigen, aßen jeder ein Eis und kehrten ebenso eilig zurück. Sie sagte nur: »Ein Ort mittlerer Bevölkerungsdichte ...« Einige Tage später erzählte Ladyschenskaja Achmatowa bei einem Besuch, daß sie nach Vyborg gefahren sei, wie wunderschön es dort gewesen sei und wie der Granitmonolith, der in Stufen unters Wasser führe, sie beeindruckt habe. Achmatowa sah mich mit gespielter Trübseligkeit und

Kränkung an und teilte ihrem Gast mit, daß wir dort nichts Derartiges bemerkt hätten. Zwei Tage später, wenn nicht am darauffolgenden Tag, schrieb sie die Verse »Die große Stufe unter Wasserflut« und so weiter, mit der Widmung an Ladyschenskaja.

Zum letzten Mal fuhren wir im Februar 1966, bald nach ihrer Entlassung aus dem Krankenhaus, etwa zehn Tage vor ihrem Tod in Moskau spazieren. Es herrschte Frost, die Sonne ging unter. Wir baten den Fahrer, uns zum Erlöser-Andronikow-Kloster zu fahren. Das Taxi war alt, klapprig und stank nach Benzin. Die Straße, die zum Kloster führte, war überschüttet mit offenbar kürzlich abgehauenen Eisklumpen, wir wurden durchgerüttelt. Achmatowa verzog das Gesicht, faßte sich ans Herz, ich sagte dem Fahrer, er solle zur Ordynka zurückkehren. Sie nahm Nitroglyzerin ein, das Auto begann, die weiße Klostermauer zu umfahren. Sie hielt sich weiter an der Brust und sagte: »Ein mächtiges Mauerwerk, für Jahrhunderte gebaut.« Bei einer unserer ersten Spazierfahrten durch Moskau fuhren wir von der Bolschoi Kamenny-Brücke herunter und an drei schrecklichen, schwarzen, mehrstöckigen Häusern neben dem Kino »Udarnik« vorbei. Viele Bewohner der Häuser waren in den Jahren des Terrors erschossen worden. »Und dafür, daß die Menschen jeden Tag dieses Grauen sehen müssen«, sagte Achmatowa, »sollte man den Architekten nicht erschießen, was meinen Sie?«

Am 3. März 1966 begaben sich Achmatowa und Olschewskaja ins Domodedowo-Sanatorium bei Moskau. Wir fuhren mit zwei Autos und hatten auch eine Krankenschwester aus der Abteilung, in der Achmatowa gelegen hatte, mit dabei. Abgesehen von dem relativ langen Weg und einer Panne unterwegs kamen wir ohne Zwischenfall an. Es war ein Sanatorium für privilegiertes Publikum, mit Wintergarten, Teppichen und geschultem Personal. Zu dem gelben Gebäude führten breite Stufen im Halbkreis, die in einen weißen Säulengang mündeten. Wir stiegen langsam hinauf, sie blickte sich um und murmelte: *L'année dernière à Marienbad. Letztes Jahr in Marienbad* von Robbe-Grillet war wohl das letzte Buch, das sie gelesen hatte.

In den Briefen aus Italien ebenso wie in jenen aus Moskau wird häufig erwähnt, daß sie schlief: »ich bin schläfrig und abwesend«, »meine Träume sind so finster«, »habe den ganzen Tag geschlummert«. Natürlich läßt sich das mit ihrem Alter und ihrem Gesundheitszustand erklären, aber nicht nur damit. Zu jener Zeit fiel ihr ein Gedicht in die Hände ... – ich muß ein wenig weiter ausholen: zu jener Zeit las ich Gedichte von Yeats ... – und noch ein wenig: zu jener Zeit bekam ich ein Büchlein von Yeats geschenkt – im Ergebnis der Verbindung dieser scheinbaren Zufälle fiel ihr ein Gedicht in die Hände – wenn man von einem Gedicht, das Achmatowa las, überhaupt sagen konnte: es fiel ihr in die Hände – und zwar sein »When you are old and gray and full of sleep«, das ich damals zu übertragen versuchte. Seitdem wurde jede Bemerkung über Schläfrigkeit zu einem Hinweis auf diese Verse. Außerdem aber war fast jeder Schlaf, zumindest jeder, denke ich, den sie erwähnte, ein Traum, und »ich schlummerte« in Zusammenhang mit »meine Träume sind so finster und schrecklich« ähnelt eher »ich träumte« (dem englischen *dream*) als »ich schlief«. Und »das, was die Tochter von Trauberg« – Natalja Leonidowna – »in Vilnius gesagt hat«, war damals ein verbreitetes Thema unter der Jugend; diese war geneigt, ihre Vorstellungen von Hölle und Paradies mit der Moral, insbesondere mit der Moral ihrer ahnungslosen nahen und entfernten Bekannten, zu verbinden, indem sie entschied, wer von ihnen ein Engel und wer ein Dämon sei.

*

Tolja,

nun ist auch mein Moskauer Winter zu Ende gegangen. Er war schwierig und trübe. Ich habe überhaupt nichts geschafft, und das ist sehr traurig.

Jetzt denke ich nur an zu Hause. Es ist Zeit!

Ich muß die Hütte bezahlen und die Rente abholen.

Und durch Komarowo schweifen schon die »weißen Meeresnächte«, der Kuckuck ruft und die Kiefern rauschen. Vielleicht erwartet mich das Buch über Puschkin dort.

Grüße an alle. Anna Achmatowa

Der Brief ist undatiert und deshalb an dieser Stelle, das heißt nach den italienischen placiert. Die Erinnerung an die Umstände, unter denen ich ihn erhalten habe, vermischt sich mit der späteren Erinnerung daran, wie ich ihn einige Jahre nach ihrem Tod erstmalig wiederlas, welche Ähnlichkeit ich zum »Sonett vom Meeresstrand« fand, wobei sich die Worte »Haus«, »Es ist Zeit!« mit einem neuen Inhalt des Abschieds füllten, wie ich rätselte, ob sie absichtlich anfangs statt »trübe«-»weise« (*mutny-mudry*) schrieb, das heißt, ob der Winter sie noch etwas gelehrt hatte, und ob sie es dann berichtigte, oder ob das ein Schreibfehler war. Es gibt genügend Argumente, daß er im Frühjahr 1964, '63 oder '65 geschrieben worden ist – es gibt auch Gründe, die gegen alle drei Daten sprechen.

Diese drei Winter ähnelten sich mehr, als daß sie sich unterschieden: die Umzüge von Ort zu Ort, die beiden Pappkoffer mit Manuskripten, die Anrufe aus den Redaktionen mit dem Vorschlag, bestimmte Passagen durch andere zu ersetzen, die Herausgabe von *Der Lauf der Zeit*, die sich unmäßig hinzog, die Erschöpfungen, Krankheiten und – Gäste, Besucher, seltener Empfänge, noch seltener Besuche außer Haus. Es ist unerheblich, inwieweit die Damen von Welt der vorrevolutionären Jahre, an die sich Achmatowa ohne Begeisterung erinnerte, sie für eine Dame von Welt gehalten hätten, doch in unseren Augen war ihre Vornehmheit – wir konnten ja keine Vergleiche anstellen – beispielhaft, in den Augen der Damen der sechziger war sie sogar übermäßig, was die Aufrichtigkeit beeinträchtigte. In der Tat aber ist Vornehmheit gerade jenes Instrument, das die Aufrichtigkeit sowie alle übrigen Reaktionen auf das Geschehen in genau ausgerichteter Übereinstimmung mit dem Geschehen dosiert, und immer aufrichtig zu sein, ist ebenso ein Mangel wie ein Vorzug. Eine andere Sache ist, daß die Vornehmheit als ein für allemal ritualisiertes Verhalten, Äußeres und Manieren zur völligen Künstlichkeit des Umgangs führen konnte, und Achmatowa stellte den, wie sie sagte, recht verknöcherten Petersburger Damen, die nach der Mode von zwanzig Jahren zuvor gekleidet waren, die großen kräftigen Fräulein des Hofes mit ihren groben

Gesichtszügen gegenüber, die andererseits den niedlichen schlanken Fräulein, als die sie in Hollywoodfilmen dargestellt wurden, empörend unähnlich waren. Als sie meine Eltern kennenlernen wollte und diese sie dann in Komarowo besucht hatten, hörte ich zwei oder drei Wochen später unerwartet einen Satz von ihr, der mich dadurch, daß er so altmodisch war, verwirrte: »Erkundigen Sie sich bei Ihren Eltern, wann ich ihren Besuch erwidern kann.« Ich erkundigte mich, nahm sie mit, und wieder mußte sie in den vierten Stock ohne Fahrstuhl hinaufsteigen, sie begann ein leichtes Gespräch, saß eine Weile am Tisch, und wir fuhren wieder weg. Als sie zu ihr gekommen waren, hatte mein Vater mich auf dem Weg gefragt, ob sie Verse von Jessenin und Lew Tolstois Vergleich der Dichtung mit einem Pflüger, der sich nach jedem zweiten oder dritten Schritt ein wenig hinsetzt, schätze; in beiden Fällen hatte er die Antwort »nein« erhalten, daß sie das nicht schätze, und kaum hatte er die Datscha betreten, erklärte er, daß sein Lieblingsdichter Jessenin sei, der »Du lebst noch, meine Alte« geschrieben habe, worauf er einige Strophen aus diesem Gedicht vortrug, und daß er mit Tolstoi einer Meinung sei, daß die Dichtung einem Pflügen mit einer kleinen Pause nach dem zweiten oder dritten Schritt gleiche. Auf beide Herausforderungen äußerte sie nur: »Ja, ja, ich weiß«, und nachdem ich meine Eltern zum Bahnhof gebracht hatte und zurückgekehrt war, sagte sie: »Ihr Vater ist ein bezaubernder Mensch.«

Überhaupt hatten jene, die zum ersten Mal zu ihr kamen, ganz offensichtlich Angst, ihre Schwelle zu übertreten. Meine Bekannten baten mich im Korridor flüsternd, sie nicht allein, unter vier Augen mit ihr zu lassen – das belustigte und ärgerte sie. In langen Jahren hatte sich eine Zeremonie beim Empfang von mehr oder weniger zufälligen Besuchern entwickelt und eine genaue, vollendete Form angenommen. »Versorgen Sie die Blumen«, sagte sie zu einem der Mitbewohner, während sie den Gast vom Blumenstrauß befreite, und zu ihm: »Ich danke Ihnen.« Darauf: »Rauchen Sie, genieren Sie sich nicht, mich stört es nicht, ich habe selbst über dreißig Jahre geraucht.« Wenn die Besuchszeit nach Meinung des Gastes abgelaufen war und er sich anschickte zu gehen, fragte sie: »Wie spät ist

245

es?«, und in Abhängigkeit von der Antwort bestimmte sie die verbleibende Zeitspanne, wenn sie zum Beispiel hörte, daß es dreiviertel acht war, sagte sie: »Bleiben Sie bis Punkt acht.« Wenn sie aber entschied, daß der Besuch beendet sei, so reichte sie ihm ohne Vorankündigung die Hand, bedankte sich, begleitete ihn bis zur Tür und sagte: »Vergessen Sie uns nicht.« Den jungen Leuten, mit denen sie gut bekannt war, gab sie auf den Weg: »Nun, laufen Sie!« Mit ihr zu telefonieren war unmöglich, mitten im Satz ertönte: »Kommen Sie!«, und der Hörer wurde aufgehängt.

Im Gespräch war sie immer sie selbst, äußerte die Sätze in ruhigem Ton, überaus klar und lakonisch, fürchtete eintretende Pausen nicht und erleichterte die Lage ihres Gesprächspartners auch nicht, wie es üblich war, durch bedeutungslose Bemerkungen, wenn er sich unbehaglich fühlte. Daß man aus Neugier und Eitelkeit zu ihr kam, nahm sie hin wie etwas Unvermeidbares und war zufrieden, wenn sich während eines solchen Besuches etwas unerwartet Interessantes ereignete. Einige hatten sich entschlossen, zu ihr zu kommen, einfach um ihren Kummer mit ihr zu teilen, gleichsam um zu beichten, und gingen getröstet weg – obwohl sie wenig gesprochen hatte. Im Krankenhaus kamen Patientinnen und Krankenschwestern zu ihr, nachdem sie erfahren hatten, wer sie war, um sich Rat zu holen; der Anfang war bei allen der gleiche: »Na, mit meinem Mann lebe ich schon drei Monate nicht mehr zusammen«, der Unterschied bestand in den Zeitspannen. In der Regel war auch das Ende gleich: »Sagen Sie, wird es ihr, der Ehebrecherin, auch einmal so schlecht gehen wie mir jetzt?« Und Achmatowa antwortete: »Das verspreche ich Ihnen, daran gibt es keinen Zweifel.«

In ihren Versen findet sich selten Humor, aber im Gespräch, besonders mit Nahestehenden, scherzte sie oft, überhaupt hatte sie einen scherzhaften Ton immer parat. Manchmal übertrieb sie absichtlich, während sie ein Ereignis, eines ihrer Probleme beschrieb, ihr wurde dieser oder jener Ausweg vorgeschlagen, sie sagte: »Trösten Sie mich nicht, ich bin untröstlich.« Wenn sie über irgend etwas empört war und man versuchte, sie davon abzubringen, hieß das: »Erste Hilfe leisten.« Wurde ihr ein Rat gegeben, der für sie unannehmbar war, so äußerte sie ironisch: »Ich werde Ihren Vorschlag wohlwollend prüfen.« Olschewskaja beklagte sich über sie, daß sie nun schon zehn Tage zu Hause gesessen habe, ohne auszugehen, daß sie keine frische Luft geatmet habe, da verteidigte sie sich treuherzig: »Schmutzige Verleumdung über mich reines Geschöpf.«

Sie lachte über Witze, manchmal homerisch, manchmal platzte sie mit dem Lachen heraus. Sie flocht die Pointe des einen oder anderen Witzes in die Unterhaltung ein, ohne aber darauf zu verweisen. »Und wie der Genosse aus der Tobsuchtsabteilung ganz richtig sagt ...«; »Erst die Aufgaben, dann drinken ...«; »Entscheide dich schnell, Väterchen, sonst geh ich mir die Haare waschen ...«. Geschmacklosigkeiten tolerierte sie nicht, einmal sagte sie empört: »Trotz allem gibt es Dinge, die man nicht verzeihen darf. Zum Beispiel: ›Papa schläft, das spiegelglatte Wasser schweigt‹, wie man sich kürzlich erdreistet hat, in meiner Gegenwart zu scherzen. Und heute war der Gast meiner Wirtsleute ausgelassen: ›Wovon hat N. eine Glatze, vom Denken oder von den Damen?‹« Einmal sagte sie: »Ich war mein Leben lang eine solche Anti-Antisemitin, daß Ch., der anwesend war, als jemand einen jüdischen Witz zu erzählen begann, ausrief: ›Sie haben den Verstand verloren, wie können Sie nur, in Gegenwart von Anna Andrejewna!‹« Einmal fiel mir bei passender Gelegenheit folgender Witz ein: Ein Betrunkener fragt einen anderen: »Kennst du Marx?« – »Nein.« – »Und Engels?« – »Nein.« – »Und Feuerbach?« – »Nun laß mich doch schon in Ruhe, ihr habt eure Gesellschaft, wir haben unsere.« Sie mußte lachen. Einige Tage später kam ich nach Komarowo, und sie erzählte, daß der Dichter Asarow den Dichter Sosnora zu ihr mitgebracht habe. Ich erwiderte darauf: »Ihr habt eure Gesellschaft, wir haben unsere.« Sie lachte, parierte aber unverzüglich: »Ja? Und wer ist Ihre Gesellschaft?«

Sie kannte Kosma Prutkow gut und mochte ihn sehr, nicht die abgedroschenen Aphorismen, sondern zum Beispiel: »Er sagte leise: ›Ich fahre ins Landhaus‹ und durch das ganze Wohnzimmer:

›Laß uns unters Dach gehen!‹« »Laß uns unters Dach gehen!« hieß es, wenn Achmatowa sich mit einer ihrer Freundinnen zurückziehen mußte. Sie gestand ihre Liebe zu den Versen Alexej K. Tolstois, nicht nur die zarte Liebe von früher Jugend an zur »Braut von Korinth«, deren erste Strophe sie mit »Flötenstimme« auswendig vortrug –

Aus Athen kommt nach Korinth, der Stadt der vielen Säulen,
Ein junger, unbekannter Gast.
Es reichte einst ein wohlgesonnener Bewohner
Dort seinem Vater Brot und Salz;
   Und die Kinder bestimmten sie
   In ihren jungen Jahren
Zu Braut und Bräutigam –

sondern auch die Liebe der »gewöhnlichen Leserin« zur »Ballade vom Kammerherrn Delarue« und »Popows Traum« und deklamierte, schnell sprechend:

   Da jagte ihm der Bösewicht ein schrecklich' Messer
     in die linke Seite,
   Und Delarue, der sagt dazu: »Haben Sie aber ein
     schönes Messer!«

und feierlich:

   Madame Grinewitsch hab ich nicht verraten!
   Die Wache heil, die Brüder Schulakow –
   In Ketten hab ich nicht schmachvoll sie geworfen!

Man glaubt, daß die Satire Achmatowas Poesie fern sei, obwohl sie in den dreißiger Jahren Variationen zu dem bekannten russischen Gedichtthema »Wo sind jene Inseln« verfaßt hat, von denen ich eine Strophe behalten habe:

Wo Jagoda, der Bösewicht
Die Menschen würde jagen nicht
   Zur Wand,
Und wo Aljoschka Tolstoi
Würde abschöpfen nicht
   Den dicken Rahm ...

(Über ihren Zeitgenossen A. N. Tolstoi, versteht sich.)

Im Alltag verwendete sie oft die laute Äußerung – von deklamieren bis vor-sich-hin-murmeln – irgendwelcher bekannten Zeilen als Methode, die in der Regel paradoxerweise am Platze waren. Während sie ihr abhanden gekommenes Täschchen suchte, konnte sie zum Beispiel aus dem von ihr geliebten »Onkel Wlas« zitieren, wobei sie die Nekrassowsche Intonation veränderte: »Wer hat dem Pflüger das Hemd ausgezogen? Dem Bettler den Sack gestohlen?« (»Wlas geht's schlecht; er ruft den Wunderdoktor – ja hilft man denn dem, der dem Pflüger das Hemd ausgezogen, dem Bettler den Sack gestohlen?«) – dabei förderte sie eher ein utilitaristisches und sogar eigenes Verhältnis zu Versen als ein angsterfülltes, wie zu einem heiligen Text. Nekrassow wurde häufig zitiert, besonders: »Dort wurde nicht sehr viel genäht, und nicht im Nähen lag die Stärke« aus »Die Arme und die Reiche«; oder: »Ach, wenn doch einmal nur Iwan Moisseitsch jemand zu mir sagen würde!« aus »He, Iwan!« (Und es trank der Bursche Kräuterbranntwein, heulte laut und schrie: »Ach wenn doch einmal nur Iwan Moisseitsch jemand zu mir sagen würde!«). Das letzte sprach sie jammernd, ebenso wie »Sie haben Firs vergessen, sie haben einen Menschen vergessen!« frei nach dem ungeliebten *Kirschgarten* – wenn irgendeine Fahrt bevorstand, der Fahrer des bestellten Taxis schon klingelte, ein Durcheinander aufkam und die Aufmerksamkeit der Begleiter sich darauf konzentrierte, ob »alles da ist«: das Nitroglyzerin, das Täschchen, wenn nötig – der kleine Koffer, und sie setzte sich in Mantel und Tuch, mit dem Stock in der Hand, im Korridor auf einen Stuhl und sprach vor sich hin: »Sie haben Firs vergessen.« In ihre Verse ging ein anderer Nekrassow ein, der gesellschaftliche, der Ankläger, den sie »im reifen Alter« gelesen hatte, dessen »mit der Knute zerschlagene Muse« Achmatowa in »sie haben meine Muse zu Tode geprügelt« verwandelte; dieser aber, den sie mit der Stimme der Mutter in ihrer Kindheit gehört hatte, der familiäre, wurde für den Hausgebrauch verwendet: die Mitglieder der »Dichter-Gilde« lasen zur Unterhaltung »Beim Kaufmann Semipalow leben die Leute, ohne zu fasten« in lateinischer Übersetzung: »Heptadactylus mercator servos semper nutrit carne.« Diesen leichten und fröhlichen Umgang mit Versen dehnte sie auch auf ihre eigenen aus: wenn sie sich in Erwartung von Gästen umgezogen hatte, trug sie den Alltagskimono aus ihrem Zimmer und drückte ihn jemandem von den Mitbewohnern mit den Worten in die Hand: »Ach, ihr lieben Beweise, wo soll ich euch verstecken?« (»Er schenkte mir drei Nelken, ohne die Augen zu heben: ach, ihr lieben Beweise, wohin soll ich euch verstecken?«)

Sie scherzte freigebig und rief durch das Unvermutete, die Kontrastwirkung, die Paradoxie, aber mehr noch durch die Genauigkeit ihrer Äußerungen Lächeln oder Lachen hervor, niemals aber durch Absurdität, die in jenen Jahren in Mode kam. Sie scherzte, wenn es nötig war, auserlesen, manchmal auch esoterisch; wenn es am Platze war, grob und vulgär; es gab erhabene Scherze, meistens entsprachen sie dem Niveau des Partners. Aber nie war sie ganz an ihrem Scherz beteiligt, nie ergab sie sich ihm, gab ihm nicht »den Rest«, wenn sie sah, daß er nicht ankam, sondern beobachtete ihn und sich selbst immer von der Seite, ähnlich einem professionellen Clown, der, wenn die von ihm ausgelöste Fröhlichkeit in vollem Gange ist, an die höhere Narretei denkt. Sie brach einmal buchstäblich in Lachen aus auf die Raikinsche Äußerung: »Dann wurde ich in eine Parfümfabrik versetzt und begann, das Parfüm ›Da kommen die Soldaten‹ herzustellen.« Gefühlvoll und wie über etwas durchaus Wichtiges erzählte sie später, daß Raikin während ihrer Oxford-Ehrung in England gewesen sei und entweder gekommen sei, um ihr zu gratulieren, oder ein Telegramm geschickt habe: sie war dankbar für die Aufmerksamkeit, aber die Erzählung baute sich so auf, daß der Fakt seiner Berühmtheit in den Hintergrund trat, und in den Vordergrund das Königreich, die Königin und der Hofnarr rückte ... Und gleich darauf folgte, das Gesagte herabsetzend: »Auch Wosnessenski schickte mir aus diesem Anlaß sein Büchlein von irgendwoher aus dem Innersten Englands: ›Der hochverehrten ...‹ und so weiter und dann oben noch ›und teuren‹ – schon der vollkommene Karamasow: ›und dem Kücklein‹.«

Ähnlich verhielt sie sich zu allem Alltäglichen: zwischen »Alltag« und »Angelegenheiten« einerseits und der »Größe der Idee« andererseits existierte ein bewegliches zartes Gleichgewicht, dessen Zeiger sich manchmal in Richtung des »Alltags« verschob, dann wurde das Leben »schwierig und trübe« und war »sehr traurig«, und manchmal zur »Größe« – dann wurde es klar, baute sich selbst aus einer Vielzahl vereinzelter Beobachtungen auf, »das Buch über Puschkin« und überhaupt alles, vom durchdringenden Knarren der Brunnenwinde bis zum Klopfen an der Tür, auf das sie keine Antwort gab, weil sie es nicht hörte, entpuppte sich als Verse, als *Mitternachtsgedichte*, als Verse aus dem *Prolog* oder aus viele Jahre zuvor begonnenen Zyklen und Büchern. Ich möchte an dieser Stelle zwei Zettel mit Aufträgen einfügen, die sie mir übergab, den ersten, als ich wieder einmal nach Leningrad fuhr, den zweiten – anläßlich einer Fahrt nach Moskau.

I. Leningrader *Den Poeta* 1963 (die Nummer, in der mein Poem abgedruckt ist) und das ganze Poem aus der Wohnung.
II. Erfahren, bis zu welchem Tag im »Haus d. Schaff.« bezahlt ist.
III. B-r-i-e-f-e
IV. Woher weiß Anja von Emma?
V. Die Briefe mitbringen, die Admoni (dt.) für mich geschrieben hat (zur Unterschrift).
VI. Mein Radio.
VII. Mitteilen, wer wann kommt?
VIII. Grüße an Fausto.

Anja ist die Kaminskaja, Emma – Gerstejn; Admoni, Wladimir Grigorjewitsch war einer der engen Bekannten Achmatowas, ein bedeutender Germanist und Dichter, über den sie sagte, nachdem sie die Zeilen seiner Verse »Das Blut tobt in mir wie bei allen, die allein mit der Dunkelheit« zitiert hatte: »Da ist jetzt die Dichtung angelangt – ein Professor mit Weltbedeutung«; Fausto Malcovati ist ein Mailänder, ein damals am Anfang seiner Karriere stehender, später bekannter Literaturwissenschaftler, Spezialist für Wjatscheslaw Iwanow und für das sowjetische Theater der zwanziger Jahre.

Tolja für Moskau
1. Kaznelson. Leopardi für die *Nedelja* (Etkind – das Vorwort) ...
2. Ich bat Sie, etwas über die Ägypt. Übertragungen in Erfahrung zu bringen.
. . .
2. Mein Buch mit Übertragungen: *Stimmen der Freunde*. Wann Honorar? Geld in die Ordynka. Daten des Sparb. bei Nika.
. . .
Asien Afrika heute. Überprüfen.
. . .
Modigliani. Von Chardschijew den Text zu »Modi« holen.
. . .
Junost von Ihnen und von mir (Puschkin?)
. . .
Lida – fragen, was ————— über mich an Kornej geschrieben hat.
Drei Fotos von mir für Konowalow übergeben.
. . .
Für Nina – Parfüm.
. . .
Grüße und Liebe:
       unserer Galja
       Marusja und Arischa
       Ljubotschka
       Nika, Julia, Olja
       Θedja
       R. – dem Idioten

Kaznelson war der verantwortliche Redakteur der *Ägyptischen Lyrik*. Leopardi ist weder mit noch ohne Vorwort von Jefim Grigorjewitsch Etkind in der *Nedelja* erschienen. Mit Nikolai Iwanowitsch

Chardschijew, dem hervorragenden Kunstwissenschaftler und Literaturhistoriker, war Achmatowa seit den dreißiger Jahren befreundet. Lida ist die Tschukowskaja, Kornej – Kornej Iwanowitsch Tschukowski, ihr Vater. Konowalow ist ein bekannter Slawist, Professor an der Universität Oxford, und die gestrichelte Linie bezeichnet Isaiah Berlin. Nina – Olschewskaja; Galja – Galina Michailowna Narinskaja, später meine Frau; Marusja – Petrowych, Arischa – ihre Tochter; Nika – Glen, Julia – Julia Markowna Schiwowa, Redakteurin für polnische Literatur im Staatsverlag für Literatur, Olja – Olga Dmitrijewna Kutassowa, Redakteurin für jugoslawische Literatur, auch im Staatsverlag, Θedja – ihr eben erst geborener Sohn. R. bedeutet *Requiem*, und der Idiot ist der Inhaber einer Maschinenabschrift oder einer Münchner Ausgabe, die er per Post mit der Bitte um ein Autogramm geschickt hatte.

Die Notiz über die Bezahlung der Plätze im »Haus des Schaffens« und die Verse über die unter Naturschutz stehende Zeder unter seinen Fenstern waren in ihrem Tagebuch benachbart und glichen einander im realen Leben ebenso aus wie der im Laufe einer fröhlichen Tischrunde erinnerte »Kammerherr Delarue«, die absichtlich intonationslose Äußerung, ausschließlich zur Unterhaltung der Gäste: »Da jagte ihm der Bösewicht ein schrecklich' Messer in die linke Seite«, und die in einem ruhigen Gespräch von ihr deutlich hervorgehobene Bemerkung über die besondere Bedeutung des Gedichts »Mit Kohle hat er die Stelle markiert, wohin man schießen muß, links« in ihrer Dichtung. Genauso natürlich und frei waren der wahre Wert dieses oder jenes Menschen oder Kunstwerkes und deren offizielle Reputation in ihrer Wiedergabe ausbalanciert und ergänzten einander. Sie kannte die für das Publikum unsichtbaren Triebfedern des Ruhms oder der Schmach, die im Bewußtsein – auch in ihrem eigenen – wirkten, zu gut, um sich aus Anlaß der Zuerkennung eines Titels oder Preises verführen zu lassen. Als ich ihr nach dem Öffnen der Zeitung die in erster Linie rhetorische Frage stellte, wofür der und der den Leninpreis für Literatur bekommen habe, brummte sie wie bei Gericht: »Der Gesamtsumme gemäß«, und als ich mit jugendlichem Eifer bemerkte, daß »das trotz allem eine Gemeinheit« sei, unterbrach sie mich ziemlich schroff: »Schämen Sie sich, es ist ihr Preis, also verleihen sie ihn sich auch selbst.« Und wenn sie über ihren italienischen »Ätna-Taormina« und ihr Oxforder »Hütchen mit Troddel« einmal ernsthaft sprach, so lag darin weit weniger Eitelkeit und andere verzeihliche Schwächen als die Überzeugung, daß es nicht für sie, sondern für andere, an die Gerechtigkeit glaubende Menschen nötig sei, daß »die Gerechtigkeit triumphierte« und »Achmatowa ihrem Verdienst gemäß behandelt wurde«. »Als die Oberkommandierenden der Alliierten nach dem Krieg einander Besuch abstatteten«, erzählte sie, »und Schukow zu Pferde in die Westzone Berlins einritt, nahmen Montgomery und Eisenhower, die zu Fuß gingen, sein Pferd beim Zaum und führten es die Straße entlang. Das war sein Ende, denn Stalin hatte sich vorgestellt, daß *er* auf einem weißen Pferd reitet, und jene an *seiner* Seite gehen.« Der Nobelpreis war in ihren Augen ebendieses weiße Pferd des wirklichen Siegers in dem aufreibenden, ein halbes Jahrhundert währenden Krieg.

*

Achmatowa trug ihre Zeit, zu deren Schöpfern sie gehörte, deren Ästhetik und Gesicht sie in bedeutendem Maße bestimmte, bis in unsere Zeit hinein. Der Begriff »ihre Zeit« summiert auf komplizierte Weise über fünfzig Jahre, den zeitlichen Raum zwischen dem zweiten Jahrzehnt und den sechziger Jahren, den sie mit der Trajektorie ihres Schicksals und den Zeilen ihrer Gedichte durchnäht und durchsteppt hat. Dieselben Worte kann man – bei abgewandelter Biografie und Dichtung – in vollem Maße auch auf Pasternak beziehen. Sein Tod 1960 und ihr Tod 1966 vollendeten die Geschichte der russischen Kultur der ersten Hälfte des zwanzigsten Jahrhunderts: zu ihren Lebzeiten war es unmöglich, sich nicht an ihnen zu orientieren, konnte man unmöglich so sprechen und handeln, wie es schon ein, zwei Monate nach Achmatowas Beerdigung möglich wurde.

Oft sagte sie über den Beginn des Jahrhunderts, was sie später auch aufschrieb: »Das zwanzigste Jahrhundert begann im Herbst 1914 zusammen mit dem Krieg, ebenso wie das neunzehnte Jahrhundert mit dem Wiener Kongreß begonnen hatte. Die Kalenderdaten haben keine Bedeutung. Zweifellos ist der Symbolismus eine Erscheinung des neunzehnten Jahrhunderts. Unsere Rebellion gegen den Symbolismus geschah vollkommen rechtmäßig, denn wir fühlten uns als Menschen des zwanzigsten Jahrhunderts und wollten nicht im vergangenen bleiben ...« Ihre Verse »Um hundert Jahre wurden wir schon älter« legen nicht nur Zeugnis ab von den Schrecken des Ersten Weltkrieges, dessen Tragödie den jungen Menschen die Erfahrung von Greisen vermittelt hat, sondern bekunden auch den buchstäblichen Übergang von einem Jahrhundert zum anderen, das heißt, es war plötzlich ein Jahrhundert mehr durchlebt. Die Verspätung um anderthalb Jahrzehnte entfernt auch die wirkliche Mitte unseres Jahrhunderts von der Kalendermitte.

Weder sie noch Pasternak hatten es nötig, mit der Zeit Schritt zu halten, selbst wenn sie die Absicht gehabt hätten; die Beschleunigung, die der Zeit durch wahre Dichtung aufgegeben wird, ist immer größer als die maximale Beschleunigung der Epoche, ebendies macht das Schaffen eines Dichters außerzeitlich. In den zwanziger Jahren erwartete man Wunder von Jack Althausen, diese Erwartung wurde in den fünfziger Jahren auf andere Namen übertragen. Achmatowa und Pasternak, die den Worten der nicht zu Scherzen aufgelegten Kritik zufolge: »nicht vermocht hatten, rechtzeitig zu sterben«, verdarben jedoch das Vergnügen, das bereits in der Erwartung selbst liegt, durch ihre bloße Anwesenheit in der Liste, wenn auch unter denen, die wegen ihrer Nichtbeteiligung am Rennen an den Straßenrand gedrängt waren, und machten letzten Endes die angekündigten Wunder zunichte, reduzierten sie bestenfalls auf einen Kunstkniff. Abgesehen von dem grundsätzlichen Unterschied der ästhetischen Einstellungen – Achmatowa schrieb so, daß die Nachfahren »erschauernd Namen läsen auf einer verwitterten Gruft«, und Pasternak so, daß man in dem Moment, wo man eine Zeile las, weiterhin sehen konnte, wie die Tinte unter seiner Hand trocknete – war der Zirkel, um den Maßstab ihrer »Monumentalität« und seiner »Momentalität« zu messen, derart weit geöffnet, daß er sich für die Bewertung der Größe anderer als ungeeignet erwies, und jene, von denen die Wunder erwartet wurden, zogen im Vergleich mit ihnen deutlich den kürzeren, ja fielen einfach aus dem Vergleich heraus. Nach ihrem Tod veränderte sich alles einschneidend: die Maßstäbe, die Meßmethoden, schließlich die Zirkel selbst. Die Atmosphäre veränderte sich.

Der Abend, das Ende eines Tages, das Ende eines Jahres, eines Jahrhunderts bringen den Rückgang der Aktivität, eine Stockung, das Aufschieben der Angelegenheiten, der Gedanken und des Lebens auf den nächsten Tag, das nächste Jahr, das nächste Jahrhundert mit sich. Am Anfang und Ende von halben Zeitspannen tritt dies alles verschwommener zutage, drückt sich weniger scharf aus, läßt sich aber trotzdem deutlich spüren. In der Mitte der sechziger Jahre zeigte die in einem halben Jahrhundert angestaute Müdigkeit, durch seine Kataklysmen vertieft und nach der Erleichterung durch Stalins Tod noch stärker empfunden, in den verschiedensten Bereichen ihre mächtige Schwere. Die Kräfte, die sich zu Beginn der zweiten Hälfte des Jahrhunderts versammelt hatten, konnten mit ihr nicht fertig werden, obwohl sie sich auf ihre Weise sogar bemühten: die lyrische Dichtung begann, ihren Platz der Prosa, der Publizistik, dem Dissidententum im weitesten Sinne – von Jewtuschenko bis Solschenizyn –, und auf der eher akademischen Ebene der Analyse früher geschriebener Gedichte zu überlassen. Aber die Anzeichen des Verfalls waren schon früher zu bemerken – in der Zeit des »Tauwetters« und sogar beim »Aufblühen des neuen Interesses an Dichtung«, wie Achmatowa Anfang der sechziger Jahre sagte. Diese allmählich und unaufdringlich, aber unbestreitbar aufzuzeigen, gelang in erster Linie ihr selbst.

»Alt ist die Hündin geworden«, sagte sie von Zeit zu Zeit, wobei sie sich keineswegs beklagte und nicht nur die physische Schwere der durchlebten Jahre konstatierte, sondern auch die Unmöglichkeit, das, was sie wußte, nicht zu wissen. Sie erinnerte sich an eine Notiz von Wjasemski über die Tage seiner Jugend, die er nach der

Lektüre von *Krieg und Frieden*, also schon als alter Mann, hinterlassen hatte. Er schrieb, daß man dem »seligen Imperator«, so nannte er Alexander I., vieles vorwerfen könne, aber von einer Eigenschaft sei bei ihm keine Spur zu finden gewesen – und das sei Vulgarität: er habe eine tadellose Erziehung genossen und habe unmöglich Geld ins Volk werfen können, wie es der junge Graf Tolstoi beschreibe. Nicht, daß sie auf Wjasemskis Seite gestanden hätte: als ich einmal sagte, daß ich mit jedem seiner Worte in der Bewertung von Puschkins »Den Verleumdern Rußlands« einverstanden sei, warf sie ärgerlich ein: »Ich aber nicht. Wahr oder nicht, aber jener hat vor aller Ohren das gesagt, was er wollte, und dieser – in seinem Tagebuch, welch großes Verdienst.« Ihre Bemerkung war auch keine Spitze gegen Tolstoi, den sie wegen der wissentlichen Unwahrheit über Anna Karenina und wegen seiner opferreichen Ergebenheit an Ideen überhaupt mit gekünsteltem Zorn einen »schmutzigen alten Mann« schimpfte. Doch ähnliche Kontrastierungen stellten sich durchweg ohne ihr Zutun zu genauen Parallelen auf: es war – es wurde. Kein Räsonieren: »es war besser, es wurde schlechter«, sondern: es war so – es wurde anders, und was wem mehr gefiel, war eine Frage des Geschmacks. Sie erzählte von Strawinskis Frau Vera, einer blendenden Schönheit, die von Petersburger Connaisseurs Bjaka genannt wurde: in der Emigration, in Paris, eröffnete sie ein Hutatelier; wenn eine Kundin, die vor dem Spiegel einen Hut aufprobierte, Zweifel hatte, setzte Bjaka diesen Hut auf und sagte: »Nun, wie sieht er aus?«, worauf jene sich sofort davon überzeugen ließ, daß der Hut wunderschön war, und bezahlte. »Sie war eine wirkliche Schönheit«, sagte Achmatowa. »Das ist sehr selten. Diese Georgierin, die Frau unseres ruhmreichen Dichters, Sie haben sie gesehen, sie ist doch von tadelloser Schönheit – aber Gott bewahre vor solcher Schönheit.«

Ein andermal erinnerte sie sich an eine hauptstädtische Geschichte, die irgendwann gegen Anfang des Jahrhunderts von Mund zu Mund gegangen war, die Geschichte einer bekannten Theaterschauspielerin, der Geliebten des Malers Korowin. Er war bei ihr zu Gast, als die Schneiderin Lamanowa ohne Voranmeldung erschien. »Und das war, als würde heute Dior höchst selbst zu Ihnen nach Hause kommen«, sie nannte den Namen Diors oder eines anderen Pariser Modehauses, »und sogar mehr: sie war die einzige dieser Art. Die Hausherrin kam zu ihr herausgelaufen, nachdem sie sich irgend etwas übergeworfen hatte, und erklärte das damit, daß eben in dieser Minute der Arzt, der zur Visite gekommen sei, sie untersucht habe. Die Anprobe zog sich sehr in die Länge, Korowin bekam das Warten satt und trat unerwartet mit eilig zugeknöpftem Hemd und ungebundenen Schnürsenkeln heraus. Die Schauspielerin rief schlagfertig aus: ›Aber Doktor, was sind das für Scherze!‹«

Entweder kurz vor oder bald nach dieser Erzählung fragte Achmatowa mich, ob ich die Geschichte über die Puderdose gehört hätte. Ende der fünfziger, Anfang der sechziger Jahre ging eine Moskauer Dame von Welt, eine Schriftstellerin, auf eine Gesellschaft – überhaupt liebte sie Zusammenkünfte vieler Menschen –, holte aus ihrer Tasche eine Puderdose, puderte sich und ließ sie in der Mitte des Tisches offen stehen. Die Erzähler variierten die Details: sie ließ sie nicht offen stehen, sondern öffnete sie jede Minute erneut und puderte sich; nicht in der Mitte des Tisches, sondern versteckte sie, im Gegenteil, irgendwo. Letzten Endes wurde jemand aufmerksam, schöpfte Verdacht und warf die Puderdose wie zufällig zu Boden – es stellte sich heraus, daß sie ein Miniaturmikrofon enthielt. »Ja und wissen Sie, wer diese Dame ist?« fragte Achmatowa, die Wirkung im voraus genießend, und sprach den Namen einer ihrer Bekannten aus, die regelmäßig zu ihr kam und die sie, wenn auch unaufrichtig, so doch höflich empfing. Alles erschien derart unwahrscheinlich, daß es sogar uninteressant wurde. Interessant war nur der sich aufdrängende Vergleich dessen, was sich damals zu einer geräuschvollen Geschichte entwickelte und was heute.

Mein Freund Jakow Gordin, damals Patriot des Dorfes Michailowskoje, bat mich, Achmatowa zu fragen, ob sie einen Brief zum Schutz von Puschkins Verbannungsort vor den Eingriffen der Bauarbeiter, die dort ein mehrstöckiges Hotel errichten wollten, unterschreiben würde. Ich übermittelte Achmatowa die Bitte und begann, ihr zu erklären, was er mir erklärt hatte, sie unterbrach mich: »Geben Sie den Brief her. Obwohl ich Sie im voraus darauf aufmerksam mache, ich bin irrtümlich ausgewählt worden, das Volk hat seine Lieblingsunterschriften, Sie wissen, wie die Moskauer prahlen: ›Gestern waren Schostakowitsch, Ulanowa, der Vorsitzende der Akademie, Kapiza, der Patriarch von ganz Rußland und Juri Gagarin bei uns zu Gast.‹« Ich sagte, daß Gordin selbst vorbeikommen wolle. Sie deklamierte plötzlich lachend:

> Wir fiebern nach einem Literaturorden,
> Ihr Brüder, laßt uns aufstehen!
> Das Buch von Wassili Gordin
> Ist in der zweiten Auflage erschienen.

Ich übermittelte Jakow Gordin die Einladung, übermittelte auch das Epigramm, Wassili war einer seiner Vorfahren. Ein halbes Jahrhundert später tauchte der Gegenstand des harmlosen literarischen Scherzes in Gestalt des Kämpfers für die Unantastbarkeit eines staatlichen Literaturdenkmals vor Achmatowa auf.

Bei einer relativ frühen Begegnung gab ich ihr den Inhalt eines Monologs wieder, den ich am Vorabend von einem gemeinsamen Bekannten gehört hatte. Er behauptete, daß das von der Kunst schon Geschaffene für die heutigen Bedürfnisse vollkommen ausreichen würde; daß das zwanzigste Jahrhundert nichts wirklich Neues zu bieten habe,und wenn es zu Beginn noch den Rahm von den vergangenen Jahrhunderten abgeschöpft habe, so sei jetzt auch daran nicht zu denken; daß es in der Geschichte so etwas schon gegeben habe, Rom habe lange Zeit Griechenlands Kunst benutzt, es gebe eine Vielzahl anderer, bekannter Beispiele; daß ein solcher Gesichtspunkt nichts Zerstörerisches habe, denn die Kunst werde von einem freien Leben außerhalb des Rahmens abgelöst, sagen wir, das Geschrei einer lebendigen Katze in einer konkreten Sinfonie; und wenn es jetzt noch irgend etwas gebe, dann sei das bestenfalls ein einziges Bild in einem Film, eine einzige Zeile in einem

Poem. »Und das ist kein Snobismus«, sagte ich, »Sie wissen ja, er ist ein überaus gebildeter Mensch, der alle übertroffen hat . . .« »Ja-ja, unansehnlich, aber sehr talentiert, wie man in diesem Falle zu sagen pflegt«, fiel sie ein. »Eben weil er über Bildung verfügt, ist das Snobismus. Ich erinnere mich, vor der Revolution behauptete ein sehr gebildeter, junger Mensch, nachdem er aus dem Ausland zurückgekehrt war, daß man nicht sagen könne, im Louvre gebe es überhaupt nichts zu sehen: er habe dort ein Stück gefunden. Nein, keine Malerei, eine Skulptur, ja nicht einmal eine Skulptur, sondern ein Stück einer Skulptur – von Ausgrabungen stammend; mit einem Wort – eine Büste ohne Kopf, ohne Arme, aber was für ein Stein!«

Gleichsam aus einem mit ihrer Vergangenheit gefüllten, bodenlosen Sack holte sie die für sie oder den Gesprächspartner nötigen Fakten, Episoden, Sätze heraus, bei Bedarf mit akademisch genauem Kommentar der Daten, Orte und Umstände versehen, öfter aber ohne Verweise auf den Ursprung, isoliert von der Zeit, indem sie entweder vage wiedergegeben oder absichtlich im dunkeln gelassen wurden. Einmal waren wir von einer gemeinsamen Bekannten einzeln zum Mittagessen eingeladen worden und kamen von verschiedenen Orten an, ich verspätete mich um eine Viertelstunde und fand nichts Besseres, als zur Entschuldigung zu erklären, daß ich gerade dabei gewesen sei, ein Bad zu nehmen, als das warme Wasser abgeschaltet wurde, und so weiter – was auch tatsächlich der Wahrheit entsprach. Achmatowa, die schon am Tisch saß, sah mich mit einem Eisesblick an, und kaum hatte ich geendet, murmelte sie zwischen den Zähnen: »Hygiene und Moral« – eine Losung oder irgendein Titel, mit einem Wort, ein irgendwann von ihr bemerkter Stempel der Zeit. Ein andermal, als ich ein unerwartetes Honorar erhalten hatte und die ganze Gesellschaft von der Ordynka ins Restaurant einladen wollte, riet sie mir, statt dessen einen Eimer Bier und einen Eimer Krebse zu kaufen und direkt mit den zwei Eimern in den Händen bei Ardows zu erscheinen; und als ich ihren Rat befolgt hatte, die Eimer im Haushaltswarenladen, die Krebse in der Sretenka, das Bier in den Kadaschewski Bädern gekauft hatte, als wir die letzten Krebsscheren auspulten und den Rest

Bier austranken – nach einem weiteren Gang, oder waren es mehr?, in dieselben Bäder – und alle die Idee und ihre Verwirklichung lobten, sagte Achmatowa mit demselben roten und müden Gesicht wie alle übrigen, aber ohne deren Feuer und Redseligkeit: »Geb's Gott zu Ostern, wie der Soldat unserer Kinderfrau sagte.«

Etwas beschwor das zweite Jahrzehnt herauf, etwas anderes die dreißiger Jahre. Beim Weggehen nach einem meiner ersten Besuche bei ihr zog ich im Vorzimmer meinen Mantel an, und sie half mir, in den Ärmel zu kommen – verlegen riß ich ihn ihr beinahe aus der Hand und murmelte vor mich hin: »Aber, was tun Sie denn!« Sie erwiderte: »Auch Akademiemitglied Pawlow reichte einmal einem Aspiranten, der ihn verließ, den Mantel. Dieser riß ihn ihm ebenso aus der Hand: Sie! mir! wie können Sie nur! Pawlow sagte: ›Glauben Sie mir, junger Mann, ich habe überhaupt keinen Grund, mich bei Ihnen einzuschmeicheln.‹« Und noch etwas, im Zusammenhang mit Verabschiedungen: »Mandelstam sagte, daß der schrecklichste Fauxpas der Welt der Gesichtsausdruck des Gastgebers sei, der sein Lächeln für den Bruchteil eines Augenblicks früher abstreife, als der hinausgehende Gast aufgehört habe, ihn anzuschauen.« Über Fehlschläge, Handlungen zur unrechten Zeit, über Bruchteile eines Augenblicks und Ähnliches erzählte sie, wie sie während Gumiljows Aufenthalt in Afrika kaum je aus dem Haus gegangen sei und nur ein einziges Mal bei einer Freundin übernachtet habe. Genau in dieser Nacht kehrte er zurück. Am Morgen, nachdem sie heimgekehrt war und ihn erblickt hatte, sagte sie überrascht, man sollte nicht glauben, daß so etwas möglich sei, das erste Mal seit einigen Monaten habe sie nicht zu Hause geschlafen – und gerade heute. Offenbar war ihr Vater dabei, und entweder er oder ihr Mann ließ, als sie verstummte, die Bemerkung fallen: »So werdet ihr Weiber alle überführt!«

Nach dem Besuch des Dichters Sosnora erzählte sie: »Er trug Verse darüber vor, wie er trinkt. Schreckliche, absolut obszöne Verse, aber sie werden Gefallen finden. Geheimnis ist in ihnen nicht. Er fragte, ob ich wüßte, daß der ›Grauäugige König‹ gesungen werde. Ich erwiderte: ›Mein Gott, wie veraltet!‹ Schon siebenundvierzig wurde gesungen: ›Hoch lebe er, der trostlose Schmerz, abgedankt hat gestern der rumänische König‹.«

Sie bezog sich im Laufe eines Gesprächs gern auf Mandelstam, führte gern das eine oder andere seiner Bonmots an. Eines der undatierbaren war: »Kämpfen können die Polen nicht – aber rebelli-ieren!...«, was seinen Vers »Polen! ich sehe keinen Sinn in der törichten Tat der Schützen« etwas zynisch kommentierte. Zu den datierbaren gehörte das Bonmot über Abram Efros: als André Gide nach Moskau gekommen war, wurde Efros gebeten oder beauftragt, den berühmten Schriftsteller zu begleiten; nach Frankreich zurückgekehrt, schrieb Gide nicht das über die Sowjetunion, was man von ihm erwartet hatte, und Efros wurde verbannt, aber »die Zeiten waren noch vegetarisch«, und er kam leicht davon, man schickte ihn nach Rostow Weliki, also relativ nah, worauf Mandelstam sagte: »Das ist nicht Groß-Rostow, das ist Abram der Große.« Efros hatte bekanntlich die von Achmatowa übersetzten Rubens-Briefe redigiert. Als das Buch erschienen war, lud er sie ins Restaurant ein, dieses Ereignis zu feiern; im selben Raum befanden sich zufällig Katajew und Schklowski: nachdem sie sich einen angetrunken hatten, traten sie an ihren Tisch heran, küßten Achmatowa die Hand, baten förmlich um Erlaubnis, für einige Minuten Platz zu nehmen, äußerten einige liebenswürdige Floskeln und empfahlen sich dann, doch bevor sie weggingen, beschloß Schklowski, sich das Vergnügen zu bereiten, und sagte: »Abram kann eine russische Frau ins Restaurant einladen, und sie bleibt auch danach noch auf gutem Fuße mit ihm.« Es war eine Anspielung auf einen Aphorismus Babels: »Benja kann eine russische Frau in sein Bett einladen, und sie bleibt auch danach noch auf gutem Fuße mit ihm.«

Die Worte »*Junost* von Ihnen« in ihrer Notiz bezogen sich auf die in dieser Zeitschrift in Aussicht gestellte Veröffentlichung einiger meiner Gedichte; ihre Anzahl verringerte sich bei jeder Etappe um das Zwei- bis Dreifache, je weiter sie in die Redaktionsinstanzen vordrangen, bis lediglich eines übrig war, aber auch das wurde in letzter Minute gestrichen. »Das habe ich alles mit Mandelstam durchgemacht. ›Geben Sie uns fünfzehn, damit wir genug haben, um acht davon auszuwählen.‹ Von den acht fand der Chefredakteur in drei Gedichten Anspielungen, zwei waren unzeitgemäß, drei sollten gedruckt werden. Vielmehr nicht drei, sondern zwei, aus Platzmangel. Und für alle Fälle noch etwas als Ersatz mitbringen ... Dieses einzige kam manchmal durch.« Als ihre Gedichte in der *Literaturnaja Rossija* oder, wie sie früher hieß, in *Literatura i schisn* erschienen, gab die »progressive Intelligenz« ihr in Nebensätzen zu verstehen, daß sie vergebens auf die Publikation in dieser, im Vergleich zur *Literaturnaja gaseta* reaktionären Zeitung eingegangen sei und damit den Gegnern des Fortschritts in die Hände gespielt habe. Sie sagte nach einem dieser Gespräche gereizt: »*Nicht* gedruckt wird überall gleich. Warum soll ich einen mikroskopischen Unterschied suchen, wenn gedruckt wird?«

Äußerliche Ähnlichkeiten täuschten sie nicht: »Als die NÖP begann, sah alles wieder so aus wie früher – Restaurants, Luxusdroschken, schöne Frauen in Pelzen und Brillanten. Doch all das war – ›wie‹: es simulierte das Frühere, imitierte es. Das Frühere war unwiederbringlich vergangen, der Geist, die Menschen – die neuen ahmten sie nur nach. Es war derselbe Unterschied wie der zwischen den Oberiuten und uns.«

»Warum jammern alle so über das Schicksal des Künstlertheaters! Ich bin damit nicht einverstanden«, sagte sie, als dieses Theater unterging. »Was einen Anfang gehabt hat, muß auch ein Ende haben. Es ist doch nicht die Comédie française oder unser Maly Theater – das spielt schon hundert Jahre Ostrowski und wird ihn noch hundert Jahre spielen ... Stanislawskis Entdeckung besteht darin, daß er erklärt hat, wie Tschechow inszeniert werden muß. Er hat verstanden, daß das eine neue Dramaturgie ist und daß sie ein Theater mit neuen Intonationen und mit all diesen berühmten Pausen erfordert. Und nach dem großen Mißerfolg in der Alexandrinka veranlaßte er das Publikum, scharenweise zu ihm zur *Möwe* herbeizuströmen. Ich erinnere mich, daß es zu jener Zeit als schlechter Ton galt, nicht im Künstlertheater gewesen zu sein, und die Lehrer und Ärzte aus der Provinz kamen extra nach Moskau, um es zu sehen. Und in der Folge wurde alles, was Tschechow ähnelte oder ähneln konnte, zum Erfolg des Theaters und alles andere zum Miß-erfolg. Der Krieg der Mäuse und Frösche aber wurde deshalb im-mer heftiger geführt, weil die einen Stanislawskis System für etwas wie eine vollkommene, wundertätige Ikone hielten, und die ande-ren ihnen das nicht verzeihen konnten. Das ist alles. Damals war der Anfang, jetzt ist das Ende.«

Sie erlebte das Ende einer Vielzahl von Dingen, die in ihrer Gegenwart und mit ihr ihren Anfang genommen hatten. Eine Er-zählung über die Ereignisse der fünfziger Jahre konnte das Echo der zwanziger hervorrufen. »Als Roman Jakobson zum ersten Mal nach Stalins Tod nach Moskau kam, war er schon eine Berühmt-heit, ein sehr bedeutender Slawist. Auf dem Flugplatz, an der Gangway empfing ihn die Akademie der Wissenschaften, alles sehr feierlich. Plötzlich schlug sich Lilja Brik durch die Sperre und rannte ihm mit dem Schrei: ›Roma, verrate es nicht!‹ entgegen ...« Nach einer Pause, mit leichtem schadenfrohen Lachen: »Aber Roma hat es verraten.« Gemeint war die Pariser Liebesaffäre Maja-kowskis und seine Gedichte an Tatjana Jakowlewa, die die Briks in all diesen Jahren verheimlicht hatten.

Es entstand der Eindruck, daß »in my beginning is my end« nicht nur als ewiger Schatten zu verstehen ist, den der Tod auf die Ge-burt wirft, und nicht nur als Wurzeln der Zukunft, die sich in der ihr provozierend unähnlichen Gegenwart verstecken, sondern daß das Ende das unbedingte Gegenstück zum Anfang bildet, daß der Anfang ohne Ende ungültig ist. Ihr Leben erschien länger zu wäh-ren als das einer beliebigen anderen Frau, die zur selben Zeit wie sie geboren und gestorben war, deshalb natürlich, weil es so reich an Ereignissen war, weil es nicht nur einige historische Epochen in sich einschloß, sondern sie mit sich ausdrückte, aber auch deshalb, weil sie ihr Leben gleichsam bremste, es bis zur Vollendung noch einer und noch einer Episode, die sich auf Jahrzehnte ausgedehnt hatte, bis zu einer weiteren Bestätigung ihrer Vermutungen und Beobach-tungen hinauszögerte. Bis zum Ende jedes ihrer Anfänge und damit bis zum Ende ihres Anfangs, bis zur völligen Verwirklichung ihres Schicksals. Bis dahin, daß sie über jedes Geschehen sagen konnte:

das ist wie *jenes*, wobei sie es so sagte, daß »das ist wie jenes« die einzige wahre Metapher des Geschehens wurde. Nicht durch den Vergleich der Dinge nach der Ähnlichkeit und dem Kontrast ihrer Merkmale, nicht durch die willkürliche Gegenüberstellung, sondern durch die notwendige und natürliche Verbindung des Endes mit dem Anfang und deshalb – durch die unbestreitbare Wahrheit der unbestreitbaren Realität.

Zwei Monate vor ihrem Tod, schon im Krankenhaus, las sie ein dünnes Gedichtbändchen von Alice Meynell, die einige Jahre vor Achmatowa geboren und 1922 gestorben war. Daraus wählte sie eine Zeile für ein Epigraph zu ihren Versen aus:

> ... none dare
> Hope for a part in thy despair

(... niemand wagt, auf einen Teil in deiner Verzweiflung zu hoffen). Es blieb ohne Verwendung, doch einmal standen vor Achmatowas Versen schon ähnliche Worte: »Verlieren Sie Ihre Verzweiflung nicht«, ein Satz von Punin, entweder aus einem Brief an sie oder aus einem Gespräch.

Auch wenn sich das konkrete »das ist wie jenes« als falsch erwies, hob es die Richtigkeit des Prinzips selbst nicht auf. In den Zeiten der Berichte über die fanatische Ergebenheit der Chinesen gegenüber Mao Tse-tung sagte sie: »Die Chinesen ergeben sich irgendeiner Idee für zehntausend Jahre. Ich weiß es, ein führender Sinologe hat es mir erklärt. Zehntausend Jahre glauben sie Konfuzius, dann ist er wie weggewischt, und irgend etwas Neues taucht auf – und dann glauben sie erneut für zehntausend Jahre.« Nur W. M. Alexejew konnte mit dem »führenden Sinologen« gemeint sein, er aber hatte es wohl kaum auf diese Weise erklärt. Den Dichter Semjon Lipkin, seinerzeit als Übersetzer hauptsächlich orientalischer Dichtung bekannt, nannte sie »Chinas Weiser«, und es hatte den Anschein, als stamme diese Verbindung aus derselben unseriösen Quelle wie die »zehntausend Jahre«. Die Liebe der Chinesen zu Mao währte nicht so lange, aber in Achmatowas kleinem Märchen

über die Chinesen steckte, auch gegen die Offensichtlichkeit des
Eindrucks, mehr Überzeugungskraft, daß dies die Wahrheit war
oder wenigstens die Wahrheit sein sollte, als in dem bald folgenden
Wandel der chinesischen Ideen.

An einem Oktobertag des Jahres 1964 fuhren wir mit dem Taxi
über die Kirowbrücke. Der Himmel über der Newa war von niedrigen Gewitterwolken mit verschwimmenden Rändern bedeckt, doch
plötzlich begann hinter dem Gebäude der Börse eine rote Licht-
säule ungestüm aufzuleuchten, sie dehnte sich vertikal aus, und
wenn man den Wunsch hatte, in ihr ein Zeichen zu erblicken,
wirkte sie sogar furchteinflößend. Dann bildete sich in ihrem obe-
ren Teil etwas wie ein Querbalken, die Wolken verzogen sich an
dieser Stelle endgültig, die Sonne blitzte auf, und die Erscheinung
verschwand. Am folgenden Tag erfuhren wir, daß Chruschtschow
an diesem Tag abgesetzt worden war. Achmatowa kommentierte:
»Das ist Lermontow. An seinen Jahrestagen geschieht immer etwas
Furchtbares. Zum hundertsten Geburtstag, 1914, der Erste Weltkrieg, zum hundertsten Todestag, 1941, der Große Vaterländische
Krieg. Hundertfünfzig Jahre ist ein mittelmäßiges Datum, nun,
auch das Ereignis ist schwächer. Aber trotzdem, mit himmlischem
Zeichen . . .« Sie sagte von sich: »Ich bin eine Anhängerin Chruschtschows«, wegen der Befreiung der Stalinschen Gefangenen und
der offiziellen Enthüllung des Terrors. Und unsere Taxifahrt wurde
in dem Moment der Erwähnung Lermontows von ihrer Fahrt in der
Droschke ein halbes Jahrhundert zuvor überlagert, einer Droschke,
»die so alt war, daß sie schon Lermontow hätte fahren können«,
und diese Achmatowaschen fünfzig Jahre und die fast hundert der
Droschke und die hundertfünfzig Lermontows und ihre so persönliche, zärtliche Beziehung zu ihm – Gefährtin der Gilde, ältere
Schwester, »Mütterchen Arsenjewa« – verflochten sich derart miteinander, daß sie ihr eigenes Leben auf geheimnisvolle Weise fast
um das Zweifache ausdehnten, wobei auch der Sturz Chruschtschows aus der Reihe der augenblicklichen Ereignisse in die
Reihe der dynamischen überhaupt – des Dezemberaufstands und
anderer Aufstände, der Palastrevolutionen und anderer – verscho-

ben wurde. »Über Lermontow kann man ›mein Lieblingsdichter‹ sagen, soviel man will«, bemerkte sie einmal. »Über Puschkin aber wäre es dasselbe, wie zu schreiben: ›Ich beende den Brief, und Jupiter schaut zum Fenster herein, der Lieblingsplanet meines Mannes‹, das ist Schtschepkina-Kupernik in einem Brief an Ranewskaja eingefallen.«

Der Kontext ihrer Biografie gestaltete alles, was in ihre Umlaufbahn geriet, nach ihrer eigenen Art um, selbst periphere, selbst ihr fremde Erscheinungen. »In Taschkent«, erzählte sie, »wohnten über mir seinerzeit vor Hitler geflohene Antifaschisten. Sie stritten sich untereinander und prügelten sich derart, daß ich dachte: wenn das Antifaschisten sind, wie müssen dann erst die Faschisten sein!« Hinter dem Symbol, dem wilden Tier, dem Schimpfwort »Faschist« kam plötzlich ein Mussolini zum Vorschein, ein Tölpel, umgeben von einer frühen romantischen Aura. Ebenso »nach Achmatowas Art« klang ihre Charakteristik oberflächlicher, pseudobedeutsamer Menschen, Bücher, Gedanken, sie nannte diese »aufblasbar und ausgestopft« – dem Verzeichnis des Schreibwarensortiments entlehnt: »aufblasbares, ausgestopftes Spielzeug«. Ebenso verwendete sie das Zeitungsvokabular »die Sehnsüchte des Volkes« für etwas Gewünschtes, was sich als Wirkliches ausgab.

Wenn wir verschiedener Meinung waren und jeder auf seiner beharrte, besonders wenn es um praktische Dinge ging, äußerte sie oft mit gespielter Selbstsicherheit: »Wer ist die Mutter von Soja Kosmodemjanskaja, Sie oder ich?« Als ich das zum ersten Mal hörte, fragte ich, woher der Spruch stamme. Sie erzählte es mir: in Stalingrad suchte man nach dem Krieg nach einem Standort für den Bau einer neuen Traktorenfabrik anstelle der zerstörten, die Mutter von Soja Kosmodemjanskaja gehörte der Kommission der Vertreter der Öffentlichkeit an; unerwartet für alle erklärte sie in kategorischem Ton, daß man nicht an der Stelle bauen solle, die die Fachleute ausgewählt hätten, sondern an einer anderen, und als man versuchte, sie höflich zu überzeugen, stellte sie diese rhetorische, klassisch-erschlagende Frage: »Wer ist die Mutter von Soja Kosmodemjanskaja, Sie oder ich?«

Sie machte sich das Fremde mit solcher Leichtigkeit zu eigen, als hätte sie das ihr Gegebene einmal geliehen bekommen, und wenn man tiefer in diesen Prozeß eindrang, war es auch so. Von der Reise zu Brodsky zurückgekehrt, erzählte ich ihr, wie gemütlich es abends nach dem Heizen des Ofens war, Radio zu hören, das allmählich die Finsternis von Wologda hinter dem Fenster mit Trugbildern von Paris, Leningrad und London ausfüllte. Und wie wir beide beim Hören des Berichts über das von einer Gesellschaft oder einem Klub zu Ehren von Priestley organisierte Mittagessen vom ergreifenden Ende seiner Dankesrede bewegt waren, in der er die Worte Edgars aus *König Lear* über die Machtlosigkeit des Menschen bei der Wahl des Augenblicks seines Erscheinens auf der Welt und seines Weggangs zitierte, die mit dem berühmten: »Ripeness is all!« (Reif sein ist alles.) enden. Brodsky übernahm später die Edgar-Passage im ganzen als Epigraph zu seinem Buch, und Achmatowa schrieb gleich nach meinen Worten in ihr Tagebuch: »K. L. – is all«, wie beiläufig. Etwa zu dieser Zeit traf sie mit einer Leningrader Schriftstellerin zusammen, die in den Kriegsjahren als einfacher Matrose in der Baltischen oder der Nordmeerflotte gedient hatte, und jetzt um der Gerechtigkeit willen aktiv dabei war, »diesen Grünschnabel Brodsky« den Händen »dieser Parasiten« zu entreißen. Sie bestand auf einer Begegnung mit Achmatowa teils aus strategischen Gründen, teils aus Neugier, verließ sie aber enttäuscht: »Sie hört ja schwer, wir brauchen aber Menschen ohne Fehler.« Achmatowa sah, im Gegenteil, zufrieden aus, als ich zu ihr eintrat, der Gast hatte ihr gefallen, und auf mein »Nun, wie war es?« antwortete sie zustimmend: »Marineinfanterie.« Bald verband und löste Brodsky beide Themen mit einem Mal, das des Krieges und das der Verbannung, als er nach seiner Freilassung nach Komarowo kam und sofort begann, unter der Hütte einen Luftschutzkeller für Achmatowa zu graben. Ich kam aus dem Wald und traf ihn bereits bis zu den Schultern in der Grube an, sie saß lächelnd, aber etwas verwirrt am Fenster: »Er sagt, für den Fall eines Atombombenabwurfs.« Da in ihren Worten eine Frage mitklang, antwortete ich: »Er hat das Diplom eines Strahlenschutzfachmanns.«

In einem der Gespräche sagte ich, daß ich festgestellt hätte, wie Menschen, die immer wieder klein beigeben, das dadurch kompensierten, daß sie in sich etwas festigten, was für die übrigen unzugänglich sei und der eigenen Schwäche die Stirn bieten würde. Unvoreingenommen betrachtet erweise sich dieses etwas jedoch einfach als Erbitterung. Sie erwiderte heftig: »Auf keinen Fall darf man dieses Ungeheuer füttern, soll es vor Hunger krepieren. Die Erbitterung zeitigt schreckliche Ergebnisse, das sieht man zum Beispiel bei Gorodezki.« Und kurz darauf: »Wenn ein Mensch so lange lebt wie ich, stellen sich bei ihm gewisse endgültige Ideen ein ... Es ist ebenso schwer, Gutes zu tun, wie es leicht ist, Böses zu tun. Man muß sich zwingen, Gutes zu tun.« »Wie gut sie ist«, sagte sie voll Freude über die erste Frau ihres Bruders Viktor, die selbstlose, liebenswerte Hanna Wulfowna Gorenko, die auf den ersten Ruf hin aus Riga gekommen war. Selbst wenn sie sich über sie ärgerte, schimmerte Rührung durch ihre Worte: »Hanna hat es erlaubt.«

Einen Tag nachdem ich das ihr gewidmete Gedicht überreicht hatte, das einigen Anzeichen nach zu urteilen ihrem Geschmack entsprach, begann sie sich ausführlich darüber zu äußern, dann folgte ein anderes Thema, und plötzlich unterbrach sie sich, als würde sie sich erinnern: »Ja! Sie haben da einen überflüssigen Versfuß in der und der Zeile, das müßten Sie korrigieren.« Ich zählte die Versfüße im Geiste durch, dann, nachdem ich sie verlassen hatte, auf dem Papier, und zu Hause malte ich ein Schema – kein Versfuß war überflüssig. ich sagte ihr das bei unserer nächsten Begegnung. Sie wollte nichts davon hören: »Es ist einer zuviel, ja, ja, Sie müssen das nicht überprüfen, ich habe mich nicht geirrt. Fünfzig Jahre sitze ich an dieser Sache.« Ihre Hartnäckigkeit betrübte mich, und erst später verstand ich, was sie meinte: nicht vom Metrum her war ein Versfuß zuviel, sondern rhythmisch-musikalisch, die Zeile mußte gekürzt, unterbrochen werden, die Gleichmäßigkeit machte sie schlaff. Dies war noch eine ihrer Wahrheiten gegen die gängigen Regeln, eine von den offensichtlicheren Wahrheiten, nicht von den tiefgründigen. Eine ihrer Wahrheiten, die die verschiedensten Ebenen der Dichtung sowie des ganzen Lebens umfaßten, eine der Wahrheiten, die sie durch den Fakt beweisen konnte, daß sie fünfzig Jahre an dieser Sache gesessen hatte.

*

Unter den Dutzenden Porträts von Achmatowa nahm das von Altman einen besonderen Platz ein, obwohl ihr die von Tyschler und Tyrsa besser gefielen. Vielleicht weil Altman sie in glücklichen Tagen ihres Lebens gemalt hatte, oder die Sitzungen selbst in einer besonderen, freundschaftlich-intimen Atmosphäre verlaufen waren und mit ihnen etwas verbunden war, woran sie sich später gern erinnerte, oder vielleicht deshalb, weil es ihr erstes »berühmtes« Porträt war. Über Altman erzählte sie, daß er nach ihren häufigen Begegnungen vor der Revolution für fast dreißig Jahre aus ihrem Gesichtskreis verschwand und sie dann plötzlich anrief: »Anna Andrejewna, haben Sie jetzt nichts vor?« – »Nein.« – »Darf ich dann vorbeikommen?« – »Ja.« »Und er kam vorbei, als ob es das natürlichste der Welt sei, und wir begannen, so ungezwungen miteinander zu sprechen, als hätten wir uns erst gestern gesehen.« »Als er mich malte, kam manchmal ein Ausländer ins Atelier hinauf, sah das Bild an und sagte: ›Das – wird – ein – großes – Lach!‹« Sie wiederholte zuweilen dieses pythische Urteil, erklärte aber nie die Bedeutung des geheimnisvollen Wortes: ich hielt es für eine Ableitung von »Lachen«, etwas wie das altrussische Substantiv, was gleichzeitig die Grandiosität der Arbeit und des Ereignisses wiedergab. Der Satz erwies sich als mehr oder weniger universell, paßte fast zu allem, was ringsherum geschah, zumindest um Achmatowa herum. »Das wird ein großes Lach!« hieß es über die Reise nach Oxford, über Brodskys Prozeß, über die Absicht, den Mantel zu wenden, über das Erscheinen des *Requiem* im Ausland ...

Es gab einige solcher Aussprüche, angesiedelt zwischen Wortspiel und Prophezeiung. In einem der Briefe aus dem Krankenhaus erwähnt sie die Krankheit, die ich ein Jahr zuvor »ohne Arzt durchgemacht« hatte. Es war gegen Ende des Sommers, und nachdem sie es erfahren hatte, »kommandierte« sie Brodsky aus Leningrad zu mir ab – wie bald darauf mich zu Olschewskaja. Sie gab ihm ein neues Gedicht mit, das er abgeschrieben und sie durch ihre Unterschrift beglaubigt hatte, »Dreizehn Zeilen«, von denen es jedoch wie absichtlich nur zwölf gab, denn er hatte aus Unaufmerksamkeit eine ausgelassen, und sie hatte es nicht bemerkt. Gleich im ersten Gespräch über diese Verse begann ich, Einwände gegen »dazu ausersehn« zu erheben: »Und ich sogar, die dazu ausersehn, dies göttlich Wort als Mörder zu ersticken«, denn wenn sie dazu ausersehen war, waren *Ich* und *Du* im Gedicht nicht gleichberechtigt, der Held befand sich in der Macht der Heldin und spielte nur die Rolle des Teilnehmers am Drama, nahm aber nicht eigenständig daran teil. Mit den Argumenten war sie einverstanden, die Verse jedoch verteidigte sie nachgiebig – hauptsächlich damit, daß »sie dafür gut gelungen« seien. Ein Jahr oder anderthalb Jahre später, nach einem ähnlichen, nur heftigeren Streit über einen Vierzeiler aus dem *Prolog*, nahm sie einen Radiergummi und radierte die mit Bleistift geschriebenen Zeilen im Heft aus. Aber diesmal sagte sie lachend: »Sie haben mich an Kolja erinnert. Er sagte, daß meine ganze Poesie in dem ukrainischen Liedchen stecke:

> Sie goß sich selbst auch ein,
> Oj-jej-jej,
> Und trank es selbst auch aus,
> Oh, mein Gott!«

Und sogleich fuhr sie fort: »Dafür sangen wir ihm, als er aus Abessinien zurückgekehrt war: ›Wo haben dich nur die Teufel geritten? Wir hätten dich auch zu Hause verheiratet!‹ Das ist auch gut, wenngleich nicht so genau.«

Ihr scharfes Gehör (»das Gehör eines Hundes«, »wie das eines Barsoi« – um ihre Bemerkungen über andere zu zitieren) fischte in einem alltäglichen Gespräch, in einer Radiosendung, in einem ihr vorgelesenen Gedicht einige Worte heraus, die, von ihr ausgesprochen, ausgesondert und isoliert, einen neuen Sinn, neue Gestalt und neues Gewicht erwarben. »Hier werd ich als Schatten noch eindringen«, riß sie eine meiner Zeilen heraus. »Eignet sich als Epigraph. Auch die Betonung ist falsch – eine gute Zeile.« Ein andermal, als ich den eben erst wiederaufgelegten Suetonius las und auf die ausgezeichnete Bemerkung gestoßen war: »An Schmähungen bei Vergil gab es keinen Mangel«, entgegnete sie: »Ein erstklassiges Epigraph.« Anläßlich des Buches selbst sagte sie einmal: »Suetonius, Plutarch, Tacitus und so weiter zu lesen, ist in jedem Falle nützlich. Etwas bleibt für das ganze Leben. Das weiß ich von mir – den einen kenne ich noch vom Gymnasium, den anderen aus der Zeit der ›großen Schlaflosigkeit‹, als ich eine Unmenge Bücher gelesen habe ... Die ›Soldatencäsaren‹ sind sympathischer als die vorangegangenen – außer vielleicht Gaius Julius. Dem ›göttlichen Augustus‹ verzeihe ich die Verbannung Ovids nicht. Mag die Geschichte auch im dunkeln liegen, trotzdem: wieder hat ein Kaiser einen Dichter ins Verderben gestützt.« Außerdem: »So sehr wie alles von Rom verständlich ist, so wenig versteht man von Athen«, das heißt, die römische Zivilisation ist die Grundlage und ein Teil der europäischen Zivilisation überhaupt, aber Staat, Kultur und Leben des Alten Griechenland haben nicht ihresgleichen.

Bei einem runden Puschkin-Jubiläum (vielleicht der 125. Todestag) war in der *Literaturnaja gaseta* eine Notiz abgedruckt, daß d'Anthès dem Rückschlag der Kugel nach zu urteilen, sich wahrscheinlich im Kettenhemd duelliert habe. »Wer hat das geschrieben?« brüllte sie fast vor Wut. Ich sagte, daß es wohl Gessen gewesen sei. »Gessen würde sich im Kettenhemd duellieren!« explodierte sie förmlich. »Sie wissen, wie ich zu d'Anthès stehe, aber er war Chevaliergardist und Sohn eines Gesandten, ein Mann von Welt, so ein Gedanke konnte ihm gar nicht in den Sinn kommen: für den, der zum Duell erscheinen und sich auf diese Weise schützen würde, wäre der Tod eine Erlösung!« »Aber eigentlich ist das eine der typischen Jubiläumsentdeckungen. Alle zehn-zwanzig Jahre einmal werden vollkommen neue, unwiderlegbare Beweise dafür entdeckt, daß d'Anthès Puschkin getötet hat, daß Mozart von Salieri vergiftet worden ist, daß Bojan das Igorlied geschrieben hat, daß aber nicht Homer die *Ilias* und die *Odyssee* verfaßt hat, sondern ein anderer Greis, der auch blind war.«

An einem der heißen Sommerabende 1963 fuhren wir zur Petrowych zu Besuch, Achmatowa wohnte damals in der Ordynka. Gegen Mitternacht wurde ich nach einem Taxi geschickt und ging wie gewöhnlich zur Tankstelle in der Begowaja, zu dieser Stunde fuhren immer wieder Taxis dorthin, um zu tanken. Nachdem ich mich in ein Auto gesetzt hatte, begann ich, dem Fahrer den Weg zu zeigen, es war nur zwei Schritte entfernt, aber die Strecke führte durch gewundene, auseinanderlaufende, kleine Alleen, die obendrein dicht mit Grün bewachsen waren, und an völlig gleichaussehenden und auf einem weiträumigen Grundstück unsymmetrisch verstreuten Häuschen vorbei. Bald stellte sich heraus, daß wir uns verfahren hatten, und da erschien in einem offenen dunklen Fenster des nächstliegenden Hauses eine durch den Autolärm angelockte mächtige weibliche Gestalt im Nachthemd. Ich stieg aus und fragte sie, wo Block 2 sei, sie fragte, wen ich denn suchte. Ich bemerkte schulmeisterlich, daß es unwichtig sei, wen, ich suchte Block 2. Sie stützte sich auf das Fensterbrett und entgegnete noch schulmeisterlicher, daß für die Öffentlichkeit alles wichtig sei. In dieser Minute traten ein Milizionär, ein Mann in Zivil und eine Frau aus den Büschen, sie rochen nach Wein. Der Milizionär erkundigte sich, worum es gehe, und verlangte mein »Dokument«. Ich hatte es kaum hervorgeholt, als der Zivilist meinen Ausweis, ohne einen Blick darauf zu werfen, in seine Tasche steckte, ins Taxi auf den Hintersitz tauchte und von dort aus allen befahl, zur Miliz zu fahren. Ich folgte ihm, um mein »Dokument« wiederzuholen, aber der Milizionär stieß mich geschickt ins Auto, drängte sich selbst hinein, so daß ich mich zwischen ihnen wiederfand, die Frau setzte sich nach vorn, und die Türen schlugen zu. Der Fahrer, dem das alles mißfiel, sagte grob, daß er nirgendwohin fahre, solange man ihn nicht bezahle. Der Mann in Zivil zeigte *seinen* Ausweis, drohte mit Strafen und wir setzten uns langsam in Bewegung. Im selben Moment erblickte ich Block 2 mit einem hell erleuchteten Fenster im ersten Stock, rief: »Stop!«, und das Auto blieb stehen. Der Milizionär willigte ein, auszusteigen, obwohl der zweite ganz dagegen war. Die ganze Gesellschaft stieg nun die kleine Treppe hinauf, ich klingelte, Maria Sergejewna öffnete die Tür, und wir platzten herein. Der Milizionär war verlegen, fragte aber auf mich zeigend: »Kennen Sie diesen Bürger?« Achmatowa saß mit dem Rücken zur Tür am Tisch, sie wandte sich nicht um, sondern drehte lediglich den Kopf in unsere Richtung, nur um einige Grade, einzig um zu zeigen, daß sie uns sah, und sagte klangvoll, die Worte zerlegend: »Ja, das ist unser Freund ...« und nannte meinen Vor-, Vaters- und Familiennamen. Ich erhielt meinen Ausweis zurück, die Hüter der Ordnung entfernten sich. Wir gingen hinunter und fuhren los. Auf dem Weg erzählte ich, was geschehen war, der Fahrer ergänzte meine Erzählung mit ausdrucksvollen Beschreibungen, sagte zum Beispiel: »die lumpige Nutte« über die Frau, die sich neben ihn gesetzt hatte. Als sie das hörte, zitierte Achmatowa eine Zeile aus Feofan Prokopowitsch: »Was tun wir, Russen?« Ich begleitete sie zur Wohnung der Ardows und fuhr mit demselben Taxi zu mir. Beim Abschied sagte der Fahrer: »Die Alte urteilt richtig: wir Russen behandeln einander doch, ehrlich gesagt, wie Schweine!« Am Tag darauf erzählte ich ihr das, sie war zufrieden, bemerkte aber: »*Nutte* war besser. Sie war ja wirklich eine Nutte.«

Unter den im Laufe ihres Lebens gesammelten Aussprüchen, mit denen sie weiträumige Bereiche menschlicher Erfahrung der Existenzbedingungen selbst charakterisierte, erfreute sich noch einer von Wjasemski oder Gorbunow regelmäßigen Interesses: »Auch der Bär hat's gut.« Dieser Satz gehörte zu den wenigen, deren Äußerung sie gern mit der Nacherzählung der ganzen Geschichte begleitete. »In das Stadtgut der Scheremetews reitet im Winter ein Bauer, um den Herrschaften zu sagen, daß man einem Bären auf die Spur gekommen sei und ihn mit Hilfe des ganzen Dorfes erlegt habe. Die Herren beginnen schnell, sich anzukleiden, der Bote wird in die Küche geschickt, ein Glas Wodka zu trinken. Dort umringt ihn das Gesinde, fragt ihn aus und überlegt. ›Ja, du, du hast's gut, auf dich sind die Herrschaften aufmerksam geworden.‹ – ›Ich hab's gut‹, er protestierte nicht, erschöpft und von dem allgemeinen Interesse geschmeichelt. ›Und die Herrschaften haben's gut, vergnügen sich ein bißchen.‹ – ›Auch die Herrschaften haben's gut.‹ – ›Und die Männer haben's gut, sicher kriegt jeder einen Silberrubel.‹ – ›Auch die Männer haben's gut.‹ – ›Und die Weiber haben's gut, bewirten alle, bekommen Geschenke‹, das Gesinde wird allmählich zappelig. ›Auch die Weiber haben's gut‹, willigt der Held ein. ›Und der Bär hat's gut!‹ – ›Auch der Bär hat's natürlich gut!‹ bestätigt er kompetent.«

Sie war zuweilen launisch, despotisch, ungerecht, verhielt sich zeitweise egoistisch und fügte dem Phänomen und Konzept »Anna Achmatowa« wie zur Schau immer neue und neue Begeisterungen der Leser hinzu, Schüchternheit und Zittern der Verehrer und die Anbetung selbst als die Eigenschaft, die die Beziehung zu ihr bestimmte. Bewußt oder unbewußt bestärkte sie in den Menschen den Wunsch, vor sich eine außerordentliche, einzigartige, ihnen überlegene Figur zu sehen, die sie brauchten, um sich mit eigenen Augen zu überzeugen, wie überlegen, von welchem Rang ein Mensch sein konnte. Und der Fakt, daß sie tatsächlich eine solche Figur war, sah aus der Nähe wie die natürliche Grundlage und der Antrieb ihres Verhaltens aus, ihr Verhalten aber schien das Wichtigste zu sein, als sei es wichtig in sich selbst.

Im Laufe der Jahre gingen die eine sowie die andere Ebene – sowohl das Wesen als auch das Verhalten – in eine Perspektive ein, die einen größeren Raum umfaßte, sich dafür aber auch verengte und den unmittelbaren Eindruck der Dinge verringerte. Das Sammeln der Verehrung und wiederholter Komplimente mutet nun nicht mehr als Äußerung oder Tribut des Egoismus an, sondern eher, im Gegenteil, als ständig drohende Erinnerung an die Notwendigkeit, »sein Leben für seine Freunde« zu geben. Die Wahrheit, daß ein Schüler nicht mehr als sein Lehrer ist, dehnte sie auch auf sich aus. Sie wußte, daß sie Wjatscheslaw Iwanow nicht in der Bildung, Nedobrowo nicht in der Subtilität, Gumiljow nicht in der Überzeugung gleichkam – die Namen und Eigenschaften sind hier willkürlich gewählt, aber sie übertraf sie an Talent, und die Zeit stellte das Talent vor alles Übrige. Die verschiedenen Epochen schätzen verschiedene Dinge, und hier bestand kein Bedürfnis nach umfangreichen Kenntnissen, philosophischen Systemen, religiös-ethischen Lehren und so weiter, sondern in erster Linie nach Talent, nach Talent und seiner kühnen Äußerung, und sie besaß sowohl das Talent als auch die notwendige Kühnheit. Auf diese Weise wurde ihr die Aufgabe zuteil – deren Erfüllung ihr auch gelang –, sich vernehmlich für jene zu äußern, von denen sie etwas gelernt hatte und die sich aus diesem oder jenem Grunde selbst nicht äußern konnten, jene, auf deren Entwürfen sie schrieb. Sie waren es, für die sie nach einer wählerisch aufgestellten Liste – von ihrer Mutter und ihrem Vater, von Olga Glebowa, von Losinski bis Dante und Homer – über ihre eigene Person Ruhm sammelte.

Jedoch das Wissen, die Prinzipien und Kriterien, die sie von lebenden Lehrern oder durch diese empfangen hatte, in Verbindung mit ihrem leistungsfähigen und flexiblen Geist und ihrem gesunden Menschenverstand, der dem Talent im Ausmaß und in der Eigenschaft, alles zu umfassen, in nichts nachstand, setzten jener Freiheit, jenem Unerwarteten, nicht Voraussagbaren Grenzen, das nicht überzeugend, aber allen verständlich Genialität heißt. »Er ist mit einer ewigen Kindheit bedacht«, äußerte sie über diese Qualität der Begabung Pasternaks – sie sagte es begeistert und gleichzeitig herablassend, nicht ohne feinen Sarkasmus, sozusagen »wie kann man nur«. Seine Gedichte kochten über die Ränder des akmeistisch strukturierten Weltalls: er erklärte provozierend, daß Gontscharowa, die Puschkin nicht verstand, eine bessere Frau sei, als Schtschegoljow und die späteren Puschkinforscher, daß Shakespeare lange das passende Wort nicht finden konnte und deshalb die Szenen in die Länge zog; seine Geschmacklosigkeiten wie »Oh, Liebesmale an Frauenhälsen« oder »Beschwipst«, die sie ihm nicht verzieh, waren ebenso beeindruckend wie seine zweifellosen Erfolge. Mit einem Wort, »er stellte sich über die Kunst«, wie Tschukowskaja ihre Worte notiert hat. Sie sagte, daß Mandelstams »harte Treppen« (»Von harten Treppen und von Plätzen ... besang Alighieri sein Florenz«) rechtmäßig seien, durch Dantes »fremdes Brot« gerechtfertigt, das »barhäuptige Gras« aber sei bereits eine verbotene Methode.

Als ein Büchlein mit Übertragungen von Rilke erschien, die ein ihr gut bekannter und von ihr geachteter Mann verfaßt hatte, äußerte sie betrübt, daß alles stimme, vom großen Dichter sei aber nichts zu spüren. Wir begannen, über das »Requiem für eine Frau« zu sprechen, das in das Buch nicht eingegangen war. Ich sagte, das seien *geniale* Verse: sie stirbt, ist aber noch Teil des Lebens, sie ist auferstanden, und der Dichter bittet sie, nicht zu ihm zu kommen ... »Eben das ist schrecklich«, entgegnete Achmatowa sofort. »Das ist eine unbedingte Eigenschaft des Genies ... Sie kommt nach dem Tod zu ihm, er aber: ›Nein, verzeihen Sie bitte, es muß nicht sein.‹ Oder Tolstoi bemerkt in ›Vater Sergius‹ nicht, *wozu* er eine Frau zwingt. Ob er sich dann den Finger abhackt, oder nicht – als hätte ich das nach allem was passiert, noch nötig. Für Tolstoi aber ist nur das wichtig, was dort, in der Ferne ist ... Und Dostojewski! Mitja Karamasow ist doch ein wirklicher Mörder: er schlägt Grigori derart, daß jener mit gespaltenem Schädel am Boden liegt. Aber die Genies tun das so – weil sie Genies sind –, daß niemand es merkt ...« Ich sagte, die Schmeichelei beiseite gelassen, sei Achmatowa kein Genie, sondern in gewisser Weise ein *Antigenie* ... Sie hörte sich das mißvergnügt an und brummte: »Ich weiß nicht, ich weiß nicht.« Ich erklärte, daß ich die Definition im positiven Sinne gebraucht hätte, analog zu »Antiproton« zum Beispiel: »Das bedeutet nichts Kränkendes, geschweige denn Schlechtes ...« Sie beendete das Gespräch humorvoll, versöhnend: »Ich bin beinahe überzeugt, daß es das bedeutet, aber niemand ist da, den ich fragen könnte.«

Muß man erklären, daß diese Grenzen die Kunst nicht im geringsten behindert haben? Sie erstreckten sich in ihr, setzten ihr innere Grenzen, zäunten sie aber nicht ein. Sie sagte, daß es bei Dostojewski strenggenommen keinen einzigen Roman gebe außer *Schuld und Sühne*: in den anderen »finden die Hauptereignisse vor dem Anfang irgendwo in der Schweiz statt, hier aber fällt alles kopfüber, der Leser kommt außer Atem, alles ist schrecklich ...« Und sofort fügte sie hinzu: »Doch eigentlich verfügt ein echter Prosaiker über eine Höllenküche. Sie schaffen es, in ihrem Leben fünfmal mehr zu schreiben als das, was später in die Gesammelten Werke eingeht. Darum glaube ich nicht, daß man einen großen Roman schreiben kann und danach nichts mehr, wie Scholochow.« (Vielleicht hatten die *Tagebücher* Kafkas den Anstoß zu dieser Äußerung gegeben, sie las sie zu jener Zeit in der französischen Übersetzung; darin findet sich unter dem 17. Dezember 1910 die Notiz: »Daß ich soviel weggelegt und weggestrichen habe, ja fast alles was ich in diesem Jahre überhaupt geschrieben habe, das hindert mich jedenfalls auch sehr am Schreiben. Es ist ja ein Berg, es ist 5 mal soviel als ich überhaupt je geschrieben habe und schon durch seine Masse zieht es alles was ich schreibe, mir unter der Feder weg zu sich hin.«

Sie erklärte, daß die Puschkin-Forschung in naher Zukunft kaum irgendwie bedeutsame Resultate erzielen werde, denn ein Puschkinforscher bedürfe außer des Gespürs, Talentes, Fleißes und anderer, für einen Wissenschaftler obligatorischer Eigenschaften obendrein guter Kenntnisse des Französischen, des Englischen, der Geschichte der Epoche – und eine solche Verbindung sei heutzutage selten. Sie forderte von einem Schriftsteller die Bildung Thomas Manns und führte den *Zauberberg* als Beispiel an, freilich unter dem Vorbehalt, daß die Betrachtungen über die Zeit dem Niveau des ganzen Buches nicht gleichkämen. Dieses Buch liebte sie scheinbar rein persönlich, vielleicht wegen der Beschreibungen des Alltags in einem Tuberkulosesanatorium; ich las es, als ich im Krankenhaus lag, und sie sagte: »Das ist genau das richtige fürs Krankenhaus.«

Besondere Wertschätzung brachte sie dem Prosaiker Charms entgegen: »Er war sehr talentiert. Ihm ist das gelungen, was fast niemandem gelingt – die sogenannte ›Prosa des zwanzigsten Jahrhunderts‹: sagen wir, wenn beschrieben wird, wie der Held auf die Straße tritt und plötzlich durch die Luft fliegt. Bei niemandem fliegt er, nur bei Charms.« Sie stellte fest: »Freud ist der Hauptfeind der

Kunst. Die Kunst rettet die Menschen vor der Finsternis, die in ihnen steckt. Freud aber sucht Erklärungen für alles Niedrige und Finstere gerade auf der Ebene des Niedrigen und Finsteren – darum ist er dem Spießer auch so sympathisch. Die Kunst will den Menschen heilen, Freud aber läßt ihn mit seiner Krankheit zurück, nachdem er sie erst vertieft hat. Bei Freud gibt es weder reinigendes Leiden noch die Erleuchtungen der *Karamasows*, sondern nur einige gemeine Erklärungen, warum bei derartigen Beziehungen zwischen Vater und Mutter und bei einer solchen Kindheit nichts anderes geschehen konnte als das, was geschehen ist. Doch wohin soll das führen?« Sie erzählte von einem Brief einer ihrer Freundinnen an eine andere, an Nadeschda Jakowlewna Mandelstam, über ein Buch, das Chasin, der Bruder von N. Ja., geschrieben hatte. »Er hat einen Roman geschrieben, ich glaube, über das Jahr 1812: worüber schreibt man nicht alles, um nicht zu verhungern? Beiläufig bemerkte sie zum Lob des Autors, daß er sich verplaudern könne, und das sei charakteristisch für einen echten Prosaiker. Und weiter hieß es – ich las es mit eigenen Augen, denn Nadja wollte mich mit jener entzweien und zeigte mir den Brief: ›Das wissen alle, sogar Anna Andrejewna.‹ Freilich hetzte mich jene auch gegen Nadja auf.« Sie lachte, aber daß die Prosa sich verplaudern müsse, daß die Prosa der Überschüssigkeit, des »unnützen Details« bedürfe, war für sie ein elementarer Fakt der Kunst. Weil es jetzt »alle wissen« vielleicht, schätzte sie die Prosa der Mitte des Jahrhunderts mehr als die Prosa ihrer Jugend, in der Perlen wie »Die Steppe schwieg feinfühlig« glänzten – ein Satz, der Mandelstam seinerzeit untergekommen war. Ihr gefiel die Erzählung »Der Sieg« von Axjonow, und einige Jahre zuvor hatte ihr die Erzählung »Der Verdacht« von Gratschew gefallen. Aber »besser« oder »schlechter« war das Niveau der mittelmäßigen Prosa – 1910 schrieb Lew Tolstoi noch: *wsotaki* (anstelle von *wsjo-taki* = trotzdem), wie sie scherzte.

Mehr als die Freiheit, die sich durch Willkür äußerte, und mehr als das Unvoraussagbare der Genialität schätzte sie das Geheimnis. »In diesen Versen ist ein Geheimnis«, war ihr erstes *wirkliches* Lob. Das andere Lob: »In diesen Versen ist ein Lied« war eine außerordentliche Seltenheit aus ihrem Munde, ich hörte es nur zweimal, über Blok und über Brodsky, anläßlich seiner »Weihnachtsromanze«, aber auch über seine Verse insgesamt. Einmal begann Brodsky mit Eifer zu beweisen, daß es bei Blok Bände gebe, in denen alle Gedichte schlecht seien. »Das ist nicht wahr«, entgegnete Achmatowa ruhig. »Blok hat wie jeder Dichter schlechte, mittlere und gute Gedichte.« Nachdem er gegangen war, äußerte sie, daß »auch in seinen Versen ein Lied« sei, über Blok hatte sie das bereits gesagt. »Vielleicht wirft er sich deshalb auch so auf ihn.«

Louis Armstrong hat einmal bemerkt: »Zunächst dachte ich, die Menschen brauchen ein Lied, doch bald begriff ich, daß sie ein Spektakel brauchen.« Was das Geheimnis betraf, so begann schon zu Lebzeiten Achmatowas der Ersatz des Geheimnisses durch die Andeutung, und nach ihrem Tod kam die Dichtung der Andeutungen auf. In den siebziger Jahren hatte der Dichter der Andeutungen ein großes, ihm treu ergebenes, von ihm selbst erzogenes Auditorium, das bestens verstand, von welchem politischen Ereignis oder von welcher Person die Rede in Versen war, die vom Angeln handelten: »Burschen« bedeutete die Jugend, »Netze« – die Zensur. Das war umgekehrter Symbolismus, die Dichtung der zweiten Hälfte des zwanzigsten Jahrhunderts.

∗

Es ist wahr, daß sie den Kleinigkeiten, die ins Blickfeld ihrer Aufmerksamkeit gerieten, eine Grandiosität verlieh, die ihren Mitmenschen überflüssig erschien. Einen derartigen Effekt erzeugte der Maßstab ihrer Persönlichkeit, den Effekt eines zu weit geöffneten Zirkels: in unserer Vorstellung sind tausend Millimeter viel weniger als ein Tausendstel Kilometer. Wenn sie die Bestätigung irgendeines Faktes aus der Geschichte der Jahre um 1915 brauchte, bat sie Olga Nikolajewna Wysozkaja per Telefon zu kommen; eine frühere Schauspielerin, deren Sohn von Gumiljow etwas jünger war als Lew Nikolajewitsch. Boris Ardow und ich holten sie im Taxi von der Poljanka in die Ordynka. Achmatowa saß majestätisch, sorgfältig gekämmt, mit geschminkten Lippen, in einem schönen Kleid, umgeben von ehrfurchtsvoller Aufmerksamkeit; ihre Konkurrentin von einst aber wirkte alt und schwach, gleichsam vom Schicksal zerbrochen. Sie bestätigte einen der Fakten von der Art, wie sie in Achmatowas Verse »Kann man etwa in deiner ruhmreichen Biografie leere Stellen hinterlassen?« beschrieben werden, in meinen Augen ein Fakt von zweitrangiger Bedeutung, und Achmatowa veranlaßte, daß sie nach Hause gebracht wurde. Sie hatte den Fakt bestätigt – und Achmatowas Sieg. Auch der Frontabschnitt war zweitrangig, es bedurfte keiner Artillerie von so großem Kaliber, aber eine andere hatte sie nicht.

Damit lassen sich auch ihre sogenannten »Übertreibungen« und »ganz und gar unbegründeten« Schlüsse erklären. Tschukowskaja notierte 1940 die Worte von W. G. Garschin, der zu jener Zeit ein enger Freund Achmatowas geworden war: »Haben Sie bemerkt, sie nimmt immer irgendeinen höchst zweifelhaften Fakt als Grundlage und zieht daraus mit eiserner Folgerichtigkeit, mit unbestreitbarer Logik ihre Schlüsse ...« Auch Isaiah Berlin erinnert sich ähnlich: »Ihre Urteile über Menschen und über deren Handlungen vereinigten in sich das freie Vordringen in das moralische Zentrum der Charaktere und Situationen ... mit einer dogmatischen Hartnäckigkeit in der Erklärung der Motive und Absichten ... – was selbst mir, der ich oft die Umstände nicht kannte, unglaubwürdig und manchmal in der Tat erdacht schien. Ich hatte den Eindruck, daß Achmatowa auf dogmatischen Voraussetzungen Theorien und Hypothesen aufbaute, die sie mit außerordentlicher Konsequenz und Klarheit entwickelte. Ihre unerschütterliche Überzeugung, daß unsere Begegnung ernsthafte historische Folgen hatte, war ein Beispiel für derartige *idées fixes*. Sie dachte ebenfalls, daß Stalin den Befehl gegeben habe, sie langsam zu vergiften, ihn aber dann rückgängig gemacht habe; daß Mandelstams Gewißheit vor seinem Tod, die Nahrung, die er im Lager zu essen bekam, sei vergiftet, begründet gewesen sei; daß der Dichter Georgi Iwanow (den sie beschuldigte, in der Emigration verlogene Memoiren geschrieben zu haben) für eine gewisse Zeit als Polizeispion im Sold der zaristischen Regierung gestanden habe; daß der Dichter Nekrassow im neunzehnten Jahrhundert ebenfalls Regierungsagent gewesen sei; daß Innokenti Annenski von seinen Feinden zu Tode gehetzt worden sei. Diese Überzeugungen entbehrten einer offensichtlichen Grundlage – sie waren intuitiv, aber sie waren nicht ohne Sinn, waren keine direkten Phantasien, sondern Elemente in der zusammenhängenden Konzeption ihres eigenen Lebens und Schicksals und von dem ihres Volkes, jener zentralen Dinge, die Pasternak mit Stalin erörtern wollte – der Effekt eines Sehvermögens, das ihre Phantasie und ihre Kunst stützte und formierte. Sie war keine Geisterseherin, sie hatte vielmehr ein starkes Gespür für die Realität.« In einem anderen Zusammenhang, aber dieselbe Eigenschaft von ihr charakterisierend, schrieb Nedobrowo über die junge Achmatowa, die am Anfang ihrer Schriftstellerlaufbahn stand: »Unglückliche Liebe, die derart mitten ins Herz der Persönlichkeit eingedrungen ist, und gleichzeitig auch durch ihre Sonderbarkeit und die Fähigkeit, jählings zu verschwinden, *den Verdacht einflößt, erfunden zu sein*, so daß man glaubt, ein *selbstgemachtes* Trugbild quäle die lebendige Seele bis zu körperlichen Schmerzen – diese Liebe stellt vieles für einen Menschen in Frage, dem es widerfahren ist, sie zu erleben ...«

Mit Garschins und Berlins Urteilen könnte man viele Dinge und Ereignisse erklären, die sich in den letzten Lebensjahren Achmatowas zugetragen haben, unerwartete Wendungen von Situationen und Gesprächen, einige Briefe. Eine Seite der Realität, die sich hinter dem *Prolog* und den *Mitternachtsgedichten* verbirgt und sie begleitet, beschreiben die von mir ausgewählten Stellen aus Nedobrowos Artikel. Ich möchte sagen, daß sie sich *nicht angemessen* verhielt – wenn das nicht eine *Linie* in ihrem Verhalten wäre, aufgebaut, wie sich bei aufmerksamer Betrachtung herausstellte, aus einer Vielzahl von Antworten auf das Geschehen, die dem konkreten Ereignis absolut angemessen waren. Das *Zweifelhafte* bestand, wenn man es genauer betrachtete, aus aufeinanderfolgenden Präzisionen. Das alles war fast medizinisch präzise: einige winzige, braune Flecken auf dem Augapfel, durch ein äußerst feines Äderchen zum Kreis verbunden, bildeten »dieses rostige, stachlige Kränzlein«; ein Chiromant konnte, den Linien und Wölbungen ihrer Hand folgend, tatsächlich »auf der Hand dieselben Wunder« lesen.

Diese und weniger deutliche Details der Wirklichkeit bemerkte sie um so schärfer, da ihr ganzes Leben von früher Jugend an unter dem Zeichen *memento mori* gestanden hatte. Möglicherweise ist der Stoff ihrer Verse der letzten Zeit auch deshalb so verfeinert, weil der Tod unbestreitbare und unumkehrbare Züge – des Alters und der Krankheit – angenommen hatte.

Zwei Briefe erhielt ich noch von ihr aus dem Botkin-Krankenhaus, wohin sie im November 1965 mit einem Infarkt eingeliefert wurde. In dem Zimmer lagen mehrere Kranke, man mußte aber sehr laut mit ihr sprechen, weil sie schwer hörte, darum schrieben wir uns, wenn es nötig war, kleine Briefe auf Papierfetzen. Diese beiden jedoch hatte sie mir per Post geschickt, als ich nach Leningrad gefahren war.

Tolja   2. Januar 1966

Ich schreibe Ihnen nur, weil Sie so darum bitten und weil Marusja mich zwingt, ich selbst fühle mich noch nicht in der Lage, Briefe zu schreiben.

Sie wissen alles über mich, Jossif hat gesehen, daß ich gehen kann, ich kann ein wenig lesen, schlafe nicht die ganze Zeit, habe begonnen, etwas zu essen.

Ich danke Ihnen für die Briefe und Telegramme, das letzte hat mir sogar Freude gebracht.

Moskau war mir eine gute Mutter, hier sind alle gut.

Ich warte auf die Lyrik Ägyptens.

Grüße an alle.

Achmatowa

Tolja,

Ich habe Ihre Adresse vergessen und entschließe mich darum, Asja Dawydowna zu belästigen.

Ich danke Ihnen für das recht gescheite Telegramm.

Gestern waren Mischa Mejlach und Arseni bei mir, aber ich war kaum bei Kräften. Das kommt von dem Medikament, das heute abgesetzt worden ist. Neuigkeiten gibt es natürlich überhaupt keine, außer einer Art Überraschung. Seien Sie nicht neugierig.

Ich schreibe Erinnerungen an Losinski, aber es gerät schlaff und etwas weinerlich.

Meinerseits grüße ich meine lieben Mitbürger.

Bestellen Sie Ihren Eltern einen Gruß. (...) Rufen Sie Nina an.

A.

[Auf der Rückseite die Adresse meiner Mutter und der Absender:]
von Achmatowa, A. A., Moskau
Botkin-Krankenhaus, Block 6

»Arseni«, das ist Arseni Alexandrowitsch Tarkowski, ein Dichter, der in den sechziger Jahren erste Anerkennung fand, als er schon über fünfzig Jahre alt war, bereits über ein Vierteljahrhundert Gedichte schrieb und der Krieg, der ihn verstümmelt hatte, hinter ihm lag. Zu jener Zeit war er schon einige Jahre mit Achmatowa bekannt, las ihr Gedichte verschiedener Perioden vor, und sie sprach freundlich über ihn: »Mit diesen Händen hier habe ich Arseni aus dem Mandelstamschen Feuer gezogen«, ihm also geholfen, sich vom Einfluß Mandelstams zu befreien.

Als es ihr besser ging und die Entlassung näherrückte, besuchte ich sie einige Male im Krankenhaus, wobei ich auf dem Weg bei der Rennbahn vorbeiging, die nebenan lag. Einmal, als ich aus dem Frost kam und vermutete, daß sie den Geruch des Kognaks, den ich eben erst im Büfett zum Aufwärmen getrunken hatte, bemerken könnte, beschloß ich, der notwendigen Erklärung durch die wenig erfinderische Rhetorik vorzubeugen: »Sie werden nie erraten, woher ich gerade komme.« Ihre Miene zeigte, daß sie das auch nicht interessierte. Ich sagte: »Von der Rennbahn!« Sie entgegnete in gleichgültigem Ton: »Über Sie höre ich auch nie etwas anderes.« Und nachdem sie mir durch ein kaum bemerkbares Abwinken mit der Hand zu verstehen gegeben hatte, daß sowohl die Erklärung als auch mein ungeschicktes Benehmen vergessen seien, begann sie,

von etwas Wesentlicherem zu sprechen – mein Spiel beim Pferde-
rennen war eine Zerstreuung, möglicherweise, eine Schwäche, aber
kein Laster und hat keinesfalls mit Ideen zu tun. Als sie bei Brodsky
in den Liebesgedichten las: »Wir werden beim Kartenspielen
kämpfen«, verzog sie das Gesicht und äußerte sich mißbilligend.

Der Lauf der Zeit war soeben erschienen, sie signierte jeden Tag
einige Exemplare. Eine große Anzahl von zentralen Gedichten war
nicht in das Büchlein gelangt, viele waren gestrichen worden, wo
noch ein Funken Hoffnung bestanden hatte, daß sie gedruckt würden; in den Dankesworten, mit denen sie auf die Komplimente
antwortete, war ein bitterer Beigeschmack deutlich zu spüren. In
dem sicheren Wissen, daß sie irgendwann einmal gedruckt werden
würden, wollte sie das es jetzt geschah, zu ihren Lebzeiten, solange
sie selbst noch lebendig und wild waren, »mit Hörnern, Hufen und
Schwanz«, und nicht in Gestalt einer heiligen – und vor allem
eßbaren – Kuh, aus Hackfleisch geformt, das der Herausgeber
durch den Fleischwolf seiner Zeit drehen würde.

Die Krankenschwestern, Pflegerinnen und Mitpatientinnen, die
von ihren Männern und Geliebten schon verlassen waren oder noch
verlassen werden würden, kamen zu ihr als einer »Spezialistin der
weiblichen Erfahrung« und sprachen *armselige Wörter*, die sie ihnen, nachdem sie sie *von ihnen gehört* hatte, zum Teil beibrachte.
Die eine sprach dasselbe wie die andere, dasselbe wie auch Achmatowa, nur nicht so klar und genau. Sie war die »Spezialistin der
Liebe«, denn die Liebe war ihre Poesie: »Wir sind um eine Hoffnung ärmer – und werden reicher um ein Lied.« Die Liebe der Frau
war nicht irgendwie von besonderer Art, dem weiblichen Wesen
eigen, sondern feiner, tiefer, voller – sie war eine bessere Liebe, wie
schon Tiresias bezeugte. »Es ist wissenschaftlich bewiesen, daß
Männer die niedrigere Rasse sind«, sagte sie. Oder: »Ein Schaf
kann einem, wenn man es bedenkt, auch leid tun: da gibt's für alle
nur einen Mann, und der ist ein Bock.« Sie bedauerte alle, die an
ihr Bett kamen und »erwies ihnen die erste Hilfe« – sie lachte über
sie und über sich selbst, wobei sie den von mir gehörten und sofort
»als Waffe ergriffenen« Satz wiederholte: »Ich bin nicht eifersüch-

tig, es widert mich einfach an.« Sie bedauerte und tröstete alle Frauen überhaupt. Ihr frühes Gedicht »Nicht deine Liebe erbitte ich« ärgerte sie: »Doch wichtiger ist diesen Dummen das Bewußtsein völligen Sieges als der Freundschaft helle Gespräche und der ersten zärtlichen Tage Erinnerung«. »Warum ›Dumme‹?« empörte sie sich. »Wenn er eine andere vorzieht, so ist sie gleich eine Dumme?« Deshalb war ihr auch Zwetajewas »Versuch einer Eifersucht« zuwider (»Und wie lebt sich's mit dem Mulm?«, »Wie lebt's sich mit der Hunderttausendsten?«) – »der Ton eines Marktweibes«.

Mitte Februar, ich glaube, am 19., ist sie entlassen worden; für Anfang März waren für sie und Olschewskaja Plätze im Sanatorium besorgt worden. In diesen zehn, zwölf Tagen in der Ordynka ging es ihr bald besser, bald schlechter, der Notarzt wurde gerufen, Spritzen wurden gegeben, Sauerstoffkissen geholt.

Am 5. März machte ich mich mit einem Strauß Narzissen auf den Weg nach Domodedowo, am 3. hatten wir beim Abschied vereinbart, daß ich kommen solle, um die Erinnerungen an Losinski vor der Abgabe an die Zeitschrift ins reine zu schreiben, im Entwurf waren sie schon fertig und erforderten nur geringe Nachbesserungen. Es war ein sonniger Vorfrühlingstag; im Laufe des Tages begann sich der Himmel mit einem grauen Schleier zu überziehen – später beobachtete ich, daß es an diesem Datum und an Tagen unmittelbar davor oder danach oft so war. Die Frau im weißen Kittel, die mich in der Vorhalle empfangen hatte, ging mit mir den Korridor entlang, dabei sagte sie etwas Beunruhigendes, dessen Sinn ich aber nicht verstand. Als wir das Zimmer betraten, lag dort Nina Antonowna schwer atmend in einem Bett – nach einer Beruhigungsspritze, wie sich herausstellte; neben ihr stand die verweinte Anja Kaminskaja, die eben erst eingetroffen war. Die Frau im Kittel schloß die Tür hinter mir und sagte, daß Achmatowa zwei Stunden zuvor gestorben sei. Sie lag im Nachbarzimmer, den Kopf mit einem Laken bedeckt; ihre Stirn war, als ich sie küßte, schon ganz kalt.

Wegen der Frauentagsfeiern am 8. März mußte die Beerdigung

um einige Tage verschoben werden. Daß sie an Stalins Todestag gestorben war, wurde uns erst später bewußt. Am 9. März fand in der Leichenhalle des Sklifossowski-Instituts die Trauerfeier statt, dann wurde der Sarg zugelötet und per Flugzeug nach Leningrad geschickt. Nach der Totenmesse und dem mehrstündigen Abschiednehmen von ihrem Körper in der Nikolski Kathedrale und der Trauerfeier im Schriftstellerverband wurde sie am Nachmittag des 10. März auf dem Friedhof in Komarowo beigesetzt.

Unter den Büchlein, die sie mir geschenkt hat, sind zwei durch ihre Widmungen miteinander verbunden. »Anno Domini MCMXXI«: »Für Anatoli Naiman am Anfang seines Weges, Anna Achmatowa, 23. April 1963, Leningrad.« Und genau zwei Jahre später der Apollon-Sonderdruck des Poems »Nah am Meer«: »Für Anatoli Naiman – und nun mein Anfang an der Kristallbucht. A. 23. April 1965, Leningrad.« Sie brachte »ihre Zeit« mit – und nahm sie wieder mit sich fort: in der heutigen Zeit würde sich für sie, wäre sie am Leben, kein Platz finden – »denn jene, die gestorben, würden wir nicht erkennen«. Durch den Kleinbuchstaben »a« von der Größe eines Großbuchstaben ist in der letzten Widmung ein leichter horizontaler Strich gezogen.

1986–1987

Anmerkungen

Alle Gedichtübertragungen, die nicht besonders ausgewiesen sind, wurden von der Übersetzerin angefertigt.

S. 16 Augustinus – *Bekenntnisse*, übertragen von Joseph Bernhart.

S. 23 Freilassung der jüdischen Ärzte – sie wurden beschuldigt, eine Verschwörung zur Ermordung von Staats- und Parteifunktionären gebildet zu haben.

S. 24 *Den poesii* (Tag der Poesie) – seit 1956 jährlich erscheinender Literaturalmanach.

»Erinnerungen haben drei Epochen...« – aus *Nordische Elegien. Die vierte* (1945), übertragen von Ludolf Müller.

»Da ist sie, diese herbstgeprägte Landschaft...« – aus *Nordische Elegien. Die zweite* (1942), übertragen von Ludolf Müller.

S. 25 »Führte er ein statt Frondienst schnöde...« – aus *Jewgeni Onegin* von A. S. Puschkin, übertragen von Johannes von Guenther.

Pierre Besuchow – einer der Helden aus *Krieg und Frieden* von L. N. Tolstoi.

Pawel Wlassow – Gestalt aus *Die Mutter* von M. Gorki.

S. 26 *Die Zwölf* – Poem von A. A. Blok.

»Der grauäugige König« (1910).

Swesda (Der Stern) – Literaturzeitschrift, erscheint seit 1924 in Leningrad.

Leningrad – Literaturzeitschrift, Organ des Leningrader Schriftstellerverbandes, erschien von 1940–1946, wurde am 14. 8. 1946 wegen des Abdrucks von Gedichten Achmatowas und von Erzählungen Soschtschenkos verboten.

S. 28 »Jetzt möglichst schnell nach Hause...« – aus *Poem ohne Held* (1940–1962), übertragen von Heinz Czechowski.

»Où est Prince Paul,...« (frz.) – »Sagen Sie, Madame, wo ist Fürst Pawel?« »Er ist mit meiner Frau weggefahren.«

S. 33 *Nowy mir* (Neue Welt) – Literaturzeitschrift, erscheint seit 1925 in Moskau, seit 1947 als Organ des Schriftstellerverbandes der UdSSR.

»Mögen die Hände...« – aus »Das dritte Gedächtnis« von Je. A. Jewtuschenko.

S. 34 »... auch ich erinnere mich an einen wunderbaren Augenblick« – bezieht sich auf die erste Zeile aus A. S. Puschkins Gedicht »An A. P. Kern« (1825) »Ja pomnju tschudnoje mgnowenje« (s. auch Anm. zu S. 163).

»... auch von mir ist gestern abend Leila gleichgültig weggegangen« – bezieht sich auf die erste Zeile aus A. S. Puschkins Gedicht »Ot menja wetschor Leila...« (1836).

»Zechbrüder sind wir alle, Huren« – gleichnamiges Gedicht (1913).

S. 35 »Meine Freunde, herrlich ist unser Bund« – aus A. S. Puschkins Gedicht »19. Oktober« (1825).

»Wir aber leben mühsam« – aus »Das gibts doch irgendwo: das schlichte Sein« (1915), übertragen von Rolf-Dietrich Keil.

»Ihr meine Freunde,...« – aus dem gleichnamigen Gedicht (1942) übertragen von Irmgard Wille.

»Heimaterde« (1961), übertragen von Irmgard Wille.

S. 43 »Die Herzen brenn mit deinem Wort« – aus »Der Prophet« von A. S. Puschkin (1826), übertragen von W. Groeger.

Oberiuten – Mitglieder der »Vereinigung der realen Kunst« (OBERIU).

S. 49 *Russkaja mysl* (Russischer Gedanke) – von 1880–1918 in Moskau monatlich erschienene wissenschaftliche, literarische und politische Zeitschrift.

S. 50 »Doch dauern wird mich...« – aus »Mit jenen, die das Vaterland entmachtet« (1921), übertragen von Xaver Schaffgotsch.

S. 51 »Du verlangst mein Gedicht...« – aus »Die Heckenrose blüht« (1962), übertragen von Heinz Czechowski.

»dritte, siebente und neunundzwanzigste« – aus dem Vorwort zum *Poem ohne Held*: »Das Poem enthält keinerlei dritten, siebten oder neunundzwanzigsten Sinn« (1944).

S. 53 »Wenn auch Shakespeare...« – aus »Sicher bist du Ehemann« (1963).

»Alles geriet durcheinander...« – aus »Der Dekabrist« von O. E. Mandelstam (1917).

S. 54 »Küsse und Tränen...« – aus »Flüstern, banges Atmen« von A. A. Fet (1850).

»Ich weiß selbst nicht,...« – aus »Ich kam zu dir mit Grüßen« von A. A. Fet (1843).

S. 55 *Kretschinskis Heirat* – Komödie von A. W. Suchowo-Kobylin.

»Ich sage: ins Gedicht gehört...« – aus »Berufsgeheimnisse. 2« (1940), übertragen von Rainer Kirsch.

S. 56 Puschkin stammte von einem Äthiopier ab, den Peter der Große während seiner Herrschaft an den Petersburger Hof gebracht hatte.

S. 57 »Was dir nun zur Erinnerung schenken?...« – aus »Cinque. 4« (1946), übertragen von Ludolf Müller.

»Ich selbst bin nicht von denen,...« – aus »Die Hausfrau« (1943).

»Versteckt und vergessen,...« – aus *Prolog oder Der Traum im Traum* (1965).

S. 62 MChAT – Moskauer Akademisches Künstlertheater.

S. 63 *Literaturnaja gaseta* (Literaturzeitung) – 1929 gegründet, seit 1967 wöchentlich erscheinendes Organ des Vorstands des Schriftstellerverbands der UdSSR; seit 1991 selbständige Zeitung.

S. 65 »Bei der wundertät'gen Ikone schwör ich...« – aus »Und du dachtest, auch ich sei so eine« (1921).

S. 66 »Dreizehn Zeilen« (1963), übertragen von Kay Borowsky.

»An nichts ist er schuld...« – aus *Poem ohne Held*.

S. 67 Nina Saretschnaja, Trigorin – Gestalten aus A. P. Tschechows Drama *Die Möwe* (1896). Alle Zitate aus der *Möwe* in der deutschen Übersetzung von Peter Urban (1973).

S. 68 Treplew, Arkadina – Gestalten aus A. P. Tschechows Drama *Die Möwe.*

S. 69 Tschechonte – Antoscha Tschechonte – Pseudonym A. P. Tschechows während seiner Studienzeit, als er sich mit humoristischen Erzählungen seinen Lebensunterhalt verdiente.

S. 70 Lenfilm – Leningrader Filmstudios.
»Die Dame mit dem Hündchen« – Erzählung A. P. Tschechows (1899).

S. 71 »Preis Gott! . . .« – aus »Am Abend« (1913), übertragen von Irmgard Wille.
»Schäbiger Teppich unter der Ikone« – aus dem gleichnamigen Gedicht (1912).

S. 72 Sergijew Possad – von 1930 bis 1991 in Sagorsk umbenannt, 70 km nordöstlich von Moskau gelegene Stadt, Residenz des Patriarchen der orthodoxen Kirche von Rußland mit bedeutendem Kloster (Dreieinigkeits-Sergius-Kloster), heute wieder Sergijew Possad.

S. 73 Grosny – Iwan IV Wassiljewitsch Grosny (der »Gestrenge« oder der »Schreckliche«) – 1530–1584, Moskauer Großfürst, erster russischer Zar.

S. 75 »Ich les der Apostel Episteln nach, . . .« – aus »Im leeren Haus unterm frostigen Dach« (1915), übertragen von Rolf-Dietrich Keil.
»Der mit Tau du benetzest die Triebe, . . .« – aus »Die Begegnung blieb ohne Lieder« (1917), übertragen von Kay Borowsky.

S. 76 Iwan Kupala – ein aus dem slawischen Heidentum stammendes Fest, das am selben Tag wie der Geburtstag Johannes des Täufer gefeiert wird (24. Juni).

S. 77 »So ging ich als Schlafwandlerin umher, . . .« – aus *Nordische Elegien. Die fünfte* (1955), übertragen von Ludolf Müller.
»Die Nachbarn wußten, . . .« – aus »Nah am Meer« (1914), übertragen von Sarah Kirsch.

S. 78 ». . . und lesen Sie den Abschnitt ›Scharfsinn‹!« – im russ. Original heißt es statt »ostroumije« (Scharfsinn) astroumie, daher das Wortspiel astronomija – astroumije.

S. 79 »Mal teuflische Netze, . . .« – aus »Deine Hände brennen« (1915).
»Satan hielt Wort . . .« – gleichnamiges Gedicht, übertragen von Anne Ehlert.

S. 81 »Und nicht zu tief im Unglück…« – aus »Der Leser« (1959), übertragen von Rainer Kirsch.

S. 84 »Fest auf mich der Nacht …« übertragen von Rolf-Dietrich Keil. Im Original ist die Übereinstimmung zwischen den beiden Gedichten an dieser Stelle wörtlich: *»sumrak notschi«*.

S. 86 *Otetschestwennyje sapiski* (Vaterländische Annalen) – von 1839–1884 in Petersburg monatlich erschienene Zeitschrift (herausgegeben u. a. von A. A. Krajewski, N. A. Nekrassow, M. Je. Saltykow-Schtschedrin, von 1839–1846 leitete W. G. Belinski die Abt. Literaturkritik).

S. 87 Gibellinen – Bezeichnung der Hohenstaufen- oder Kaiserpartei in Italien (12.–15. Jahrhundert).

S. 89 Tschastuschka – russisches volkstümliches Scherzgedicht, wird nach einer bestimmten Melodie gesungen.

S. 90 Meschtschaninow, I. I. – geachtetes Akademiemitglied.

S. 99 Awwakumzen – nach dem Protopopen Awwakum (1620–1682) – einer der Begründer der Altgläubigenbewegung, starb als »Ketzer« auf dem Scheiterhaufen.

S. 103 Natalja Nikolajewna – gemeint ist A. S. Puschkins Frau Natalja Nikolajewna Puschkina.

S. 104 »Ich werde, wie einst die Strelizenfrauen,…« – aus *Requiem* (1935), übertragen von Rosemarie Düring.

S. 106 *Giperborej* (Hyperboreas) – Zeitschrift der Akmeisten, die 1912–1913, von M. L. Losinski herausgegeben, erschien.

S. 108 »Der mich stammelnd rühmte« – aus »Der schwarze Traum. I« (1913).

S. 117 »Feuerglühende Kohle« – Zitat aus A. S. Puschkins »Der Prophet« (1826).
»La suora di colui« – »Mond« ist im Russischen wie im Italienischen feminin (*luna*) und »Sonne« ist im Russischen neutrum und im Italienischen maskulin (*solnze, sole*).

S. 125 des *Theaterromans* – Roman von M. A. Bulgakow, 1937/38 entstanden, erstmals veröffentlicht 1965 in *Nowy mir*.

S. 126 *Meister und Margarita* – Roman von M. A. Bulgakow, 1928–1940 entstanden, erstmals in der Sowjetunion 1965/66 veröffentlicht, wenn auch aus Gründen der Zensur gekürzt. 1973 erste vollständige Ausgabe in der Sowjetunion.

S. 129 »Nein, ganz vergeh' ich nicht…« – aus »Ein Denkmal baut' ich

mir...« von A. S. Puschkin (1836), übertragen von H. v. Gaer-
tringen.

S. 130 »Und einige sind schon nicht mehr,...« – diese Zeilen verwendete A. Achmatowa als Epigraph zu »Statt eines Vorworts« im
Poem ohne Held.

S. 132 »Sie kam, warf ab den Schleier...« – gleichnamiges Gedicht
(1924), übertragen von Rolf-Dietrich Keil.

»Wie der Hausherr auf mich schaute...« – aus »Von dem Dichter eingeladen« (1914), übertragen von Irmgard Wille.

S. 133 »O Stunde seliger Vereinung...« – aus »An A. P. Kern« von
A. S. Puschkin (1825), übertragen von F. Fiedler.

»Irr' ich durch das Gelärm der Gassen...« – aus dem gleichnamigen Gedicht von A. S. Puschkin (1829), übertragen von
W. Groeger.

»Über Leben und Tod« (1944), übertragen von Sepp Österrei-
cher.

S. 134 Ekklesiastes – griechische Bezeichnung des Buches der Prediger
im Alten Testament, die auch in der russ. Bibelübersetzung
übernommen ist.

S. 136 »...so kann der schlangenart'ge Leumund,...« – aus »Hamlet«,
übertragen von August Wilhelm Schlegel.

»Erschrick nicht – denn ich kann in dieser Stunde...« – aus
»Die Heckenrose blüht. 11« (1962), übertragen von Heinz Czechowski.

S. 140 »Schlank war er, rotblond und jung, er war eine Frau« – aus
»Aus den ›Schwarzen Liedern‹. 2« (1961).

S. 141 »Sang dort, wie Ophelia...« – aus »Vorfrühlingselegie« (1963),
übertragen von Heinz Czechowski.

»Ich schweif auf den Wellen...« – aus »Statt einer Widmung«
(1963), übertragen von Heinz Czechowski.

»Der Schneesturm verstummte zwischen den Kiefern«, aus
»Vorfrühlingselegie« (1963), übertragen von Heinz Czechowski.

S. 142 »Und über uns war sie,...« – aus »Und das Letzte« (1963),
übertragen von Heinz Czechowski.

»Die Newawelle war laternenlos und schwarz...« – aus »Die
Heckenrose blüht. 8« (1956), übertragen von Heinz Czechowski.

»Die Schöne, sie ist noch sehr jung,...« – gleichnamiges Gedicht (1963), übertragen von Heinz Czechowski.

Werst von Moskau und Leningrad entfernt zu leben, sie durften sich also nicht näher als 105 km entfernt ansiedeln.

nes Pseudonym der Dichterin Jelisaweta Iwanowa Dimitrijewa (1881–1928), unter dem sie ihre Gedichte in der Zeitschrift *Apollon* veröffentlichte. / Es gibt auch eine Vermutung, daß Woloschin diese Gedichte selbst geschrieben hat /.

S. 198 »Im Adagio Vivaldis...« – aus »Der nächtliche Besuch« (1963), übertragen von Heinz Czechowski.
»Der Bogen fragt nicht,...« – ebenda.

S. 200 »Ich war es, die für dich gezählt hat...« – aus *Poem ohne Held* (1940–1962), übertragen von Heinz Czechowski.

S. 202 »Es tagt – das ist das Jüngste Gericht...« – aus »Aus dem ›Reisetagebuch‹« (1964).

S. 205 Hiawatha – *The Song of Hiawatha* – Epos von H. W. Longfellow (1855).

S. 207 *Junost* (Jugend) – Literaturzeitschrift, die seit 1955 monatlich in Moskau als Organ des Schriftstellerverbands der UdSSR erscheint.

S. 208 »Lieber sollt ich keck Tschastuschkas singen,...« – aus dem gleichnamigen Gedicht (1914).

S. 212 »Ich will dich beschreiben wie Chagall sein Witebsk« – aus »Ode an Zarskoje Selo« (1961), übertragen von Heinz Czechowski.

S. 215 »Kirchenprozession im Gouvernement Twer« – eine Anspielung auf das Bild Ilja Repins »Kirchenprozession im Gouverment Kursk« (1880/83).

S. 217 »Ich, der Feuer und Wasser entzogen...« – aus »Scherben«, übertragen von Ilma Rakusa.

S. 222 »Die Heckenrose duftete so sehr,...« – aus »Die Heckenrose blüht. 7« (1956), übertragen von Heinz Czechowski.
»Ich bin wie jener verödete Brunnen,...« – aus »Der Springbrunnen« von G. Mistral, übertragen von Albert Theile.

S. 224 Anders-Armee – Władisław Anders (1892–1970), polnischer General, stellte 1941/42 polnische Verbände in der UdSSR auf.
»Wir hatten uns um den Verstand gebracht« – aus dem Zyklus *Seiten aus Taschkent* (1959), übertragen von Kay Borowsky.

S. 235 zweite Verhaftung ihres Sohnes – Lew Nikolajewitsch Gumiljow wurde 1935 verhaftet, nach kurzer Zeit jedoch wieder freigelassen, 1938 erneut verhaftet, Lagerhaft, anschließend bis 1944 in Verbannung, 1949 abermalige Verhaftung, erst 1956 freigelassen und rehabilitiert.

S. 236 des Reisefiebers – im Original deutsch.

S. 242 »Die große Stufe unter Wasserflut« – aus »In Vyborg« (1964), übertragen von Irmgard Wille.

S. 247 Kosma Prutkow – kollektives Pseudonym von Alexej K. Tolstoi und den Brüdern Alexej, Wladimir und Alexander Schemtschu-schnikow, unter dem sie in den 1850–1860er Jahren satirische Werke publizierten.

S. 255 »Um hundert Jahre wurden wir schon älter« – aus »Dem Ge-dächtnis des 19. Juli 1914« (1916), übertragen von Irmgard Wille. »erschauernd Namen läsen...« – aus »Die Heckenrose blüht. 12« (1962), übertragen von Heinz Czechowski.

S. 262 »Hoch lebe er,...« – 1. Zeile aus »Der grauäugige König« (1910).

S. 263 *Literaturnaja Rossija* (Literarisches Rußland) – Literaturwochen-zeitung, die seit 1963 als Organ des Vorstands des Schriftsteller-verbands der RSFSR erscheint, ersetzte die Zeitung *Literatura i schisn* (Literatur und Leben), die von 1958–1962 erschien.

S. 268 Soja Kosmodemjanskaja – Partisanin, die 1941 von Deutschen hingerichtet wurde, Heldin der Sowjetunion.

S. 271 »Dreizehn Zeilen« (1963), übertragen von Kay Borowsky.

S. 272 Bojan – altrussischer Dichter und Sänger epischer Heldenlieder des ausgehenden 11. Jahrhunderts.

S. 275 »sein Leben für seine Freunde...« – aus »Den Siegern« (1944).

S. 285 »armselige Wörter...« – aus *Requiem*.

Personenverzeichnis

Admoni, Wladimir Grigorjewitsch (geb. 1909). Literaturwissenschaftler, Germanist.

Aliger, Margarita Jossifowna (geb. 1915), Lyrikerin, Übersetzerin.

Althausen, Jakow Moissejewitsch (Jack) (1907–1942). Lyriker, fiel im 2. Weltkrieg.

Altman, Natan Issajewitsch (1889–1970). Maler, Grafiker, Bildhauer.

Andrejew, Leonid Nikolajewitsch (1871–1919). Prosaiker, Dramatiker, gehörte zunächst zum Kreis um Gorki, wendete sich nach 1905 zunehmend dem Symbolismus zu, 1917 Emigration nach Finnland.

Andronikaschwili, Boris Borissowitsch (geb. 1935). Prosaiker, Publizist, Sohn des Schriftstellers Boris Pilnjak.

Andronnikowa, Salomeja Nikolajewna (1888–1982). Freundin A. Achmatowas, die vor der Revolution in ihrem Salon Dichter, Maler und Intellektuelle versammelte.

Annenski, Innokenti Fjodorowitsch (1855 oder 1856–1909). Lyriker, Wegbereiter des Symbolismus.

Anrep, Boris Wassiljewitsch (1883–1969). Lyriker, emigrierte nach England.

Ardow, Viktor Jefimowitsch (1900–1976). Prosaiker, Humorist. Ehemann von Nina Olschewskaja. Bei den Ardows wohnte A. Achmatowa häufig, wenn sie in Moskau war.

Arschak, Nikolai – siehe Daniel, Juli Markowitsch.

Asarow, Wsewolod Borissowitsch (geb. 1913). Lyriker, Verfasser zahlreicher populärer Lieder.

Awwakum Petrow (1620–1682). Priester, Schriftsteller und einer der Begründer der Altgläubigenbewegung. Wendete sich in seinen Predigten und Schriften scharf gegen den Verfall der Sitten in der orthodoxen Kirche. Wurde mehrmals verbannt und starb als »Ketzer« auf dem Scheiterhaufen. Wichtigstes Werk ist seine Autobiografie *Das Leben des Protopopen Awwakum.*

Axjonow, Wassili Pawlowitsch (geb. 1932). Prosaiker. Lebt seit 1980 in den USA, Sohn von Jewgenija Ginsburg.

Babel, Isaak Emmanuilowitsch (1894–1940). Bedeutender Epiker, Meister der Kurzerzählung. 1939 verhaftet, 1940 hingerichtet. Sein bekanntestes Werk, der Erzählzyklus *Die Reiterarmee* erschien 1926.

Bagrizki, Eduard Georgijewitsch (eigentlich Dsjubin) (1895–1934). Lyriker, romantisierte in seinen Gedichten die russische Revolution und den Bürgerkrieg.

Balmont, Konstantin Dmitrijewitsch (1867–1942). Lyriker, Übersetzer, Vertreter des Symbolismus, emigrierte 1920 nach Frankreich.

Baratynski, Jewgeni Abramowitsch (1800–1844). Bedeutender Lyriker, Zeitgenosse Puschkins.

Batalow, Alexej Nikolajewitsch (geb. 1928). Filmschauspieler, Regisseur, Sohn von Nina Olschewskaja.

Batjuschkow, Konstantin Nikolajewitsch (1787–1855). Bedeutender Lyriker.

Belinski, Wissarion Grigorjewitsch (1811–1848). Bedeutender Literaturkritiker und Publizist, führender Repräsentant der Westler.

Bely, Andrej (eigentlich Boris Nikolajewitsch Bugajew) (1880–1934). Einer der bedeutendsten russischen symbolistischen Lyriker und Prosaiker. Lebte zwischen 1912 und 1923 viel im Ausland, u. a. von 1921–1923 in Berlin. 1923 endgültige Rückkehr nach Rußland.

Berggolz, Olga Fjodorowna (1910–1975). Lyrikerin, Essayistin.

Berlin, Sir Isaiah (geb. 1909). Philosoph. Bereiste im Auftrag der britischen Regierung die UdSSR und traf auch mit A. Achmatowa zusammen. Achmatowas Treffen mit Berlin gab womöglich den Anlaß für den Beschluß »Über die Zeitschriften *Swesda* und *Leningrad*« vom 14. August 1946, in deren Gefolge A. Achmatowa und M. Soschtschenko aus dem Schriftstellerverband der UdSSR ausgeschlossen wurden.

Blok, Alexander Alexandrowitsch (1880–1921). Lyriker, Dramatiker und Essayist. Bedeutendster Vertreter des Symbolismus in Rußland. Sein bekanntestes Werk, das Poem *Die Zwölf*, erschien 1918.

Bobyschew, Dmitri Wassiljewitsch (geb. 1936). Lyriker, veröffentlichte v. a. im Samisdat, einige wenige Gedichte konnten in sowjetischen Periodika erscheinen, 1979 Emigration in die USA. Prägend für Bobyschews Schaffen war die Begegnung mit A. Achmatowa.

Brik, Lilja Jurjewna (1891–1978). Langjährige Geliebte Majakowskis.

Brik, Ossip Maximowitsch (1888–1945). Schriftsteller, Literaturwissenschaftler, Vertreter des Formalismus, enger Freund Majakowskis, Ehemann von Lilja Brik.

Brjussow, Waleri Jakowlewitsch (1873–1924). Lyriker, einer der Begründer des Symbolismus in Rußland.

Brodsky, Joseph (geb. 1940). Lyriker, Nobelpreisträger 1987. In seiner Jugend von A. Achmatowa gefördert. 1964 wegen »Parasitentums« zu Verbannung verurteilt. 1972 aus der UdSSR ausgewiesen, lebt in den USA.

Bulgakow, Michail Afanassjewitsch (1891–1940). Epiker und Dramatiker. Sein bedeutendster Roman *Der Meister und Margarita* konnte in der Sowjetunion erst 1969 vollständig erscheinen.

Bunin, Iwan Alexejewitsch (1870–1953). Bedeutender Prosaiker und Lyriker; emigrierte 1920 nach Paris. 1933 erhielt er als erster russischer Schriftsteller den Nobelpreis für Literatur.

Charms, Daniil Iwanowitsch (eigentlich Juwatschow) (1906–1942). Lyriker, Dramatiker und Prosaiker. Einer der Hauptvertreter der »Oberiuten«, starb in Haft, 1956 rehabilitiert, erlangte ab 1960 durch das Engagement von Lidija Tschukowskaja wieder schrittweise literarische Anerkennung in der Sowjetunion.

Chlebnikow, Welemir (eigentlich Viktor Wladimirowitsch) (1885–1922). Bedeutender experimenteller Lyriker, führender Futurist.

Chruschtschow, Nikita Sergejewitsch (1894–1971). Von 1958–1964 Partei- und Regierungschef der UdSSR.

Daniel, Juli Markowitsch (1925–1988). Lyriker, Prosaiker und Übersetzer aus dem Jiddischen. Wegen der Veröffentlichung von Erzählungen im Ausland unter dem Pseudonym Nikolai Arschak 1965 verhaftet und gleichzeitig mit Andrej Sinjawski (alias Abram Terz) zu fünf Jahren verschärfter Haft wegen der Veröffentlichung »antisowjetischer Erzählungen« verurteilt. Verbüßte die Haft in Lagern bei Potma. Daniel starb 1988 an den Spätfolgen der Haft.

Delwig, Anton Antonowitsch (1798–1831). Lyriker, enger Freund Puschkins seit der gemeinsam verlebten Jahre im Lyzeum von Zarskoje Selo. Delwig stand den Dekabristen nahe.

Derschawin, Gawrila Romanowitsch (1743–1816). Bedeutender Lyriker des russischen Klassizismus.

Dolgoruki (oder *Dolgorukow*), *Grigori Borissowitsch* (Beiname *Roschtscha*) (?–1618). Russischer Fürst, leitete 1608 die Verteidigung des Dreieinigkeits-Sergius-Kloster gegen die polnischen Truppen.

Dostojewskaja, Anna Grigorjewna (1846–1918). Zweite Frau F. M. Dostojewskis. Die vierzehn Jahre ihrer Ehe mit Dostojewski schildert sie eindrucksvoll in ihren *Erinnerungen*.

Dostojewski, Fjodor Michailowitsch (1821–1881). Bedeutender Epiker, Publizist. Als Schöpfer des psychologischen Romans von großem Einfluß auf die Weltliteratur.

Dymschiz, Alexander Lwowitsch (1910–1975). Kritiker, Literaturwissenschaftler, Übersetzer u. a. von Brecht und Feuchtwanger.

Efron, Ariadna Sergejewna (1912–1975). Tochter Marina Zwetajewas.

Efros, Abram Markowitsch (1888–1954). Literaturkritiker, Übersetzer; Autor eines Buches über Achmatowas Werk (1923).

Ehrenburg, Ilja Grigorjewitsch (1891–1967). Lyriker, Publizist, Prosaiker. Von 1921–1941 längere Aufenthalte im westlichen Ausland. Prägte durch den Titel des Romans *Tauwetter* (1954/56) gleichnamigen Begriff, welcher der liberalen Literaturperiode, die 1953 unter Chruschtschow einsetzte, ihren Namen gab.

Eichenbaum, Boris Michailowitsch (1886–1959). Literaturwissenschaftler, bedeutender Vertreter des russischen Formalismus.

Erdman, Nikolai Robertowitsch (1902–1970). Dramatiker, dessen Stücke mit großem Erfolg am Meyerhold-Theater aufgeführt wurden. Von 1939–1942 verbannt.

Etkind, Jefim Grigorjewitsch (geb. 1918). Literaturwissenschaftler, Romanist und Germanist, seit 1974 in der Emigration (Paris) lebend.

Fet, Afanassi Afanassjewitsch (1820–1892). Lyriker, Vertreter der Schule der »reinen Kunst«.

Gagarin, Juri Alexejewitsch (1934–1968). Sowjetischer Kosmonaut, flog am 12. 4. 1961 als erster Mensch ins Weltall.

Garschin, Wsewolod Michailowitsch (1855–1888). Prosaiker.

Gerstein, Emma Grigorjewna (geb. 1903). Literaturwissenschaftlerin, Lermontow-Spezialistin, langjährige Freundin A. Achmatowas.

Ginsburg, Lidija Jakowlewna (1902–1990). Literaturhistorikerin und Literaturtheoretikerin.

Gitowitsch, Alexander Iljitsch (geb. 1909). Lyriker, Übersetzer.

Glebowa-Sudejkina, Olga Afanassjewna (1885–1945). Schauspielerin, Sängerin, Tänzerin, langjährige Freundin A. Achmatowas.

Gogol, Nikolai Wassiljewitsch (1809–1852). Bedeutender Prosaiker, Dramatiker. Sein wichtigstes Prosawerk – *Die toten Seelen.*

Gorbanewskaja, Natalja Jewgenjewna (geb. 1936). Lyrikerin, Übersetzerin und Bibliographin. Konnte in der Sowjetunion fast nur im Samisdat veröffentlichen. Seit 1968 war Gorbanewskaja in der Dissidentenbewegung aktiv – so war sie eine der sieben Demonstranten, die gegen den Einmarsch der sowjetischen Truppen in die ČSSR protestierten. Von Dezember 1969 bis Februar 1972 wurde sie zwangsweise in der psychiatrischen Sonderanstalt von Kasan festgehalten. Seit 1976 lebt sie in Paris.

Gorbowski, Gleb Jakowlewitsch (geb. 1931). Lyriker.

Gorenko, Inna Erasmowna (1856–1930). Mutter A. Achmatowas.

Gorki, Maxim (eigentlich Alexej Maximowitsch Peschkow) (1868–1936). Epiker, Dramatiker, lebte von 1921–1931 aus gesundheitlichen, aber auch politischen Gründen in Westeuropa. Begründer des sowjetischen Schriftstellerverbandes im Jahre 1934.

Gorodezki, Sergej Mitrofanowitsch (1884–1967). Lyriker.

Gumiljow, Lew Nikolajewitsch (geb. 1912). Sohn von A. Achmatowa und N. Gumiljow. In den dreißiger und vierziger Jahren mehrfach verhaftet und deportiert.

Gumiljow, Nikolai Stepanowitsch (1886–1921). Lyriker, einer der Begründer des Akmeismus. A. Achmatowas erster Mann, sie war mit ihm von 1910–1918 verheiratet. Gumiljow wurde am 3. August 1921 wegen der angeblichen Beteiligung an einer monarchistischen Verschwörung verhaftet und am 25. August 1921 erschossen.

Herzen, Alexandr Iwanowitsch (1812–1870). Russischer Schriftsteller, Philosoph, Publizist. Emigrierte 1847 ins westliche Ausland. Schuf in England die erste russische liberal-demokratische, politische Zeitschrift *Kolokol* (Die Glocke) (1857–1867).

Hippius, Sinaida Nikolajewna (Gippius) (1869–1945). Symbolistische Lyrikerin; Frau von D. S. Mereschkowski, beide emigrierten 1919 nach Paris.

Ilf (eigentlich Ilja Arnoldowitsch Feinsilberg) (1897–1937) und *Petrow* (eigentlich Jewgeni Petrowitsch Katajew) (1902–1942). Populäres Autorenteam, berühmt für seine satirische Prosa und Reiseskizzen. Bekanntestes Werk *Die zwölf Stühle*, ein Sitten- und Zeitgemälde der NÖP-Periode.

Iwan IV Wassiljewitsch (Iwan der Schreckliche) (1530–1584). Gilt als der erste russische Zar (ab 1547). Berüchtigt wegen seiner grausamen Massenverfolgungen und Hinrichtungen vermeintlicher Gegner.

Iwanow, Georgi Wladimirowitsch (1894–1958). Lyriker, stand zunächst dem Egofuturismus nahe, später Vertreter des Akmeismus. Emigrierte 1923 nach Paris.

Iwanow, Wjatscheslaw Iwanowitsch (1866–1949). Symbolistischer Lyriker; Philosoph. Seine Wohnung in Petersburg (»der Turm«) am Taurischen Garten war bis 1910 regelmäßiger Treffpunkt von Dichtern, Künstlern und Wissenschaftlern. Emigrierte 1924 nach Italien.

Jessenin, Sergej Alexandrowitsch (1895–1925). Lyriker, beging 1925 Selbstmord.

Jewtuschenko, Jewgeni Alexandrowitsch (geb. 1933). Lyriker, Prosaiker.

Karamsin, Nikolai Michailowitsch (1766–1826). Prosaiker, Historiograph, wichtigstes Werk – die zwölfbändige *Geschichte des russischen Staates* (1816–1829).

Kljujew, Nikolai Alexejewitsch (1887–1937). Lyriker, der sowohl von den Symbolisten als auch von den Akmeisten hoch geschätzt wurde. Nach 1922 Publikationsschwierigkeiten wegen seiner enttäuschten

Haltung zur nachrevolutionären Entwicklung. 1933 Verhaftung, Verbannung, schließlich 1939 Tod unter ungeklärten Umständen.

Komissarschewskaja, Vera Fjodorowna (1864–1910). Bedeutende Schauspielerin, die »russische Duse«, stand den Symbolisten nahe.

Korowin, Konstantin Alexejewitsch (1861–1939). Maler, Bühnenbildner, lebte seit 1923 im Ausland.

Kowalewskaja, Sofja Wassiljewna (1850–1891). Bedeutende Mathematikerin.

Kusmin, Michail Alexejewitsch (1875–1936). Lyriker, Prosaiker, Dramatiker, Vertreter des Spätsymbolismus.

Lebedew-Kumatsch, Wassili Iwanowitsch (eigentlich Lebedew) (1898–1949). Lyriker, ab 1934 vor allem Verfasser von Texten politischer Lieder, war mehrfach Abgeordneter des Obersten Sowjets, seine Lieder sind eng an die jeweiligen Parteilosungen angelehnt, aus seiner Feder stammen die bekanntesten offiziellen Lieder der stalinistischen Epoche.

Lermontow, Michail Jurjewitsch (1814–1841). Bedeutender Schriftsteller der Spätromantik, wurde im Duell getötet.

Leskow, Nikolai Semjonowitsch (1831–1895). Prosaiker.

Lipkin, Semjon Israilewitsch (geb. 1911). Lyriker, Übersetzer.

Losinski, Michail Leonidowitsch (1886–1955). Lyriker, Übersetzer, Mitglied der »Dichter-Gilde«. Er übersetzte u. a. Dantes *Göttliche Komödie* ins Russische und dichtete Werke von Shakespeare, Cervantes, Molière, Goethe, Schiller, Heine u. a. nach. Losinski war ein langjähriger Freund A. Achmatowas.

Lourié (Lurje), Arthur Sergejewitsch (1893–1966). Komponist. Vertonte einige frühe Gedichte Achmatowas und schrieb eine Musik zum *Poem ohne Held*. Emigrierte 1922, lebte in Berlin, Paris und in den USA.

Majakowski, Wladimir Wladimirowitsch (1893–1930). Lyriker, Dramatiker, führender Futurist. 1922–1929 an der Spitze von LEF (Linke Front der Künste). Trotz seines Engagements für die Sache der Revolution wurde er von den meisten vulgär-marxistischen Kritikern und Kulturfunktionären abgelehnt. Beging 1930 Selbstmord. 1935 erklärte Stalin ihn zum »besten und begabtesten Lyriker unserer Sowjetepoche«.

Mandelstam, Nadeschda Jakowlewna (1899–1980). Verfasserin von Memoiren über die Zeit des Stalinismus, Ehefrau von Ossip Mandelstam. Folgte ihrem Mann in die Verbannung.

Mandelstam, Ossip Emiljewitsch (1891–1938). Bedeutender Lyriker, begann als Akmeist, Autor von Experimentalprosa und literaturwissenschaftlichen Arbeiten. Starb unter ungeklärten Umständen in Haft.

Markisch, Perez Davidowitsch (1895–1952). Lyriker und Prosaiker, starb in Haft.

Marschak, Samuil Jakowlewitsch (1887–1964). Lyriker, Kinderbuchautor, Übersetzer, u. a. von Shakespeare-Sonetten.

Mendelejewa, Ljubow Dmitrijewna (1881–1939). Ehefrau Alexander Bloks, Tochter des Chemikers D. I. Mendelejew.

Meyerhold, Wsewolod Emiljewitsch (eigentlich Karl Kasimir Meiergold) (1874–1940). Bedeutender Regisseur und Erneuerer des Theaters. Organisierte Agitproptheater und Massenschauspiele, so *Die Erstürmung des Winterpalais* mit 15 000 Darstellern. 1939 verhaftet, starb unter ungeklärten Umständen in Haft.

Molotow, Wjatscheslaw Michailowitsch (eigentlich Skrjabin) (1890–1986). Sowjetischer Politiker, einer der engsten Mitarbeiter Stalins. 1957 auf Geheiß Chruschtschows aller höheren Partei- und Regierungsämter enthoben.

Narbut, Wladimir Iwanowitsch (1888–1944). Lyriker, schloß sich 1912 den Akmeisten an, in den zwanziger Jahren auch Literaturkritiker und Herausgeber. 1937 verhaftet, starb in Haft.

Nedobrowo, Nikolai Wladimirowitsch (1884–1919). Lyriker, Freund A. Achmatowas, veröffentlichte 1915 den bedeutendsten frühen Aufsatz über die Dichterin.

Olescha, Juri Karlowitsch (1899–1960). Epiker, Dramatiker, Essayist.

Olschewskaja, Nina Antonowna (geb. 1908). Schauspielerin, Regisseurin, langjährige Freundin A. Achmatowas, Ehefrau des Schriftstellers V. Ardow. Bei den Ardows wohnte Achmatowa häufig, wenn sie in Moskau war.

Ostrowski, Alexander Nikolajewitsch (1823–1886). Bedeutender Dramatiker.

Pasternak, Boris Leonidowitsch (1890–1960). Bedeutender Lyriker, Epiker, Übersetzer. Pasternak wurde 1958 der Nobelpreis für Literatur verliehen, den er unter Druck ablehnte – wegen einer Hetzkampagne gegen ihn mußte er mit einer Ausbürgerung rechnen. Sein Roman *Doktor Schiwago* (1957) erschien 1988 erstmals in der Sowjetunion. Als Übersetzer übertrug er Shakespeare und u. a. auch Goethes *Faust* ins Russische.

Pasternak, Sinaida Nikolajewna (1894–1964). Zweite Frau B. Pasternaks.

Pawlow, Iwan Petrowitsch (1849–1936). Physiologe.

Petrowych, Maria Sergejewna (1908–1979). Lyrikern, Übersetzerin, langjährige Freundin A. Achmatowas, bei der sie mitunter in Moskau wohnte.

Pilnjak, Boris Andrejewitsch (eigentlich Wogau) (1894–1938). Bedeutender Prosaiker. 1937 verhaftet, 1938 nach fünfzehnminütiger Verhandlung als »Trotzkist, japanischer Spion und Vaterlandsverräter« zum Tode verurteilt und unmittelbar darauf erschossen.

Poskrjobyschew, A. N. (1891–1966?). Chefsekretär Stalins.

Prokofjew, Alexander Andrejewitsch (1900–1971). Lyriker. Von 1955–1965 Vorsitzender des Leningrader Schriftstellerverbandes.

Punin, Nikolai Nikolajewitsch (1888–1953). Kunsthistoriker, Kunstkritiker, dritter Mann A. Achmatowas, mit dem sie von 1922–1938 verheiratet war. Punin starb unter ungeklärten Umständen in Lagerhaft.

Puschkin, Alexander Sergejewitsch (1799–1837). Bedeutender Lyriker, starb an den Folgen eines Duells.

Ranewskaja, Faina Grigorjewna (1896–1984). Theater- und Filmschauspielerin, Freundin A. Achmatowas.

Rasputin, Grigori Jefimowitsch (eigentlich Nowych) (1864–1916). Mönch, lebte als Wunderheiler und Wahrsager am Zarenhof, wo er großen Einfluß auf Nikolai II. und die russische Politik gewann. 1916 ermordet.

Sabolozki, Nikolai Alexejewitsch (1903–1958). Lyriker, gehörte zur Gruppe der Oberiuten. Von 1938–1946 in Haft und Verbannung.

Samoilow, David Samuilowitsch (eigentlich Kaufmann) (1920–1989). Lyriker, Übersetzer.

Sawitsch, Owadi Gerzowitsch (1896–1967). Prosaiker, Übersetzer.

Schaginjan, Marietta Sergejewna (1888–1982). Prosaikerin, Literaturwissenschaftlerin. Begann mit symbolistischer Lyrik.

Schdanow, Andrej Alexejewitsch (1896–1948). Sowjetischer Politiker, ab 1930 Mitglied des Zentralkomitees, Parteiideologe. Auf seine Veranlassung eröffnete das ZK der KP am 14. August 1946 mit seiner Resolution über die Leningrader Zeitschriften *Swesda* (*Stern*) und *Leningrad* eine langjährige erbitterte Kampagne gegen westliche Kultureinflüsse. Zu ersten Opfern wurden die populären Leningrader Schriftsteller Anna Achmatowa und Michail Soschtschenko. Diese Hetze gegen die »dekadenten Antipatrioten« sowie der kurz darauf entfachte antisemitisch gefärbte Kampf gegen die »Kosmopoliten« führten zu einer Stagnation des gesamten kulturellen Lebens bis hin zu Stalins Tod.

Schilejko, Wladimir Kasimirowitsch (1891–1930). Assyrologe, Übersetzer, zweiter Mann A. Achmatowas, mit dem sie von 1918–1921 verheiratet war.

Schirmunski, Viktor Maximowitsch (1891–1971). Literaturwissenschaftler. Stand in den zwanziger Jahren der literaturtheoretischen Gruppe der »formalen Schule« nahe, veröffentlichte eine Studie über die Lyrik A. Achmatowas.

Schklowski, Viktor Borissowitsch (1893–1984). Prosaiker, Literaturwissenschaftler. Einer der wesentlichen Theoretiker der »formalen Schule«.

Scholochow, Michail Alexandrowitsch (1905–1984). Epiker, Literaturfunktionär. 1965 erhielt er den Nobelpreis für Literatur.

Schostakowitsch, Dmitri Dmitrijewitsch (1906–1975). Komponist.

Sejfullina, Lidija Nikolajewna (1889–1954). Prosaikerin.

Senkewitsch, Michail Alexandrowitsch (1891–1973). Lyriker, gehörte in seiner Jugend zum Kreis der Akmeisten.

Sewerjanin, Igor (eigentlich Igor Wassiljewitsch Lotarjow) (1881–1941). Lyriker, einer der Hauptvertreter des russischen Futurismus, 1918 nach Estland emigriert.

Sinjawski, Andrej Donatowitsch (geb. 1925). Prosaiker, Literaturwissenschaftler. Veröffentlichte unter dem Pseudonym Abram Terz im westlichen Ausland, nach Aufklärung des Pseudonyms zu 7 Jahren verschärfter Haft verurteilt (ebenso wie J. Daniel). 1973 Emigration nach Frankreich.

Sluzki, Boris Abramowitsch (1919–1986). Lyriker, Übersetzer. Nach einigen ersten Gedichten publizierte er erst nach Stalins Tod (1953) wieder.

Smeljakow, Jaroslaw Wassiljewitsch (1913–1972). Lyriker; sein Poem *Herbe Liebe* ist der sowjetischen Jugend der zwanziger und dreißiger Jahre gewidmet.

Smoktunowski, Innokenti Michailowitsch (geb. 1925). Schauspieler.

Sologub, Fjodor (eigentlich Fjodor Kusmitsch Teternikow) (1863–1927). Lyriker, Prosaiker. Einer der bedeutendsten russischen Symbolisten.

Solowjow, Wladimir Sergejewitsch (1853–1900). Philosoph und Dichter.

Solschenizyn, Alexander Issajewitsch (geb. 1918) (Pseudonym Rjasanski). Epiker. Von 1945–1953 in Straf- und Sonderlagern inhaftiert, bis 1956 verbannt. 1957 rehabilitiert. 1962 erschien mit Genehmigung Chruschtschows *Ein Tag im Leben des Iwan Denissowitsch* (erste Darstellung des Gulag in der UdSSR). Bis 1966 konnte Solschenizyn noch einige Erzählungen veröffentlichen, nach einem offenen Brief über die Zensur in der UdSSR 1967 internationales Aufsehen, publizierte fortan im Samisdat. 1969 Ausschluß aus dem Schriftstellerverband der UdSSR, 1971 Nobelpreis für Literatur, den er nicht persönlich entgegennehmen konnte. 1974 aus der UdSSR ausgewiesen, lebt in den USA.

Soschtschenko, Michail Michailowitsch (1895–1958). Bedeutender Satiriker, Übersetzer. Seit Anfang der vierziger Jahre zunehmend diffamiert, 1946 gemeinsam mit A. Achmatowa aus dem Schriftstellerverband ausgeschlossen, 1953 rehabilitiert.

Sosnora, Viktor Alexandrowitsch (geb. 1936). Lyriker und Prosaiker.

Sresnewskaja, Walerija Sergejewna (1887–1964). Langjährige Freundin A. Achmatowas seit der Kindheit in Zarskoje Selo.

Stalin, Jossif Wissarionowitsch (eigentlich Dschugaschwili) (1879–1953).

Stanislawski, Konstantin Sergejewitsch (eigentlich Alexejew) (1863–1938). Bedeutender Regisseur, Schauspieler, Theatertheoretiker. Mitbegründer des Moskauer Akademischen Künstlertheaters (MChAT) 1898.

Strawinski, Igor (1882–1971). Amerikanischer Komponist russischer Herkunft.

Strugazki, Arkadi Natanowitsch (1925–1991) und *Strugazki, Boris Natanowitsch* (geb. 1933). Prosaiker, die gemeinsam schrieben.

Suchowo-Kobylin, Alexander Wassiljewitsch (1817–1903). Dramatiker.

Sudejkina, Olga Afanassjewna s. *Glebowa-Sudejkina.*

Surkow, Alexej Alexandrowitsch (1899–1983). Lyriker, Literaturfunktionär. Von 1953–1959 1. Sekretär des Schriftstellerverbandes der UdSSR.

Tarkowski, Arseni Alexandrowitsch (1907–1989). Lyriker, Übersetzer. Verbrachte mehrere Jahre in Lagerhaft, Vater des Regisseurs Andrej Tarkowski.

Tatlin, Wladimir Jewgrafowitsch (1885–1953). Maler und Bildhauer. Anhänger des Konstruktivismus.

Terz, Abraham – siehe Sinjawski, Andrej Donatowitsch.

Tjutschew, Fjodor Iwanowitsch (1803–1873). Lyriker, Übersetzer. Stand den Slawophilen nahe. Übersetzte u. a. Goethe, Schiller und Heine ins Russische.

Tolstoi, Alexej Konstantinowitsch (1817–1875). Lyriker, Prosaiker; einer der Schöpfer des »Kosma Prutkow«.

Tolstoi, Alexej Nikolajewitsch (1883–1945). Epiker, Dramatiker. Stand zunächst den Symbolisten nahe. 1918–1923 in der Emigration.

Tolstoi, Lew Nikolajewitsch (1828–1910). Bedeutender Epiker, Moralist und Pädagoge.

Tschaadajew, Pjotr Jakowlewitsch (1794–1856). Publizist, Kultur- und Religionsphilosoph.

Tschechow, Anton Pawlowitsch (1860–1904). Bedeutender Prosaiker, Dramatiker. Arbeitete mit dem Moskauer Künstlertheater zusammen.

Tschukowskaja, Lidija Kornejewna (geb. 1907). Epikerin, Kritikerin; Tochter des Schriftstellers K. Tschukowski. Veröffentlichte 1966 einen offenen Brief an M. Scholochow wegen dessen Kritik an A. Sinjawski und J. Daniel, trat 1968 für Solschenizyn ein. 1974 aus dem sowjetischen Schriftstellerverband ausgeschlossen. War mit A. Achmatowa gut bekannt.

Tschukowski, Kornej Iwanowitsch (1882–1969). Kritiker, Literaturwissenschaftler, Kinderbuchautor.

Turgenew, Iwan Sergejewitsch (1818–1883). Bedeutender Epiker. Lebte seit 1855 meist im Ausland (Deutschland und Frankreich).

Tyrsa, Nikolai Andrejewitsch (1887–1942). Grafiker.

Tyschler, Alexander Grigorjewitsch (1898–1980). Maler, Bühnenbildner, Grafiker.

Ulanowa, Galina Sergejewna (geb. 1910). Tänzerin. Primaballerina des Bolschoiballetts. Eine der bedeutendsten Ballerinen der Ballettgeschichte.

Wigdorowa, Frieda Abramowna (1915–1965). Prosaikerin. Protokollierte 1964 heimlich die Gerichtsverhandlung gegen J. Brodsky – 1965 als Weißbuch in den USA erschienen.

Wjasemski, Pjotr Andrejewitsch (1792–1878). Lyriker, Freund Puschkins.

Woloschin, Maximilian Alexandrowitsch (eigentlich Kirijenko-Woloschin) (1878–1932). Bedeutender Lyriker, Übersetzer. Stand zunächst den Symbolisten, später den Akmeisten nahe. Sein Haus in Koktebel auf der Krim war Treffpunkt und Zufluchtsstätte von Literaten und Künstlern. Woloschins Werke wurden in der UdSSR jahrzehntelang totgeschwiegen, erst seit 1960 wird er wieder veröffentlicht.

Wosnessenski, Andrej Andrejewitsch (geb. 1933). Lyriker.

Zwetajewa, Marina Iwanowna (1892–1941). Neben A. Achmatowa bedeutendste russische Lyrikerin. Emigrierte 1922; 1939 Rückkehr in die Sowjetunion; beging 1941 Selbstmord.

Register

Die *kursiv*gesetzten Ziffern verweisen auf die Anmerkungen
und das Personenverzeichnis